Otto Kaiser
Der Mensch unter dem Schicksal

Otto Kaiser

Der Mensch unter dem Schicksal

Studien zur Geschichte, Theologie
und Gegenwartsbedeutung der Weisheit

Walter de Gruyter · Berlin · New York
1985

Beiheft zur Zeitschrift für die alttestamentliche Wissenschaft
Herausgegeben von Otto Kaiser
161

CIP-Kurztitelaufnahme der Deutschen Bibliothek

Kaiser, Otto:
Der Mensch unter dem Schicksal : Studien zur Geschichte, Theologie u. Gegenwartsbedeutung d. Weisheit / Otto Kaiser. – Berlin : de Gruyter, 1985.
(Beiheft zur Zeitschrift für die alttestamentliche Wissenschaft ; 161)
ISBN 3-11-010095-9
NE: Zeitschrift für die alttestamentliche Wissenschaft / Beiheft

gedruckt auf alterungsbeständigem Papier
(pH 7, neutral)

1985
by Walter de Gruyter & Co., Berlin 30.
Alle Rechte des Nachdrucks, der photomechanischen Wiedergabe, der Übersetzung,
der Herstellung von Mikrofilmen und Photokopien, auch auszugsweise, vorbehalten.
Printed in Germany.
Satz und Druck: Werner Hildebrand OHG, Berlin 65
Bindearbeiten: Lüderitz & Bauer, Berlin 61

Carl Heinz Ratschow
zum Dank
für viel Freundschaft

Zum Geleit

Die hier vorgelegten Studien zur Geschichte und Theologie der Weisheit spiegeln einen über zwanzigjährigen Denkweg, der neben der Beschäftigung mit der Prophetie immer wieder um die israelitisch – jüdische Weisheit und das letztlich nicht nur für das ganze Alte Testament zentrale Thema der Gerechtigkeit Gottes kreiste. Sie bilden in diesem Sinne Vorarbeiten zu einer Theologie des Alten Testaments, welche der Verfasser Deo volente in absehbarer Zeit vorzulegen gedenkt. Wenn er im Verlauf dieser Bemühungen den Blick immer wieder zu den Griechen hinübergelenkt und schließlich das systematisch-theologische und religionsphilosophische Feld ausdrücklich einbezogen hat, diente dies einerseits der Darstellung des fundamentalen Charakters der Fragestellung in ihren Aporien im Horizont theistischer Religion und andererseits der sachlichen Stellungnahme und Fortschreibung, ohne welche die Auslegung biblischer Texte nicht zu ihrem Ziel gelangt.

Bei der Neuherausgabe der hier vereinigten Aufsätze, hat der Verfasser bewußt davon Abstand genommen, die älteren auf seinen derzeitigen Erkenntnisstand hin zu überarbeiten, weil der Versuch, sie aus ihrem konkreten wissenschaftlichen und biographischen Ort zu lösen, nur zu Zwittern geführt hätte. Er bittet demgemäß seinen Leser, sich mit ihm auf den Weg zu begeben, den er selbst zurückgelegt hat. Dabei vertraut er darauf, daß der Sachkundige um die in den letzten anderthalb Jahrzehnten der alttestamentlichen Forschung neu erschlossenen Problemhorizonte weiß und der Anfänger sich anderwärts über den Stand der Diskussion über Alter und Eigenart der Bundesvorstellung wie der prophetischen Überlieferung ins Bild setzt.

Die Widmung an Carl Heinz Ratschow stattet einer in über zwanzig Jahren bewährten Freundschaft mit ihrem ununterbrochenen gemeinsamen Nachdenken über die Sache der Theologie öffentlichen Dank ab. Er hat einem Drittel der hier vereinigten Aufsätzen zu ihrem ersten Erscheinen verholfen und an den Problemen aller Anteil genommen. Es ist mir weiterhin ein Vergnügen, den Verlagen zu danken, die ihre freundliche Genehmigung zum Wiederabdruck der anderwärts erschienenen Aufsätze erteilt haben. Ich nehme den Anlaß wahr, meines philosophischen Lehrers Wilhelm Weischedel und außer meiner Tübinger theologischen Lehrer auch Rudolf Bultmanns zu gedenken, weil beide einen prägenden Einfluß auf die Art meines Denkens ausgeübt haben. Ich grüße gleichzeitig alle meine früheren und jetzigen Hörer und Freunde, mit denen zusammen ich über das hier im Mittelpunkt stehende Thema der Wirklichkeit und Erfahrbarkeit Gottes nachdenken durfte. Und ich danke schließlich außer dem Verlag, der den Band freundlich in seine Obhut genommen hat, Herrn stud. theol. Uwe Hill aus Stadtoldendorf, der sich zusammen mit Herrn stud. theol. Jürgen van aus Oorschot in gewohnter Sorgfalt bei den Korrekturen und der Erstellung der Register verdient gemacht hat.

Marburg/Lahn, im November 1983   Otto Kaiser

Inhaltsverzeichnis

Zum Geleit	VII
Dike und Sedaqa. Zur Frage nach der sittlichen Weltordnung	1
Gerechtigkeit und Heil bei den israelitischen Propheten und griechischen Denkern des 8.–6. Jahrhunderts	24
Wirklichkeit, Möglichkeit und Vorurteil. Ein Beitrag zum Verständnis des Buches Jona	41
Leid und Gott. Ein Beitrag zur Theologie des Buches Hiob	54
Der Mensch unter dem Schicksal	63
Die Sinnkrise bei Kohelet	91
Die Begründung der Sittlichkeit im Buche Jesus Sirach	110
Gottesgewißheit und Weltbewußtsein in der frühhellenistischen jüdischen Weisheit	122
Judentum und Hellenismus. Ein Beitrag zur Frage nach dem hellenistischen Einfluß auf Kohelet und Jesus Sirach	135
Von der Gerechtigkeit Gottes nach dem Alten Testament	154
Die Zukunft der Toten nach den Zeugnissen der alttestamentlich – frühjüdischen Religion	182
Der Tod des Sokrates	196
Lysis oder von der Freundschaft	206
Der soziale Auftrag der Kirche im Spiegel seiner biblischen Begründung	232
Vom dunklen Grund der Freiheit	244
Amor Fati und Amor Dei	256
Nachweis der Erstveröffentlichung der Beiträge	273
Personenregister	275
Verzeichnis der Bibelstellen, Apokryphen u. Pseudepigraphen	277
Verzeichnis antiker Autoren u. Sonstige	283

Dike und Sedaqa

Zur Frage nach der sittlichen Weltordnung
Ein theologisches Präludium

Es ist eine Grundvoraussetzung menschlichen Handelns, daß jede menschliche Tat ihre Folge hat und daß sich diese Folge nicht allein auf das Objekt der Tat, sondern in irgendeiner Weise immer auch auf den Täter richtet und sein weiteres Ergehen beeinflußt. In dem allem Handeln vorausgehenden Wollen will der Täter, ganz abgesehen davon, was er konkret bewirken will, letztlich immer seine eigene Zukunft, seine Möglichkeit zu sein und zu bleiben. Daher weiß jeder Mensch unmittelbar darum, daß zwischen seinem Tun und seinem Ergehen ein unauflöslicher Zusammenhang besteht[1]. — Gleichzeitig mit dieser allem menschlichen Leben innewohnenden Urerfahrung geht freilich die andere, daß der Mensch den Zusammenhang zwischen seinem Tun und seinem Ergehen nicht willkürlich bestimmen kann. Als welthaftes Wesen ist er an die waltenden Bezüge der Welt gewiesen, die sich dienstbar zu machen ihm aufgegeben ist, deren Unterwerfung aber ihre Grenzen gesetzt sind und gesetzt bleiben, mag er diese Grenzen auch mittels einer immer verfeinerteren Beobachtung weiter und weiter hinausschieben. Das Tun des Landmannes ist an die Kenntnis der Zusammenhänge zwischen Saat und Ernte in ihrer ganzen kosmischen Verwobenheit gewiesen. Der Widerstand des Himmels und der Erde lassen sich in der Beobachtung der Jahreszeiten, der Dienstbarmachung des Himmels und der Erde besiegen; aber nur in Grenzen. Gewitter oder Hagelschlag machen sein Tun zunichte, vielleicht gerade, als die Zeit der Ernte gekommen schien. Der Mensch geht auf den Menschen zu, dessen er bedarf, weil er ohne die Bergung in seiner Gemeinschaft in die Leere einer Welt stürzte, von der er sich geschieden weiß. Aber diese Gemeinschaft ist durch Mißverstehen, Schuld, Krankheit und Tod bedroht. Das Mißverstehen läßt die Suchenden nicht zueinander finden und entfremdet, die einander gefunden hatten. Die Schuld zerschneidet das Band der Gemeinschaft und treibt den einzelnen oder eine ganze Gruppe in die Isolation. Die Krankheit überfällt den Menschen mitten im Leben, nimmt ihm sein Werk aus der Hand und bedroht ihn mit dem Tod, der scheinbar alle Gemeinschaft beendet. Der Mensch hat den Menschen nicht in der Hand. Er ist darauf angewiesen, daß sich der andere seinem Werben erschließt, daß jener bei ihm bleibt wie er bei jenem. Er hat dieses Beieinander-bleiben in der Hand und gleich-

---

[1] Die Frage, seit wann sich dieses Verständnis auf den sittlichen Bereich ausgedehnt hat, bedarf angesichts der von H. GESE, Lehre und Wirklichkeit in der alten Weisheit, Tübingen 1958, S. 43 u. 64 ff., vorgetragenen Beobachtungen über die Entwicklung in Mesopotamien einer umfassenden religionsgeschichtlichen Untersuchung.

zeitig nicht in der Hand. Die auf den anderen gerichtete Tat steht unter einem Sollen. Entspricht sein Wollen und Tun nicht seinem Sollen, so kann es keine Gemeinschaft geben. Das Wollen steht unter einem Sollen, das ihm vorgegeben ist. Entsprechen beide einander nicht, so zerbricht die Gemeinschaft, springt ihn überdies das Gewissen an und weist ihn unerbittlich auf das Sollen hin. Der Mensch erfährt sich an Übermächtiges ausgeliefert, das als unberechenbarer Widerstand von Himmel und Erde sein Werk vernichtet, ja, ihn selbst zerschlägt, das sein Wollen einem Sollen unterwirft und ihn aufrüttelt, schüttelt und vernichtet. Der Zufall, das Schicksal, die Götter, der Gott brechen in dem Gewaltigen, Übermächtigen, Unberechenbaren auf ihn herein und zwingen ihn zur Antwort auf die Frage, wie er auf jenes Gewaltige, Übermächtige, Unberechenbare antworten soll. Gibt es eine Möglichkeit für den Menschen, die jenes Gewaltige, Fremde fernhält, freundlich stimmt, und sei es auch nur auf Zeit? Gibt es ein Verhalten, das jenes Übermächtige, Unberechenbare herausfordert, herbeiruft, und sei es nur in unberechenbar naher oder ferner Zukunft? Darf der Mensch, der sich dem Sollen unterwirft, darauf vertrauen, daß das Unberechenbare in Natur und Geschichte ferner nicht über ihn hereinbricht? Gibt es also einen gemeinsamen Weltgrund, der Natur und Sittlichkeit aufeinander abstimmt, der die Natur zwingt, auf das Tun des Menschen zu antworten, der gerecht ist? Oder ist Gerechtigkeit allein eine menschliche Kategorie? Worauf beruht der Mut oder die Anmaßung des Menschen, von dem Übermächtigen, sein Schicksal Bestimmenden, Gerechtigkeit zu erwarten? Ist es wirklich nur kindliche Anmaßung eines Geschlechtes, das seine Stellung im Kosmos nicht begriffen hat? Oder entspringt diese Erwartung einem zureichenden Grunde? Wenn ja, welcher Art ist er?

In einer Zeit, in der die Grundfesten menschlicher Gemeinschaft und individuellen Lebens gleichermaßen erschüttert sind, in der Historismus, Psychologismus und Soziologismus alle überkommenen Antworten auf die Lebensfragen in das Licht kühler Distanz versetzen, ist es mit der Berufung auf eine bloße Tradition nicht getan. In einer Zeit, in der zudem die Weltreligionen in einer früher kaum geahnten Weise räumlich aufeinanderrücken und sich im Prozeß geschichtlichen Bewußtwerdens wandeln, muß sich der Glaube verstehend ausweisen können, muß er, will er weiteren Boden gewinnen, nicht allein anderen und fremden Glauben, sondern auch den eigenen kritisch hinterfragen[2]. Dabei wird er vor die Aufgabe gestellt, von der konkreten Antwort hier und dort ausgehend nach der Bedingung ihrer Möglichkeit zu fragen. Setzt Religion als solche die Grunderfahrung der Trennung des Menschen von der Welt,

---

[2] Vgl. dazu H. BÜRKLE, Synkretismus als missionstheologisches Problem, EvTh 25, 1965, S. 154; ferner K. GOLDAMMER, Religionen, Religion u. christliche Offenbarung. Ein Forschungsbericht zur Religionswissenschaft, Stuttgart 1965, S. 2 f.

vom Menschen und vom Übermächtigen voraus, besteht ihre Verheißung darin, die Möglichkeit zu besitzen, das Verhältnis zwischen dem Menschen, seiner Welt und dem Übermächtigen kraft göttlicher Offenbarung zu bestimmen[3], so ist von vornherein damit zu rechnen, daß sich aufgrund der relativen, weil geschichtlichen, aber eben doch kraft ihrer Grundstrukturen Konstanten »Mensch« und »Welt« gewisse Gemeinsamkeiten der Antworten innerhalb verschiedener Religionen ergeben, die eben ihrerseits zu der Frage nach der Bedingung der Möglichkeit des Gemeinsamen herausfordern. Erst wenn die religionsvergleichende Wissenschaft aus dem bloßen Positivismus des Aufweisens von Gemeinsamkeiten und Unterschieden innerhalb der verschiedenen Religionen heraustritt und die ontologische Frage einbezieht, wird sie einen fruchtbaren Beitrag für die Gegenwart leisten. Wenn es dabei gelingen sollte, so etwas wie einen gemeinsamen »Grundriß« für den Palast der Religionen zu finden, wie es *Lessing* in seiner »Parabel« unterstellt hat[4], dürfte für das Gespräch der Religionen miteinander, das von einem gewissen Punkt ab freilich notwendig ein Gespräch gegeneinander bleiben wird, ebensoviel gewonnen sein wie für das Gespräch des Glaubens mit dem Unglauben. Die Spannung zwischen dem Ontologischen und dem Ontischen soll durch dieses Verfahren in keiner Weise im Geiste der Aufklärung bagatellisiert werden. Es wird vielmehr jederzeit das Anliegen des christlichen Glaubens sein, sich gerade angesichts dieser Spannung auszuweisen. Dabei wird es sich bewähren müssen, inwieweit der christliche Glaube als das Bei-Gott-Stehen, das auf die Selbstmitteilung Gottes in Jesus Christus antwortet und die aus der Rätselhaftigkeit des deus absconditus und der Verlorenheit des Sünderseins aufsteigende, beständige Anfechtung überwindet, damit zugleich die Überwindung aller Religion und ihres Anspruches, den Weg zum Leben zu zeigen, ist, und ob und wie er damit zugleich das Anliegen der Religionen bewahrt und aufhebt[5].

Da unser eigenes christliches Selbstverständnis auf dem Boden der israelitisch-jüdischen und der griechischen Religion erwachsen ist, liegt es nahe, zunächst auf sie zurückzugreifen, weil wir uns bei ihnen auf vertrauterem Boden als anderswo befinden. Gleichzeitig dürfte der Vergleich ihres Glaubens an eine sittliche Weltordnung als eines zentralen Teilaspektes beider Religionen geeignet sein, die Frage nach dem Verhältnis zwischen Altem und Neuem Testament indirekt in ein neues Licht zu setzen. Daß ein solches Unternehmen, angesichts der zur Verfügung stehenden Materialfülle auf so kurzem Raum durchgeführt, ein Wagnis darstellt, bedarf keiner Betonung, sondern lediglich der Entschuldigung mit dem Hinweis darauf, wie notwendig es ist, diese Aufgabe überhaupt als

---

[3] Vgl. dazu C. H. Ratschow, Magie u. Religion, Gütersloh 1955², S. 152 ff.; derselbe, Der angefochtene Glaube, Gütersloh 1960², S. 260.279.

[4] G. E. Lessing, Gesammelte Werke, hrsg. P. Rilla, Bd. 8, Berlin 1956, S. 152 ff.

[5] Vgl. dazu C. H. Ratschow, Der angefochtene Glaube, S. 279 ff.

eine theologische zu erkennen und anzusprechen, damit sie künftig begründeter behandelt werden mag. Sollten wir auf dem Wege da und dort den Eindruck gewinnen, daß ein Strahl der Gnade Gottes auch einen Griechen erreicht hat, so sollten wir darüber nicht erschrecken; denn was wäre das für ein Gott, so dürfen wir mit *Ernst Benz* fragen, »der die Menschheit während eines Zeitraums von Jahrmillionen in ihren Höhlen der Macht der Dämonen, dem Götzendienst, der Magie und Zauberei überantwortet sein läßt, um dann schließlich, nachdem Zehntausende von Menschheitsgenerationen im Zustand der Finsternis, der Verblendung und Heillosigkeit dahingestorben und in die Hölle gefahren sind, eine reichlich verspätete Heilsgeschichte zu improvisieren...[6]«? Je gewisser der Glaube seiner eigenen Sache ist, desto unerschrockener kann er sich der Aufgabe eines so verstandenen Vergleichs unterziehen und desto gelassener anerkennen, wenn er, wenn auch vielleicht nicht den Worten, aber doch der Sache nach auf einen Glauben stößt, in dem er sich selbst zu einem Stück wiederfindet.

II

In das Gebet, mit dem sich Jeremia anläßlich des ihm aufgetragenen Ackerkaufes an seinen Gott wendet, Jer. 32,17 a α.24 f., hat wohl eine spätere Hand im Stil eines hymnischen Bekenntnisses einen Satz nachgetragen[1], der zusammenfaßt, was Israel glaubte. Eingerahmt von seinem Bekenntnis zu Gott dem Schöpfer und Gott dem Lenker der Geschichte Israels steht sein Bekenntnis zu Gottes Gerechtigkeit:

»Siehe, du hast den Himmel und die Erde mit deiner großen Kraft und deinem ausgestreckten Arm gemacht. Kein Ding ist zu wunderbar für dich; der du Treue (חֶסֶד) hältst Tausenden und vollendest[2] die Schuld der Väter in den Schoß der Kinder nach ihnen, großer, starker Gott, Jahwe Zebaoth genannt, groß an Rat und mächtig an Tat, dessen Augen offen stehen über alle Wege der Menschen, um jedem nach seinem Wandel und der Frucht seiner Taten zu geben« Jer. 32, 17 a α*—19.

Daß dieses Bekenntnis innerhalb des Alten Testaments nicht isoliert steht, sondern bündig wiedergibt, was Israel bis in nachexilische Zeit über Jahwe als den Wahrer einer gerechten Weltordnung glaubte, bedarf kaum eines Beweises. — Man spricht im Blick auf diesen Glauben gewöhnlich

---

[6] Ideen zu einer Theologie der Religionsgeschichte, AWL (Mainz) 1960, 5, Wiesbaden 1961, S. 469.

[1] Vgl. P. Volz, Der Prophet Jeremia, KAT X, Leipzig u. Erlangen 1922, S. 299 f., Anm. 6; W. Rudolph, Jeremia, HAT I, 12, Tübingen 1958², S. 193 ff.; anders A. Weiser, Der Prophet Jeremia, ATD 20/21, Göttingen 1960³, S. 296 f.

[2] Zur Bedeutung des gewöhnlich mit »vergelten« übersetzten *šlm* vgl. K. Koch, Gibt es ein Vergeltungsdogma im Alten Testament?, ZThK 52, 1955, S. 4 f. — Zur Sache vgl. W. Preiser, Vergeltung und Sühne im altisraelitischen Strafrecht, in: Festschrift Eberhard Schmidt, Göttingen 1961, S. 35.

von einem Vergeltungsdogma³. Da sich im eigentlichen israelitischen Sakralrecht eine nach der Schwere der Tat abgestufte Strafzuweisung nicht nachweisen läßt⁴, wird man diese Gewohnheit besser aufgeben, da sie irreführend ist. — Die Beziehung zwischen Gott und Volk, und damit auch zwischen Gott und dem einzelnen als Glied seines Volkes, wurde grundsätzlich in Analogie zu den uns von den Hethitern bekannten Staatsverträgen⁵ als ein Bundesverhältnis verstanden. Der Bund wird von Jahwe gewährt, der seine Macht in der Befreiung aus Ägypten bewährt und damit den Schutz Israels übernommen hat, zu dem er sich feierlich verpflichtet. Aber gleichzeitig bindet sich auch Israel an eine dem Bundesverhältnis entsprechende Lebensordnung. Im Gehorsam, der das Privilegrecht Jahwes⁶ wahrt und sich den Genossen gegenüber gemeinschaftsgerecht verhält, »legt Israel ein Tatbekenntnis zu dem göttlichen Bundesherrn ab«⁷. Das Bundesstrafrecht Israels hat bei allen Fällen einer Übertretung der Bundessatzung allein das Ziel, das gestörte Bundesverhältnis wiederherzustellen, indem es die Gemeinschaft mit dem Übertreter aufhebt, und das heißt praktisch, »den Täter — und alles, was an seiner Tat ›teilhat‹ — vernichtet«⁸. Unterläßt Israel diese Selbstreinigung, so geht es des Schutzes und Segens verlustig und verfällt statt dessen dem Zorn seines Gottes. Er wacht über das Einhalten der Bundesverpflichtungen und sorgt nun seinerseits für die Vernichtung des Schuldigen und der von ihm infizierten Gemeinschaft. Die Gemeinde sucht, da sie beständig damit rechnen muß, daß Übertretungen unerkannt und daher ungeahndet

---

³ Vgl. etwa W. STAERK, Vorsehung u. Vergeltung. Zur Frage nach der sittlichen Weltordnung, Berlin 1931; E. WÜRTHWEIN, Der Vergeltungsglaube im Alten Testament, ThWBNT IV, S. 710 ff.

⁴ Vgl. dazu KOCH, a.a.O., S. 32 und PREISER, a.a.O.: »Zweifelsfrei erweisen läßt sich, wie mir scheint, einmal das — freilich höchst bedeutsame — Negativum, daß dem altisraelitischen Bundesstrafrecht jedenfalls nicht der Gedanke der Vergeltung zugrunde liegt.«

⁵ Vgl. dazu K. BALTZER, Das Bundesformular, WMANT 4, Neukirchen 1960; W. BEYERLIN, Herkunft und Geschichte der ältesten Sinaitraditionen, Tübingen 1961; W. ZIMMERLI, Das Gesetz u. die Propheten, Göttingen 1963, S. 79 ff.; W EICHRODT, Bund und Gesetz, in: Gottes Wort und Gottes Land, Festschrift H.-W. HERTZBERG, Göttingen 1965, S. 70 ff. — Prägnant hat F. HORST, Recht u. Religion im Alten Testament, EvTh 16, 1956, S. 86 = Gottes Recht. Studien zum Recht im Alten Testament, ThB 12, München 1961, S. 283 den israelitischen Bundesbegriff einschließlich seiner Implikationen erläutert: »Bund ist der von Gott gewährte Hoheitsakt, durch den Gott in freier Souveränität sich selbst hat binden wollen, zum Schutz und Gedeihen der Seinen herrschlich einzustehen. Auf solches Leistungsversprechen hat aber Israel aus der Natur der Sache heraus keinerlei klagbaren Rechtsanspruch... Wohl aber steht, nun wiederum aus der Natur der Sache heraus, Gott ein Forderungsrecht zu gegen alle vom Bunde Umschlossenen.«

⁶ Vgl. dazu F. HORST, Das Privilegrecht Jahwes, FRLANT 45, Göttingen 1930 = Gottes Recht, S. 17 ff.

⁷ EICHRODT, a.a.O., S. 39.

⁸ PREISER, a.a.O., S. 39.

bleiben, die unbekannten Sünder mittels ihres Fluches zu treffen und zu vernichten[9], den Jahwe selbst in Kraft setzt.

Es ist hier nicht der Ort, davon zu handeln, daß sich die damit gegebene Schicksalsdeutung wohl gegenüber einer älteren durchgesetzt hat, »die nach Analogie von Naturvorgängen ... von einer Verknüpfung von Tat und Folge ohne Zwischenschaltung der Gottheit« wußte[10] und die wir am besten als eine dynamische oder magische ansprechen können. Sie scheint noch in den die Tat »spiegelnden Strafen« hindurchzuschimmern[11]. Darüber hinaus bleibt festzustellen, daß das weiten Partien des Alten Testaments eigentümliche Sündenverständnis, nach dem der Täter mit seiner Tat dynamisch und magisch verstrickt ist und seiner Tat eine seine ganze Lebenssphäre infizierende Macht innewohnt, nur von den Voraussetzungen der magisch-dynamischen Welt aus verständlich ist. Daneben muß jedoch ebenso nachdrücklich betont werden, daß der personale Charakter Jahwes das magische Grundverständnis mehr und mehr aufgelockert und entscheidend transformiert hat[12]. Jegliches Handeln, es sei rituellen oder personalen Charakters, wurde an Jahwe gebunden und an seinen Weisungen gemessen. Wie stark jedoch aus der magischen Welt kommende Einflüsse im Schuldverständnis des frühen Israel nachgewirkt haben, mögen einige Beispiele belegen.

Wenn Achans, den erfolgreichen Angriff Israels vereitelnde Schuld mit seiner und der Seinen Ausrottung bestraft wird, Jos. 7; wenn die dem Täter nicht bekannte Übertretung im Falle des Königs Abimelek von Gerar nicht nur ihn, sondern sein ganzes Haus trifft, Gen. 20 E; wenn Jonathan den väterlichen Fluch in Unkenntnis übertritt und darauf das

---

[9] Vgl. Dtn. 27, 15 ff. und dazu A. ALT, Die Ursprünge des israelitischen Rechts, SAW 86, 1, 1934, S. 47 f. = Kl. Schriften zur Geschichte des Volkes Israel I, München 1953, S. 313 f.; J. HEMPEL, Die israelitischen Anschauungen von Segen und Fluch, ZDMG 79, 1925, S. 97 ff. = Apoxysmata. Vorarbeiten zu einer Religionsgeschichte u. Theologie des Alten Testaments, BZAW 81, Berlin 1961, S. 102 ff.; G. v. RAD, Das fünfte Buch Mose. Deuteronomium, ATD 8, Göttingen 1964, S. 119 ff. — Ferner U. v. WILAMOWITZ-MOELLENDORFF, Der Glaube der Hellenen I, Darmstadt 1955 (= 1931), S. 30 (29 f.).

[10] J. HEMPEL, Geschichten u. Geschichte im Alten Testament bis zur persischen Zeit, Gütersloh 1964, S. 85. — Als Grundsatz für diese ältere Anschauung, die Tat und Tatfolge in einem dynamischen Zusammenhang bringt, mag man das Sprichwort ansehen:
»Wer eine Grube gräbt, fällt hinein,
und wer einen Stein hochwälzt, auf den rollt er zurück.«
Prv. 26,27. Zum Problem vgl. auch K. KOCH, a.a.O., S. 2 ff.

[11] Vgl. Lev. 20,20 f.; Jer. 20,2.6; Dan. 6,25; Act. 23,3 f.

[12] Vgl. dazu F. HORST, Recht und Religion, EvTh 16, S. 54 ff. = Gottes Recht, S. 267 ff., 285 f. — In diesem Zusammenhang hat man besonders auf Gottes Freiheit zur Vergebung hingewiesen; vgl. H. Graf REVENTLOW, VT X, 1960, S. 325 ff. u. K. KOCH, VT XII, 1962, S. 416. Es ist nur zu hoffen, daß KOCH seine dort gemachte Ankündigung, über die Vergebung zu handeln, bald wahrmacht, da die gewiß verdienstvolle Arbeit von J. KÖBERLE, Sünde u. Gnade im religiösen Leben des Volkes Israel bis auf Christum, München 1905, der Erneuerung bedarf.

göttliche Orakel König Saul die Antwort versagt, 1. Sam. 14, ist deutlich, daß für die Störung der Gemeinschaft zwischen Gott und Mensch in Israel ursprünglich der objektive Sachverhalt, nicht die subjektive Absicht entscheidend war und gegebenenfalls die ganze Gemeinschaft, in Sonderheit aber die Blutsverwandten, von der Schuldfolge mitbetroffen wurden. Die Gestalt des Ödipus erinnert uns daran, daß die alten Griechen in ähnlicher Weise eine Schuld kannten, »die subjektiv nicht anrechenbar ist und doch objektiv in aller Schwere besteht, Göttern und Menschen ein Greuel ist und ein ganzes Land verpestet«[13]. Das alles wirkt auf uns Heutige befremdend, setzt es doch voraus, daß das Problem des Menschen und der Welt sich nicht in den, zudem noch säuberlich geschiedenen, biologischen, technischen und ethischen Sektoren erschöpft. Die Frage, ob wir Grund zu der Annahme haben, daß die nach diesem, so ganz andersartigen dynamisch-magischen Weltverständnis strukturierten Kulturen zu ihrer Zeit »stimmten« und so zu einer Weltbewältigung in der Lage waren, wird man wohl eher bejahen als verneinen können[14].

Wir können an dieser Stelle darauf verzichten, die Zurückdrängung der magischen Elemente innerhalb der israelitischen Religion im einzelnen zu verfolgen. Das Verständnis des Gottesverhältnisses in der rechtlichen Bundeskategorie dürfte diesen Prozeß entscheidend beeinflußt haben[15]. Schon innerhalb des Bundesbuches läßt sich z. B. der Gedanke der Kollektivhaftung[16] nicht mehr nachweisen. In dem Maße, in dem die innere Auflösung des Volksverbandes in der späteren Königszeit fortschritt und den einzelnen der Sicherungen und Bindungen beraubte, die ihn bislang geborgen und seinem Leben Sinn gegeben hatten[17], verlangte der bis dahin jedenfalls in der Rechtsprechung faßbare Individualismus auch in der Religion seine Geltung. Der Satz, daß Gott die Sünden der Väter an den Kindern heimsucht, verlor seine unmittelbare und unwidersprochene Überzeugungskraft.

Die dem Frommen aus eigenem Leiden angesichts des Glückes der Gottlosen erwachsende Anfechtung war sicher nicht neu. Sie hat in den Klagepsalmen je und je ihren Ausdruck gefunden[18]. Jetzt kehrt sie in

---

[13] A. LESKY, Die griechische Tragödie, Kröners Taschenausgabe 143, Stuttgart 1963³, S. 33.
[14] Vgl. dazu grundsätzlich E. SPRANGER, Die Magie der Seele, Tübingen 1947, S. 64 f., dessen Gesamtverständnis der Magie vielleicht doch noch zu rationalistisch ist; paradigmatisch H. FINDEISEN, Schamanentum, Urban Bücher 28, Stuttgart 1957; ferner O. KAISER, Das Orakel als Mittel der Rechtsfindung im Alten Ägypten, ZRGG 10, 1958, S. 193 ff. — Das Wort »magisch« wird hier im Sinne von RATSCHOW, Magie und Religion, S. 27 ff. verstanden.
[15] Vgl. dazu HORST, a.a.O., S. 73 bzw. S. 288 f.
[16] Vgl. dazu G. v. RAD, a.a.O., S. 109.
[17] Vgl. dazu W. EICHRODT, Der Prophet Hesekiel, ATD 22, 1, Göttingen 1965², S. 147.
[18] Vgl. Ps. 73,3.12; 92,8; 94,3 f.

dem erschütternden Bekenntnis Jeremias wieder, in dem mutatis mutandis das Hiobthema vorweggenommen ist:

> »Du bleibst gerecht, Jahwe, wenn ich mit dir rechte;
> nur eine Sache möchte ich mit dir bereden:
> Warum ist der Weg der Gottlosen glücklich,
> sind sorglos alle, die treulos handeln? Jer. 12,1[19].

Als die Katastrophe der Jahre 597/587 über Juda hereinbrach und man sie als Folge der Schuld der Väter wie der eigenen Schuld verstehen lernte, konnte es nicht ausbleiben, daß der Glaube an die Heimsuchung der Sünde der Väter an den Kindern und Kindeskindern bei den Söhnen oder gar Enkeln der Überlebenden zu einer Lähmung des sittlichen Glaubens führte, wie sie in dem halb resignierten, halb zynischen »Die Väter haben saure Trauben gegessen, und die Zähne der Kinder sind stumpf«, Ez. 18,2, ihren Niederschlag gefunden hat. So ist es verständlich, daß ein aus priesterlichen Traditionen stammender Prophet unter Rückgriff auf alte, zumal priesterlich-kultische Rechtstraditionen[20], dem sein auf den Glauben an die unumschränkte Verfügungsgewalt Jahwes gegründetes »Siehe, die Person, die sündigt, die soll sterben!«, 18,4, entgegensetzte und die Haftung der Kinder für die Schuld der Väter, wie die der Väter für die der Kinder vor Gott ausdrücklich verneinte, 18,5—20: »Die Person, die sündigt, die soll sterben. Der Sohn soll nicht die Schuld des Vaters tragen, noch soll der Vater die Schuld des Sohnes tragen. Auf dem Gerechten soll seine Gerechtigkeit liegen, und auf dem Gottlosen soll seine Gottlosigkeit liegen.« (V. 20). Damit wird die Gemeinde des Propheten vor die Entscheidung gestellt, ihr die Verantwortung dafür zugesprochen, ob und wieweit sie an der Erfüllung der alten, dem Volke gegebenen Verheißungen Anteil haben wird, wenn Gott zugleich mit seinem Gericht die große Heilswende für Israel bringt.

In dem Maße, in dem die Zeit vorrückte, ohne daß die angekündigte Wende geschah, sahen freilich die durch diese Verkündigung geschärften Augen erst recht, daß ein letzter, allgemein gültiger und allgemein einsichtiger Unterschied zwischen dem Schicksal des Gerechten und des Gottlosen in der Wirklichkeit nicht aufweisbar ist. Die eschatologische Interpretation von Ez. 18,2 in der deuterojeremianischen Prophetie Jer. 31,29 f. läßt uns

---

[19] Übersetzung A. WEISER, a.a.O.
[20] Vgl. dazu G. v. RAD, Die Anrechnung des Glaubens zur Gerechtigkeit, ThLZ 76, 1951, Sp. 129 ff. = Gesammelte Studien zum Alten Testament, ThB 8, München 1961², S. 130 ff.; W. ZIMMERLI, »Leben« u. »Tod« im Buch des Propheten Ezechiel, ThZ 13, 1957, S. 494 ff. = Gottes Offenbarung. Gesammelte Aufsätze zum Alten Testament, ThB 19, München 1963, S. 178 ff.; derselbe, Ezechiel, BK XIII, 5, Neukirchen 1958, S. 396 ff.; H. Graf REVENTLOW, Wächter über Israel, BZAW 82, Berlin 1962, S. 108 ff.; W. EICHRODT, ATD 22, 1², S. 148 f. u. künftig H. SCHULZ, Die Aufnahme und Verarbeitung altisraelitischer Rechtstraditionen in Ezechiel 18.

in die Krise derer hineinblicken[21], die ihre Hoffnung auf die Verkündigung von Ez. 18 gesetzt hatten: »In jenen Tagen wird man nicht ferner sagen: ›Die Väter haben saure Trauben gegessen, und die Zähne der Kinder sind stumpf‹, sondern jeder wird durch seine eigene Schuld sterben; jedermann, der saure Trauben ißt, dessen Zähne werden stumpf.« Da niemand weiß, wann »jene Tage« eintreten, bleibt jedermann daran gehalten, so zu handeln, als sollten sie schon heute oder morgen eintreffen.

Neben dieser prophetischen, sich schließlich in der Apokalyptik fortsetzenden Glaubenslinie, gewinnt im nachexilischen Judentum die Weisheit entscheidend an Gewicht. Sie rationalisiert den Glauben an das Strafhandeln Jahwes dahingehend, daß nicht allein die Schuld den Entzug des Heils zur Folge hat, sondern daß sich, in Umkehrung des Satzes, aus dem Heilsentzug auf das Zugrundeliegen einer bestimmten, individuellen Schuld schließen läßt. Damit stieß sie aber den einzelnen in seinem Leiden in schwerste Anfechtungen und rief so seinen Protest wach[22]. Freilich bleibt von vornherein festzustellen, daß auch dieser, uns in der Hiobdichtung erhaltene, Protest den Glauben an das Ordnungshandeln Gottes als solchen grundsätzlich nicht antastete. Ebensowenig wurde das in der alten Hioberzählung vorgegebene Verständnis des Leidens als einer Prüfung bestritten[23]. Der Dichter nahm die Erzählung von dem Leiden des Gerechten zum Anlaß, um seinen Protest gegen die These der Weisheitslehrer, daß Tun und Ergehen des einzelnen in einem streng aufweisbaren Zusammenhang stehen, vorzutragen. Gegen die dogmatische, in der Dichtung von den Freunden des Dulders vertretene Ansicht, daß Leiden jedenfalls verdientes Leiden ist, daß der Gerechte und Fromme nicht in Unglück fällt, sondern nur der Schuldige, eine Voraussetzung, die es ihnen erlauben soll, vom Leiden Hiobs auf seine Schuld zu schließen, kann Hiob sich auf seine Erfahrung berufen, die ihm das Gegenteil zeigt:

»Warum bleiben Schuldige leben,
altern sie, erstarken gar an Kraft?
Ihr Same fest vor ihnen steht,
weit ihren Augen sich dehnt ihr Gesproß,
heil ihre Häuser, ohne Schreck,

---

[21] Zum Befund vgl. VOLZ, a.a.O., S. 279; RUDOLPH, a.a.O., S. 183; anders WEISER, a.a.O., S. 284 f. — Zur Diskussion über den Sinn des Wortes »eschatologisch« in seiner Anwendung auf alttestamentliche Erwartungen vgl. z. B. J. LINDBLOM, StTh 6, 1953, S. 79 ff.; Th. C. VRIEZEN, SVT I, 1953, S. 223 ff.; R. HENTSCHKE, ZEE 1960, S. 47 f.; H. Graf REVENTLOW, Das Amt des Propheten bei Amos, FRLANT 80, Göttingen 1962, S. 106 ff.; J. SCHREINER, BiLe 5, 1964, S. 184 ff. Zum Unterschied zwischen prophetischer und apokalyptischer Zukunftserwartung vgl. besonders O. PLÖGER, Theokratie u. Eschatologie, WMANT 2, Neukirchen 1959, S. 38 ff.
[22] Vgl. dazu E. WÜRTHWEIN, Die Weisheit Ägyptens u. das Alte Testament, Mitteilungen des Universitätsbundes Marburg 1959, S. 14 f.; ThWBNT IV, S. 716 ff.
[23] Vgl. G. FOHRER, Das Buch Hiob, KAT XVI, Gütersloh 1963, S. 553 f.

> Gottes Rute nicht ob ihnen!
> Ihr Stier bespringt und stößt nicht ab,
> ihre Kuh trägt aus und wirft nicht fehl.
> Ihre Buben treiben wie Schafe sie aus,
> wie Kälber ihre Kinder hüpfen.
> Zu Pauke und Zither stimmen sie an,
> sie freun sich beim Schall der Schalmei,
> verbrauchen im Glück ihre Tage,
> fahren geruhig hinab zur Scheol.
> Zu Gott aber sprechen sie: ›Weiche von uns!
> Das Kennen deiner Wege gehren wir nicht.
> Was ist Allwalt, daß ihm wir dienen,
> was frommt es, daß wir dringen in ihn?‹« Hi. 21,7—15[24].

Aber auch gegen den Ausweg der Heimsuchung der Sündenschuld an den Nachkommen wehrt er sich:

> »Nicht seinen Söhnen spar er sein Unheil,
> ihm vergelt er, daß er es weiß,
> sein Trugspiel sieht mit eignen Augen,
> von Allwalts Grimmglut trinkt.
> Denn: was kümmert ihn sein Haus nach ihm,
> wann abgeschnitten seiner Monde Zahl?« 21,19—21.

Er, der sich unschuldig weiß (vgl. z. B. 19,6; 27,2 ff.; 31,35 ff.), verlangt jetzt und hier nach seiner Rechtfertigung. In der sich in seinem Wissen aussprechenden Gewissenserfahrung ist letztlich die Erkenntnis enthalten, daß die sittliche Ordnung gegen alle sonstigen Instanzen gilt, liegt das Postulat beschlossen, daß es eine letzte Übereinstimmung zwischen sittlicher Forderung und sittlicher Weltordnung gibt, so entzogen und unverfügbar dem Menschen der Einblick in diese als Ordnung Gottes ist[25]. In einer wirklich unerhörten Kühnheit führt der Dichter den Gedanken der völligen Schuldlosigkeit seines Hiob durch[26] und läßt den Unschuldigen Gott selbst herausfordern; — mit dem Ergebnis, daß diese Herausforderung Gottes als solche angesichts der menschlichem Verstehen entzogenen Weisheit Gottes zurückgewiesen wird, gleichzeitig aber, und durchaus konsequent, in den Freunden der Rückschluß von dem Leid auf die Schuld verurteilt wird, vgl. 42,8. Die ihrem Wesen nach nicht an dem abstrakten Problem der Theodizee, sondern an der konkreten Frage, wie sich der leidende Mensch vor Gott verstehen soll, interessierte Dich-

---

[24] Zitiert in der Übertragung von F. STIER, Das Buch Ijjob, München (1954).

[25] Vgl. A. WEISER, Das Problem der sittlichen Weltordnung im Buche Hiob, ThBl 2, 1929, S. 164 = Glaube u. Geschichte im Alten Testament, Göttingen 1961, S. 17 f.

[26] Vgl. dazu A. JEPSEN, Das Buch Hiob u. seine Deutung, AVThRw 28, Berlin 1963, S. 9.

tung[27] verzichtet auf eine theoretische Auflösung. Der Mensch, der in seinem Leiden von allen traditionellen Schicksalsdeutungen im Stich gelassen wird und Gott in der Ratlosigkeit über das ihm unverständliche und ungerecht erscheinende Geschick herausfordert, erfährt in der unmittelbaren Gegenwart Gottes, daß er immer der von Gott Gefragte ist und bleibt, und verstummt:

> »Vom Hörensagen ich hörte von dir,
> doch jetzt mein Auge dich schaute —[28]
> Ob dem ich schmelze hin
> und stöhn in Staub und Asche.« 42,5 f.

Aber dieses Verstummen ist nicht das Schweigen der Verzweiflung, nicht das Schweigen skeptischer Resignation, sondern einer resignatio in deum, die angesichts der erfahrenen Gegenwart Gottes darauf vertraut, daß dort, wo dem Menschen nur Sinnlosigkeit zu walten scheint, dennoch Gott am Werke ist, auch in seinem Leiden[29].

Die Anfechtung des Hiobdichters ist nicht verstummt, sondern gerade in den Reihen der Weisen als Zweifel neu aufgebrochen. Der Anonymus des 3. Jahrhunderts, der sich hinter der Maske des Kohelet, König Salomo, verbirgt[30], ist eben als Weiser an der Überzeugung irre geworden, daß es dem Menschen möglich ist, hinter den Sinn des Weltgeschehens zu kommen:

»Als ich mein Herz darauf richtete, ›Weisheit‹ zu erkennen und das Geschäft zu betrachten, das auf der Erde geschieht — denn weder Tag noch Nacht sieht (der Mensch) Schlaf in seinen Augen —, da sah ich an allem Tun Gottes, daß der Mensch (den Sinn des) Tuns, das unter der Sonne geschieht, nicht herausfinden kann. Womit immer der Mensch sich müht, ihn zu suchen, er findet ihn nicht. Und auch, wenn der Weise behauptet, es zu erkennen, so vermag er es nicht zu finden.« Koh. 8,16 f.[31]

Auch von ihm wird, und darin bleibt er im sicheren Zusammenhang mit der Tradition, nicht geleugnet, daß Gott auf die Schuld mit der

---

[27] Vgl. G. Fohrer, a.a.O., S. 549 f.

[28] Vgl. dazu S. Terrien, Job, CAT XIII, Neuchâtel 1963, S. 269n.2: »Le sens visuel s'applique dans la mentalité hébraique à la perception sans intermédiaire. Il n'existe pas de contradiction entre cette métaphore sensorielle et les nombreux exemples d'une polémique dirigée contre une expérience sensuelle de la divinité (par exemple, dans Gen. 32.30; Deut. 4.15; Es. 6.10; 29.18; 42.18; Jér. 5.21).«

[29] Vgl. dazu G. Fohrer, Nun aber hat mein Auge dich geschaut, ThZ 15, 1959, S. 20 = Studien zum Buche Hiob, Gütersloh 1963, S. 24 f.

[30] Gegen die von H.-W. Hertzberg zuletzt in: Der Prediger, KAT XVII, 4, Gütersloh 1963, S. 49 ff. vorgeschlagene zeitliche Ansetzung in die letzten Jahre des 3. und die ersten des 2. vorchr. Jahrhunderts vgl. K. Galling, RGG V³, Sp. 513 und W. Zimmerli, Das Buch des Predigers Salomo, ATD 16, 1, Göttingen 1962, S. 128.

[31] Vgl. ferner Koh. 12,9 ff.; 2,13 f.; 4,13; 7,4.5 ff.; 7,11 f. 19; 9,16 ff.; 10,2.12 und dazu Zimmerli, a.a.O., S. 132; Hertzberg, a.a.O., S. 54 f. u F. Ellermeier, Die Entmachtung der Weisheit im Denken Qohelets, ZThK 60, 1963, S. 1 ff.

Strafe antworten kann, aber eben in diesem »kann« liegt für ihn Einschränkung und Schrecken:

»Denn auch ich weiß:
Wohl ergehen wird es den Gottesfürchtigen, wenn[32] sie sich vor ihm fürchten. Aber dem Schuldigen wird es nicht wohlgehen, und dem Schatten gleich werden seine Tage währen, wenn er sich nicht vor Gott fürchtet. Es ist etwas Eitles, das auf der Erde geschieht: Es gibt Gerechte, denen es dem Tun der Schuldigen gemäß ergeht. Und es gibt Schuldige, denen es dem Tun der Gerechten gemäß ergeht.
Ich sage: Auch dies ist eitel!« 8,12 b—14.
Damit ist der Anspruch der Weisheit, eine lückenlose Schicksalserklärung zu geben, in Frage gestellt, vernichtet. Dem Weisen, der bekennen muß:
»Ich dachte: Ich will weise werden! — Aber sie blieb fern von mir. Fern ist, was geschieht, und tief, tief, wer kann es finden?«, 7,23 f, wird sein Fragenmüssen zu einer dem Menschen von Gott auferlegten fruchtlosen Mühsal, 1,13, so daß er gestehen muß: »Wo viel Weisheit ist, da ist viel Gram, und je mehr Erkenntnis, desto mehr Leid.« 1,18.

Das einzig Sichere, was sich über den Menschen gleich wie über das Vieh sagen läßt, ist, daß sie beide sterben müssen, 3,18—21. So wird Gott ganz zu dem fernen Gott, 5,1 b, dessen Weltregiment menschlichem Forschen unerreichbar bleibt. Gott hat den Menschen schlechthin in der Hand. Die dem Menschen zufallende, je und je besonders erfüllte Zeit, 3,11, ist ihm als solche entzogen; sie steht allein in der Verfügungsgewalt Gottes, 3,1—15; 9,11 f.[33]. Daraus folgt im Blick auf diesen fernen, verborgenen Gott, daß es des Menschen Teil ist, ihn zu fürchten, 3,14, und im Blick auf das geforderte Tun, nicht zu fragen, sondern das von der zufallenden Zeit gewährte Glück anzunehmen, 6,9[34], sich zu freuen, 11,9—12,7[35], solange es dazu Zeit ist, ehe »der Staub zur Erde zurückkehrt, wie er gewesen, und der Hauch zu Gott zurückkehrt, der ihn gegeben.« 12,7.

Es ist begreiflich, daß sich das Verstehenwollen des Menschen nicht mit diesem Hinweis auf den verborgenen Gott begnügen wollte und angesichts der israelitischen Glaubenstradition auch nicht begnügen konnte; daß es etwa in dem Siraziden zur Erklärung menschlichen Loses auf den Prädestinationsgedanken zurückgriff und gleichzeitig der ihm innewohnenden Lähmung zu entgehen suchte, indem es die Offenbarung der Bestimmung dem Augenblick des Todes vorbehielt[36]. Schließlich hat der

---

[32] Zum hypothetischen Gebrauch des Relativpronomens vgl. Ges.-Ka. 28, § 159 cc.
[33] Vgl. dazu K. GALLING, Das Rätsel der Zeit im Urteil Kohelets, ZThK 58, 1961, S. 1 ff.
[34] Vgl. dazu ELLERMEIER, a.a.O.
[35] Vgl. ferner 2,24 ff.; 3,12.22; 5,17 ff.; 7,13 f.; 8,15; 9,7 ff.
[36] Vgl. dazu O. KAISER, Die Begründung der Sittlichkeit im Buche Jesus Sirach, ZThK 55, 1958, S. 51 ff. = unten, S. 111 ff.

jüdische Glaube angesichts der Tatsache, daß gerade diejenigen, die sich an das unter der Lebensverheißung stehende väterliche Gesetz hielten, um dieser Treue willen starben, in Gestalt der Auferstehungshoffnung erst der Gerechten, dann auch der Schuldigen die Lösung der Schicksalsfrage gewagt, vgl. Jes. 25,8; 26,19; Dan. 12; 2. Makk. 7[37]. Dieser Glaube hat in der Apokalyptik seine dahingehende Ausweitung gefunden, daß alle Toten, sie seien gut oder böse, zum Gericht auferstehen werden, ae. Hen. 22[38]. Daß im Judentum weiterhin nicht allein iranische, sondern auch hellenistische Anschauungen übernommen und dem eigenen Überlieferungsgut eingeschmolzen worden sind, mag Sap. Sal. 3,1—4 belegen:

»Der Gerechten Seelen aber sind in Gottes Hand,
und keine Pein kann sie berühren.
Sie schienen den Augen der Toren gestorben zu sein,
und als ein Scheitern wurde ihr Ende beurteilt
und ihr Scheiden von uns als Untergang;
und doch sind sie in Frieden.
Denn, wenn sie auch für das Auge der Menschen gestraft
werden,
so ist doch ihre Hoffnung voll Unsterblichkeit[39].«

Der Glaube triumphiert über den scheinbaren Widersinn des Weltenlaufs und hält daran fest, daß Gott gerecht war, ist und bleibt.

III

Und wie hat man das gleiche Problem bei den Griechen gesehen, durchlitten und in immer neuen Anläufen zu lösen versucht? Wir müßten hier davon reden, daß die Odyssee eine Theodizeedichtung ist[1], wir hätten dabei auf die eigentümliche Spannung zwischen dem Glauben an das Walten des Schicksalsverhängnisses der Moira und Ate und dem Glauben an die Folgen der Schuld, der Hybris, einzugehen, die schon in der Ilias begegnet und die Götter geradezu als Vollstrecker der Moira erscheinen läßt[2]. Wir müßten weiter bei Hesiod haltmachen, der, obschon er im Rechtsstreit mit seinem Bruder Persis nach seiner Überzeu-

---

[37] Vgl. dazu O. PLÖGER, a.a.O., S. 77 f.85.28 f.; derselbe, Das Buch Daniel, KAT XVIII, Gütersloh 1965, S. 171 f.; ferner G. J. BOTTERWECK, Marginalien zum at-lichen Auferstehungsglauben, WZKM 54, 1957, S. 1 ff. und R. MARTIN-ACHARD, De la mort à la résurrection, Bibliothèque Théologique, Neuchâtel und Paris 1959; H. CAZELLES, Le jugement des morts en Israël, in: Le jugement des morts, Sources Or. IV, Paris 1961, S. 121 ff.
[38] Vgl. dazu E. LOHSE, RGG I³, Sp. 694 f.; dort weitere Lit.
[39] Übersetzung J. FICHTNER, Weisheit Salomos, HAT II, 6, Tübingen 1938. S. 18.
[1] Vgl. dazu W. JAEGER, Paideia I, Berlin und Leipzig 1936², S. 85 f., 103.
[2] Vgl. Il. XX, 125 ff.; XXI, 516 f.; XXII, 175 ff.; IX, 115 ff.; XIX, 84 ff.; Od. I, 32 ff.; XI, 558 ff.

gung zu Unrecht unterlag³, dennoch das Walten der Dike⁴ und das Richten des Zeus lehrt. Ihm erscheint es als das Charakteristikum des Menschen im Unterschied zu den Tieren, daß für ihr Zusammenleben nicht die βία, die Gewalt, sondern die δίκη, das Recht⁵, kraft göttlicher Setzung, νόμος, konstitutiv sind, Erga 276 ff. Gebrochenes Recht ruft Hungersnot, Pest und Krieg als Strafe des Zeus herbei. Die ganze Stadt kann um des Frevels eines willen leiden müssen. Der Gerechte hingegen kann auf den Segen des Zeus vertrauen:

> »Die rechten Spruch den Fremdlingen und Eingesessenen geben
> und die vom Rechten selbst nicht im geringsten weichen,
> ihnen blüht die Stadt, die Menschen ihr gedeihen.
> Der Jugend Nährer Friede beschützt das Land. Und Zeus,
> der weithin donnert, verhängt ihnen nimmer schrecklichen Krieg.
> Nicht Hungersnot, nicht Unglück folgt streng gerechten Männern.
> Sie verrichten glücklich auf dem Feld ihr Werk.
> Viel Frucht trägt ihnen die Erde. Die Eiche auf den Bergen hochragend trägt sie Eicheln, die Immen tief im Laub.
> Schwer tragen die wolligen Schafe die Flocken.
> Die Frauen aber gebären Kinder, ähnlich den Ahnen.
> Beständig herrscht an guten Dingen Überfluß.« Erga 225 ff.

---

³ Vgl. dazu etwa W. Jaeger, a.a.O., S. 91, 95 ff.; M. Pohlenz, Gestalten aus Hellas, München 1950, S. 22.

⁴ Zur Göttin Dike vgl. V. Ehrenberg, Die Rechtsidee im frühen Griechentum, Leipzig 1921, S. 67 ff.; W. Kranz, Stasimon. Untersuchungen zu Form und Gehalt der griechischen Tragödie, Berlin 1933, S. 47: »Sie ist« die göttliche Repräsentantin des »richtigen Masses« und der »leitende Stern«, »der über allem steht, den die Menschen sehen oder zu sehen glauben oder an dem sie vorbeisehen; und so auch die Götter ...«

⁵ Zur Undurchsichtigkeit der Etymologie vgl. W. Jaeger, a.a.O., S. 144 f. »Die Grundbedeutung von Dike ist ... ungefähr soviel wie der zukommende Anteil. Daneben bezeichnet es konkret den Prozeß, das Urteil und die Strafe ... Der höhere Sinn, den das Wort im Polisleben der nachhomerischen Zeit erlangt, entwickelt sich nicht aus diesen mehr technisch veräußerlichten Bedeutungen, sondern aus dem normativen Element, das in jenen allbekannten, uralten Formeln gerichtlicher Rede liegt. Es bezeichnet den zukommenden Anteil, auf den man Anspruch hat, dann das Prinzip selbst, das diesen Anspruch verbürgt und auf das man sich stützen kann.« — Da auf das Problem der ungeschriebenen Gesetze hier nicht eingegangen werden kann, sei wenigstens auf V. Ehrenberg, Sophokles und Perikles, München 1956, S. 25 ff. verwiesen. — Zum Vergleich sei darauf hingewiesen, daß die hebräischen Äquivalente צֶדֶק und צְדָקָה die Richtigkeit und Ordnung, einen Zustand, »der so ist, wie er sein soll und muß«, bzw. das dieser Ordnung entsprechende Verhalten bezeichnen. A. Jepsen, צדק und צדקה im Alten Testament, Hertzberg-Festschrift, S. 78 ff. Beachte besonders S. 81: »Die Wurzel findet sich sicherlich auch in der Rechtssprache; die Rechtsprechung soll ordentlich geschehen. Aber daß sie dort ihren Ursprung oder ihren alleinigen Sitz im Leben habe, ist schwerlich zu erweisen.«

Daß hier in der Grundanschauung von dem Zusammenspiel von Natur und Geschichte, der Überzeugung, daß Rechtsbruch physisches Unheil und Rechtswahrung physisches Heil zur Folge hat, Übereinstimmung zwischen Hesiod und dem Alten Testament besteht, bedarf kaum der Hervorhebung, obgleich wir diesen Aspekt bei unserer vorausgegangenen Darstellung des alttestamentlichen Gerechtigkeitsglaubens ungebührlich zurückgestellt haben[6]. — Wir halten fest: Für Hesiod ist Zeus der Hüter des Rechts geworden, der den Rechtsbruch bestraft und den rechten Spruch belohnt.

Wir begegnen diesem Zeus bei Solon wieder, dessen berühmte Elegie über die Eunomie (frg. 3) mit der Feststellung einsetzt, daß die Stadt »niemals durch den Willen der seligen Götter Unheil treffen wird und Leid«, wenn sich ihre Bewohner vor hybrider Unersättlichkeit und nicht-dike-gemäßem Verhalten hüten. Den Menschen, die sich auf Kosten der Dike des Mitbürgers bereichern, ruft er in seinem großen Gebet an die Musen zu:

> »Zeus hat bei jeglichem Tun das Ende vor Augen. Urplötzlich
> wie im Frühling der Wind Wolken am Himmel zerteilt,
> der aus der Tiefe die Wellen des endlos wogenden Meeres
> aufwühlt und auf dem Land fruchtbare Felder verheert,
> prächtige Saaten zerstört und dann zum Sitze der Götter
> kehrt, zu der Höhe; es strahlt wieder die Helle herab,
> über den fetten Gefilden erglänzt aufs neue der Sonne
> herrliche Kraft, und es ist nirgends ein Wölkchen zu sehn —,
> also kommt die Vergeltung (τίσις) des Zeus; nicht bei einzelnen Taten,
> wie ein sterblicher Mann, brauset er zornmütig auf,
> doch auf die Länge der Zeit entgeht ihm keiner, der frevelt,
> und es kommet zuletzt jegliche Schuld an den Tag.
> Einer zahlet sofort, der andere später, und wenn er
> selber der Strafe entrinnt, nicht vom Verhängnis (μοῖρα) ereilt:

---

[6] Vgl. etwa 2. Sam. 24,13.21; dazu A. S. KAPELRUD, König David und die Söhne Sauls, ZAW 67, 1956, S. 198 ff.; englisch in: The Sacral Kingship, SNumen IV, 1959, S. 294 ff.; Ps. 72,16; Jes. 10,33—11,9; Hos. 2,18—25. — Der von U. v. WILAMOWITZ-MOELLENDORFF, Hesiods Erga, Berlin 1928, S. 158 f. durchgeführte Vergleich zwischen Hesiod und Amos könnte heute kaum noch in dieser Weise durchgeführt werden. Vgl. dazu u. a. M. P. NILSSON, Geschichte der griechischen Religion I, HAW V, 2, 1, München 1955², S. 622. Zu dem von WILAMOWITZ angeschnittenen Problem des Partikularismus der israelitischen Religion vgl. jetzt P. ALTMANN, Erwählungstheologie und Universalismus im Alten Testament, BZAW 92, Berlin 1964. — Auf die sachlichen Beziehungen zwischen Hesiods Erga und den Proverbien hat gerade O. PLÖGER, Wahre die richtige Mitte; solch Maß ist in allem das Beste!, in: Festschrift HERTZBERG, S. 159 ff. hingewiesen. Den Nachweis des Einflusses Hesiods auf die ägyptische Weisheitslehre des 'Anchscheschonqy hat P. WALCOT, Hesiod and the Instructions of 'Onchsheshonqy, JNES XX, 1962, S. 215 ff. zu bringen versucht.

einmal kommt es doch, und die Kinder, die schuldlosen, büßen für die Taten des Ahns oder ein künftig Geschlecht«[7]. frg. 1,17 ff. —

Wir heben nur hervor, wie sich in der Bezeichnung der Kinder als der Schuldlosen (ἀναίτιοι) künftiger Einspruch gegen den Glauben an den Geschlechterfluch anmeldet, und wir betonen, daß anders als im frg. 1 im frg. 3 der Gedanke an das Strafhandeln des Zeus gegenüber Hesiod vergeschichtlicht ist, wie erkannt ist, daß die Strafe darin besteht, daß sich die Gesellschaft selbst zerstört, in dem ihre Glieder das ihnen je zukommende Maß überschreiten[8]. μηδὲν ἄγαν »Nichts zu sehr!« lautet die Solon zugeschriebene Maxime[9], der zu folgen für den Menschen freilich nicht leicht ist:

»Aber es ist das Schwerste von allem, der Einsicht unsichtbares Maß wahrzunehmen, das allein aller Dinge Grenzen in sich trägt.« frg. 16[10].

Zu welcher Tiefe der Daseinsdeutung griechischer Glaube vorstossen konnte, kann wohl am eindrücklichsten ein Blick auf die Orestie des Aischylos zeigen, des Mannes, der von den Tragikern den größten Eindruck bei den Athenern hinterlassen hat[11]. Sein Glaube an die Gerechtigkeit der göttlichen Weltordnung sah sich der Erschütterung durch die dämonische Grausamkeit und Hinterlist der Ate, der Verblendung, ausgesetzt, »durch die der Mensch verführt wird, diese Ordnung zu verletzen, um dann als notwendiges Opfer für ihre Wiederherstellung zu fallen[12].« Der Rufehymnus aus seinem Agamemnon läßt deutlich erkennen, daß sich auch das gerecht waltende Handeln des Zeus nur dem Glauben erschließt und angesichts der Wirrsal und Dunkelheit menschlicher Schicksale nur von dem Glauben behauptet werden kann, der allein »des Denkens vergebliche Qualen« zu bannen vermag:

»Zeus, *wer* Zeus auch immer möge sein,
Ist er dieses Namens froh,
Will ich gern ihn nennen so;
Ihm vergleichen kann ich nichts,
Wenn ich alles auch erwäg',
Außer ihm selbst — so des Denkens vergebliche Qualen
Ich in Wahrheit bannen will«[13]. Ag. 160 ff.

---

[7] Übertragung M. Pohlenz, a.a.O., S. 69 f.
[8] Vgl. dazu W. Jaeger, Solons Eunomie, SBA 1926, XI, S. 81 und Paideia I, S. 193 ff.
[9] Vgl. E. Wolf, Griechisches Rechtsdenken I, Frankfurt 1950, S. 191.
[10] Übersetzung W. Jaeger, Paideia I, S. 203 f.
[11] Vgl. Aristophanes, Frösche, 1411 ff.; Kranz, a.a.O., S. 35 f.
[12] Jaeger, a.a.O., S. 332.
[13] Übertragung J. G. Droysen, Kröners Taschenausgabe 152, Stuttgart 1962, der wir weiter folgen.

Zeus bleibt menschlichem Denken unerreichbar, obschon sein gerechtes Walten die Welt durchdringt[14]. Mit des »Denkens vergeblichen Qualen« reicht der Mensch nicht an ihn heran. Wir erinnern uns an Kohelet, an den Prediger, der erkennen mußte, daß aus dem Wissen Qual, aus der Weisheit Gram erwächst[15]. Die eigentliche Frage des Tragikers ist freilich eher der des Hiob verwandt: Was soll das Leid und woraus erwächst es? Die Antwort lautet: Zeus führt den Menschen durch das Leid dahin, wo er lernt, auf alle Selbstüberhebung (ὕβρις) zu verzichten und sich so der großen, Götter und Menschen umfassenden Urordnung einzufügen. Und so kann Aischylos Zeus preisen lassen als den,

> »... der uns des Denkens Weg
> Führt zum Lernen durch das Leid,
> Unter dies Gesetz uns stellt!
> Ruhlos statt des Schlafs quält das Herz
> Leidgedenk neu sich stets: auch starrem Sinn
> Ist die Einsicht noch genaht.
> Das ist Götterhuld! Erhaben steuern
> Sie die Welt mit harter Hand!« Ag. 174 ff.

Und die mit Leidgedenken gequälten Menschen? Woher erwächst ihnen das Leid? Weil sie in der Behauptung ihrer δίκη gerade die δίκη verfehlen, weil sie sich in der Berufung auf ihr Recht in Vermessenheit (ὕβρις) übersteigern. So beruft sich Klytaimestra zur Rechtfertigung ihres Gattenmordes auf die uralte Ordnung aller Dinge, die θέμις[16]. Agamemnon hat sie verletzt, als er Iphigenie opferte. Sie weiß nicht um die Entrückung der Tochter durch die Göttin. Sie glaubt sich im Recht, gibt vor, der δίκη gemäß zu handeln, und hat sie doch längst verlassen, als sie Aigisth zu ihrem Buhlen machte. Aigisth kann sich ebenfalls auf das Recht berufen, wenn er sich als Rächer des Vaters fühlt, dem Atreus, der Bruder, das gebratene Fleisch der Söhne vorsetzte. Aber indem er die Unantastbarkeit der Ehe verletzte, hatte er selber die Dike gebrochen. Wir haben hier nicht die Gelegenheit, die Fülle der Konflikte durch die ganze Trilogie hindurch zu verfolgen, die sich schließlich in den »Eumeniden« zu einem Konflikt in der Götterwelt selbst zuspitzt. Orest hat die Mutter auf den Befehl des Apoll getötet. Nun verlangen die Erinyen sein Blut. Schutz der wahren Blutsbande und Schutz des durch Eid geheiligten Ehebundes stehen einander in den Erinyen und in Apoll gegenüber. Der Fall

---

[14] Vgl. dazu JAEGER, a.a.O., und M. POHLENZ, Die griechische Tragödie, Göttingen 1954², S. 109.
[15] Vgl. oben S. 262.
[16] Zu der Göttin Themis vgl. H. J. ROSE, Oxford Classical Dictionary, Oxford 1961 (1949), S. 891 und derselbe, Griechische Mythologie, München 1961², S. 19, Anm. 3. — Im Gesamtverständnis der Orestie schließen wir uns hier weitgehend E. WOLF, a.a.O., S. 395 ff. an.

»ist für rechnendes Wägen unlösbar ...«, vgl. Eum. 470 f.[17]. Athene hält sich zur Entscheidung für unzuständig. Die Areopagiten, ungerade an Zahl, damit ein eindeutiges Urteil ergeht, werden zur Abstimmung mit dem Stimmstein aufgefordert. Aber Athene selbst fügt einen Stein für Orest zu, und so ergibt sich Stimmengleichheit. Orest ist freigesprochen. Das moralische Problem ist ungelöst, bleibt unlösbar[18]. Aber göttliche χάρις kann den Menschen aus dem Ring befreien, den Schuld und Schicksal um ihn geschlossen haben[19]. — Gewiß verherrlicht die ganze Trilogie den athenischen Rechtsstaat. Wahrscheinlich ist es richtig, wenn man festgestellt hat, daß Aischylos dem Begriff der Dike, die bis dahin »als sittliche Norm des politischen und privaten Lebens die Beziehung der Menschen untereinander« regelte, als neuen Geltungsbereich den der gott-menschlichen Beziehungen hinzugefügt und im Konfliktsfalle die Priorität des göttlichen vor dem menschlichen Recht gefordert habe[20]. Und doch dürfte die ganze Tiefe der aischyleischen Dichtung damit nicht ausgelotet sein. So dürfte *Erik Wolf* wohl im Recht sein, wenn er zu der rätselhaften Auflösung des Knotens in den »Eumeniden« anmerkt, daß am Ende des Spieles eine Wahrheit aufleuchtet, die an seinem Anfang verborgen war, die Wahrheit, die geschieht, wo Götter und Menschen einander im Recht lassen, ohne um ihr Recht zu kämpfen und ohne auf ihr Recht zu verzichten, in gelassener »Einfügung in die Fügung des Seins (τὸ θεῖον)«[21]. Erfüllen die Menschen diese Gerechtigkeit nicht, so müssen sie leiden, wobei die Hybris des einen die Hybris des anderen zu Fall bringt. Sehen wir richtig, so steht Aischylos letztlich in einer Linie nicht nur mit Solon, sondern auch mit Anaximander, mit dessen Spruch, der auf die Polis wie Kosmos erfüllende Weltnorm hinweist, eine Norm, »die bejaht werden will, weil sie die göttliche Gerechtigkeit selber ist«[22]:

»Woraus aber den seienden Dingen ihr Ursprung sei, da hinein müßten sie auch wieder vergehen nach Schicksalsfügung, denn sie müßten einander Buße und Strafe zahlen für das Unrecht nach dem Richtspruch der Zeit«[23].

Was wir in Israel beobachteten, hat sich mutatis mutandis auch in Hellas ereignet: Will man genau zusehen, wie sich das göttliche Gericht über die Hybris in der Geschichte vollzieht, erhebt man dabei gar noch den Anspruch, daß die Treue der Götter der Treue ihrer Verehrer korrespondiere, so rücken die Götter in eine sie gänzlich verhüllende Ferne. Eben

---

[17] A. LESKY, a.a.O., S. 114.
[18] Vgl. K. REINHARDT, Aischylos als Regisseur und Theologe, Bern 1949, S. 160.
[19] LESKY, a.a.O.,
[20] D. KAUFMANN-BÜHLER, Begriff und Funktion der Dike in den Tragödien des Aischylos, Diss. phil. Heidelberg 1951, S. 113 f.
[21] E. WOLF, S. 424.
[22] W. JAEGER, Die Theologie der frühen griechischen Denker, Stuttgart 1953, S. 48.
[23] Übersetzung W. JAEGER, ebd., S. 46.

dieses Stadium enthüllt sich in der Dichtung des Euripides, dessen Rufehymnus in den Troerinnen wohl bewußt dem des Aischylos nachgebildet worden ist:

»Der du der Erde Träger auf der Erde thronst,
Wer du auch bist, zu wissen Unerforschlicher,
Zeus, seist du Menschengeist nun oder Weltgesetz,
Zu dir ist mein Gebet gewandt, denn leisen Pfads
Lenkst du der Menschen Schicksal in Gerechtigkeit.«
Tr. 884 ff.[24].

Man muß zum Verständnis des Gebetes wissen, daß es aus dem Munde der Hekabe kommt, die eben vernommen hat, daß Menelaos Helena in der Heimat als Sühne für das Meer des im trojanischen Kriege vergossenen Blutes schlachten will. Beim Ende der Szene weiß es Hekabe so gut wie der Zuschauer, daß auch diese Hoffnung trog. Der Glaube an die Harmonie zwischen dem kosmischen und dem sittlichen Gesetz ist Euripides zerbrochen[25]. Man mag mit KARL REINHARDT die Größe des Euripides eben darin sehen, daß er die Frage stellte, aber sie nicht lösen wollte, da ihm alle Antworten unglaubwürdig erschienen[26]. Gewiß hat Euripides nicht auf eine Moral verzichtet. Die Aufführung der Troerinnen vor der geplanten sizilischen Expedition des Jahres 415 wollte deutlich genug als Warnung vor diesem Abenteuer verstanden werden. Zeigte die Tragödie, daß jeder Sieg den Sieger freveln läßt und darum dem Abgrund entgegenführt, während der einzelne achtlos

---

[24] Übertragung W. JAEGER, Paideia I, S. 440. Vgl. auch die von E. BUSCHOR, Euripides. Die Troerinnen. Elektra. Iphigenie im Taurerland, München 1957, S. 49:
»Du hältst die Erde und du thronst auf ihr!
Wer du auch bist, du rätselhafter Zeus,
Gesetz des Stoffes, höchster Menschengeist,
Dich bet ich an! Mit deiner stillen Hand
Führst du der Menschen Los zum rechten Ziel.«
sowie die Nachdichtung von FRANZ WERFEL:
»Der du die Erde trägst, von ihr getragen,
Und thronst auf dem, was deine Schulter hält, —
Wie soll ich einen Namen um dich schlagen,
Der du ja namenlos bist wie die Welt!?
Sag ich Gesetz, Notwendigkeit und Wille, —
Wie wird mein Sinn in Eitles eingeschränkt?!
Mir ziemt nur eins, zu knien in den versenkt,
der namenlos in ungeheurer Stille,
Jedwedes Schicksal an sein Ende lenkt!«
[25] W. JAEGER, Paideia I, S. 440; dazu auch K. REINHARDT, Die Sinneskrise bei Euripides, in: Tradition und Geist, Göttingen 1960, S. 234 und 239: »Der götterlos gewordene Dichter sitzt über dem Verhängnis seiner Götterlosigkeit zu Gericht.«
[26] REINHARDT, ebd., S. 256. Zur Charakterisierung der euripideischen Tragödie vgl. auch K. v. FRITZ, Tragische Schuld und poetische Gerechtigkeit in der griechischen Tragödie, in: Antike und moderne Tragödie, Berlin 1962, S. 19 f.
[27] Vgl. dazu M. POHLENZ, Griechische Tragödie, S. 371.

zertreten wird, so war das für die Athener, die gerade die Bewohner der Insel Melos wider alles Recht ausgerottet hatten, in jeder Weise ein deutliches Menetekel[27]. — Vor dem geschärften Blick für die Wirklichkeit aber haben sich die Götter in rätselhafter Ferne verloren. Wir könnten insoweit meinen, neben Kohelet zu stehen, wobei freilich Gemeinsamkeit und Unterschied sogleich deutlich werden. Angesichts des fernen Gottes ruft Kohelet sein אלהים בשמים ואתה בארץ, »Gott ist im Himmel, aber du auf der Erde, darum mache nicht viele Worte.« 5,1 aus. Hekabe aber entsinken die zum Gebet erhobenen Hände:

»Ihr Götter...schlechte Helfer ruf ich an,
Doch stellt sich das Gebet von selber ein,
Wenn unsereiner ins Verderben stürzt...« Tr. 469 f.[28]

Für Kohelet ist Gott zwar verborgen, aber dennoch in seiner Wirklichkeit unantastbar. Seine Aufforderung an den Menschen, nicht »allzu gerecht« und nicht »allzu weise« zu sein, 7,16 ff., stellt ihn neben Aischylos, ja selbst neben das solonische μηδὲν ἄγαν.

Wir könnten nun auch die Geschichte des griechischen Glaubens an eine sittliche Weltordnung weiterverfolgen, etwa bis hin zu dem Seelenmythos des 10. Buchs der platonischen Politeia, in dem der Gedanke an die Seelenwanderung, an die tausendjährige Seelenreise entfaltet wird, um die unbedingte Verantwortlichkeit des Menschen angesichts der Verschiedenartigkeit menschlicher Lose festzuhalten. Er hat sich sein Geschick vor dem Wiedereintritt in die Erdenwelt ausgesucht: »Die Schuld liegt bei dem Wählenden; Gott ist schuldlos«[29]. Gemäß seinem irdischen Leben soll die Seele nach dem Tode in die Tiefe der Qual oder die Höhen des Himmels aufsteigen: »... wenn mein Rat gilt, wollen wir, überzeugt, daß die Seele unsterblich und imstande sei, allem Schlimmen und allem Guten standzuhalten, immer unbeirrt den Weg nach oben verfolgen und auf dem Grunde richtiger Einsicht auf alle Weise Gerechtigkeit üben, auf daß wir mit uns selbst wie auch mit den Göttern in Frieden und Freundschaft leben, sowohl während wir hier auf Erden weilen als auch dann, wenn wir die Preise dafür davontragen, gleich denen, welche als Sieger im Wettkampf ihren Lohn einsammeln, und hier sowohl wie auch auf der tausendjährigen Wanderung, die wir geschildert, uns eines glücklichen Daseins erfreuen (εὖ πράττωμεν)«[30].

Das Rätsel menschlichen Schicksals erschien, je länger man darüber nachdachte, je länger man es durchlebte und durchlitt, derart, daß es sich, wollte man an einer sittlichen Weltordnung festhalten, nicht in den durch Geburt und Tod gesetzten Grenzen lösen ließ. Alle gegebenen Antworten sind, das wurde am Beispiel der Hiobdichtung und des aischyleischen

---

[28] Übertragung E. BUSCHOR, S. 31.
[29] 617 St., Übersetzung O. APPELT, Phil. Bibl. 80, Leipzig 1941 (= 1923)⁶, S. 423.
[30] 621 St., APPELT, S. 428.

Zeusgebetes besonders deutlich, Antworten des Glaubens. Und Kohelet wie Euripides konnten uns zeigen, daß sich dieser Glaube am Menschenschicksal nicht ausweisen läßt, sondern daß jeder Versuch, ihn zu verifizieren, vor den fernen, verborgenen Gott stellt. Daß der Vergleichbarkeit israelitischer und jüdischer Religion Grenzen gesetzt sind, spielt demgegenüber eine untergeordnete Rolle und mag aus dem Hinweis von WALTER JENS hervorgehen, der im Blick auf die Tragödie konstatiert: »Es ist charakteristisch, daß der Mensch in der griechischen Tragödie niemals ›gebessert‹ oder ›geläutert‹, sondern stets nur zur Einsicht seines ›Fehlers‹ gebracht wird. Von ›Sünde‹ ist keine Rede, man fehlt, sieht seinen Fehler, büßt und leidet. Nicht ›schlecht‹ und ›gut‹, sondern ›blind‹ und ›sehend‹, ›meinend‹ und ›wissend‹ sind Antithesen des griechischen Dramas. Alles ist von kalter Objektivität erfüllt: man ›fühlt‹ nicht, sondern ›sieht‹ und ›erkennt‹«[31]. Sekundär ist in diesem Zusammenhang auch die Frage, wie es kommt, daß zwar der Jahwe-, nicht aber der Zeusglaube sich zentral als Glaube an den gerechten Gott durchgehalten hat. Daß Jahwe der gerechte Gott (vgl. Jer. 12,1) war und blieb, liegt historisch gesehen jedenfalls darin begründet, daß das Verhältnis zwischen ihm und Israel durch das Bundesdenken »mit geschlossener Wucht und Strenge ... auf den souveränen Gotteswillen ausgerichtet war«[32], während Zeus in seiner Rolle als Hüter der Sittlichkeit und des Rechtes durch die ihm aus dem homerischen Epos anhaftenden Mythologeme ebenso geschwächt wurde, wie in seiner potentiellen Stellung als Allgott durch den Polytheismus[33]. Entscheidender ist angesichts der Feststellung, daß es sich bei dem Verständnis von Mensch und Welt als unter einer einheitlichen sittlichen Weltordnung stehende um eine Aussage des Glaubens handelt, die Frage, worin die Bedingung seiner Möglichkeit liegt.

IV

Man könnte angesichts dessen, was über die magische Weltsicht hier wenigstens anklingend festgestellt wurde, der Vermutung Raum geben, daß der Glaube an eine Natur und Geschichte gemeinsam zugrunde liegende sittliche Weltordnung aus in der Tiefe der menschlichen Seele verborgen liegenden magischen Schichten gespeist wird. Aber da die ganze magische Welt für uns Heutige als Horizont für den eigenen Lebensvollzug versunken ist, wäre damit für die Lösung der uns bedrängenden Fragen wenig gewonnen. Was der Historiker hier erarbeitet, mag lediglich als ein Fragmal gegenüber einer allzu eiligen Absolutsetzung unseres Weltbildes dienen. Die Welt ist für uns in die beiden Teile der Empirie

---

[31] W. JENS, Nachwort zu der von W. NESTLE durchgesehenen und eingeleiteten DROYSENschen Übersetzung der Tragödien des Aischylos, Kröners Taschenausgabe 152, Stuttgart 1962, S. 426, Anm. 10.
[32] EICHRODT, Festschrift HERTZBERG, S. 40.
[33] M. P. NILSSON, a.a.O., S. 422 f.

und der Sittlichkeit aufgespalten. Die eine unterliegt dem Verstandesgrundsatz der Kausalität, die andere dem praktischen Grundsatz der Freiheit, eine Unterscheidung, bei der wir uns noch immer auf *Kants* »Kritik der reinen Vernunft« berufen können. Wiederum ist es nicht möglich, hier seiner ganzen Argumentation bis zur Aufdeckung des »Grundgesetzes der reinen praktischen Vernunft«[1], des kategorischen Imperativs[2], zu folgen. Es reicht aus, auf den einfachen Sachverhalt hinzuweisen, daß »nicht bloß das, was reizt, d. i. die Sinne unmittelbar affiziert, die menschliche Willkür bestimmt[3], sondern (daß)[3] wir ein Vermögen haben[3], durch Vorstellungen von dem, was selbst auf entferntere Art nützlich oder schädlich ist, die Eindrücke auf unser sinnliches Begehrungsvermögen zu überwinden; diese Überlegungen aber von dem, was in Ansehung unseres ganzen Zustandes begehrungswert, d. i. gut und nützlich ist, beruhen auf der Vernunft«[4]. Die Vernunft kann weiter dem Willen »Imperative, d. i. objektive Gesetze der Freiheit« geben, »welche sagen, was geschehen soll, ob es gleich vielleicht nie geschieht«.[4a] Die ethische Freiheit ist entsprechend nicht negative Freiheit im Sinne einer absoluten Indetermination, »Freiheit im negativen Verstande«, sondern »Freiheit im positiven Verstande«[5]. Es wird keine welthafte Determination aufgehoben, sondern es tritt eine weitere, nicht aus dem Kausalgefüge der Welt stammende hinzu[6]. Und im Blick auf das Verhältnis zwischen Sinnen- und Verstandeswelt angesichts des Freiheitsproblems mag wiederum an *Kant* erinnert werden: »Als bloßen Gliedes der Verstandeswelt, würden also alle meine Handlungen dem Prinzip der Autonomie des reinen Willens vollkommen gemäß sein; als bloßen Stücks der Sinnenwelt, würden sie gänzlich dem Naturgesetz der Begierden und Neigungen, mithin der Heteronomie der Natur gemäß genommen werden müssen... Weil aber die Verstandeswelt den Grund der Sinnenwelt, mithin auch der Gesetze derselben enthält, also in Ansehung meines Willens (der ganz zur Verstandeswelt gehört) unmittelbar gesetzgebend ist und also auch als solche gedacht werden muß, so werde ich mich als Intelligenz, obgleich andererseits wie ein zur Sinnenwelt gehöriges Wesen, dennoch dem Gesetze der ersteren d. i. der Vernunft, die in der Idee der Freiheit das Gesetz derselben enthält, und also der Autonomie des Willens unterworfen erkennen...«[7]. Ist dem Menschen mit seiner Vernunft selbst ein Sittengesetz, eben das Gesetz der Freiheit, gegeben, so bricht

---

[1] Kritik der praktischen Vernunft 1787, S. 54.
[2] Grundlegung zur Metaphysik der Sitten ed. Vorländer, Phil. Bibl. 41, Leipzig 1945 (= 1906)³, S. 36 ff. 44.
[3] Umstellung bzw. Einfügungen von mir.
[4] Kritik der reinen Vernunft, A 802; B 830.
[4a] ebenda.
[5] Kritik der praktischen Vernunft, S. 59.
[6] N. Hartmann, Teleologisches Denken, Berlin 1951, S. 120; ferner W. Trillhaas, Ethik, Berlin 1959, S. 59.
[7] Grundlegung zur Metaphysik der Sitten, S. 83 f.

die Frage, wie dieses Gesetz und das menschliche Schicksal zusammenstimmen, unabweislich in dem Menschen auf. Spekulativ kann er das Problem nicht lösen. Empirisch kommt er über die Feststellung eines Kausalablaufes nicht hinaus. Und wiederum *Kant*: »Dagegen, wenn wir aus dem Gesichtspunkt der sittlichen Einheit, als einem notwendigen Weltgesetze, die Ursache erwägen, die diesem allein den angemessenen Effekt, mithin auch für uns verbindliche Kraft geben kann, so muß es ein einiger oberster Wille sein, der alle diese Gesetze in sich befaßt[8].« Und weiter: »Aber diese systematische Einheit der Zwecke in dieser Welt der Intelligenzen, welche, obzwar als bloße Natur, nur Sinnenwelt, als ein System der Freiheit aber, intelligible, d. i. moralische Welt (regnum gratiae) genannt werden kann, führt unausbleiblich auch auf die zweckmäßige Einheit aller Dinge, die dieses große Ganze ausmachen, nach allgemeinen Naturgesetzen, so wie die erstere nach allgemeinen und notwendigen Sittengesetzen, und vereinigt die praktische Vernunft mit der spekulativen. Die Welt muß aus einer Idee entsprungen vorgestellt werden, wenn sie mit demjenigen Vernunftgebrauch, ohne welchen wir uns selbst der Vernunft unwürdig halten würden, nämlich dem moralischen, als welcher durchaus auf der Idee des höchsten Guts beruht, zusammenstimmen soll«[9]. Stellen wir nun noch einmal die Frage nach der Bedingung der Möglichkeit des Glaubens an eine letzte, sittliche Weltordnung, so lautet die Antwort: Sie gründet in dem der Vernunft selbst innewohnenden Gesetz der Freiheit. Der Glaube an eine letzte sittliche Weltordnung ist seinem Wesen nach ein moralischer Glaube.

Es ist einsichtig, daß der Menschheit und mit ihr unserem eigenen Volke viel Leid erspart geblieben wäre, viel Leid erspart bliebe, wenn sie, wenn wir an dieser Erkenntnis festhalten und daraus die praktischen Konsequenzen ziehen wollten.

---

[8] Kritik der reinen Vernunft, A 815; B 843.
[9] Ebd., A 815 f.; B 843 f. — Vgl. auch SPRANGER, a.a.O., S. 106.

Gerechtigkeit und Heil

*bei den israelitischen Propheten und griechischen Denkern
des 8.-6. Jahrhunderts
Rudolf Bultmann zum 85. Geburtstag*

Die industrielle Gesellschaft der Gegenwart basiert auf einer weltweiten menschlichen Kooperation in der Gewinnung von Rohstoffen, ihrer Verteilung, technischen Verarbeitung und organisierten Verwertung ihrer Produkte. Sie hat gegenüber früheren Zeiten eine so nie dagewesene und immer intensiver werdende Kommunikation unter den Völkern der ganzen Erde geschaffen[1]. Ihre umfassende Verflechtung läßt die politischen und sozialen Spannungen fast jeden Teiles der Erde global und oft einschneidend bewußt werden. Sie ist auf dem Wege, uralte Vorurteile der Völker und Rassen gegeneinander abzubauen, da sie die Einsicht in die grundsätzliche Gleichheit aller Menschen zusammen mit der in die Schicksalsgemeinschaft fördert, die sich in einem unauflöslichen und wechselseitigen Aufeinanderangewiesensein äußert. Da sie ihrem Wesen nach rational ist, macht sie vor überkommenen Strukturen keinen Halt. Sie legt sie zunächst auf die Waage der Leistung: Dienen die überkommenen gesellschaftlichen und industriellen Verhältnisse der denkbar besten Leistung oder stellen sie in größerem oder geringerem Umfange eine Hemmung dar, so daß sie um der Erhaltung einer sich beständig vermehrenden Erdbevölkerung willen verändert werden müssen? Neben solchen weltpolitischen wie lokalpolitischen Erwägungen, die etwas von dem Heraufziehen des Zeitalters eines Weltstaates ahnen lassen, tritt im Einzelbereich angesichts eines sich verstärkenden Wettbewerbs die Notwendigkeit der Kosten und Zeit sparenden Rationalisierung. Weltweite Kooperation und lokale Rationalisierung treffen auf eine Menschheit, die sich der Gleichheit ihrer Ansprüche eben in diesem Prozeß bewußt wird und mithin die Forderung nach Gerechtigkeit erhebt.

Die Frage, was unter dieser sozialen Gerechtigkeit zu verstehen ist, wie sie in einem evolutionären oder revolutionären Prozeß zu verwirklichen ist, gibt heute der politischen Auseinandersetzung ihre Leidenschaft. Da die rationale Forderung nach Gerechtigkeit auf einer wohl rational einsehbaren, selbst aber transrationalen Würde des Menschen als eines sich verstehenden, zu freier Entscheidung angesichts eines Sollens aufgerufenen Wesens beruht[2], besitzt diese Auseinandersetzung zu allen

---

[1] Vgl. aber, was Kant dazu schon 1795 in seinem Entwurf »Zum ewigen Frieden«, AA VIII, S. 360, 1 ff. gesagt hat.

[2] Auf das Freiheitsproblem kann hier nicht eingegangen werden. Es reicht aus, auf § 53 der Prolegomena Kants und die ausführliche Diskussion bei N. Hartmann, Ethik, Berlin 1962⁴, S. 686 ff., zu verweisen.

Zeiten zugleich einen religiösen Charakter. Kommt sie nicht zum klaren Bewußtsein ihrer Wurzeln u n d ihres in der Situation beschlossenen Auftrages, so verfällt sie eben deshalb jenen irrationalen Strömungen und Eruptionen, welche der Menschheitsgeschichte weithin einen so schrecklichen Charakter verleihen. Die gleiche Gefahr droht aber auch dort, wo man fälligen Entscheidungen ausweicht oder sie entschlußlos hinauszögert: Damit stauen sich notwendig Affekte an, die sich schließlich in mächtigen, revolutionären Eruptionen entladen.

Im Ringen um die Entscheidungen, welche uns eine sich tiefgreifend wandelnde Gesellschaft und ein sich damit notwendig wandelndes Bewußtsein abfordern, kann uns eine Besinnung auf die Wurzeln unseres eigenen, in der Bibel wie im klassischen Griechentum liegenden Gerechtigkeitsglaubens nicht schaden. Ein Blick auf die damals angesichts konkreter gesellschaftlicher Veränderungen erhobenen Forderungen nach Gerechtigkeit, damals gestellten Prognosen und Lösungsversuche dürfte jedenfalls dazu angetan sein, die Einsicht in den eigenen Kairos, die eigene Entscheidungssituation zu schärfen. Glaube und Geschichte bieten keine fertigen Lösungen an. Aber sie rufen, nachdem sie uns in Distanz zur eigenen Situation versetzt haben, dazu auf, mit geschärftem Gewissen und kritischerem Auge die eigenen Entscheidungen vorzubereiten und zu wagen.

II

Wir suchen in der israelitischen wie in der griechischen Geschichte jeweils den Zeitraum auf, in dem sich die überkommene bäuerliche Lebensordnung mit ihrer Nachbarschaftsethik auflöste. Im Zusammenstoß zwischen kleinbäuerlicher, der Sippe verhafteter, und großbäuerlich-frühkapitalistischer Gesellschaft im 8. und 7. Jahrhundert erhoben die israelitischen Propheten ihre Stimme[3]. In der Wandlung vom Adelsstaat zur Polis verkündigt der böotische Dichter Hesiod um die Wende vom 8. zum 7. Jahrhundert die Macht der δίκη, der Gerechtigkeit, welche Adel und Gemeinfreie in eine neue Gemeinschaft einfügt. Als adliges Großbauerntum die Kleinbauern aufsog und der aufstrebende Handel zusätzliche soziale Spannungen in die athenische Gesellschaft brachte, verband Solon im beginnenden 6. Jahrhundert Reformen und Gesetzgebung mit dem Preise der εὐνομία, der »Wohlverteiltheit«, ohne die keine Polis gedeiht. So verkünden Propheten und Dichter die göttliche Norm der Gerechtigkeit, über deren Einhaltung die richtende Gottheit wacht. — Die Verkündigung der von Gott geforderten Gerechtigkeit,

---

[3] Damit ist keine umfassende Charakteristik der Situation gemeint, in welcher die Propheten auftraten. Daß sie z. B. die außenpolitische Lage der beiden Reiche miteinbeziehen müßte, sei hier nur zur Vermeidung von Mißverständnissen angemerkt.

das Nachdenken über ihre Verwirklichung kamen hier wie dort mit den Genannten nicht zu ihrem Ende[4]: Von Dauer, ewig, ist nur die Forderung. Die Antworten wandeln sich, bleiben der Situation verhaftet, in der sie erklingen.

Die Propheten waren keine Sozialreformer[5]. Man ginge fehl, wollte man sie als Klassenvertreter oder bewußte Wegbereiter einer revolutionären Umwälzung verstehen. Ebenso verfehlt wäre es auch, sie als Vertreter einer konservativen, politisch-wirtschaftlichen Repristination abzustempeln[6], obwohl wir zu zeigen haben, in welchem Maße bei ihnen Ideale aus nomadischer Vorzeit nachwirken. Sie verstehen sich als Boten Gottes, der Israel zu seinem Eigentum gemacht, der von Israel eine ausschließliche Treue verlangt und dafür Israel zu schützen und zu schirmen verheißen hat. Aus diesem, alle Israeliten umspannenden Erwählungs-, Treue- und Schutzverhältnis folgt für sie nicht das Postulat demokratischer und sozialer Gleichheit[7], wohl aber das einer brüderlichen Gemeinschaft, in der keinem Freiheit und Lebensmöglichkeit beschnitten werden. Die Gerechtigkeitsforderung der Propheten ist konkret Bestandteil ihrer Mahn- und Drohreden, ihrer Unheilsverkündigung: Wo und wann immer die von Gott geforderte Treue nach außen und innen, im Abfall zu fremden Göttern, in einer sich auf politische Stärke und Mächte statt auf Gottes Beistand verlassenden Außenpolitik oder eben in der Vergewaltigung der Schwachen des Volkes gebrochen wird, sagen sie ihrem Volke im Namen Jahwes den Untergang an.

A m o s , der Viehzüchter aus dem judäischen Acker- und Festungsstädtchen Thekoa am Rande der Wüste Juda[8], tritt um 760 vor allem am Reichsheiligtum des Nordstaates Israel in Bethel, vielleicht auch in der Hauptstadt des Landes Samaria auf. In seinem großen Völkergedicht Am 1, 3—2, 16*, das wohl an den Anfang seiner Wirksamkeit gehört[9], gewinnt er zunächst die innere Zustimmung seiner Hörer, indem er den alten Feinden, dem Aramäerstaat von Damaskus, den Philisterstädten Gaza, Asdod, Askalon und Ekron, den Ammonitern und Moabitern das

---

[4] Vgl. dazu O. Kaiser, Dike und Sedaqa, NZSTh 7, 1965, S. 251 ff. = oben, S. 1 ff.

[5] Vgl. dazu schon P. Kleinert, Die Profeten Israels in sozialer Beziehung, Leipzig 1905, S. 5 f.

[6] Vgl. dazu E. Troeltsch, Glaube und Ethos der hebräischen Propheten (1916), in: Gesammelte Schriften 4. Aufsätze zur Geistesgeschichte und Religionssoziologie, hg. H. Baron, Tübingen 1925, S. 53, und J. Hempel, Das Ethos des Alten Testaments², BZAW 67, Berlin 1964, S. 121.

[7] Vgl. dazu die negative Schilderung der Zustände im Lande nach der Beseitigung seiner Oberschicht durch Jesaja Jes 3, 1 ff.

[8] Zum Beruf des Amos vgl. zuletzt S. Segert, Zur Bedeutung des Wortes noqēd, in: Hebräische Wortforschung. Festschrift W. Baumgartner, SVT 16, Leiden 1967, S. 271 ff.

[9] So mit Recht A. Weiser, ATD 24, Göttingen 1967⁶, S. 134, und H. W. Wolff, BK XIV, 6, Neukirchen 1967, S. 181.

Gottesgericht ankündigt: Gewalttätige Kriegsführung, die weder vor dem Aufschlitzen der Schwangeren noch vor dem Verbrennen der Gebeine der Toten noch vor dem Verschleppen der Bevölkerung ganzer Ortschaften und ihrem Verkauf in die Sklaverei zurückschreckte, wird von dem Gotte geahndet, der offensichtlich nicht nur von Israel, sondern von allen Völkern Menschlichkeit verlangt und über sie alle verfügt. Aber dann fällt der Prophet schneidend über seine Zuhörer her, indem er die vier Sünden Israels aufzählt und dafür die vernichtende Heimsuchung Jahwes in einem Erdbeben ankündigt: Der Gerechte wird um Silber, der Arme um eines Paares Schuhe willen verkauft. Die Anklage hat wohl nicht die Bestechlichkeit der Richter, sondern die Tatsache im Auge, daß ein Schuldloser, etwa der Sohn eines Schuldners, vgl. 2 Kö 4, 1, oder ein geringfügig Verschuldeter in die Sklaverei verkauft wird[10]. — Man tritt nach dem Kopf des Geringen und beugt das Recht des wirtschaftlich Unselbständigen[11]. Sohn und Vater nehmen sich das gleiche Mädchen. Man lagert sich auf gepfändeten Mänteln und vertrinkt die Bußgelder[12]. — Mustern wir die Predigt des Amos weiter durch, so gewinnt das Bild der sozialen Spannungen an Farbe: Einer Schicht von Unselbständigen, die ständig wächst, steht eine Oberschicht gegenüber, die sich auf deren Kosten bereichert und ein Luxusleben führt! Der Geringe muß sein Pachtgeld und seine Getreideabgaben entrichten, 5, 11. Der Reiche ruht auf seinem mit Elfenbeinarbeiten verzierten Bett, verspeist dabei Lämmer und Kälber, improvisiert auf der Leier, trinkt seinen Wein aus Schalen und salbt sich mit dem feinsten Öl, 6, 4—8. Er verfügt über ein Winterhaus und ein Sommerhaus, 3, 15. Er wartet ungeduldig, daß die Tage der Geschäftsruhe, daß Neumondstage und Sabbate vorübergehen, damit er seinen betrügerischen Getreidehandel fortsetzen kann, bei dem er das Maß verkleinert und gleichzeitig den Preis heraufsetzt, um so den wirtschaftlich Schwachen in seine Hand zu bekommen, ihn schließlich gar um ein Paar Schuhe zu kaufen, 8, 4—8. Und im Hintergrund stehen die Frauen, die sich an der Verknechtung mitschuldig machen, indem sie ihre Männer auffordern, Mittel für die eigenen Gelage herbeizuschaffen, 4, 1—3. All diese Frevel wird Jahwe ahnden, mit Erdbeben, 2, 13 ff.; 8, 8, mit Feinden, die das Land ringsum bedrängen, seine Paläste erobern und plündern, 3, 11, wobei dann die ironisch als Basanskühe bezeichneten Damen — ein Ausdruck, der etwa unseren »Allgäuern« ent-

---

[10] H. W. Wolff, BK XIV, 7, Neukirchen 1969, S. 200 f. Anders Th. H. Robinson, HAT I, 14, Tübingen 1954², S. 78 f.
[11] Zu dieser Bedeutung des hebräischen 'ānî vgl. L. Delekat, VT XIV, 1964, S. 35 ff.
[12] Vgl. dazu jetzt Wolff, a.a.O., S. 203 f. — Wenn man Am 2, 7b in seiner Stellung zwischen 7a und 8 berücksichtigt und dabei die von Wolff S. 163 und 203 begründete Streichung von 8 aβ und bβ akzeptiert, muß man wohl auch in 7 b an ein Vergehen an sozial Abhängigen denken.

sprechen mag — ebenso gen Norden deportiert werden, 4, 3, wie die sonstigen Überlebenden der Oberschicht des Volkes, 7, 11.17.

Unter einer leichten Durchbrechung der zeitlichen Reihenfolge übergehen wir zunächst den Hauptstädter Jesaja, um Amos, dem Viehzüchter vom Rande der Wüste Juda, den Propheten M i c h a an die Seite zu stellen, der im letzten Drittel des 8. Jahrhunderts im Südreich von Jerusalem und Juda wirkte. Als seine Heimat gilt Moroschet-Gath, eine kleine Ackerbürgerstadt im Hügelland südwestlich von Jerusalem. Mithin dürften wir in ihm einem Manne begegnen, der aus ähnlichen sozialen Verhältnissen wie Amos stammt. Was wir aus den Worten des Amos für das Nordreich erschließen können, eine wachsende Vertiefung der Gegensätze zwischen arm und reich mit all ihren Mißbräuchen der wirtschaftlichen Stärke bis hin zum systematischen Bauernlegen, wird von Micha unverhüllt angeprangert, Mi 2, 1—3. Auch er klagt über die Pfändung der Gewänder, die über den Abend hinaus zu behalten schon deshalb für unzulässig galt, weil der Mantel den einzigen Schutz des Armen gegen die empfindliche Nachtkühle bildete, vgl. Mi 2, 8 mit Ex 22, 25 f. Wenn er weiter Einspruch gegen die Vertreibung von Frauen und Kindern aus ihrem Hause erhebt, 2, 9, muß man fragen, ob es sich hierbei um eine Pfändung des Hauses zu Lebzeiten des Gatten und Vaters oder um eine Austreibung der Witwe mit ihren Kindern handelt. Die offenbar zu seiner Zeit besonders ausgeprägte Bautätigkeit in Jerusalem war in seinen Augen auf Blut und Unrecht gegründet, auf eine Übervorteilung der Armen, die wohl selbst vor dem Justizmord nicht zurückschreckte, 3, 10[13]. Die Führer des Volkes zeigten ihre Geldgier, indem seine Häupter um Geschenke richteten, seine Priester und Propheten ihre Weisungen und Wahrsprüche gegen Bezahlung und oft auch entsprechend der Bezahlung erteilten, vgl. 3, 9 ff. mit 3, 5. Überaus drastisch faßte er dies alles in dem begründeten Drohwort 3, 1—4 zusammen:

»Hört her, ihr Häupter von Jakob,
    ihr Fürsten von Israel!
Ihr solltet wissen, was recht ist.
    Doch ihr haßt das Gute und liebt das Böse.
Ihr freßt das Fleisch meines Volkes
    und zieht ihm das Fell über die Ohren.
Einst werdet ihr zum Herren schreien,
    doch er wird euch dann nicht erhören.
Er wird sein Antlitz vor euch verbergen,
    weil ihr's so arg getrieben habt[14].«

---

[13] Vgl. Weiser, S. 261.
[14] Übersetzung E. Balla, Die Botschaft der Propheten, hg. G. Fohrer, Tübingen 1958, S. 159.

Wenn die für die Aufrechterhaltung der Gottesordnung im Volke Verantwortlichen, die Fürsten, Priester und Propheten, so grundlegend versagen, dann ist dieses Volk in seinem Zentrum erschüttert. Ist das Zentrum des Volkes als des Volkes Gottes der Zion mit seinem Tempel, so muß auch der Zion fallen:

»Daher wird um euretwillen
Zion als Feld gepflügt,
Jerusalem wird zu Trümmern
und der Tempelberg zur wüsten Höhe.« 3, 12.

J e s a j a , der Städter, dessen Wirken etwa ein Jahrzehnt vor dem Michas in Jerusalem einsetzt, gibt dem Bild noch einige zusätzliche Konturen. Scharf ist die Anklage, die er seinen Gott am Ende des Weinbergliedes erheben läßt und die man als Motto über seine ganze Unheilsverkündigung setzen könnte, 5, 7:

»Er harrte auf gut Regiment,
doch siehe da: Blutregiment! —
Auf Rechtspruch,
und siehe da: Rechtsbruch!«

Der Anklage entspricht in anderem Zusammenhang die Mahnung, Gutes zu tun, nach Recht zu trachten, dem Bedrückten, den Witwen und Waisen zu helfen, 1, 17. Auffallend ist es nun, daß die Fürsten, d. h. wohl die königlichen Beamten, nicht allein als Rebellen und Diebesgenossen bezeichnet werden, als Männer, welche der Bestechung nachjagen und das Recht der Witwen und Waisen vernachlässigen, 1, 21 ff., sondern daß weiterhin von Unheilssatzungen und Anordnungen des Leides die Rede ist, mit deren Hilfe das Recht der Besitzlosen gebeugt, die Witwe und Waise zum Ausbeutungsobjekt gemacht werden, 10, 1 f. Das steht wohl in einem inneren Zusammenhang mit dem Wehe, das 5, 8 über die ergeht,

»... die Haus an Haus reihen,
die Feld mit Feld verkoppeln,
bis kein Platz mehr ist
und ihr bleibt, allein inmitten des Landes zu wohnen«.

Aber ehe wir nach den konkreten Hintergründen dieser Anklagen fragen, sei das Bild der jesajanischen sozialkritischen Verkündigung abgerundet: Auch er hat, wie Amos, nicht allein über Rechtsbruch und Bauernlegen, sondern ebenso über das sorglose Luxusleben der Reichen 5, 11 f. und über die ausgesuchte Putzsucht der Jerusalemerinnen 3, 16 ff. zu klagen. Was wird das Ende von all dem sein? Die stolzen Häuser werden fallen. Die Pracht muß in die Unterwelt hinab. Das Volk muß in die Verbannung,

»sein Adel — Hungerleider, und seine Masse — ausgedörrt vor Durst«. 5, 13

Die Verantwortung für das Schicksal des Volkes — eine Berücksichtigung des um die Wende vom 7. zum 6. Jahrhundert ebenfalls in Jerusalem auftretenden Propheten Jeremia würde es bestätigen[15] — liegt für die Propheten bei den herrschenden, besitzenden Schichten. Mißbrauchen sie ihre Macht, so führen sie sich und ihr Volk in die gottgewirkte Katastrophe, jenseits derer man gerechtere Richter erwarten mag, 1, 24 ff. Die nach der judäischen Katastrophe des Jahres 586 keimende messianische, den König der Heilszeit erwartende Hoffnung[16] macht es vollends deutlich, daß wir die Propheten nicht als sozialrevolutionäre Demagogen verstehen dürfen.

Ehe wir uns Hesiod und Solon zuwenden, ist die Frage zu beantworten, welche sozialgeschichtlichen Hintergründe die prophetische Polemik besitzt. *Max Weber* erkannte bereits die Bedeutung des Aufkommens des Königtums für die soziale Umschichtung innerhalb der beiden israelitischen Reiche: An die Stelle »der alten Gliederung Israels in wehrhafte bäuerliche Grundeigentümer- oder Hirtensippen einerseits, schutzverwandte Gastsippen von Handwerkern, Tagelöhnern, Musikern andererseits« trat nun die andere, in welcher dem »stadtsässigen grundherrlichen Patriziat als Träger der ritterlichen Kriegerschulung ... verschuldete oder ganz landlos gewordene Metöken« gegenüberstanden[17]. *Albrecht Alt* hat dann in Sonderheit sein Augenmerk darauf gerichtet, daß »die Könige fast niemals in den Kreis der Bescholtenen als haupt- oder auch nur als mitverantwortlich einbezogen sind«[18], und daraus den einleuchtenden Schluß gezogen, daß die entscheidenden Eingriffe in die israelitische Sozialstruktur in der Epoche des Aufkommens des Königtums erfolgt sein müssen[19]. Während nun das altisraelitische Bodenrecht den Verkauf des der Sippe gehörenden Landbesitzes nicht vorsah, blieb bei der Inkorporation der bislang kanaanäischen Landstriche und Städte das dortige Recht in Geltung, das solche Einschränkungen nicht kannte. Neben der Einziehung von Erbgütern durch die Krone, wie sie bei Majestätsbeleidigungen und anderen schweren Delikten möglich gewesen zu sein scheint, vgl. 1 Kö 21, 8 ff.[20], dürfte in Sonderheit der Aufstieg der königlichen Beamten und Offiziere für die Umschichtung verantwortlich zu machen sein. Erhielten sie zu ihrer Versorgung Lehen, so werden sie

---

[15] Vgl. Jer 5, 1 ff.
[16] Vgl. dazu G. Fohrer, Geschichte der israelitischen Religion, Berlin 1969, S. 356 ff.
[17] Gesammelte Aufsätze zur Religionssoziologie 3. Das antike Judentum, Tübingen 1920 (1963³), S. 66; vgl. auch Troeltsch, S. 53.
[18] Der Anteil des Königtums an der sozialen Entwicklung in den Reichen Israel und Juda, in: Kl. Schriften zur Geschichte des Volkes Israel III, München 1959, S. 354.
[19] Vgl. S. 355 ff.
[20] Mit Hempel, S. 115, vgl. S. 272, dürfte 2 Kö 8, 1 ff. gegen Alt nicht als Beleg für die Einziehung verlassener Höfe durch die Krone anzusehen sein.

durch das Beispiel kanaanäischer Familien ganz allgemein dem Trend erlegen sein, auch ihrerseits auf eine Abrundung ihres Grundbesitzes aus zu sein. Die Bewirtschaftung der Lehen mußte weiterhin eine abhängige Pächterschicht hervorrufen, da sich Beamte und Offiziere kaum selbst mit ihr abgeben konnten. Diese Pächter aber mußten bei Mißernten und anderen wirtschaftlichen Schwierigkeiten in Not geraten[21]. — Neben dieser, vom Königtum und der Einbeziehung der alten kanaanäisch gebliebenen Siedlungsgebiete ausgehenden Umschichtung wird man freilich mit *de Vaux* auch unterschiedliches Glück und unterschiedlichen Fleiß für den Aufstieg einzelner Familien innerhalb der Agrargesellschaft in Rechnung zu stellen haben. Die zwischen dem 10. und 8. Jahrhundert erfolgende Differenzierung der Gesellschaft in arm und reich läßt sich an der Baugeschichte von Tell el-Farah, dem biblischen Thirza, ablesen: Während die Häuser des 10. Jahrhunderts gleiche Größe und Ausstattung besaßen, läßt sich bei denen des 8. deutlich ein Viertel der Reichen von dem der Armen unterscheiden[22]. Schließlich hat man, unbeschadet fortwährender Naturalwirtschaft, in der späteren Königszeit mit einem Vordringen der Geldwirtschaft zu rechnen, die ihrerseits die wirtschaftlich starken Gruppen bevorteilt[23].

Läßt sich so die prophetische Klage über das Bauernlegen grundsätzlich wirtschaftsgeschichtlich einordnen, bleibt zu fragen, ob nicht auch die andere über die Bestechlichkeit der Richter einen, über die allgemein menschliche Schwäche hinausgehenden konkreten rechtsgeschichtlichen Hintergrund besitzt. *Donner* könnte mit seiner Vermutung recht haben, daß die alten Laiengerichte im Tor (wenigstens in den Hauptstädten) durch eine administrative Gerichtsbarkeit abgelöst worden waren, welche die Möglichkeit zur Gebührenerhebung und Erpressung bot[24]. Welche Anordnungen und Erlasse sich hinter den von Jesaja 10, 1 f. als Unheilssatzungen gegeißelten Maßnahmen verbergen, läßt sich nicht über die Feststellung hinaus konkretisieren, daß sie den sozial Unselbständigen zum Schaden gereichten. Mit *Nyberg* liegt freilich die Annahme nahe, daß es sich bei ihnen um neue ökonomische Gesetze handelt, welche den herkömmlichen Rechtsbegriffen widersprachen[25].

Zusammenfassend und verallgemeinernd können wir sagen, daß im 8. Jahrhundert in den Reichen von Israel und Juda eine herkömmliche, als unter dem Schutz der Gottheit stehend betrachtete altisraelitische

---

[21] Vgl. dazu Hempel, S. 117 f.
[22] R. de Vaux, Les institutions de l'Ancien Testament I, Paris 1958, S. 114.
[23] Vgl. dazu K. Galling, Biblisches Reallexikon, HAT I, 1, Tübingen 1937, Sp. 174 ff.
[24] H. Donner, Die soziale Botschaft der Propheten im Lichte der Gesellschaftsordnung in Israel, Oriens Antiquus 2, 1963, S. 236.
[25] S. Nyberg, Beduinentum und Jahwismus. Eine soziologisch-religionsgeschichtliche Untersuchung zum Alten Testament, Lund 1946, S. 149.

Lebens- und Gesellschaftsordnung in besonderer Schärfe mit einer aus dem kanaanäischen und letztlich aus dem babylonischen Raum stammenden Praxis zusammenstieß. Dabei wurde das Sozialgefüge erschüttert, indem die Zahl der kleinen aber freien Bauern zugunsten der Großgrundbesitzer vermindert und Bauern in Pächter, Pächter in Tagelöhner und Tagelöhner in Schuldsklaven verwandelt wurden. Auf diese Verletzung der Lebensordnung des Volkes durch die Mächtigen sollte Gott gemäß der Botschaft der Propheten mit dem Untergang des Staates antworten. Heuschreckenplagen und Dürren, vgl. Am 7, 1 ff., Erdbeben und übermächtige Feinde sollten sein Gericht vollziehen. Im Untergang des Nordreiches 722 und im Fall des Südreiches 586 haben sich die prophetischen Ansagen erfüllt[26].

Daß die Propheten ihre Gegenwart an dem Ideal einer allen Gliedern des Volkes Freiheit und auskömmliches Leben gewährenden Gesellschaft maßen und eben darin die Forderung ihres Gottes erkannten, ist durch das bisher Gesagte zur Genüge deutlich geworden. Das in der gegenwärtigen Forschung vielfach verhandelte Problem, inwieweit sie sich dabei auf sakrale Rechtstraditionen, überlieferte Sippenweisheit oder ihr eigenes Gewissen stützten, können wir in diesem Zusammenhang auf sich beruhen lassen[27]. Was *Ernst Troeltsch* in polemischer Abgrenzung gegen eine idealistische Interpretation der Prophetie festgestellt hat, trifft jedenfalls zu: »Die Sittlichkeit der Propheten ist nicht die Sittlichkeit der Menschheit, sondern die Israels in der ganzen Ungeschiedenheit von Sitte, Recht und Moral, die allen antiken Völkern eigen ist[28].« Verlegten wir den Nachdruck vom Recht auf Sippenethos und Sippenweisheit oder gar das allgemeine Rechtsbewußtsein des Volkes, so müßten wir doch in jedem Falle nach dem konkreten sozialen Hintergrund fragen. Vor allzu einseitiger Ableitung warnt dabei die Tatsache, daß wir es im 8. Jahrhundert mit einem Volke zu tun haben, dessen nomadische Vergangenheit Jahrhunderte zurück liegt. Dennoch wird man nicht übersehen, daß

---

[26] Zur Datierung vgl. H. Tadmor, The Campaigns of Sargon II. of Assur. A Chronological-Historical Study, JCS XII, 1958, S. 22 ff. 77 ff., und A. Malamat, The Last Kings of Judah and the Fall of Jerusalem, IEJ 18, 1968, S. 137 ff.

[27] Vgl. dazu besonders E. Würthwein, Amosstudien, ZAW 62, 1950, S. 40 ff.; A. S. Kapelrud, Central Ideas in Amos, SNVAO II, 1956, 4, Oslo 1956 (1961²), S. 59 ff., besonders S. 68; R. Bach, Gottesrecht und weltliches Recht in der Verkündigung des Propheten Amos, in: Festschrift G. Dehn, Neukirchen 1957, S. 23 ff.; H. Graf Reventlow, Das Amt des Propheten bei Amos, FRLANT 80, Göttingen 1962, S. 73 ff.; O. Kaiser, Wort des Propheten und Wort Gottes, in: Tradition und Situation. Festschrift A. Weiser, Göttingen 1962, S. 79 ff.; W. Zimmerli, Das Gesetz und die Propheten, Göttingen 1963, S. 103 f.; R. Smend, Das Nein des Amos, EvTh 23, 1963, S. 404 ff.; H. W. Wolff, Amos' geistige Heimat, WMANT 18, Neukirchen 1964, und H. H. Schmid, Gerechtigkeit als Weltordnung, BHTh 40, Tübingen 1968, S. 179 f.

[28] S. 50.

die Abneigung gegen den Luxus und einen sich als Eigenwert verstehenden Reichtum seine Wurzeln in der nomadischen Vergangenheit besitzt. Reichtum ist für den Beduinen weder Selbstzweck noch Mittel zur Prachtentfaltung, sondern zu gastfreier Bewirtung des Fremden und der Lagergenossen[29]. Weiterhin wird man jedoch in Rechnung zu stellen haben, daß sich in Israel die Ideale aus nomadischer Vorzeit mit solchen eines freien, auf Nachbarschaftshilfe angewiesenen Wehrbauerntums und selbst solchen der Stadtkultur verbunden haben, wobei sie eigentümlich in den Gedanken einer religiösen Genossenschaft eingeschmolzen sind, die alle Glieder mit Gott und also auch untereinander verbindet[30]. In dieser Gemeinschaft darf der Schwache nicht um sein Recht gebracht und damit aus der Gemeinschaft ausgeschlossen werden. Werden immer wieder Witwe und Waise aufgerufen, so stehen sie als Paradigma für den Schutz und das Recht des Schwachen überhaupt. Die in einem Volke waltende Gerechtigkeit erweist sich eben in dem Rechtsschutz, den es seinen schwächsten Gliedern zuteil werden läßt. Solange die alte Sippensolidarität kräftig genug war, waren auch Witwe und Waise versorgt: Die Witwe kehrte in die väterliche Familie zurück. Die Waise kam in die Obhut der Sippe des Mannes. Aber was geschah, wenn der Schutz der Sippe erlahmte, ein Gläubiger die Situation ausnutzte oder ein Vormund sich des Erbes seines Mündels bemächtigen wollte, vgl. 2 Kö 4, 1 ff. und 8, 1 ff.[31]? Jetzt kam alles auf die Unbestechlichkeit der Richter an. Andernfalls mußten die Kinder auf die unterste soziale Stufe, in das Proletariat der Tagelöhner oder gar der Sklaven herabsinken. Wir müssen also unterstellen, daß die Verstädterung Israels mindestens zu einer gewissen Auflösung der Sippenverbände und ihrer Schutzfunktionen führte, einer Situation, wie sie auch das kanaanäische, ugaritische Epos vom König Keret voraussetzt, in dem die Regierungsfähigkeit des Königs geradezu an der Ausübung seiner Schutzfunktionen für Witwen und Waisen gemessen wird[32]. Kein Zweifel: In der prophetischen Rechtsverkündigung verbinden sich aus der nomadischen Gesellschaft kommende Ideale eigentümlich mit solchen kanaanäischer Stadtkultur. Das Entscheidende aber ist, daß Israel, als das Volk seines Gottes auf den Schutz seines Gottes angewiesen, den Schutzbedürftigen beizustehen hatte, wollte es seine Zukunft vor Gott nicht verwirken.

---

[29] Vgl. dazu Nyberg, S. 132 ff.
[30] Vgl. dazu J. Pedersen, Israel. Its Life and Culture I—II, London und Kopenhagen 1926 (1954), S. 362.
[31] Vgl. dazu Nyberg, S. 139 ff., und Hempel, S. 119 f.
[32] Vgl. dazu E. Hammershaimb, On the Ethics of the Old Testament Prophets, Congress Volume Oxford 1959, SVT VII, Leiden 1960, S. 90 ff., sowie F. Ch. Fensham, Widow, Orphan and Poor in Ancient Near Eastern Legal and Wisdom Literature, JNES XXI, 1962, S. 129 ff.

III

Im großgriechischen Raum vollzog sich zwischen dem 8. und dem 6. Jahrhundert der Übergang von der Adelsherrschaft über die Timokratie zur Demokratie, wobei die Tyrannis mancherorts zwischen der zweiten und der dritten vermittelte. Militärisch entsprach dem die Entwicklung vom adligen Rittertum zur Hoplitenpolis: Das Aufkommen der Phalanx enthob die Ritter ihrer entscheidenden militärischen Rolle, die nun den Hopliten zufiel, die gemeinsam und diszipliniert handelnd den Ausgang der Schlacht entschieden. Ökonomische Voraussetzung für die Hoplitenheere war die Ausbreitung des Handels mit seinen Faktoreien und Kaufleuten, die Gründung von Kolonialstädten, die Umstellung der Landwirtschaft auf den Export, z. B. von Wein und Öl, nicht zu vergessen die seit dem 6. Jahrhundert sich kräftig durchsetzende Geldwirtschaft. In dem Umfang, in dem sie Tausch und Naturalabgaben ablöste, mußten die freien Kleinbauern erneut ins Hintertreffen geraten, da sie auf Darlehen der Großgrundbesitzer angewiesen waren und so in neue, drückendere Abhängigkeiten gerieten[33].

Einen Einblick in das Leben des kleinen böotischen Bauern um 700, der politisch noch ganz von dem grundbesitzenden Militäradel abhängig ist, gewährt uns H e s i o d. An die Stelle des βασιλεύς, des Königs, sind die βασιλῆες, die Häupter der vornehmsten Geschlechter getreten, die in ihrem Verhalten durch die gesellschaftliche, auf die Götter zurückgeführte Norm, die θέμις, bestimmt werden. Mag sie auch schließlich zur bloßen Konvention verblassen, so gilt sie doch Herrschenden wie Beherrschten als selbstverständlich[34]. Wie sehr diese Norm der Adelswelt im 8. Jahrhundert verinnerlicht war, kann die Thersitesszene im zweiten Gesang der Ilias zeigen. Thersites fällt in der Dichtung nicht die Rolle des Demagogen, sondern am Ende die eines unfreiwilligen Spaßmachers zu: »So lächerlich ist, wer den Königen widerspricht[35].« Die Worte, mit denen Odysseus Il II, 200 ff. die aufgeregte Menge zur Ordnung ruft, stehen für das Selbstverständnis noch der βασιλῆες:

»Tor du, willst du wohl stehen und hören, was andere reden,
Die da vortrefflicher sind als du, du zagender Schwächling,
Der im Kampfe nicht zählt und auch nicht in der Beratung!
Nimmer doch wollen wir alle uns hier wie Herrscher gebärden.
Vielherrschaft ist immer ein Übel, Einer sei Herrscher,
Einer König; ihm gab's der Sohn des verschlagenen Kronos,
Szepter und Rechte zugleich, daß ihrer er walte als König[36].«

---

[33] Vgl. dazu H. Bengtson, Griechische Geschichte von den Anfängen bis in die römische Kaiserzeit, HAW III, 4, München 1965³, S. 103 ff.
[34] Vgl. dazu V. Ehrenberg, Die Rechtsidee im frühen Griechentum. Untersuchungen zur Geschichte der werdenden Polis, Leipzig 1921 = Darmstadt 1966, S. 9 ff.
[35] K. Reinhardt, Die Ilias und ihr Dichter, hg. U. Hölscher, Göttingen 1961, S. 115.
[36] Übertragung Th. von Scheffer.

Mag die alte Ordnung des Geschlechterstaates erschüttert und aufgelöst werden, einer überdauert sie: Zeus, der Beschützer des Königtums und seines Rechtes bleibt der Schützer und Wächter der moralischen und rechtlichen Ordnung[37]. Das Wissen um sein Walten verläßt Hesiod nicht, als er sich im Streit um das väterliche Erbe durch den Bruder Perses übervorteilt sieht. Der Bruder hatte sich der βασιλῆες δωροφάγοι, der »gabengefräßigen Herrscher«, versichert, die um des persönlichen Gewinns willen statt der ἰθεῖαι δίκαι, der »geraden«, allein dem Willen des Zeus entsprechenden Urteile, ihre σκολίαι δίκαι, ihre »krummen« Urteile, gefällt[38]. Aber Hesiod weiß, daß nur auf den ἰθεῖαι δίκαι der Segen des Zeus ruht:

»Die rechten Spruch den Fremden und Eingesessnen geben
Und die vom Rechten selbst nicht im geringsten weichen,
Ihnen blüht die Stadt, die Menschen ihr gedeihen.
Der Jugend Nährer Friede beschützt das Land. Und Zeus,
Der weithin donnert, verhängt ihnen nimmer schrecklichen Krieg.
Nicht Hungersnot, nicht Unglück folgt streng gerechten Männern.
Sie verrichten glücklich auf dem Feld ihr Werk.
Viel Frucht trägt ihnen die Erde. Die Eiche auf den Bergen
Hochragend trägt sie Eicheln, die Immen tief im Laub.
Die wolligen Schafe tragen schwer an ihren Flocken.
Und es gebären die Frauen Kinder den Ahnen gleich.
Beständig herrscht an guten Dingen Überfluß[39] . . .«

Hinter diesem Urteil steht nicht nur ein fester Glaube, sondern eine erstaunliche, über die eigene Situation ausgreifende Reflexion. Denn der Mann, der das gerechte Walten des Zeus verherrlicht und einer auseinanderbrechenden Gesellschaft das Ideal der δίκη, der Gerechtigkeit, vorhält[40], bekennt im Blick auf die eigene Zeit, daß er weder für sich noch für den Sohn ein unbedingt gerechtes Verhalten wünschen könne, da dem Ungerechten mehr Recht als dem Gerechten zuteil wird[41]. Angesichts der gemeinschaftszersetzenden βία, der Gewalt, erkennt Hesiod, daß die Zukunft der Polis und des einzelnen darauf beruht, daß die von ihm als Tochter des Zeus verstandene Dike nicht gekränkt wird:

»Böses bereitet sich selbst, wer andern Böses bereitet.
Schlimmer Rat ist dem am schlimmsten, der ihn geraten.
Alles erblickt das Auge des Zeus, und alles erkennt es;
So nach Gefallen auch dies erschaut es, und ihm entgeht nicht,
Welcherlei Art des Rechts die Stadt im Innern beherbergt[42].«

---

[37] Vgl. dazu M. P. Nilsson, Geschichte der griechischen Religion I, HAW V, 2, 1, München 1955², S. 417 ff.
[38] Vgl. Hes. Op. 8 ff. 35 ff. mit 219 ff. 248 ff.
[39] Hes. Op. 225 ff.
[40] Zu ihrer Personifikation vgl. Hes. Op. 256 ff. 220 ff. und dazu U. von Wilamowitz-Moellendorff, Hesiods Erga, Berlin 1928, S. 158.
[41] Vgl. Hes. Op. 270 ff.   [42] Hes. Op. 265 ff. Übertragung Th. von Scheffer.

Sich in Gerechtigkeit äußernde Sittlichkeit ist kein Selbstzweck im Dienste persönlicher Vollendung, sondern eine um der Gemeinschaft willen in der Gemeinschaft ergehende Forderung[43]. Den geraden, den Ausgleich der Ansprüche findenden Spruch zu suchen, ist mithin der βασιλῆες wie später in Athen des zum Richteramt berufenen Politen Aufgabe. In seiner Findung und Ausführung fügt sich der Mensch in die Ordnung des Zeus ein, der nicht allein mit der Aufrechterhaltung des Friedens in der Gemeinschaft, sondern darüber hinaus mit umfassendem, Natur und Geschichte einbeziehendem Heil antwortet.

Im Athen des ausgehenden 7. Jahrhunderts befand sich die politische und wirtschaftliche Macht ganz in den Händen des grundbesitzenden Adels und der rasch aufgestiegenen, Handel und Gewerbe treibenden Geschlechter. Der kleine Grundbesitzer, der für die Verbesserung seiner Wirtschaft, für die Umstellung der Korn- auf die Öl- und Weinwirtschaft oder die Austattung der ihre Selbständigkeit anstrebenden Söhne Geld benötigte, mußte sich die Mittel bei den Begüterten verschaffen, in deren Händen zugleich das überaus harte Schuldrecht lag. Das führte nur zu leicht zu seinem Ruin, zum Verlust seines Eigentums oder gar seiner Freiheit[44]. Entging er der Vertreibung von seinem Hofe oder dem Verkauf in die Sklaverei, so mochte er als Pächter angesichts einer Abgabe von fünf Sechsteln seines Ertrages das Leben kärglich genug fristen. Dies alles schrie nach grundlegenden Änderungen. Der Mann, der die Gefährlichkeit der Situation erkannte und sich der Lösung der Aufgabe stellte, war S o l o n. Er gab weder einfach dem Drängen der Großen noch dem der Kleinen nach, sondern fragte sich, worin die εὐνομία, die Wohlgefügtheit, in dieser Situation liege. So sanierte er den Mittelstand der kleinen Bauern durch entschädigungslose Aufhebung der Schulden und der Schuldsklaverei, in die einen Athener zu bringen für immer verboten wurde. Die ins Ausland verkauften Schuldsklaven suchte er zurückzukaufen. Und gleichzeitig verlieh er der untersten Schicht der sogenannten Theten das Bürgerrecht, so daß sie ebenso zur Volksversammlung wie zum Heeresdienst und zum Richteramt zugelassen waren[45]. Verbinden wir seinen Namen mit dem Rechtsstaat, so sollten wir dabei nicht nur des Gesetzgebers[46], sondern auch des Mannes gedenken, der das Rechtsbewußtsein der Athener durch die Bestimmung stärkte, nach der sich nicht nur der Geschädigte, sondern jeder, der um einen Rechtsbruch wußte, an das Gericht wenden konnte[47].

---

[43] Vgl. dazu auch Ehrenberg, S. 66.
[44] Vgl. M. Rostovtzeff, Geschichte der alten Welt I, Sammlung Dieterich 72, Leipzig 1941 (Wiesbaden o. J.), S. 233 f., und dazu Plut. vit. Sol. 13.
[45] Vgl. dazu Sol. fr. 24; Plut. vit. Sol. 18; ferner I. M. Linforth, Solon the Athenian, Semicentennial Publications of the University of California, Berkeley 1919, S. 62 ff.
[46] Vgl. dazu Plut. vit. Sol. 20 ff. und Linforth, S. 275 ff.
[47] Plut. vit. Sol. 18.

Ihn als Demokraten oder Klassenkämpfer zu deuten, wäre ebenso falsch wie bei den Propheten Israels. Bei seinen Reformen suchte er der sozialen Wirklichkeit, nicht einer utopischen Theorie gerecht zu werden. So konnte er im Rückblick auf sein Reformwerk sagen:

«Ich gewährte dem Volke soviel Gewalt, wie ihm zukommt,
Nahm seiner Würde nichts weg, fügte auch keine hinzu.
Wiederum ließ ich nicht zu, daß die reichen und mächtigen Herren
mehr sich nähmen als das, was ihnen rechtens gebührt.
Also bewahrte mit starkem Schild ich beide Parteien,
Daß nicht wider das Recht eine die andre bedrückt[48].»

In seinem ganzen Verhalten, in der Ablehnung der Tyrannenwürde und der Tyrannis, in der behutsamen Einleitung der Veränderungen, die in ihrer Art weder die Erwartungen des Adels noch die Hoffnungen der Zeugiten und Theten erfüllte[49], erwies sich Solon als der Mann des Maßes, dem man mit Recht das μηδὲν ἄγαν, das »Nichts zu sehr!«, als Maxime zugeschrieben hat[50]. Im Hintergrund seines gesamten, vom Streben nach dem rechten Maße bestimmten Wirkens steht wie bei Hesiod[51] der Glaube an das richtende Walten des Zeus, dem entgegen allem Schein kein Schuldiger entrinnt:

»... doch auf die Länge der Zeit entgeht ihm keiner, der frevelt,
und es kommet zuletzt jegliche Schuld an den Tag.
Einer zahlet sofort, der andere später, und wenn er
selber der Strafe entrinnt, nicht vom Verhängnis ereilt:
einmal kommet es doch, und die Kinder, die schuldlosen büßen
für die Taten des Ahn oder ein künftig Geschlecht[52].«

Es ist wohl richtig, daß sich hier ein archaisches Empfinden für die Einheit des Geschlechtes ausspricht, dem gemäß alle Glieder desselben füreinander verantwortlich sind[53]. Gar nicht archaisch aber mutet es an, wenn Solon in seiner »Eunomie« die inneren Zusammenhänge zwischen Habgier, Bürgerzwist und Untergang anspricht und damit das Walten des Zeus als den menschlichem Tun entsprechenden Ablauf der Geschichte interpretiert, vergeschichtlicht:

---

[48] Sol. fr. 5; Plut. vit. Sol. 18. Übersetzung K. Ziegler, Plutarch: Große Griechen und Römer I, BAW, Zürich und Stuttgart 1954, S. 231.
[49] Vgl. Sol. fr. 23 und 24, dazu jetzt auch D. Nestle, Eleutheria. Studien zum Wesen der Freiheit bei den Griechen und im Neuen Testament 1. Die Griechen, HUTh 6, Tübingen 1967, S. 19 ff.
[50] E. Wolf, Griechisches Rechtsdenken I, Frankfurt 1950, S. 191. Vgl. auch Sol. fr. 16.
[51] Zum Verhältnis Solons zu Hesiod vgl. Wilamowitz-Moellendorff, S. 148; W. Jaeger, Solons Eunomie, SAB 1926, S. 71 ff., und M. Pohlenz, Gestalten aus Hellas, München 1950, S. 81.
[52] Sol. fr. 1, 29 ff. Übersetzung Pohlenz, S. 85.
[53] Pohlenz, ebenda.

»Denn für jegliche Stadt erwächst unheilbares Leiden
und es bleibt ihr nicht aus, daß sie in Knechtschaft gerät,
nährt sie den inneren Zwist, läßt Krieg der Bürger erwachsen,
der die blühende Kraft mäht, die Jugend des Volks⁵⁴.«

Offensichtlich ist es dieser schicksalhafte Ablauf, in dem sich das Walten der Dike, der Gerechtigkeit, vollzieht, von der es unmittelbar vorher warnend heißt, daß sie

»ohn' daß wir sie hören, Vergangenes kennt und die Zukunft
und zu gegebener Zeit sicher den Frevel vergilt⁵⁵«.

So stellt Solon die Athener vor die Entscheidung, sich ferner durch eigene ὕβρις und δυσνομία, gesetzloses Wesen, zu zerstören oder sich der εὐνομία einzufügen und damit die Zukunft der Stadt zu sichern. Denn sie wird nicht durch einen vorbestimmten Ratschluß des Zeus, eine αἶσα, sondern allein durch die ὕβρις ihrer Bürger zerstört:

»Ungesetzlicher Geist birgt Gefahr für den Staat.
Ordnung nur und Gesetz lenkt alles in richtige Bahnen:
sie ist die Fessel allein für der Verwegenen Tun,
glättet, was rauh, bricht Trotz und dämpft den frevelnden Hochmut,
läßt verdorren die Saat, eh' zum Verderben sie reift.
Gerade macht sie das Recht, das gebeugt, und zügelt vermessne
Taten, schlichtet den Streit, der die Gemüter entzweit,
sänftigt den wildesten Kampf der Parteien, und überall wo sie
waltet, gedeihet die Zucht und der verständige Sinn⁵⁶.«

Die weitere Geschichte Athens kann zeigen, wie sehr die εὐνομία der Gesellschaft dynamischem Wandel unterworfen bleibt. Schon in den letzten Jahrzehnten des 6. Jahrhunderts mußte Kleisthenes weit über die Reformen Solons hinausgehen. Wenn die Stadt trotz der Mahnungen eines Aischylos und eines Sophokles, zweier im besten Sinne politischer Dichter, im folgenden Jahrhundert das Maß verlor und damit künftigen Sturz vorbereitete, gab die Geschichte dem Manne recht, der zum Maßhalten, zur Eunomie aufgefordert hatte.

IV

In einem stimmen die israelitischen Propheten, ein Amos, ein Jesaja und Micha — aber wir könnten im gleichen Atem auch einen Hosea, Zephanja und Jeremia nennen⁵⁷ — mit den Griechen Hesiod und Solon überein: Sie wissen, daß es ohne Gerechtigkeit weder für den einzelnen noch für die Gemeinschaft Frieden und Heil gibt. Diese Gerechtigkeit hat

---

[54] Sol. fr. 3, 17 ff. Übersetzung Pohlenz, S. 70.
[55] Sol. fr. 3, 15 f.
[56] Sol. fr. 3, 31 ff.
[57] Vgl. Hos 5, 1 f.; 6, 9; 7, 3 ff. und 10, 4; Zeph 3, 1 ff. sowie Jer 5, 1 ff. 26 ff. und 3, 30 f.

sich im unbestechlichen Rechtsspruch und in einer Rechtspraxis und Gesetzgebung zu bewähren, die Freiheit und Lebensmöglichkeit der schwächsten Glieder der Gemeinschaft respektiert und sichert[58]. In ihrer Unabdingbarkeit ist diese Forderung für sie alle göttlichen Ursprungs. Ihre Verletzung führt daher zu Heimsuchungen und Untergang der Gesellschaft. — Alle, deren Stimme wir aufriefen, gingen von ihrer konkreten Situation aus. Ist es nicht müßig, nach einem allgemeinen Rechtsgesetz zu fragen, das seinerseits dem Sittengesetz korrespondiert[59], so wird doch die Forderung nach Gerechtigkeit immer in einer konkreten Situation, einem konkreten Miteinander der Menschen laut.

Für die Propheten war die Situation ihres Volkes grundlegend durch die geschichtliche Erwählung Israels durch Jahwe bestimmt, der als Herr über alle Völker verfügt und sie an seiner Treue- und Rechtsforderung mißt. Der Anspruch brüderlichen Lebens, den wir im Hintergrund der prophetischen Predigt zu erkennen meinen, wurzelt zutiefst in der religiösen Genossenschaft Israels. Hesiod und Solon denken demgegenüber stärker von der waltenden, in der Welt offenbaren göttlichen Ordnung her, die von Solon, dem welterfahrenen Archonten, in ihrem immanenten Zusammenhang erkannt wird. Zeus ist das im Gefüge von Welt und Mensch waltende Schicksal, das dem Menschen als Forderung begegnet, der er zu entsprechen hat oder der er unterliegen wird. Es vollzieht sich, indem jegliche ὕβρις, jegliche Selbstüberhebung zu Fall kommt. Blickt man von Hesiod zu den Propheten hinüber, so stellt sich die Frage, ob der Unterschied im Verständnis des Göttlichen ein absoluter oder ein relativer, vom Gesetz geschichtlichen Antretens und geschichtlichen Bewußtseins abhängiger ist.

Propheten und Dichter überspringen nicht die konkrete soziale Wirklichkeit. Die Propheten predigen nicht gegen die Fürsten als Fürsten, sondern gegen ihre Ungerechtigkeit. Die Dichter wenden sich nicht gegen Adel und Besitz an sich, sondern gegen den Mißbrauch der ihnen gegebenen Macht. Die offenere Situation der griechischen Polis erleichterte Solon den Schritt von der Einsicht zur Tat. Die Propheten waren keine Staatsmänner, sondern Boten ihres Gottes. Dennoch liegt Dichtern und Propheten eben daran, daß im Bestehenden Gerechtigkeit verwirklicht werde.

---

[58] Die Schranke antiker Humanität, ihre weitgehende Außerachtlassung des Sklaven, will dabei freilich gesehen werden. Der Charakter der vorstoischen Ethik als Binnenethik tritt darin deutlich zutage. Im Alten Testament finden sich immerhin Dtn 5, 12 ff.; 15, 12 ff. und 24, 18 Spuren des Wissens um eine letzte Solidarität auch mit dem Sklaven. R. North, Sociology of the Biblical Jubilee, AnBib 4, Rom 1954, S. 135 ff., bietet eine gute Übersicht über das alttestamentliche Material zum Sklavenproblem, betont aber wohl die positiven Seiten etwas zu stark.

[59] Vgl. dazu Kant, Metaphysik der Sitten, hg. K. Vorländer, Hamburg 1954 (= 1922), S. 29 mit S. 35.

Der Athener Solon steht uns Abendländern als Mann der Beobachtung immanenter Zusammenhänge und als Mann der Tat zunächst wohl näher. Wer wollte heute zudem seine Aufforderung, das rechte Maß zu finden und zu halten und den Boden der Gesetzlichkeit im inneren Zwist niemals zu verlassen, überhören? Und doch sollten uns auch die Propheten nicht so fern gerückt sein, die für uns letztlich immer das Eine wiederholen:

»Es ist dir gesagt, o Mensch, was gut ist
und was der Herr von dir fordert:
nichts als Recht zu üben und Treue zu lieben
und demütig zu wandeln vor deinem Gott.« Mi 6, 8

Gerade weil sie kein eigenes soziales Programm entwickeln, sondern beharrlich die unabdingbare Forderung erheben, Macht und Besitz nicht zu mißbrauchen und Gerechtigkeit im Geiste der Brüderlichkeit zu üben, treten sie jeder Selbstzufriedenheit mit dem Erreichten entgegen. Sollte die schwere Aufgabe, Gerechtigkeit walten zu lassen, jedem das Seine zu geben, im Geiste der von ihnen beschworenen Brüderlichkeit nicht leichter zu lösen sein? Der sich angesichts der Schwierigkeit wägender Entscheidung anbietende Ausweg, allen das Gleiche zu geben, überspringt die Situation. Ob angesichts der Aufgabe, jedem das Seine zu geben, die Erkenntnis menschlicher Schicksalsgemeinschaft als solcher ausreicht, oder ob wir sie nicht als Forderung Gottes verstehen müssen, als Forderung, die uns unbedingt angeht, vor der wir uns zu beugen haben, so daß wir zum Hören, Geben und Vergeben bereit werden, gibt der christliche Theologe abschließend zu bedenken, der *paeša'* und ὕβρις, menschliche Selbstüberhebung und Selbstherrlichkeit, mit den Propheten und griechischen Denkern für die Wurzel aller sozialen Übel hält.

Wirklichkeit, Möglichkeit und Vorurteil

Ein Beitrag zum Verständnis des Buches Jona

Es ist erstaunlich, daß binnen der letzten drei Jahre auch drei Deutungen der Erzählung des Jonabüchleins vorgelegt worden sind, die sich so weitgehend voneinander unterscheiden, daß der Leser bei ihrer isolierten Betrachtung meinen könnte, hier würde über ganz verschiedene Werke geurteilt. So erklärte Gabriël H. Cohn in seiner Untersuchung über „Das Buch Jona im Lichte der biblischen Erzählkunst", sowohl Kapitel 1–2 wie 3–4 befaßten sich im Grunde mit *einem* Problem, „der Frage nach der *Richtung* des eigentlichen Lebens überhaupt — und sie untersuchen Gottes und des Menschen Weg. Beide Teile des Buches Jona kommen zum gleichen Ergebnis: daß Gottes Wort allein richtungweisend und das Sein allen Lebens ist."[1] Aber haben wir damit die Botschaft gerade des Jonabuches verstanden, und gilt das hier Gesagte letztlich nicht für jede Seite der Heiligen Schrift? — Anders und, wie uns beim ersten Blick einleuchtet, auch viel näher und konkreter bei seinem Text bleibend, urteilt Alfred Jepsen: „Das Ziel dieser kleinen Erzählung wird am Ende ausgesprochen: dieses Gottes Barmherzigkeit überwindet das Gericht und will das Leben. Aber am Anfang steht die Frage des Jona nach dem Sinn seines Dienstes an der Welt im Blick auf Gottes Unbegreiflichkeit."[2] — Noch einmal anders und damit wohl nicht nur näher bei den in mannigfachen Schattierungen gegebenen Antworten vieler, wenn nicht der meisten neueren Autoren fällt Wilhelm Rudolph seine Entscheidung: „Der Streitpunkt — und damit das einzige Thema des Büchleins — ist die Frage, ob die Liebe und Barmherzigkeit Gottes nicht nur dem auserwählten Volke, sondern auch den Heiden gilt, und die energische Bejahung ist der Zweck der Erzählung."[3] Daß Frontstellung gegen ein Judentum bezogen wird, das in der heidnischen, es beherrschenden Macht einen Pfahl im Fleische erblickt, nach dessen Beseitigung der Anspruch der Herrschaft Jahwes erst seine Erfüllung finden könnte, und somit die ganze, durch die eschatologischen Erwartungen

---

[1] Studia Semitica Neerlandica 12, Assen 1969, 102; vgl. auch 86: „Die Welt wird immer von Gottes Wort allein gelenkt, und nur wer sich Gottes Ratschluß demütig unterwirft, kann sich vom Untergang retten und neubelebt weiterbestehen."
[2] Anmerkungen zum Buche Jona, in: Wort-Gebot-Glaube. Beiträge zur Theologie des Alten Testaments (Festschrift W. Eichrodt), Zürich 1971, 239.
[3] Joel-Amos-Obadja-Jona, KAT² 13/2, 1971, 368; vgl. auch *ders.*, Jona, in: Archäologie und Altes Testament (Festschrift K. Galling), 1970, 234.

der Fremdvölkersprüche ausgelöste Problematik mit im Hintergrund steht, ist eine Beobachtung, die er mit Kaiser teilt, der dieses Moment seinerseits in den Vordergrund gerückt hatte.[4] Freilich müßte wohl daneben bedacht werden, was Oswald Loretz vor bald zehn Jahren angemerkt hat, daß sich die Jona-Erzählung bemüht, „deutlich zu machen, daß die Einstellung des Propheten Jona zu den Heiden im Widerspruch zur Überlieferung Israels steht. Denn die Mitte des Buches, die der alte Gebetsruf in 4,2 bildet, ist altüberlieferter Glaube Israels und keine Neuschöpfung, gegenüber der Jona etwa die traditionelle Richtung verkörpert."[5]

Mag man es als Streit um Worte beiseite lassen, ob man trotz der auf der Hand liegenden Bedeutung von 4,2 für das Verständnis der Erzählung den Vers als Mitte bezeichnen darf und gemäß dem literarischen Charakter des Büchleins als einer Novelle nicht stärker auf die Schlüsselfunktion des Endes in 4,10f verweisen sollte[6]; jedenfalls bringt uns Loretz in Erinnerung, daß die zahlreichen biblischen Anspielungen und Zitate in der Erzählung nicht lediglich archaisierender Stil sind, sondern auch inhaltliche Akzente setzen.[7] Die Novelle schließt nun freilich mit der Frage Jahwes an Jona, der sich über die in einer Nacht entstandene und in einer Nacht vergangene Rizinusstaude grämt, ob er selbst nicht viel mehr Mitleid mit Ninive, der größten Stadt[8], und ihren mehr als hundertundzwanzigtausend Kindern[9] und ihrem Vieh empfinden sollte. Damit steht das Thema der Barmherzigkeit jedenfalls mit Jepsen und Rudolph zur Diskussion, wie es neben den meisten neueren Auslegern zum Beispiel auch schon Heinrich Ewald gesehen hat, der in den ersten drei Kapiteln des Buches die dreifache Lehre fand, daß nur wahre Furcht und Reue Heil von Jahwe bringe, während er in Kapitel 4 die Herausstellung der göttlichen Liebe als wahrem und notwendigem Grund der Erlösung der Reuigen aller Art ansprach, um dann zu betonen, daß man auch noch

---

[4] Vgl. W. *Rudolph*, KAT 13/2, 369f; Jona, aaO. 235; O. *Kaiser*, Einleitung in das Alte Testament, 1969, 155 (1970², 159).

[5] Gotteswort und menschliche Erfahrung. Eine Auslegung der Bücher Jona, Rut, Hoheslied und Qohelet, 1964, 35.

[6] Vgl. dazu H. W. *Wolff*, Studien zum Jonabuch, BSt 47, 1965, 56ff; W. *Kayser*, Das sprachliche Kunstwerk, Bern 1959⁵, 80f; J. *Klein*, Geschichte der deutschen Novelle von Goethe bis zur Gegenwart, 1960⁴, 5ff.

[7] Vgl. 1,1 mit 1Kön 17,9.2; Jer 1,4.11; 2,1 u. ö.; 1,2a mit 1Kön 17,10; 1,14aβ mit Dtn 21,8; 3,1 mit Jer 1,13; 13,3; 3,2a mit 1Kön 17,10; 3,2bβ mit Ex 6,29; 3,3a mit 1Kön 17,5.10; 3,6bβ mit Hi 2,8; 3,8ba mit Jer 26,3; 36,7; 3,9a mit Jo 2,14; 3,9b mit Dtn 13,18; Jos 7,26; 3,10aβ mit Jer 26,3; 36,7; 3,10b mit Ex 32,14; vgl. Jer 26,19; 4,2aα_1 mit 2Kön 6,17f.; 4,2b mit Jo 2,13; 4,3a mit 1Kön 19,4; 4,8ba mit 1Kön 19,4.

[8] Vgl. dazu G-K²⁸ § 133g.

[9] Vgl. zu dieser Deutung der „Menschen, die nicht zwischen rechts und links unterscheiden können", die Kommentare und Gen 3,5; Dtn 1,39 oder Jes 7,15f. — Es bliebe allerdings zu überprüfen, ob der Ausdruck später in rabbinischer Terminologie vorkommt und dort den des Gesetzes Unkundigen bezeichnet.

Nebenwahrheiten in der Geschichte entdecken könne, wozu er etwa die über das Wesen des falschen Propheten oder die einer allen Menschen geltenden Liebe und Verzeihung Gottes rechnete.[10] Es geht hier nicht darum, wie wir Ewalds konkrete Zielansprachen beurteilen. Allein sein Hinweis, daß wir zwischen dem eigentlichen Ziel der Erzählung und den in ihr enthaltenen, mehr am Rande liegenden Einsichten zu unterscheiden haben, verdient Beachtung. Auf der Suche nach dem Hauptgedanken der Erzählung schlagen wir den Weg einer von Kapitel zu Kapitel fortschreitenden Tendenzkritik ein, ohne darüber den Blick für Nebeneinsichten völlig abzublenden. —

Die *erste* Szene in 1,1—3 erweist sich gegenüber der Tendenzkritik als spröde. Mit ihrem abrupten, auf jedes Szenarium verzichtenden Einsatz in den ersten beiden Versen rückt sie den fordernden, gebietenden Jahwe und den damit herausgeforderten und doch zunächst den Gehorsam versagenden Jona in den Mittelpunkt. Wortereignisformel, Boteninstruktion und Inhalt der Botschaft lassen den heutigen, mit der Sprache der Bibel vertrauten, wie den einstigen Leser sogleich erkennen, daß er es bei Jona mit einem Propheten zu tun hat.[11] Erfährt er aus 2Kön 14,25, daß ein sonst nicht bekannter Jona b. Amittai dem Nordreich spätestens während der Regierung Jerobeams II. (787—747) die Ausdehnung der Zeit Davids vorausgesagt hat[12], weiß er, daß er es mit dem Prototyp eines Heilspropheten zu tun bekommt, wobei er sich daran erinnern muß, daß in nachexilischer Zeit, der wir die Jonanovelle zuweisen müssen[13], Heil für Israel gemäß der politischen Lage notwendig Gericht über die Völker bedeuten mußte. Weiter werden wir überlegen, daß die Erzählung kaum für Propheten, zu ihrer Unterweisung und Belehrung, sondern für einen breiteren, sich mit der jüdischen Gemeinschaft deckenden oder in ihr zu suchenden Leserkreis bestimmt war. Finden wir Übereinstimmung und Kontraste, haben wir sie entsprechend auf das Gespräch zu beziehen, welches der Erzähler mit seinen Lesern führen will.

---

[10] Die Propheten des Alten Bundes II, 1841, 558f.
[11] Vgl. 1Kön 17,9.2; Jer 1,4.11; 2,1 u. ö.; 1Kön 17,10; 17,5 und 10.
[12] Vgl. dazu auch Am 6,13f sowie Y. *Aharoni*, The Land of the Bible. A Historical Geography, London 1966, 313; W. *Zimmerli*, BK 13/2, 1969, 1214ff; H. W. *Wolff*, BK 14/2, 1969, 334ff. — Daß im Hintergrund der vorliegenden Jonanovelle eine etwa schon in der Anhängerschaft des Amos entstandene und mündlich tradierte Erzählung von der übereifrigen Weigerung des Propheten Jona b. Amittai, etwa Damaskus zur Buße zu bitten, stehe, ist gegen O. *Eissfeldt* (Amos und Jona in volkstümlicher Überlieferung, in: „... und fragten nach Jesus" [Festschrift O. Barnikol] 1964, 9ff = Kleine Schriften IV, 1968, 137ff) mit W. *Rudolph* (KAT 13/2, 328f) reines Postulat.
[13] Dafür sprechen 1. die Anachronismen, 2. die partiell vom Aramäischen beeinflußte, zum Mittelhebräischen übergehende Sprachgestalt und 3. die Übernahme biblischer Zitate und Wendungen. Vgl. dazu auch H. W. *Wolff*, aaO. 66ff; W. *Rudolph*, KAT 13/2, 328ff.

So läßt uns die *zweite* Szene in 1,4—16 gleich erkennen, worüber es zwischen dem Erzähler und seinen Lesern keine Meinungsverschiedenheit gab. Wenn Jahwe als Antwort auf die Flucht Jonas das Schiff mit einem gewaltigen Seesturm verfolgt (vgl. 1,4); wenn Jona gegenüber den Matrosen bekennt, daß er den Himmelsgott fürchtet, der das Meer und das Trockene gemacht hat (vgl. 1,9); wenn derselbe Jona den Matrosen den Rat gibt, ihn über Bord zu werfen, um den ja um seinetwillen entfachten Sturm zu stillen (vgl. 1,12), und wenn dann der Sturm nach seiner Aussetzung tatsächlich aufhört (vgl. 1,15), wird deutlich, daß sich der Erzähler mit seinen Lesern in dem Glauben an Jahwes uneingeschränkte Macht und Herrschaft über seine Schöpfung und Geschöpfe einig wußte. Nicht im Glauben an Jahwes Macht und Herrschaft als solcher liegt das zwischen dem Erzähler und seinen Lesern verhandelte Problem. Vielleicht geht es dann aber um die Frage, wie er von seiner Allmacht Gebrauch macht? Betrachten wir, was die Gegenüberstellung des Propheten Jona und der heidnischen Seeleute dazu austrägt. Gewiß ist durch den Gegensatz zwischen dem Bekenntnis Jonas (vgl. 1,9) und seinem Verhalten, seiner Flucht vor Jahwe (vgl. 1,3.10), bereits eine Spannung erzeugt, die durch die bewußte Kontrastzeichnung der Seeleute gesteigert wird. Zunächst muß man sich freilich darüber wundern, wie gleichgültig sich Jona angesichts des Zugriffs Jahwes gegen sein Schicksal erweist: So gleichgültig, wie er nach der Entrichtung des Preises unter Deck geht (vgl. 1,5b[14]) — man ist versucht, darauf hinzuweisen, daß auch der Ungehorsam seinen Preis kostet —, bietet er, als ihn die Seeleute durch das Los als den Schuldigen ermittelt haben[15], ihnen ohne Umschweife an, sich über Bord werfen zu lassen — ein Mann, der von Gottes Macht überzeugt ist und doch lieber stirbt, als seinem Gott zu gehorchen. Dürfen wir schon jetzt auf 4,2f. 8 vorgreifen und den Schluß ziehen, daß ein in bestimmten Erwartungen vom Handeln Gottes an den Völkern gefangenes Judentum in einer sie nicht einlösenden, sich wandelnden Welt, die doch als Welt Gottes geglaubt und bekannt wird, in den Augen des Erzählers lieber seinen Untergang in Kauf nimmt, als die von Gott bestimmte Wirklichkeit anzuerkennen? Von V. 2 her steht eine Gerichtsbotschaft gegen die Weltstadt Ninive zur Diskussion. Ihrer Ausrichtung wird mit den in 4,2f genannten Gründen der Tod vorgezogen. Demgegenüber sind die hier zunächst durch die Seeleute und ihren Kapitän repräsentierten Heiden eindeutig als fromme und

---

[14] Hier begegnet zum erstenmal das Mittel des nachholenden Stils, der die Information nicht gemäß dem zeitlichen Ablauf der Handlung, sondern dort gibt, wo sie für den Zusammenhang und den Fortgang von Bedeutung ist.
[15] Die unmittelbar der Aufforderung des Kapitäns an Jona folgende Auslosung des Schuldigen läßt keinen Raum für ein Gebet Jonas. — Zur Sache vgl. *J. Lindblom,* Lot-Casting in the Old Testament, VT 12, 1962, 164ff, auch 166: „The most common word for lot is gôrāl, the primary sense of which is ‚stone, pabble'. In Palestine small stones were used as lot-objects ..." Zum alternativen Ausschlußverfahren vgl. 1Sam 14,41f, G.

rechtschaffene Menschen geschildert. Kaum geht der Sturm los, rufen sie ihre verschiedenen Götter an. So eine bunt zusammengewürfelte Mannschaft verkörpert gleichsam ein Stückchen Menschheit und präfiguriert darin eben die Weltstadt, die ja ebenfalls nichts anderes als Symbol der aus vielen Völkern zusammengesetzten heidnischen Bevölkerung ist. Sie empfindet sehr ursprünglich das Herausfordernde im Verhalten des fliehenden Propheten und gerät darüber in Furcht (vgl. 1,10). Und dennoch suchen sie — durch Los und Eingeständnis Jonas über seine Schuld unterrichtet und zudem von ihm selbst aufgefordert, ihn über Bord zu werfen —, das schuldige Leben mit äußerster eigener Anstrengung zu retten (vgl. 1,13).[16] Und ehe sie Jona angesichts ihres gescheiterten Landeversuches den Wellen übergeben, wenden sie sich klagend an seinen Gott, der es so gefügt hat und so will, und bitten ihn mit deuteronomischen Worten darum, ihnen dieses Leben nicht zuzurechnen (vgl. 1,14 mit Dtn 21,8). Und als sich der Sturm legt und Jahwes Macht damit ganz offensichtlich manifestiert, anerkennen sie dies, indem sie ihm das unter den Umständen mögliche Opfer darbringen und weitere geloben. Kein Zweifel: diese bunte Gesellschaft erweist sich erst in ihrer Weise als fromm. Und als Jona sie in Jahwe den Gott erkennen lehrt, der den Sturm sendet, und sie anschließend von seiner Macht überzeugt werden, das Wort seine Bestätigung in der Wirklichkeit findet, geben sie Jahwe, was Jahwes ist. Zudem wahren sie gegenüber dem Passagier und Schicksalsgenossen trotz seiner Schuld den ḥesed, das eingegangene Treueverhältnis, bis an die äußerste, ihnen zuzumutende Grenze. Wenn der Umgang mit den Heiden sie in ihrer Weise als fromm, wo Wort und Wirklichkeit gemeinsam die Macht Jahwes bezeugen, als aufgeschlossen für Jahwe erweist, darf man dann den Heiden insgemein, der Weltstadt, Untergang und Tod wünschen — in der Fabel: sich der aufgetragenen Gerichtspredigt entziehen?

Die *dritte* Szene bringt in 2,1—11 nun endlich auch den Fisch ins Spiel und damit das, was weithin einzig von diesem Büchlein und vielleicht auch darüber hinaus überhaupt von der alttestamentlichen Prophetie im allgemeinen Bewußtsein geblieben ist.[17] Um von vornherein die rechten Proportionen herzustellen, sei daran erinnert, daß von den insgesamt 58 Versen der Erzählung ganze zwei, hält man 2,2 für ursprünglich, ganze drei von ihm handeln. Mit anderen Worten: diese Episode ist ganz peripher, steht gar nicht im Mittelpunkt der Erzählung. Allein die Verkennung der literarischen Eigenart der Erzählung, die Historisierung der Lehrdichtung, hat sie ungebührlich in den Mittelpunkt des Interesses gerückt und damit zu einem Stein des Anstoßes

---

[16] Das verkennt *A. Jepsens* Erwägung, aaO. 297, V. 13 hinter V. 6 einzuordnen.
[17] Vgl. dazu *W. Rudolph*, KAT 13/2, 323: „Fragt man den ‚Mann auf der Straße' nach alttestamentlichen Propheten, so darf man sicher sein, daß die erste Antwort lautet ‚Jona' (oder ‚Jonas') mit der Begründung: ‚Das ist doch der Mann mit dem Walfisch.'"

für nun doch nicht hinreichend aufgeklärte oder zu einem Liebling für innerlich unsichere fromme Geister werden lassen.[18] Ohne den religionsgeschichtlichen Hintergrund zu berühren, die vermutlich alte Verbindung des Motivs von dem Seeungeheuer mit Jaffa zu untersuchen und damit die Aufmerksamkeit von der Jonaerzählung abzulenken[19], legen wir dem Ziel der Untersuchung gemäß den Finger auf die Funktion des Motivs der Errettung von dem großen Fisch für unsere Erzählung: Angesichts der Todesbereitschaft des Propheten (vgl. 4,3.8) liegt der Nachdruck weniger auf der Rettung als solcher, sondern darauf, daß es sich für Jona überraschend unmöglich erweist, sich dem Auftrag Jahwes zu entziehen. Eben der Jahwe, der

[18] Daß man in Joppe/Jaffe im ersten vorchristlichen Jahrhundert nach Pomponius Melas, Libri de situ orbis tres I,11 noch die Knochen eines mit der Sage von Perseus und Andromeda in Verbindung gebrachten Meerungeheuers zeigte, die dann nach Plinius, Nat. Hist. IX,4,11 durch den Ädil M. Scaurus 60. nChr. nach Rom überführt worden sind, läßt uns erkennen, daß unsere Geschichte vermutlich nicht nur eine mythische, sondern auch eine zoologische Vorgeschichte hat, die in der Tat unter den Walen zu suchen sein dürfte. Vgl. dazu den Traité de Zoologie. Anatomie. Systématique. Biologie (Hg. P.-P. Grassé) XVII, Paris 1955, 340ff, wo *E. Bourdelle* und *P.-P. Grassé* eine umfassende Übersicht geben; volkstümlich, aber nicht wertlos *E. J. Slijper* und *D. Heinemann*, in: Grzimeks Tierleben XI, Zürich 1969, 448ff. — Zum für die Erzählung interessierenden Detail sei hier angemerkt *E. Bourdelle/P.-P. Grassé*, aaO. 362: „Le pharynx des Mysticètes est très étroit et ne laisse passer qu'un bol alimentaire d'assez petite taille. Celui des Odontocètes, au contraire, est très large au point que l'Orque (Orcinus orca) peut engloutir d'un seul coup un Manchot, voire une jeune Otarie." Ist der Oesophagus der Zahnwale, der Odontocetes, entsprechend weit, erreicht der der Bartenwale nur einen vergleichsweise bescheidenen Durchmesser, so daß zB. bei einem Exemplar von 23 m Länge nur mit einem Durchmesser von 10 cm zu rechnen ist. Von den Zahnwalen, zu denen auch die Delphine gehören, wurden von den größeren Arten im Mittelmeer beobachtet der 6—10 m lange Schwertfisch (Killer Whale, Orcinus orca). In dem Magen eines einzigen dieser Art fanden sich die Reste von 14 Delphinen und 14 Robben. Das Tier wurde beim Verschlingen einer 15. Robbe erlegt. Weiter Physeter macrocephalus (Sperm Whale) mit 11—20 m und 40—54 Zähnen im Unterkiefer und schließlich die Hyperooden, die 5—13 m erreichen, 2—4 Zähne im Unterkiefer besitzen und sich von Kopffüßlern und Fischen ernähren (vgl. *E. Bourdelle/P.-P. Grassé*, 421, 425f, 427f). Mit dem Auftreten selbst von „Irrläufern" aus der Reihe der Bartenwale aus dem Norden wird man bei der Bestimmung des Exemplars von Jaffa rechnen können. Der drüsenfreie Vormagen dient vermutlich der Zerkleinerung der Nahrung durch Quetschung und Reibung (Muskelkontraktion) mit Unterstützung von Steinen und Krebsschalen. Die Drüsen des Hauptmagens sondern Pepsin und Salzsäure ab.

[19] Vgl. dazu Jos. Bell. Jud. III,420; Strabo XVI,2,28; Plinius, Nat. Hist. IX,4,11; Apollodor Bibl. II,1; V,3; Ovid Met. IV,663ff; dazu *H. Schmidt*, Jona. Eine Untersuchung zur vergleichenden Religionsgeschichte, FRLANT 9, 1907; *H. W. Wolff*, aaO. 20ff; vor allem *S. Morenz*, Die orientalische Herkunft der Perseus-Andromeda-Sage, FuF 36, 1962, 307ff, ein Aufsatz, dessen Zurkenntnisnahme ich einem freundlichen Hinweis von Herrn Kollegen Friedrich Müller verdanke; vgl. aber auch Herodot I,23f und dazu *H. Schmidt*, aaO. 96ff.

jetzt den Fisch, dann den Rizinus und schließlich den Wurm „bestimmt", zu seinem Werkzeug macht, ist der Gott, der Jona gesandt hat und senden will. Daß der Fisch als Werkzeug Jahwes bei dem Leser Staunen hervorrufen soll, daß er das Überraschende, menschliches Planen Durchkreuzende im Handeln Jahwes betonen will, ist sicher.[20] Daß der Aufenthalt Jonas in dem Fisch mit seinen drei Tagen und drei Nächten um einen Tag länger dauert als Jesu Aufenthalt im Grabe, sei im Blick auf die altkirchliche Typologie angemerkt (vgl. 2,1b mit 1Kor 15,4).

Man hält den Psalm 2,3—10 seit langem ganz überwiegend für einen sekundären Einschub, der den Eindruck von dem wortknausrigen, erst im Hader mit seinem Gott beredt werdenden Jona zunichte macht. Daß das Danklied eines einzelnen das Verschlucktwerden des Propheten als Rettung interpretiert, kann nicht übersehen werden. Daß es je selbständig existiert und nicht erst eigens für seinen jetzigen Ort kompiliert worden ist, erweist sich entgegen verbreiteter Meinung als mehr denn fraglich.[21] Einmal erweist es sich in der gleichen Weise wie die ganze Erzählung eigentümlich aus übernommenen Zitaten und Neubildungen gemischt.[22] Zum andern fehlt ihm jegliche Anspielung auf Krankheit, Verfolgung oder Feinde, paßt es nicht nur nachträglich auf Jonas Situation, sondern ist es ihr völlig angepaßt. Wenn in 2,5b und 8b im Kontext nachexilischen Judentums selbstverständlich unter dem Heiligtum der Jerusalemer Tempel zu verstehen ist, dürfte der Anachronismus nicht schwerer wiegen als die übrigen der Erzählung,

---

[20] Vgl. dazu G. *Quell,* Das Phänomen des Wunders im Alten Testament, in: Verbannung und Heimkehr (Festschrift W. Rudolph), 1961, 253ff, woraus hier zwei Überlegungen zur Erwägung mitgeteilt seien: 1. 254: „Die chronische Aktualität der ‚Wunderfrage', wie man einen weiten Problemkreis gemeinhin nennt, hat ihren Herd in dem Stoff der Wundererzählungen. Er weckt seit je bescheidenste kritische Regung ebenso wie verbissene erkenntnistheoretische Fragestellung, indem er das Erkenntnisvermögen ignoriert und damit reizt. Da sucht man den Dokumentarwert des Überlieferten in den Realien und gerät damit aus der Legende in die Perspektive der Geschichte, die nun alles unerbittlich verzerrt und entstellt." 2. 282f: „Soll also das Wunder als das, was es nach der Überlieferung sein soll und im Blickpunkt der Überlieferer tatsächlich ist, erkannt werden, so erheischt es nicht allein einen empirischen Aspekt, sondern auch einen geistigen ... Das Wunder ist wie das Gleichnis auf Interpretation angewiesen, und zwar durchweg auf subjektive."
[21] So zuletzt W. *Rudolph,* KAT 13/2, 327, der auch V. 2 ausscheidet, während A. *Jepsen,* aaO. 297 mindestens V. 2a zur ursprünglichen Erzählung gerechnet wissen möchte.
[22] Vgl. 2, 3a mit Ps 120,1, wobei die Umstellung des Verbs für sich spricht, durch welche das Perfekt zu einem Praeteritum der direkten Rede trotz seiner Anfangsstellung wird; 4b mit Ps 42,8; 5a mit Ps 31,23, wobei der Vergleich zeigt, daß der Dichter nach dem Gedächtnis zitierte (!); 6a mit Ps 69,2; 8a mit Ps 77,4; 8bα mit Ps 88,3; 9a mit Ps 31,7; 10aβ mit 2Sam 15,7; Ps 22,26; 10b mit Ps 3,9; ferner 3b mit Ps 28,2; 30,3f; 4a mit Ps 102,11; Ez 28,8; 5b mit Ps 5,8; 63,3; 7a mit Ps 49,12; 7b mit Ps 30,4; 9b mit Jer 2,2.13; 10aα zB. mit Ps 2,6; 26,7 oder 54,8.

die Einschiffung des Propheten aus Gath-Hahepher in der Nähe von Nazareth ausgerechnet in dem zur Zeit Jerobeams II. vermutlich zum Südreich gehörenden[23] und später, in nachexilischer Zeit, jedenfalls Jerusalem nächstgelegenen und daher dem Jerusalemer Erzähler am ehesten bekannten Hafen Jaffa[24] sowie die Annahme, Ninive sei in dieser Zeit Hauptstadt des assyrischen Reiches gewesen, oder die Rede vom König von Ninive.[25] — Sieht man den Psalm wenigstens versuchsweise einmal als ursprünglich an, wäre er entweder im Sinne der charakterlichen Kontrastierung Jonas gedacht, um den doppelten Widerspruch zwischen Todeswunsch und Lebenssehnsucht (vgl. dazu 4,5ff), zwischen Mitleidlosigkeit und Selbstmitleid herauszustellen, oder, weniger wahrscheinlich, als Ausdruck eines ironisierten Nomismus zu werten, der pflichtschuldigst seinen Dank erstattet, wo es ihm gar nicht um das Danken geht. Jedenfalls ist ein innerer Wandel Jonas in der ganzen Erzählung nicht zum Ausdruck gebracht. Jona hat sich in seiner, uns in ihrer Motivation vom Erzähler bislang noch vorenthaltenen Einstellung gegenüber seinem Auftrag nicht gewandelt. Wer den Psalm so interpretieren zu müssen meint, muß ihn um der Einheit der Dichtung willen streichen.

Die *vierte* Szene, 3,1—4, berichtet von der erneuten Beauftragung Jonas und der Art seines Gehorsams. In V. 1 kann man den Nachklang von Jer 1,13; 13,3 so wenig überhören wie dann in V. 2 den Anklang an 1Kön 17,10; Ex 6,29 und in V. 3a den an 1Kön 17,5.10, noch in allen drei Versen die Spiegelung von 1,1—3 verkennen. Jeremia und Mose sind nach alttestamentlicher Überlieferung Propheten, die sich weigerten, aber durch Jahwes Wort überwunden wurden. Elia ist der Prophet, der erst floh, als es um sein Leben ging, sich den Tod wünschte, als er meinte, nichts ausgerichtet zu haben. Man darf die Kontraste, die mit solchen Zitaten aufgerufen werden, nicht übersehen. Der Leser soll sie erkennen und in seine Überlegungen einbeziehen. Schließlich macht uns die weitgehende Gleichheit des Ausdrucks der ersten beiden Verse mit dem von 1,1—2 darauf aufmerksam, daß Jahwe nicht nachgibt und sich so seinem Ziel nähert, Jona sich — wir müssen wohl sagen: resigniert — in sein Schicksal ergibt, den Auftrag ausführt. Daß die Stadt nach 3,3b zwar eine Ausdehnung von drei Tagesreisen besitzt, Jona aber nach V. 4 nur eine Tagesreise in die Stadt hineinzugehen beginnt, wie uns ausdrücklich gesagt wird, will bemerkt werden. Jona folgt dem Auftrag nicht begeistert und entledigt sich seiner auf die bequemste Weise. Ob man mit Rudolph auch die Tatsache zur

---

[23] Vgl. dazu Y. *Aharoni,* aaO. 313f mit Karte 28 (312).
[24] Zu seinen Schwierigkeiten vgl. Jos. Bell. Jud. III, 419ff, zur Sichtverbindung mit Jerusalem Strabo XVI,2,28 und zur allgemeinen Situation in nachexilischer Zeit Y. *Aharoni,* aaO. 359ff mit Karte 34 (363).
[25] Vgl. dazu W. *von Soden,* Art. Assyrien, RGG³ I, 652; A. *Moortgat,* Art. Ninive, RGG³ IV, 1497f; ferner zB. 2Kön 15,19f.29; 16,6; 17,13ff; 18,9; 19,8; Jes 7,17; 20,1; Nah 3,18.

Unterstützung dieser Deutung heranziehen darf, daß Jona nur ganze fünf Worte für die Ausrichtung der Botschaft in den Mund gelegt werden, während er in 1,12 sechzehn gegenüber der Schiffsbesatzung und in 4,9b neununddreißig gegenüber Jahwe findet, muß mindestens offen bleiben, da in 1,2 für den Auftrag vier Worte verwandt werden und in der Wiederholung in 3,2b nur festgelegt wird, daß Jona sagen soll, was Jahwe ihm sagen wird. Jona hätte jedenfalls gegenüber beiden Instruktionen ein Wort mehr verwandt! Man wird unterstellen dürfen, daß der Erzähler hier nicht weiter ausholte, weil ihm weniger an den Worten der Gerichtspredigt als an ihrer Wirkung lag. Daß Jona bekehrt war, wird man nicht sagen können, aber auch nicht, daß er gleichsam als Saboteur Gottes zu Werke geht.[26] Sachlich stellt er — im Verb liegt die Anspielung — den Niniviten das Schicksal Sodoms und Gomorras in Aussicht (vgl. Gen 19,25.29; Jes 34,9; 13,19), eine Perspektive, gegen deren Erfüllung er gar nichts einzuwenden hätte.
Immerhin soll man sich angesichts von V. 4a daran erinnern, daß die heidnischen Seeleute nichts unversucht ließen, um den Schuldigen zu retten. Jona will die außerjüdische Welt nicht retten, sondern verderben!

Noch einmal kontrastiert der Erzähler das Verhalten Jonas mit dem der Heiden, das der Bewohner der Weltstadt wohltuend mit dem des Jahweboten. Lag beides in der zweiten Szene ineinander, ordnen es die vierte und *fünfte* Szene hintereinander. In 3,5–10 hören wir sogleich, daß das Volk Gott, den es offenbar durch Jonas Worte als den eigentlich Redenden erkennt[27], diesen Worten Glauben schenkt[28] und entsprechend unverzüglich die Konsequenzen zieht, Buße tut. Der König hört davon, erhebt sich von seinem Thron, legt seinen Prachtmantel ab — man kann die märchenhaften Züge in der Schilderung nicht übersehen —, setzt sich wie Hiob in die Asche[29] und erläßt dann zugleich im Namen der Großen seines Reiches einen Erlaß, nach dem das ganze Volk einschließlich des Viehs[29a] zur Buße und zu

---

[26] Gegen W. *Rudolph*, KAT 13/2, 357.
[27] 3,5 beweist, daß 3,4b als inhaltliche Zusammenfassung, nicht als wörtliche Wiedergabe der Predigt Jonas zu verstehen ist. — Zum Wechsel zwischen Jahwe und Elohim, dem man nicht mit literarkritischen Hypothesen beikommen kann, vgl. W. *Rudolph*, Jona, aaO. 238f; G. H. *Cohn*, aaO. 71f.
[28] Vgl. dazu mit K. *Marti*, KHC 13, 1904, zSt. Ex 19,9 und Jes 43,10.
[29] Vgl. Hi 2,8.
[29a] Vgl. dazu Herodot IX,24, wonach die Perser zur Trauer um Masistios 479 vChr. nicht nur sich selbst, sondern auch den Pferden und Zugtieren die Haare, dh. bei den Tieren nach dem Zeugnis eines Grabsteines eines Persers aus Ägypten in den Berliner Staatlichen Museen (Abb. 2 bei Herodot, Historien, Hg. H. W. Haussig, KTA 224, 1955²) die Mähnen abschnitten. — Sollte die Frist von 40 Tagen in 3,4 ursprünglich sein und nicht doch mit G 3 Tage zu lesen sein (vgl. dazu A. *Jepsen*, aaO. 297), muß man die Fabel hinnehmen, ohne nach der Möglichkeit, so lange absolut zu fasten, zu fragen. Übrigens mag man im Brüllen der hungrigen und durstigen Tiere ihr Schreien zu Gott erblickt haben (vgl. auch Jdt 4,9ff).

tätiger, den falschen Wandel aufgebender Reue aufgefordert wird, weil vielleicht doch die Möglichkeit besteht, daß Jahwe dann seinen Zorn fahren läßt und das Unheil von Ninive wendet. Wenn der König dabei Wendungen aus Jer 26,3 und 36,7; Jo 2,14 und Dtn 13,18 (vgl. anders 2Kön 23,26) aufnimmt, soll der Leser daran denken, daß der König von Ninive so reagiert, wie König Jojakim hätte reagieren sollen, aber leider und zum nachhaltigen Schaden des Volkes nicht reagiert hat. Der König der Heiden als frommer Gegenspieler Jonas und Gegentyp unfrommer judäischer Könige! Die Heiden tun, was Israel verweigerte (vgl. Röm 2,14ff). Jonas Predigt erreichte in Ninive, was prophetische Predigt nach deuteronomistischem Verständnis erreichen sollte, aber letztlich nicht erreicht hat. Wir müssen uns fragen, ob das Wirklichkeit, Realismus ist, der Dichter auf eine ins Gewicht fallende Proselytenbewegung blicken kann, oder Potenz, Möglichkeit; wenn eine Möglichkeit, dann aber verankert in der Wirklichkeit Gottes und der Menschen.

Die *sechste* Szene hilft uns die zuletzt gestellte Frage scheinbar noch nicht zu beantworten, sondern konfrontiert uns wieder mit dem Propheten, seinem unverschämten Trotzgebet und seiner Rechthaberei. An den Bericht von Gottes Reue angesichts des Verhaltens der Niniviten, der Zurücknahme der Drohung, schließt sich die Szene 4,1—4 überaus hart an und läßt uns die Richtigkeit unserer Deutung des Verhaltens Jonas von der ersten bis zur vierten Szene erkennen: er will lieber untergehen als eine Bekehrung der Heiden überleben. Gottes Handeln führt ihn nicht zur eigenen Sinnesänderung, der Erfolg seiner Predigt nicht zur nachträglichen Buße, sondern zur Erneuerung seines Trotzes und seines Todeswunsches. Mit in seinem Munde blasphemisch klingenden, an sich feierlichen und althergebrachten Worten, die sich von Jo 2,13 bis zu Ex 34,6 und in die Psalmen (vgl. Ps 10,3.8; 145,8) zurückverfolgen lassen, erklärt er Gott seine Meinung und dem Leser damit zugleich sein Verhalten: weil er um Gottes Barmherzigkeit wußte, suchte er sich dem Befehl zur Gerichtspredigt gegen die Weltstadt zu entziehen! Hier will einer recht behalten, und hier will einer damit zugleich den Untergang der Weltstadt. — Bat Elia um seinen Tod, weil er, verfolgt, fliehen mußte und so am Ende doch vor dem Mißerfolg stand (vgl. 1Kön 19,4 mit 19,10), so bittet Jona um seinen Tod, weil seine Predigt Erfolg hat! Und in seinem Trotz erklärt er sich Jahwe gegenüber damit ausdrücklich in seinem Recht! — Und noch einmal erinnern wir uns der heidnischen Matrosen, die mit letztem Einsatz versuchten, das Leben des Schuldigen, das Leben Jonas, zu retten. Sind also die Heiden, die das Gesetz nicht haben, sondern sich selbst das Gesetz sind, die potentiell besseren Juden — und das vielleicht schon jetzt in den Augen Jahwes? Denn wenn der Erzähler von der Bekehrung der Weltstadt spricht, ahnen wir, daß hier wohl doch kein *realis*, wohl aber nach seiner Meinung ein *potentialis* vorliegt; wenn wir auch vermuten, daß ihn dazu die eigene

Erfahrung, die Wirklichkeit der Heiden, ihre von ihm erfahrene Menschlichkeit, anleitete. Doch stellen wir die endgültige Antwort noch einen Augenblick zurück, bis wir zu Ende gekommen sind.

Die *siebente* und letzte Szene 4,5—11 läßt uns zunächst stutzen, weil uns V. 5 in die Zeit nach 3,4 zurückversetzt. Wie in 1,5b. 10b; 2,2 begegnen wir noch einmal dem nachholenden Stil, dessen Verkennung zu Streichungen oder Umstellungen zu führen pflegt.[30] Die Szene besitzt Gleichnischarakter und bleibt mit Absicht am Ziel zum Leser hin offen. Hier ist kein Schweigen zu rekonstruieren, in dem Jona zur Besinnung kommt[31], sondern der abrupte Schluß macht deutlich, daß mit Jona die Leser gemeint sind, es nicht um den Propheten des 8. Jahrhunderts, sondern um sie, ihr Verhalten, ihre Erwartungen und Vorurteile angesichts Gottes Handeln an den Völkern geht.[32] Natürlich freut sich Jona über den wunderbar über Nacht zum Schutz seiner Hütte vor der Hitze gewachsenen Rizinus[33], eine sehr empfindliche Pflanze[34]. Und verständlich genug ist, daß er betrübt ist, als sie so plötzlich verdorrt. Daß er sich sogleich den Tod wünscht, will ihn kennzeichnen: für sich erhebt er Anspruch auf Gottes Güte. Bleibt sie ihm aus, wird ihm das Leben verhaßt.[34a] Die abschließende Frage Jahwes interpretiert sich selbst: wenn Jona, der Jude, so über das Schicksal einer Gartenpflanze betrübt ist, hat dann Jahwe — wir erkennen den beliebten rabbinischen Schluß a minore ad maius[35] — nicht viel mehr Grund, sich der Weltstadt mit ihren unzähligen Kindern und ihrem Vieh anzunehmen? — Hier ist keine Rede mehr von der Bekehrung als Voraussetzung der Rettung. Damit wird deutlich, daß die Bekehrung der Heiden in den Augen des Erzählers ein *potentialis*,

---

[30] Gegen zuletzt A. *Jepsen*, aaO. 297, mit W. *Rudolph*, KAT 13/2, 362. — Von der Streichung der Notiz über den Hüttenbau in 4,5bα als Rivalen zu dem schattenspendenden Rizinus in 4,6 (zuletzt empfohlen von A. *Jepsen*, ebd.) ist durchaus abzuraten. Jeder, der einmal im Orient am Tage in einem Zelt gesessen hat, versteht, daß zusätzlicher Schatten bei einer nicht stabilen Unterkunft mehr als willkommen ist. So haben sich denn auch G. *Dalman*, Arbeit und Sitte in Palästina (AuS) VI, 1939, 61; O. *Loretz*, aaO. 33; H. W. *Wolff*, aaO. 64 und W. *Rudolph*, KAT 13/2, 365 für die Beibehaltung von 4,5bα ausgesprochen.
[31] Gegen G. H. *Cohn*, aaO. 102.
[32] Vgl. dazu auch H. W. *Wolff*, aaO. 79, sowie Mt 20,1—15 (16) und dazu J. *Jeremias*, Die Gleichnisse Jesu, 1962⁶, 29ff, 138f; E. *Linnemann*, Gleichnisse Jesu, 1969⁵, 87ff, bes. 93f.
[33] S. o. Anm. 30.
[34] Vgl. dazu G. *Dalman*, AuS II, 1932, 297: „Wunderbaum, Ricinus communis, ... neugriech. χίχι, am Wasser wildwachsend, selten angebaut, baumartig 3—5 m hoch wachsend, rasches Wachstum, bei Beschädigung rasches Absterben, großblättrig mit handförmig geteilten Blättern mit Länge der Teile bis 13 cm, dreiteilige Fruchtkapseln mit einer großen, dunkel gesprenkelten Bohne ..."
[34a] Vgl. auch G. H. *Cohn*, aaO. 88: „Jona erbarmt sich ... scheinbar der Staude, in Wirklichkeit erbarmt er sich jedoch seiner selbst."
[35] Vgl. F. *Maass*, ZThK 52, 1955, 139f.

kein *realis* ist, die Barmherzigkeit Gottes zureichender Grund, die Weltstadt nicht zu vernichten.

Dennoch sollen wir nicht vergessen, daß von der Bekehrung der Heiden die Rede war, von der Unwilligkeit Jonas bzw. der Leser des Jonabuches, ihre Bekehrung anzunehmen, ihnen Gottes Barmherzigkeit zu gönnen, mit ihnen so wenig wie möglich zu tun zu haben, lieber unterzugehen, als auf die wörtliche Erfüllung der Völkerprophetie zu verzichten, Gott zu grollen, wenn er — scheinbar — nicht mehr zu seinen Worten steht. So zeichnet der Erzähler das Bild eines Judentums, das trotz seiner Erfahrung im Umgang mit den Heiden und trotz der sich daraus ergebenden Perspektiven an seinen Vorurteilen festhält und damit die Möglichkeiten Gottes nicht Wirklichkeit werden lassen will, obwohl die Wirklichkeit des Menschen ihn als das auf Gott bezogene Geschöpf erweist; das Gott zürnt, weil er seine Vorurteile widerlegt und zugleich die Heiden nicht mit Feuer und Schwefel vernichtet. Man möchte auf die Parabel von den Arbeitern im Weinberg hinweisen und mit der Frage schließen: „Siehst du darum scheel, daß ich so gütig bin?" (Mt 20,15). —

Mit dem Satz, daß Gottes Barmherzigkeit das Gericht überwindet und das Leben will, ist eine Wahrheit getroffen, die dem Erzähler gewiß ist. Es stellt sich freilich die Frage, ob wir es dabei mit dem Haupt- oder einem Nebenmotiv zu tun haben, wobei nicht übersehen werden darf, daß solche Nebenmotive unentbehrlich, Konklusionen ohne Prämissen unmöglich sind. So ist man gehalten, den Streitpunkt zwischen dem Dichter und seinen Lesern in den Mittelpunkt zu rücken. Andernfalls könnte man mit der konkreten Situation des Textes auch die Möglichkeit zu situationsgemäßer Übertragung verlieren, der es jedenfalls darum gehen muß, gegenwärtige Gemeinde für Gottes Wirklichkeit aufzubrechen; von ihren Wunschvorstellungen zu befreien; ihr dazu zu verhelfen, daß sie mit der Bibel gegen solche Züge der Bibel leben kann, die von Gott durch die Geschichte als menschliche Wunschvorstellungen entlarvt sind; ihre Einstellung gegenüber Fremden, Nichtchristen und Heiden, in Bewegung zu bringen, in ihnen das Geschöpf Gottes und den möglichen Bruder zu suchen. Wenn sie angesichts der Wirklichkeit in Trauer und resignativen Gehorsam versinkt, der dem Todeswunsch nahe kommt, bleibt sie gefragt, ob sie die Wirklichkeit durch ein Vorurteil abblendet und damit der Möglichkeit Gottes im Wege steht. Daß dabei die Predigt nicht zu einer Ideologie wird, die eine Ideologie durch eine andere auszutreiben sucht, ist nur dadurch zu bannen, daß sie die Gottheit Gottes ernst nimmt. Verstehen wir die Jonaerzählung richtig, schließt das sowohl die Möglichkeit ein, daß Menschen, die ohne das Gesetz und ohne das Evangelium leben müssen, doch aus ihrer Wirklichkeit leben, als auch die Pflicht, hinter dem Übel der Welt die Sünde und ohne Buße und Gehorsam den Tod zu verkündigen. Mit anderen Worten: die Botschaft des Jonabuches will im Schatten des Kreuzes bedacht sein.

Carl Heinrich Cornill hat in seinem um die Jahrhundertwende mehrfach aufgelegten Prophetenbüchlein erklärt, daß der israelitische Prophetismus in diesem Buch vom Schauplatz abtritt, nicht als Verlierer, sondern als Sieger, „und zwar als Sieger in dem schwersten Kampfe, dem gegen sich selbst: in ihm ist es dem israelitischen Prophetismus gelungen, wie Jeremia es an jener merkwürdigen, uns bekannten Stelle (15,19) ausdrückt: das Gemeine von sich auszuscheiden und sein besseres Selbst wiederzufinden"[36]. Mag es nun wirklich ein später Schüler der Prophetie oder nicht eher ein in der Schrift wie im Leben die Quelle der Weisheit suchender Lehrer gewesen sein, der sich hier zu Wort meldet, ist doch in der Tat die in schriftgelehrte Eschatologie und Apokalyptik einmündende, sich mit offensichtlichem Vergnügen den qualvollen Untergang der Völker ausmalenden Prophetie — man kontrastiere nur Jona 4,11f mit Jes 13,18 oder 34,2ff.5ff — hier überwunden, der Heide wie in Jes 19,19ff.24ff in die Hoffnung einbezogen.[37] Bleibt das Vermächtnis der Eschatologie und Apokalyptik über ihre konkreten Zukunftsentwürfe und Zukunftspläne hinaus die purissima et aeterna spes, so das Vermächtnis des Jonabuches die Absage an das fromme Vorurteil und die Aufforderung, angesichts der Wirklichkeit Gottes Möglichkeiten Raum zu geben und sich nicht selbst im Weg zu stehen. Denn es könnte ja sein, daß der Fremde und Fremdgläubige nicht nur das Mitgeschöpf, sondern auch der mögliche Bruder ist.

---

[36] Der israelitische Prophetismus, Straßburg 1906⁶, 170.
[37] Damit ist deutlich, daß auch das von O. *Loretz* (s. o. Anm. 5) angeschnittene Problem differenzierter behandelt werden muß. Es würde nicht einmal ausreichen, mit H. W. *Wolff*, aaO. 82 — im Kontext seiner Fragestellung richtig — auf die sich mit dem unterschiedlichen Schriftverständnis in Israel anbahnende Scheidung hinzuweisen. Es gibt im Alten Testament selbst vielmehr zwei miteinander rivalisierende, das Schicksal der Heiden betreffende Erwartungen, so daß der Erzähler mit seinen Lesern um die Durchsetzung einer der beiden — numerisch leider der unvergleichlich schwächer vertretenen — ringt. Zu dem damit angeschnittenen hermeneutischen Problem vgl. auch A. *Weiser*, Deutsche Theologie 1, 1934, 50.

Leid und Gott

Ein Beitrag zur Theologie des Buches Hiob

Karl Budde hat das Hiobbuch einmal mit den alten Domen verglichen, „an denen sich nacheinander viele Hände und sehr verschiedene Kunstweisen verewigt haben". Und er hat davor gewarnt, es vergleichsweise „durch Einreißen und Ausbau nach dem ältesten Plan oder eigener Weisheit auf einen einzigen Nenner zu bringen."[1] So angemessen diese Mahnung im Blick auf die im Hiobbuch gesehene Vielschichtigkeit des theologischen Problems des leidenden Menschen ist, die eine einzige Antwort nicht zu erschöpfen vermag, so hilfreich ist es doch für das Verständnis des Buches und der Polyphonie seiner Einsichten und Antworten, wenn wir es nicht von vornherein als eine Einheit betrachten, sondern es aus seinem Werden verstehen. Dabei darf als grundsätzlich bekannt vorausgesetzt werden, daß es in seiner jetzigen Gestalt jedenfalls aus einer Rahmenerzählung, dem sogenannten „Volksbuch von Hiob" (1,1-2,13 + 42,7-17), der zentralen Hiobdichtung (3,1-42,6) und den nachträglich eingeschobenen Elihureden (32-37) besteht[2].

In der gegenwärtigen geistigen Situation läge es gewiß nahe, allein die Hiobdichtung in den Mittelpunkt zu stellen und dabei zu fragen, ob der vorläufig letzte Versuch, sie für die Vorgeschichte eines utopischen Marxismus in Anspruch zu nehmen, vor dem kritischen Urteil des Exegeten bestehen kann[3]. Oder man könnte vorschlagen, dem praktischen und empirischen Zug der gegenwärtigen Theologie entgegenzukommen und zu zeigen, warum und worin die drei Freunde des Dulders, ein Eliphas von Theman, Bildad von Suah und Zophar von Naama, versagt haben, und dabei ausführlich von den Gefahren des Theologen als Seelsorger zu reden. Aber da sich der christliche Glaube und das Handeln der christlichen Kirche auf das Zeugnis der Schrift als seinen unaufgebbaren Grund bezogen wissen muß und da sich die Kunst des Seelsorgers nicht in der Kenntnis des Menschen und der eigenen Individualität erschöpfen darf, seien hier die Fragestellungen und Antworten wenigstens der Rahmenerzählung und der Hiobdichtung in den Mittelpunkt gestellt. Denn auf der einen Seite gibt es keinen Menschen, dem persönliches Leid erspart bleibt, und auf der anderen Seite sind der Antworten, die innerhalb und außerhalb der Heiligen Schrift auf die Frage nach den Ursachen und dem rechten Bestehen

---

[1] HK II, 1, 2. Aufl., Göttingen 1913, S. III.
[2] Vgl. dazu O. Kaiser: Einleitung in das Alte Testament, 2. Aufl., Gütersloh 1970, S. 304ff.
[3] Vgl. E. Bloch: Atheismus im Christentum, Frankfurt 1968, S. 148ff. und dazu grundsätzlich C. H. Ratschow: Atheismus im Christentum?, Gütersloh 1970; ferner H.-J. Kraus: Das Thema ‚Exodus'. Kritische Erwägungen zur Usurpation eines biblischen Begriffs, EvTh 31, 1971, S. 608ff.

des Leidens gegeben werden, nicht eben viele. Der leidende Mensch ist derselbe, der sich in seinem Alltag gefordert weiß, sein Leben verantwortlich handelnd zu gestalten. Im Leiden erfährt er sich in eine Passivität gedrängt, die ihm mindestens Anlaß geben könnte, danach zu fragen, wie sich sein Tun und sein Ergehen zueinander verhalten. Und wenn wir an Gott als den Herrn der Wirklichkeit und damit auch unseres Schicksals glauben, ist es gewiß, daß es sich bei dem Gott des Gesetzes und dem Gott des Schicksals nicht um zwei verschiedene Götter, sondern um den einen und selben Gott handelt. Aber wie diese Identität, wenn schon nicht eingesehen, so doch durchgehalten werden kann, das ist nicht nur die geheime Frage des Leidenden, sondern auch das eigentliche Thema unseres Buches.

Mit Albrecht Alt meinen wir schon innerhalb des Volksbuches mit seinem Prolog (1,1-2,13) und seinem Epilog (42,7-17) eine gewisse Spannung zu erkennen, die es uns ermöglicht, auf die älteste Gestalt der Hioberzählung zurückzuschließen. Lassen wir die Einführung der drei Freunde (2,11-13) und die Abrechnung mit ihnen (42,7-9. 10) für den Augenblick außer Betracht, um die verbleibende Geschichte von ihrem Ende her zu lesen, so fällt auf, daß Hiobs Familienangehörige und Bekannte wohl zu ihm kommen, um ihn zu trösten und ihm die erlittenen Verluste durch eine Geldspende zu erleichtern, aber mit keinem Worte auf seine Krankheit eingehen. Hier scheint eine Fassung der Erzählung hervorzuschimmern, die wohl von dem Verlust seines Vermögens und seiner Kinder, aber noch nicht von seiner Krankheit wußte[4]. Entsprechend müßte die älteste Erzählung im Prolog bereits mit 1,21 geendet haben, der Mitteilung, wie Hiob die ihm zuteil gewordenen Schläge untadelig und gottesfürchtig annahm, vgl. 1,1. — In 2,1-10 wird von der zweiten Versuchung Hiobs durch Geschwüre berichtet, die durch ein neuerliches Erscheinen des Satans, des Anklägers, vor Jahwe ausgelöst wird. Da sich die beiden himmlischen Szenen 1,6-12 und 2,1-7 nicht voneinander trennen lassen, müssen wir wohl annehmen, daß dem Dichter der Rahmenerzählung eine Geschichte vorlag, die von einem frommen Manne zu erzählen wußte, der trotz des Verlustes seiner ganzen Habe und seiner Kinder an Gott festhielt und deshalb erneut gesegnet wurde. Ihre Botschaft hätte gelautet: Der Mensch, der auch im unverschuldeten Leid an Gott festhält, wird erfahren, daß ihn Gott nicht im Stiche läßt, sondern erneut segnet. Diese Erzählung wäre von der Feststellung ausgegangen, daß es unverschuldetes Leid gibt. Sie hätte sich der Spekulation enthalten, warum solches dem Menschen widerfährt, und den Nachdruck ganz auf die Beantwortung der Frage gelegt, wie sich der Mensch in dieser Lage zu verhalten hat. Damit setzt sie von Anfang an einen Akzent, den wir beim Lesen des ganzen Buches im Auge behalten müssen: Es geht nicht um eine theoretische Beantwortung der Frage, warum der Mensch unschuldig leidet, sondern um die andere, wie er sein Leiden in Gottesfurcht be-

---

[4] Vgl. dazu A. Alt: Zur Vorgeschichte des Buches Hiob, ZAW 55, 1937, S. 265ff.

steht. Man hat also mit Recht wiederholt darauf hingewiesen, daß das Hiobbuch kein Lehr-, sondern ein Lebensbuch ist[5].

Der Dichter der Rahmenerzählung, der über eine geschliffene Kunstprosa verfügt, hat diese einfache Volkserzählung durch den Einbau der beiden Satansszenen und die sich daraus ergebende Verdoppelung der Leidensszenen in eine Problemdichtung umgewandelt, die ihn als einen nachdenklichen, den Menschen kennenden Theologen ausweist: Die beiden Schlüsselfragen zu ihrem Verständnis werden vom Satan gestellt. — 1,9f. fragt er seinen göttlichen Herrn: „Ist Hiob etwa umsonst gottesfürchtig? Hast nicht du selbst ihn und sein Haus umhegt und alles, was er hat, ringsum? ... Aber recke doch einmal deine Hand aus und rühre an alles, was er hat; fürwahr, es wird dir ins Angesicht fluchen!" Und 2,4f. heißt es: „Haut um Haut! Alles, was der Mensch hat, gibt er um sein Leben. Aber recke doch einmal deine Hand aus und rühre sein Gebein und sein Fleisch an; fürwahr, er wird dir ins Angesicht fluchen!" — Wir dürfen wohl annehmen, daß der Erzähler mit seiner kunstvoll durchgeformten Geschichte einem in seiner Zeit gegen die Frömmigkeit und Gottesfurcht erhobenen Einwand begegnen will. Er lautet auf eine kurze Formel gebracht: Frömmigkeit und Gottesfurcht sind Selbstsucht! Mindestens aber hat ihn die Frage bewegt, ob es überhaupt uneigennützige Frömmigkeit und Gottesfurcht gibt. Er beantwortet sie mit einer Neugestaltung der alten, ursprünglich östlich von Palästina beheimateten Erzählung, die damit einen stärker lehrhaft-paradigmatischen Akzent erhält: So wie Hiob hat sich der Mensch angesichts des dunkel zugreifenden Schicksals zu verhalten, wenn er wirklich Gott fürchtet. Andernfalls wäre seine Frömmigkeit Berechnung, seine Gottesfurcht verkappte Gotteslästerung. Denn sie hätte nicht begriffen, wer Gott und wer der Mensch, wer der Geber und wer der Empfangende ist. — In den beiden himmlischen Ratsversammlungen, die man etwas ungenau als himmlische Wetten zu bezeichnen pflegt, verdächtigt der Ankläger, der Satan, in dem Frömmsten und Gottesfürchtigsten alle Frommen: Gott ist für den Menschen lediglich ein Glücksgötze. Geht die Rechnung der Frömmigkeit nicht auf, so verflucht der Mensch seinen Gott. Mit dieser Behauptung stellt er die Ehre Gottes selbst auf das Spiel. Hiobs Weib gibt ihm mit ihrem „Sage Gott ab und stirb!" recht. Hiob, der von den himmlischen Hintergründen seiner Leiden nichts weiß und nichts wissen kann, setzt ihn ins Unrecht und rechtfertigt damit zugleich Gott:

„Jahwe gab, Jahwe nahm. Gesegnet sei Jahwes Name!" 1,21. —
„Das Gute haben wir von Gott angenommen
und das Böse sollten wir nicht annehmen?" 2,10.

Damit hat der Ankläger sein Spiel verloren: Der Verdacht und Vorwurf ist widerlegt. Es gibt uneigennützige Frömmigkeit. Sie bewährt sich im Lei-

---

[5] Vgl. z.B. A. Weiser, ATD 13, 4. Aufl., Göttingen 1963, S. 9f.; Terrien, CAT 13, Neuchâtel 1963, S. 48.

den. — Die so vielfach als bloßer Anhang, als Zugeständnis an das Glücksverlangen des natürlichen Menschen verdächtigte Wiederherstellung Hiobs am Ende ist von der ganzen Anlage der Erzählung her notwendig. Ohne diese Restitution wäre Gott, der um seiner und der Menschen Ehre willen Hiob den Zugriffen des Anklägers preisgegeben hatte, ein Dämon. Der Gott der Forderung und des Gesetzes hätte sich nicht nur hinter dem Gott des Schicksals verborgen, sondern er wäre mit ihm identisch geworden.

Die Erzählung bleibt als ganze im Rahmen alttestamentlicher Gerechtigkeitserwartung. Wir können uns das an Psalm 73 verdeutlichen, in dem sich der durch das Glück der Gottlosen und das eigene Leid angefochtene Beter zu der Gewißheit durchringt, daß das Glück der Gottlosen vergeht, während von ihm gilt:

„Nach deinem Rat leitest du mich
und nimmst mich hernach in Ehren."

Aber unser Erzähler geht gleichzeitig darüber hinaus, indem er Hiob nicht nach künftigem Glück fragen oder darum bitten läßt, sondern ganz bei dem „Wenn ich nur dich habe..." bleiben läßt. Und er geht weiter darüber hinaus, indem er unverschuldetes, schicksalhaftes Leiden als ein — vom Menschen her gesehen: Zeugnisleiden und — von Gott her gesehen: Bewährungsleiden deutet (Budde) und damit dem scheinbar Blinden, sinnlos Vernichtenden, dem Dämonischen des Schicksals einen Sinn verleiht. Erst wer in der Nacht des Leidens Gott die Treue hält, zeugt wahrhaft für Gott, fürchtet Gott wahrhaft und begreift, wer Gott und wer er selbst ist, der er nackt von seiner Mutter Leibe gekommen, auch nackt wieder dahinfahren muß, 1,21. Aber wer als Zeuge die resignatio in Deum vollzieht, soll erfahren, daß der Gott des Schicksals kein anderer als der Gott des Gesetzes und der Gott der Schöpfung ist, der ihn werden hieß und der ihn unter die ethische Forderung stellte.

Und die Dichtung mit ihren drei Teilen, dem Dialog mit den Freunden (3-27;28), den Herausforderungsreden Hiobs (29-31) und der Begegnung Hiobs mit dem im Wetter erscheinenden Gott (38,1-42,6) — was hat sie zum Thema beizutragen? Um ihre Front und ihre Antwort zu verstehen, müssen wir wieder etwas genauer zusehen; zuerst bei dem Dialog, den man weder von den Herausforderungsreden noch von der Theophanieszene isolieren darf[6]. Daß er drei Redegänge enthält (3-11; 12-20 und 21-27)[7], dürfen wir wieder als bekannt voraussetzen; ebenso, daß der dritte und letzte nachträglich empfindlich gestört worden ist. — Da erscheinen die drei Freunde, die, scharf charakterisiert, jeder einen Typos des Theologen vertreten: Eliphas von Theman, der älteste unter ihnen, verfügt über eine große Lebenserfahrung und beruft sich jedenfalls darauf wie auf eigene Offenbarungen. Er ist also gleichsam ebenso gebil-

---

[6] Gegen F. Baumgärtel: Der Hiobdialog, BWANT IV, 9, Stuttgart 1933.
[7] Zur Einbeziehung von Kap. 3 in den ersten Redegang vgl. G. Fohrer, KAT 16, 2. Aufl., Gütersloh 1963, S. 107.

deter Theologe wie religiöser Experte. Bildad von Suah erscheint daneben als ein selbstgefälliger Systemtheologe, der sich bei seiner Argumentation auf die Überlieferung der Väter beruft. Und schließlich tritt uns in Zophar von Naama der schülerhafte „junge Theologe" entgegen, der aufbrausend mit seinem Wissen um sich wirft[8]. Eliphas wartet zunächst ab, geht behutsam vor, um Hiob zu selbständiger Erkenntnis seines vermeintlich selbstverschuldeten Schicksals zu führen. Bildad redet von vornherein unverblümter, während Zophar Gemeinplätze von sich gibt. Und doch sind alle in der Kunst der Seelsorge so erfahren, daß sie nicht gleich bei ihrer Ankunft zu reden beginnen, sondern dem Leidenden seine Ehre geben, indem sie sieben Tage und Nächte mit ihm schweigen. Erst als Hiob zu klagen anhebt, ergreifen sie auch ihrerseits das Wort.

Im Verlauf der drei Redegänge wird deutlich, worin ihr Versagen als Seelsorger liegt: in der Unfähigkeit, den Leidenden in seinem Selbstverständnis, seiner Erfahrung und seinem leidenschaftlichen Anspruch und ausweglosen Konflikt ernst zu nehmen. Sie haben eine Lösung des Schicksalsproblems mitgebracht, die nach ihrer Ansicht durch die Erfahrung von Generationen bewährt und gerechtfertigt ist und daher nach ihrer Überzeugung auch auf den Fall Hiob zutreffen muß. Zwischen ihnen und ihrem Freunde in seiner konkreten Situation steht ein zur Weltanschauung degenerierter Glaube, der sie hindert, etwas gelten zu lassen, was nicht in das Schema paßt. Diese Weltanschauung ist, gerade weil sie sich fromm dünkt, exklusiv. Wer sich ihr nicht beugt, sondern auf ihr widersprechende Erfahrungen hinweist, lästert Gott und hat die Folgen zu tragen. Es ist erstaunlich, wie sich die Züge solcher falschen Propheten in immer neuen Gewandungen durch die Geschichte hindurch bis in unsere Tage durchhalten.[9].

Schon diese allgemeine Charakteristik zeigt, daß es in dem Dialog um eine Auseinandersetzung mit fragwürdig gewordenen Deutungen des Leidens und zugleich mit einem zur Weltanschauung gewordenen Glauben geht, den wir geistesgeschichtlich als eine Spätform der israelitischen Weisheit einordnen dürfen[10]. Sie hat Einzelerfahrungen systematisiert und das System zur Alleingültigkeit erhoben. Was nicht darein paßt, soll und darf es nicht geben. Die Wirklichkeit selbst wird so lange interpretiert, bis sie sich dem Schema einfügt. Das ist eine Gefahr jedes Systems, das seine eigene Aufhebung nicht ein-

---

[8] Vgl. dazu Budde, S. XXI.
[9] Vgl. dazu K. R. Popper: Das Elend des Historizismus, Tübingen 1969; aber auch M. Heidegger: Die Zeit des Weltbildes, in: Holzwege, Frankfurt 1950, S. 69ff. und F. Gogarten: Der Mensch zwischen Gott und Welt, Heidelberg 1952, S. 166ff.
[10] Vgl. dazu E. Würthwein: Gott und Mensch in Dialog und Gottesreden des Buches Hiob (1938), in: Wort und Existenz, Göttingen 1970, S. 278; ders.: Die Weisheit Ägyptens und das Alte Testament (1958), ebd. S. 207f. und S. 213ff.; H. H. Schmid: Wesen und Geschichte der Weisheit, BZAW 101, Berlin 1966, S. 173ff., aber auch G. von Rad: Weisheit in Israel, Neukirchen 1970, S. 281ff.

bezieht. Allerdings ist ein geschlossenes System — vorläufig — für seine Vertreter beruhigend; denn es erspart ihnen nicht nur die Anfechtung, sondern vermittelt ihnen auch das Hochgefühl, am Weltgeist zu partizipieren und gleichsam Vollstrecker seines Willens zu sein. — Aber für den, den seine eigenen Erfahrungen darüber hinausgeführt haben, ist die Aufforderung der Vorkämpfer der Weltanschauung, entweder ihre Deutung von Welt, Gesellschaft und Leben als die allein gültige anzunehmen oder andernfalls mit einem von Gott oder Menschen bewirkten Tod zu rechnen, das schlechthin Unerträgliche, weil es wider die Wahrheit ist. Was aber, wenn der Seelsorger wider die Wahrheit ist? Dann wird er zum Seelenverführer oder Seelenpeiniger, wie wir es eben im Hiobbuch erleben, wo die Freunde Hiob gleichsam aus der „Kirche" unmittelbar zu Gott treiben.

So erwarten wir denn im Dialog mit Recht Antithesen und Negationen. Offensichtlich hat der Hiobdichter den Stoff der Rahmenerzählung aufgegriffen, um mit einem lebensfernen und lebensfeindlichen System abzurechnen. Aber es ging ihm nicht allein um die Polemik, sondern mehr noch um eine neue Antwort. — Hätte er allein die Bestreitung des Systems im Auge gehabt, so hätte er es bei dem Dialog und maximal bei der Herausforderung Gottes bewenden lassen. Dann wäre Hiob, der Fromme und Gerechte, unter seinen Händen zu dem Menschen geworden, der seinen eigenen Anspruch dem Gott des Schicksals gegenüberstellt und damit aufdeckt, daß die über den Menschen verfügende Macht blind und dämonisch ist, so daß sie ihn letztlich nichts mehr angeht. Dann hätte er in der Tat den Auszug, den Exodus aus Gott, vollzogen. Die Herausforderung Gottes in Kapitel 31 wäre damit zugleich die Absage an Gott, die Aufforderung des Weibes in 2,9 die letzte, dem Menschen am Ende verbleibende Möglichkeit: „Hältst du noch immer an deiner Rechtschaffenheit fest? Fluche Gott und stirb!" Der praktische Atheismus wäre die eigentliche Konsequenz; denn wenn sich der Gott des Schicksals vor den Gott des Gesetzes und der Schöpfung stellt, ist der Mensch dem Nihilismus ausgesetzt. Die von Gott erhobene ethische Forderung ist ungültig, Frömmigkeit Torheit. Ja, wenn das Schicksal den Menschen mit vernichtender Gewalt unter endlosen und hoffnungslosen Qualen überfällt und mit seinem Leiden zu spielen scheint, gibt es nicht einmal mehr einen amor fati. — Der Dialog ist nicht auf diese, sicher nicht erst moderne Konsequenz angelegt, sondern darauf, daß sich Gott der Herausforderung stellt, zu der Hiob durch seine Freunde getrieben wird, und sein Schweigen durchbricht.

Wir haben hier nicht den Raum, dem Gang des Dialoges zu folgen, herauszuarbeiten, wie Hiob durch die Einwendungen, Zusprüche und Bezichtigungen seiner Freunde in immer tiefere Verzweiflung gestürzt, zu immer abgründigeren Klagen getrieben wird, weil sie aus seinem Leiden auf seine Schuld zurückschließen und ein entsprechendes Bekenntnis von ihm als Voraussetzung einer Schicksalswende erwarten. Von den Menschen verlassen, sieht er sich zugleich von dem Gott, der das Leiden über ihn verhängt hat, in die Enge getrieben. Er hat ihn ins Elend gestürzt. Und nun schweigt er. Dabei verteidigt doch Hiob mit seiner Unschuld zugleich den wirklichen gegen den gedachten Gott. Nur wenn dieser Gott selbst in dem zum Gericht über Hiob entarteten Streitgespräch als sein Rechtshelfer auftritt, kann es für Hiob eine Lösung und eine Erlösung geben. So und nicht anders ist das „Ich weiß, daß mein Erlöser lebt ..." von 19,25f. zu verstehen:

„Ich aber weiß: Mein Löser lebt,
steht auf als Letzter überm Staub.
Und dann mein Helfer sich aufrichtet,
meinen Zeugen schau ich: Gott[11]."

Der erscheinende Gott wird und muß Hiob vor den Menschen, die ihn als den von Gott Geschlagenen verlassen, verachten oder einer nicht vorhandenen schweren Schuld überführen wollen, vgl. 22,4ff., rechtfertigen. Hiob leugnet nicht, daß dem Frevler Verderben bestimmt ist, vgl. 31,3. Aber nicht überall, wo Unglück herrscht, ist davon ein Frevler betroffen. Die Bestreitung jedes richtenden Handelns Gottes an dem Frevler würde den Gott des Gesetzes seiner Herrschaft entheben und eine dualistische Unterscheidung zwischen einem Gott des Gesetzes und einem Gott des Schicksals zur Folge haben. — So wagt er, nachdem er den Reinigungseid geleistet, in der Gewißheit seiner Unschuld die Herausforderung:

„Gäb einen es doch, der mich hört!
Da — mein Zeichen! Steh Allwalt mir Red!
Doch die Schrift, die schriebe mein Kläger:
ich wände als Kranz sie mir um.
All meine Schritte wiese ich ihm,
ich nahte mich ihm wie ein Fürst." 31,35ff. —

Und Gott nimmt die Herausforderung an. Er erscheint im Wettersturm, souverän seine Frage:

„Wer ist da, dunkelnd den Plan,
mit Gerede Wissens bar?"

Und dann fragt und fragt er Hiob, führt er ihn durch die Geheimnisse der himmlischen und irdischen Welt, fragt er und fragt. Auf die letzte, in 40,8-11 enthaltene Fragenkette[12], die Hiob nicht weniger als das kosmische und ge-

---

[11] Die Übersetzung folgt von jetzt ab F. Stier: Das Buch Ijob, München 1954. — E. Bloch, S. 156ff., liest aus dieser Stelle die Erwartung eines nicht mit Jahwe identischen Rächers heraus. Die Willkür dieser Auslegung zeigt ein Vergleich mit 16,18f; 23,2ff. und 31,35, die alle auf die Begegnung mit Gott hinführen. Vgl. dazu etwa Duhm, KHC 16, Freiburg, Leipzig und Tübingen 1897; Budde; Driver-Gray, ICC, Edinburgh 1921 (1964); Peters, EH 21, Münster 1928; Weiser; Fohrer z.St. und Würthwein, S. 274f. gegen Pope, AB 15, Garden City, N.Y. 1965 z. St.

[12] Zur grundsätzlichen Zugehörigkeit der Gottesreden zur Hiobdichtung vgl. Würthwein, S. 278ff.; zum Problem ihres ursprünglichen Umfangs vgl. Kaiser, S. 309.

schichtliche Weltregiment abverlangt, wenn er recht behalten will, kann Hiob nur die Antwort geben:

„Ich habe erkannt, daß du alles vermagst, und kein Ersinnen deiner sich wehrt.
Du zeigtest mir Großes, so ich nicht verstehe,
mir Wunder zu hoch, so ich nicht erkenne.
Vom Hörensagen ich hörte von dir,
doch jetzt mein Auge dich schaute —
Ob dem ich schmelze hin
und stöhn in Staub und Asche." 42,2.3b.5f. —

Wo liegt die Lösung der Hiobdichtung? Man sucht sie heute weithin in Vers 5 den man dahingehend verstehen möchte, daß Hiob in der unmittelbaren Gottesgemeinschaft den Frieden findet, der ihn über alles Fragen und Hadeln hinausführt. Ich meine, daß die älteren Ausleger wie Duhm und Budde eher auf der rechten Spur waren, als sie diese Lösung als dem Wortlaut des Bekenntnisses Hiobs widersprechend zurückwiesen. — Man wird am besten von 38,2 ausgehen, wo der erscheinende Gott Hiob als erstes „Verdunkeln des Plans" und „Reden ohne Einsicht" vorwirft. Die mannigfach erweiterte Theophanierede[13] hat die Aufgabe, die Einsichtslosigkeit Hiobs in Gottes Schöpfungshandeln zu offenbaren. Die knappe Schlußrede 40,8-14, die unmittelbar an 38,2 anschließen könnte, ohne daß wir etwas Wesentliches vermißten, macht deutlich, daß Hiob nichts, gar nichts von Gottes Weltregiment versteht. Das gilt nicht allein für Hiob, sondern gleichzeitig für alle, die meinen, Gottes Handeln gesetzmäßig festlegen zu können, also auch für die Freunde — und darin liegt ihnen gegenüber die ersehnte Rechtfertigung Hiobs. Wo das Wissen um Gott in ein Wissen über Gott umschlägt, ist der Mensch hybrid geworden. Aber Hybris liegt auch darin, wenn der Mensch wie Hiob mit dem Gott zu hadern und den anzuklagen wagt, dessen Weltregiment dem Menschen entzogen, schlechthin unzugänglich ist. Daher hat sich auch Hiob schuldig gemacht, sich durch die hybride Rede der Freunde seinerseits zur Hybris verleiten lassen, so daß er vor dem in seiner Verborgenheit offenbar werdenden Gott vergeht.

Das ist also vom Menschen verlangt: Daß er weder an der Gültigkeit der Forderung Gottes rüttelt noch gegen seine scheinbar blinde Schickung aufbegehrt. Der Gott des Gesetzes und der Gott des Schicksals werden nicht auseinandergerissen. Dem Menschen, der im Wissen um den geheimnisvoll waltenden Gott die Grenzen seiner Kreatürlichkeit nicht übersteigt, sondern ihn in Gehorsam und Demut fürchtet, steht der Eine, Gewaltige gegenüber, Schaddaj, Allwalt. Die Uneinsichtigkeit des göttlichen Weltregiments berechtigt den Menschen nicht, sich der an ihn im Sittengesetz ergehenden Forderung Gottes zu entziehen, die den Nächsten in seiner Not von uns angenommen wissen will, vgl. Kapitel 31. So ist denn auch die Gültigkeit der Forderung von

---

[13] Vgl. Kaiser, ebenda.

Hiob keinen Augenblick in Zweifel gezogen. Entsprechend ist es eine der ganzen Hiobdichtung fremde Unterstellung, ihren Glauben mit einer sich selbst genügenden Innerlichkeit zu identifizieren und so zu disqualifizieren. Sie bietet dem keine Rechtfertigung, der vor den Nöten der Nächsten und der Fernsten seine Augen verschließt. Aber sie weiß freilich darum, daß der Mensch in Stunden kommt, in denen er in die reine Passivität gedrängt wird und in denen die Frage nach Gott und seiner Güte in ihm aufbricht. Sie bietet für diese Stunde keine die Fragen lösende Weltformel an, wohl aber den Hinweis auf den, der aller Vernunft unzugänglich die Geschicke lenkt, von dessen Gericht wir wohl im selbstverschuldeten Elend etwas ahnen, der sich aber nicht von uns hinterfragen läßt und — damit fügen wir die Dichtung wieder in die Rahmenerzählung ein — dennoch der Heil und Leben Schenkende bleibt. Und als Christen dürfen wir hinzufügen: Nicht nur hier, sondern auch dann, wenn uns dieses Leben versinkt.

Der Mensch unter dem Schicksal

In einem Augenblick, in dem es in der Theologie unter dem Einfluß der Psychologie und Sozialpsychologie spürbare Tendenzen gibt, sich in Religionskritik auf der einen und konkreter Utopie auf der anderen Seite zu erschöpfen und damit eine endgültige Wendung zur Anthropologie zu vollziehen, die ihre Anhänger in ein eigentümliches Spannungsfeld zwischen Optimismus und Resignation versetzt, dürfte die Erinnerung daran, daß menschlichem Planen und Tun Grenzen gesetzt sind, zur Nüchternheit rufen und damit vielleicht auch den Blick auf den richten, in dem Glaube und Theologie zu allen Zeiten den Herrn des Schicksals gesehen haben. Daß Geschichte im universellen wie im individuellen nicht schlechthin machbar ist, kann sich der Theologe von einem Manne wie Heinrich Brüning sagen lassen, der es selbst erfahren hat, »wie ›unplanmäßig‹ entscheidende politische Vorgänge verlaufen, wie Zufälle, persönliche Freundschaften und Gegensätze sowie nicht vorherzusehende Ereignisse den Ablauf der Geschichte viel stärker bestimmen als ausgeklügelte Verfassungsbestimmungen und parlamentarische Geschäftsordnungen, Wirtschafts- und Finanztheorien, Parteidoktrinen und geschichtsphilosophische Konstruktionen«[1]. Und gleichzeitig mag er sich daran erinnern, daß Paul Tillich längst darauf hingewiesen hat, daß soziologische und existentialistische Analysen des Menschen in der industriellen Gesellschaft, die seinen Selbstverlust, Weltverlust, seine Mechanisierung und Objektivierung, Vereinsamung und Hingabe ans Kollektiv, seine Erfahrung der Leere und Sinnlosigkeit aufzeigen, als Analysen des tatsächlichen Zustandes theologisch von größter Bedeutung sind, aber falsch und gefährlich werden, »wenn sie die konkrete Situation *ausschließlich* von soziologischen Faktoren ableiten« und damit den Glauben erwecken, »daß Änderungen in der Struktur einer Gesellschaft die existentielle Situation des Menschen ändern können«, einen Glauben, wie er »jeder Form von Utopismus zugrunde« liegt. Aus der Tatsache, daß »es in allen Perioden der Geschichte Strukturen der Destruktion« gibt, die in vielen Zügen, »den besonderen Strukturen unserer Periode analog sind« folgerte er: »Entfremdung vom essentiellen Sein ist der universale Charakter der menschlichen Existenz. Aus ihr folgen die besonderen Übel jeder Periode[2].«

Eine umfassende Überprüfung dieser These liefe auf einen universalgeschichtlichen Entwurf hinaus, der bei dem heutigen Stand der historischen Wissenschaften die Kräfte eines einzelnen durchaus übersteigt. Aber es ist sehr wohl möglich, diesem Thema in einem beschränkteren Umkreis nachzugehen und dabei darauf zu achten, wie die Tatsache interpretiert worden ist, daß der Mensch nicht uneingeschränkt über sich selbst verfügen und zu seiner vollen

---

[1] Memoiren 1918—1934, Stuttgart (1970), S. 12.
[2] Systematische Theologie II, Stuttgart 1958, S. 84.

Selbstverwirklichung gelangen kann, sondern ein im Blick auf sein Wesen wie seine Situation schicksalsbedingtes Leben führen muß. Wenn wir im Folgenden je zwei griechische Dichter, den Elegiker Theognis und den Lyriker Simonides, und zwei alttestamentliche Weise bzw. Weisheitssammlungen, die Spruchsammlung Proverbien 16, 1—22, 16 und Qohelet, einander gegenüberstellen, so geht es dabei nicht um den Versuch, etwaige Abhängigkeiten zumal des zuletzt genannten von griechischen Quellen aufzuweisen[3], sondern vielmehr darum zu zeigen, daß die Einsicht in die Grenzen des Menschen nicht einfach an das Alte und das Neue Testament gebunden ist, sondern unter ganz unterschiedlichen äußeren Bedingungen und in ganz verschiedenen Religionen und Kulturen aufbricht, womit sich eben die Frage nach der Wahrheit des Phänomens selbst stellt, zugleich aber auch die andere nach der Tiefe der gegebenen Deutungen.

Das Werk des Theognis, des Elegikers aus dem niseischen Megara, ist uns von der Antike nicht in seiner ursprünglichen Gestalt überliefert worden. Der etwa von 570 bis 530 v. Chr. lebende Dichter hat seine Elegien und elegischen Gnomen wohl beim Gastmahl vorgetragen. Später sind seine Verse in Athen beim Symposion der Adelsgesellschaft weitergetragen, ergänzt und mehrfach neu herausgegeben worden. Schließlich sind unter dem Namen des Dichters zwei Bücher überliefert, von denen das erste um das rechte Verhalten des adligen Jünglings in einer sich wandelnden Welt, das zweite um die Liebe zwischen dem älteren Erasten und dem jüngeren Eromenos kreist[4]. Beide Themen erklären sich aus der dorischen Männergesellschaft, in der es die Aufgabe des reiferen Mannes war, den Jüngling in die adlige Lebenswelt einzuführen, ihn körperlich zu ertüchtigen und ihm gleichzeitig die überkommene Lebensweisheit zu übermitteln. Aus diesen besonderen Bindungen erwuchs in einer Gesellschaft, in welcher die Ehe zwischen Mann und Frau zunächst mehr eine Frage der Familien als eine Sache der Herzen war, auch die Liebe zwischen dem Mann und dem Knaben[5], um deren Vergeistigung sich später kein geringerer als der große Verehrer des spartanisch-dorischen Staates, als Platon bemüht hat. Aus den etwas über 1200 Versen des ersten Buches der theognidischen Sammlung halten wir uns hier nur an solche, die am ehesten den Anspruch erheben können, von dem

---

[3] Vgl. dazu zuletzt M. Hengel: Judentum und Hellenismus, WUNT 10, Tübingen 1969, S. 210 ff., besonders S. 213 f. und S. 232 ff.

[4] Zum literarischen Problem der Theognissammlung vgl. F. Jacoby: Theognis, SPAW 1931, S. 89 ff.; W. Jaeger: Paideia I, Berlin und Leipzig 1936[2], S. 251 ff.; C. M. Bowra: Early Greek Elegists, Cambridge 1960 (= 1935), S. 139 ff.; H. Fränkel: Dichtung und Philosophie des frühen Griechentums, München 1969[3], S. 455 ff., aber auch J. Kroll: Theognisinterpretationen, Philol. Suppl. 29, Leipzig 1936, S. 1 ff. als derzeit wohl skeptischste Lösung des Problems. — Zu konservativ urteilt F. Dornseiff: Echtheitsfragen antik-griechischer Literatur. Rettungen des Theognis, Phokylides, Hekataios, Choirilos, Berlin 1939. Vgl. auch seine Rezension von Kroll, op. cit., in DLZ 58, 1937, Sp. 913 ff.

[5] Vgl. dazu Jaeger, S. 259 f., und Bowra, S. 144 f.; ferner U. von Wilamowitz-Moellendorff: Platon. Sein Leben und seine Werke. Berlin 1959[5], S. 28 ff. und S. 297 ff.

megarischen Dichter zu stammen, weil sie die σφραγίς, das Echtheitssiegel der
Anrede an den Knaben Kyrnos, enthalten[6]. Mit diesem einfachen, wenn auch
vor Nachahmungen nicht sicheren Mittel suchte Theognis sein Werk vor Diebstahl und Verfälschung zu schützen:
»Kyrnos, ich drücke mein Siegel auf diese Worte der klugen
Lebenslehre, die nun niemand zu stehlen vermag.
Auch wird niemand das Gute das vorliegt durch Mindres ersetzen.
Jeder wird sagen: ›Das Lied ist von Theognis gemacht,
jenem megarischen Dichter; in aller Welt kennt man den Namen‹.
In der Heimat allein billigt nicht jeder mein Tun.
Das ist kein Wunder, o Sohn Polypaos': es billigt nicht jeder
Zeus, wenn er Regen schickt oder den Regen versagt.
Dich aber will ich sorglich, o Kyrnos, lehren, was selber,
als ich ein Knabe war, ich von den Guten gelernt[7].«
Mit diesen Worten stellt sich der Dichter nicht nur selbst vor, prägt er nicht nur
ein, daß er beabsichtigt, die Lebensgrundsätze der hier als die »Guten« bezeichneten Adelsgesellschaft zu übermitteln, sondern gibt er auch bereits zu erkennen,
daß er selbst in Megara damit nicht unangefochten geblieben ist: Offensichtlich
sind die Kreise, denen er sich samt ihrer Tradition verbunden fühlt, nicht mehr
oder doch nicht mehr uneingeschränkt an der Herrschaft und, wie sich weiterhin
zeigen wird, schon dabei, sich einer veränderten Welt anzupassen. Den adligen
»Guten« steht eine neue Schicht gegenüber, die von Theognis in schlichter
archaischer Schwarzweißtechnik einfach als die »Schlechten« bezeichnet wird.
Wer darunter zu verstehen ist, wird sich alsbald erweisen. Dem Dichter geht es
nun darum, seinen παῖς vor dem Einfluß dieser neu zur Macht gelangten oder
an der Macht beteiligten Kreise zu schützen. Kann man im alltäglichen Leben
auch nicht einfach an ihnen vorübergehen, so soll man doch innerlich den bewährten Grundsätzen der dorischen Adelsgesellschaft treu bleiben und seine
Freunde allein aus ihrer Mitte wählen. Die erste, grundsätzliche Ermahnung
läßt bereits vermuten, wodurch sich die Macht- und Lebensverhältnisse in
Megara geändert haben, nämlich durch die jetzt auch die Landstadt ergreifende
Geldwirtschaft:
»Sei verständig: erzwinge nicht Ehren, Leistungen, Reichtum
durch unsauberes Tun oder Verletzung des Rechts.
Das war das eine; und weiter verkehre niemals mit schlechten
Männern, halte dich stets nur an die Guten allein.
. . . .
Denn du wirst Edles lernen von Edlen; läßt du mit Schlechten
aber dich ein, du verlierst was du besitzt an Vernunft.

---

[6] Zur Sphragis vgl. Jacoby, S. 157; Bowra, S. 144; E. Wolf: Griechisches Rechtsdenken I, Frankfurt 1950, S. 321; anders Jaeger, S. 258; Kroll, S. 48 ff., und Fränkel, S. 457.
[7] Eleg. 1, 19—28. Übertragung Fränkel, S. 457. — Textausgabe: D. Young, Teubner, Leipzig 1961.

Höre auf mich und verkehre mit Guten, und du erlebst noch
daß sich der Freundesrat den ich erteile bewährt[8].«

Allerdings muß es Kyrnos in Kauf nehmen, nicht mehr selbstverständlich in äußerem Ansehen zu stehen, äußeren Erfolg zu haben, wenn er sich an diesen Grundsatz hält. Die gewandelte Rolle des einst grundbesitzenden, durch Gymnastik und Kampf gestählten Adels geht aus dem Distychon hervor:
»Ist er auch Burg und Mauer dem hohlköpfigen Pöbel,
Kyrnos, geringe Ehre wird dem Edlen zuteil[9].«

Man mag sich in besonderen Krisen und zumal in Kriegsfällen der Junker erinnert haben, im Alltag hatten sie die ererbte Rolle ausgespielt. Soweit sie sich nicht an dem neu aufblühenden Handel beteiligten, konnten sie selbst verarmen und, wie offenbar auch Theognis, das väterliche Erbe verlieren:
»Den Schrei des Kranichs hörte ich, Polypaide.
Er ruft den Sterblichen die Zeit des Ackerns zu.
Mir aber hat er nur ins dunkle Herz getroffen:
Mein grünend Feld ist nicht mehr mein . . .[10].«

Und nun drängte eine Schicht von Kleinbauern und Hirten mit an die Macht, die grundsatzlos nach Gewinn strebte und eben dadurch den Aristokraten mit Trauer und Verzweiflung erfüllte:
»Noch ist die Stadt dieselbe, Kyrnos, doch andere Männer,
solche die früher nichts wußten von Recht und Gesetz,
sondern an ihren Flanken Ziegenfelle auftrugen,
hausten den Hirschen gleich fern von unserer Stadt,
sind jetzt die ›Guten‹, Polypaide; die früher edel
waren, sind jetzt das Pack. Wer soll das ertragen?
Einander betrügen sie sich, verlachen sich noch dabei,
gesinnungslos ist ihnen gleich die Meinung der Guten und Schlechten[11].«

Theognis steht dem neuen Treiben erbost und innerlich befremdet gegenüber. Aus der Erfahrung der Nachbarstädte weiß er, daß schließlich nicht die »hohlköpfige Menge«, sondern der Tyrann der Sieger sein wird, der Mann, der sich entschlossen auf die Seite des Volkes stellt, um damit gleichzeitig seinen uferlosen Forderungen eine Schranke, sich selbst aber den Thron zu errichten. Auch an diesem Punkt ist er zu keinem Kompromiß bereit, so daß er dem παῖς rät:
»Kyrnos, scheue und fürchte die Götter; denn dieses bewahrt
immer vor ruchloser Tat oder Rede den Mann.
Unbeachtet bleibt von den Göttern, in deinem Belieben
steht es, Tyrannen zu stürzen, Fresser des völkischen Gut's[12].«

---

[8] Eleg. 1, 29—32. 35—39. Übertragung Fränkel, S. 458. Zur Interpolation von 33 f. vgl. Jacoby, S. 130 f.
[9] Eleg. 1, 233 f., vgl. auch Eleg. 1, 183—192.
[10] Eleg. 1, 1197—1200.
[11] Eleg. 1, 53—60. Vgl. dazu Bowra, S. 146; ferner von demselben: Greek Lyric Poetry, Oxford 1967 (= 1961²), S. 329.
[12] Eleg. 1, 1179—1182.

Aber über die Empfehlung solcher Tat hinaus suchen wir vergeblich nach einer Maxime, die bewußt zum Eingriff in den Ablauf der Ereignisse auffordert. Getrost überläßt Theognis den Sturz der rings um ihn aufkeimenden Hybris der göttlichen Nemesis:
»Hochmut gesellt als erstes Übel, mein Kyrnos, ein Gott
bei dem Manne, den er zu verderben sich wünscht[13].«
Würde sich der Knabe den Modeströmungen ergeben und um jeden Preis nach Ansehen und Reichtum streben, träfe die göttliche Strafe auch ihn. Dann wäre auch die erstrebte ritterliche ἀρετή nichts als ein glänzendes Laster:
»Polypaide, um Tugend flehe nicht, um zu glänzen
oder um reich zu sein, sondern um glücklich zu sein[14].«
So sehr sich der Aristokrat bemüht, den Jungen in die Welt der ererbten Vorstellungen und Ideale einzuführen, so sehr vollzieht er doch gleichzeitig auch seinerseits eine Wende. Hatte sich in der nun untergehenden Welt ἀρετή selbstverständlich nicht nur in leiblicher Schönheit, Tüchtigkeit, Formengewandtheit und Besitz, sondern auch in Ansehen und Erfolg als solche erwiesen, so muß Theognis unter dem Druck der Verhältnisse auf das Kriterium des Erfolges und der öffentlichen Geltung verzichten und damit eine gewisse Verinnerlichung des Ideals verbinden, um es überhaupt aufrecht erhalten zu können[15]. Freilich muß, wer bei den Griechen von Verinnerlichung spricht, eingedenk bleiben, daß für ihn zu jeglicher innerer Vollkommenheit eigentlich auch die des Leibes gehört. Entsprechend ist es für Theognis selbstverständlich, daß Adel der Gesinnung und Adel des Blutes zusammengehören. Auf die jetzt zwischen Adel und Reichtum geschlossenen Ehen blickt er daher verächtlich herab:
»Bei den Widdern und Eseln bemühn wir uns, Kyrnos, und Hengsten
um eine gute Zucht, wählen mit Sorgfalt den Stamm;
doch eine schlechte Frau aus schlechtem Hause zu nehmen
macht dem Edlen nichts aus, wenn ihm die Mitgift gefällt.
Auch die Frauen verbinden sich willig dem schlechteren Manne,
falls er vermögend ist; reich soll er sein, und nicht gut.
Denn das Geld steht in Ehren. Die Edlen verschwägern mit Schlechten,
Schlechte mit Guten sich. Reichtümer mischen das Blut.
Darum wundre dich nicht, Polypaos-Sohn, wenn der Bürger
Stamm hinschwindet, indem Edles mit Schlechtem sich mischt[16].«
In dieser Umbruchssituation, in der die ererbten Ideale, Vorurteile und Privilegien, die zu leben Theognis selbst erzogen war, nicht mehr galten, sich der Dichter aber nicht ohne Identitätsverlust auf die Seite des Neuen stellen konnte, wurde er der Grenzen des Menschen ansichtig, des Zwiespalts zwischen Wollen und Vollbringen, den er nicht überbrücken kann, weil er nicht über die Zukunft verfügt. In der Unverfügbarkeit der Zukunft begegnet ihm die

---
[13] Eleg. 1, 151—152.
[14] Eleg. 1, 129—130.
[15] Vgl. dazu Jaeger, S. 268.
[16] Eleg. 1, 183—192. Übertragung Fränkel, S. 461.

Schicksalsmacht, die sich ihm als Griechen eben als die Macht der Götter darstellt:
»Keiner, mein Kyrnos, ist selbst schuldig des Leidens und Segens,
sondern es sind die Götter Geber von beiden allein.
Weiß doch keiner der Menschen, ob ihm das Ziel seines Handelns
seiner Absicht gemäß gut oder böse gedeiht.
Oft betreibt er sein Glück, während er Schaden befürchtet;
meint er sein Glück zu bewirken, stiftet er Schaden sich nur.
Keinem der Menschen wird, was er sich wünscht, auch zuteil;
denn er verfolget ein Ziel, schwierig und gänzlich unmöglich.
Da wir nichts wissen, treiben Eiteles zwar wir Menschen;
doch die Götter vollenden alles nach ihrem Rat[17].«

Aber darin, daß schließlich die Götter alles nach ihrem Rat vollenden, liegt für den Mann, der an den göttlichen Ausgleich in der Geschichte glaubt, offensichtlich ein Trost. So ziemt es dem Menschen, sich mit dem zu bescheiden, was ihm zufällt, und gleichzeitig, bei seinem Tun die Götter zu fürchten und also Gerechtigkeit zu üben:
»Wünsche doch lieber fromm mit wenigen Gütern zu leben
als daß du reich wirst an Gütern, die du durch Unrecht erwarbst.
Denn in Gerechtigkeit liegt jede Tugend beschlossen.
Gut ist ein jeder, mein Kyrnos, der Gerechtigkeit übt[18].«

Dem megarischen Dichter ist Gerechtigkeit sicher all' das, was sich mit seiner hergebrachten frommen Standesethik verträgt. Aber er hat mit dieser Betonung der δικαιοσύνη den Späteren ein Ideal und eine Aufgabe gestellt, um deren Lösung sich kein geringerer als der ihn hoch verehrende Platon bemüht hat: Was ist in einer Polis Gerechtigkeit? Der Glaube an die Macht der Götter, die Hybris und Ungerechtigkeit zu Falle bringen, verhindert es, daß sich Theognis angesichts der Einsicht in die Grenzen des Menschen einem amoralischen Fatalismus hingibt. Eben der Mensch, der um seine von den Göttern gesetzten Grenzen weiß, weiß sich dem Wahren der Mitte verpflichtet, die nicht mit dem Mittelmäßigen verwechselt werden darf. Und so prägt es Theognis dem geliebten Knaben ein:
»Nichts betreibe zu sehr; halt immer die Mitte! Nicht anders,
Kyrnos, erreichst du das Ziel, schwer zu erlangenden Wert[19].« —

---

[17] Eleg. 1, 133—142. — E. Römisch: Studien zur älteren griechischen Elegie, Frankfurter Studien zur Religion und Kultur der Antike 7, Frankfurt 1933, S. 17, betont die darin liegende Aufhebung der Sinnhaftigkeit des Weltgeschehens wohl zu einseitig. Vgl. dagegen H. Strohm: Tyche. Zur Schicksalsauffassung bei Pindar und den frühgriechischen Dichtern, Stuttgart 1944, S. 91: »Bei aller Bitterkeit, mit der die menschliche Situation betrachtet werden kann ...: an einen *chaotischen* Weltlauf hat keiner der alten Dichter und Denker geglaubt ... der objektive Sinn der Welt wird nicht dadurch gefährdet, daß er dem Menschen verschlossen bleibt.«

[18] Eleg. 1, 145—148. Vgl. dazu Bowra: Elegists, S. 151; Wolf, S. 332 ff.; ferner Jaeger, S. 269 f.

[19] Eleg. 1, 335—336. Vgl. dazu Bowra: Elegists, S. 154 f. — Anders Jaeger, S. 266, und Fränkel, S. 477 f.

Es ist leicht, den Dichter an einem Solon zu messen und ihn dann als einen reaktionären Versager abzustempeln. Aber ein derartiges Urteil wäre geschichtslos und bestritte, daß es eben auch die Möglichkeit und die Situation gibt, in welcher der Mensch an sein Schicksal gebunden nur um den Preis des Identitätsverlustes aus seinem überkommenen Lebenskreis in einen neuen eintreten kann. Theognis' Größe besteht gerade darin, daß er sich nicht gegen sein Gewissen auf die Seite des Erfolges geschlagen, sondern mit seinem Wort der Zukunft das Ideal der ἀρετή und der δικαιοσύνη weitergegeben hat. Indem er das Ideal unter dem Zwang der Verhältnisse verinnerlichte, wurde bloße Tradition zum Gegenstand bewußter Wahl, wurde für ihn selbst in überkommene Lebens- und Staatsordnung eingebundene Gerechtigkeit zur Aufgabe, nach deren Erfüllung je und je zu fragen bleibt. In dem Kreis des athenischen Adelsgeschlechtes der Philaiden, in einem Miltiades und einem Kimon, Männern, die den Ausgleich mit dem dorischen Sparta suchten, um damit der griechischen Staatenwelt Krise und Untergang zu ersparen, fand Theognis seine unmittelbaren politischen Erben, in Platon seinen philosophischen Testamentsvollstrecker.

Bleibt das persönliche Schicksal des Megarensers für uns weithin im Schatten, so daß wir das Wenige tastend aus dem seinen Namen tragenden literarischen Sammelgut herauslösen müssen, so steht Simonides aus Keos in hellerem Licht[20]. Dem jonischen Sänger blieben Erfolg, Anerkennung und Reichtum nicht versagt. Hipparchos, der Sohn des athenischen Tyrannen Peisistratos, zog ihn an seinen Hof. Nach dessen Ermordung und der Vertreibung des Hippias hielt er sich mindestens zeitweilig am Hof des thessalischen Fürsten Skopas in Krannon auf. Von 490 bis zur Vertreibung des Themistokles finden wir ihn wieder in Athen. Sein hohes Ansehen zeigt sich in der vielleicht legendären Tradition, daß ihm unter Hintenanstellung des Aischylos die Grabinschrift für die bei Marathon gefallenen Athener übertragen wurde. Auf Leonidas und die Helden von den Thermopylen dichtete er den Trauerchor für die offizielle Totenklage in Sparta. Das Epitaphion für das Grab an den Thermophylen wurde ihm jedenfalls von der späteren Überlieferung ebenfalls zugewiesen[21]. Als Themistokles verbannt wurde, ging Simonides an den Hof des Tyrannen Hieron von Syrakus. Hier soll er allein durch seinen klugen Rat zum Friedensschluß zwischen Hieron und Gelon beigetragen haben. 468 wurde er in Akragas auf Sizilien beigesetzt. Kein geringerer als Wilamowitz-Moellendorff hat von diesem Vater der Sophistik gesagt, daß er, hätte er früher gelebt, wohl Aussicht besessen hätte, unter die sieben Weisen gezählt zu werden[22]. Aber nur wenige seiner Epinikien, seiner Siegeslieder, seiner Skolien oder Rundgesänge, seiner Götterhymnen, seiner Threnoi oder Trauerlieder und seiner Epigramme sind uns überliefert, und das Erhaltene weithin nur in Fragmenten.

---

20 Zur vita vgl. U. von Wilamowitz-Moellendorff: Sappho und Simonides, Berlin 1913, S. 137 ff.; Bowra: Poetry, S. 308 ff., und Fränkel, S. 346 ff.
21 Vgl. dazu kritisch Wilamowitz, S. 192 ff.
22 S. 142.

Der wache Joner, der im Umbruch der Zeiten den Grossen sang und riet, war mithin notwendig ein politischer Dichter. So reizvoll es wäre, an Hand der Bruchstücke seiner Hinterlassenschaft seine ganze geistige Physiognomie zu rekonstruieren, so wenig kann das in diesem Zusammenhang unsere Aufgabe sein.

Suchen wir Einsicht in seine Erfahrung des über dem Menschen waltenden Schicksals zu gewinnen, so setzen wir am besten bei dem Skolion ein, das Simonides am Hofe des Skopas vorgetragen hat und in dem er auf seine Weise zu dem damals wie heute nicht auf eine Generation beschränkten gesellschaftlichen Umbruch Stellung nahm. Der Rekonstruktion durch Wilamowitz folgend dürfen wir uns die thessalische Adelsgesellschaft wohlig zum Gelage versammelt vorstellen. Der berühmte Sänger, die Zierde des Hofes, ist zugegen. Und nun fragt Skopas selbst, was Simonides von dem Wort des unter die sieben Weisen gerechneten Tyrannen Pittakos von Lesbos halte: »Schwer ist es, gut, von edler Art zu sein.« In dem Wort des Pittakos ist die Erfahrung dessen zusammengefaßt, der als Tyrann nach Gerechtigkeit gestrebt, seiner Insel neue Gesetze gegeben und dann auf das Amt verzichtet hatte. Zu seinen Gegnern hatte der Dichter Alkaios gehört: Es war Pittakos gelungen, ihn durch seine Gerechtigkeit innerlich zu überwinden[23]. — Natürlich erwartete Skopas von seinem Dichter kaum eine tiefsinnige, dem Problem auf den Grund gehende Antwort, sondern eher eine Geistreichigkeit, ein Lied, das zunächst die Hindernisse schildert, vor denen ein Herrscher steht, der sich in seinem Amt als ein ἀγαθός und ein ἐσθλός, als ein guter und edler Mann bewähren will, um dann gewinnend mit der Feststellung zu schließen, daß der Gastgeber dieses Ziel erreicht, mit seinem Regiment Pittakos in den Schatten gestellt habe. Auf den Beifall wäre dann eine neue Runde gefolgt. Und Simonides wäre ein gewandter, aber kein großer Dichter gewesen. Aber er faßte es anders an, indem er zunächst das Idealbild des ἀνὴρ καλὸς κἀγαθός, des Mannes, der alle körperlichen und geistigen Vorzüge vereinigt, zeichnete und erklärte: So zu werden, ist in der Tat schwer:

»Schwer ist es wahrhaftig ein guter Mann zu werden,
An den Armen und den Beinen und an Verstand
viereckig, ohne Tadel fertig hingestellt.«

Leider fehlen sieben Verse, ehe es so weitergeht:

»Und nicht ganz zutreffend scheint das Pittakos-Wort
Mir zu sein, obgleich es aussprach ein weiser Mann;
›Schwer ist's‹, sagte er, ›gut, von edler Art zu sein.‹
Nur ein Gott hat wohl dieses Vorrecht, ein Mensch jedoch —
kann nicht anders als schlecht sein, wenn
Ihn ein unbezwingbares Unglück befiel.
Hat er Erfolg, jeder Mann ist dann gut,
Doch schlecht, wenn's ihm schlecht geht;

---

[23] Vgl. dazu M. Treu: Alkaios, Tusc., München 1963², S. 126 f.

Und zumeist sind die Besten
Die, die Göttern lieb sind[24].«

Der hier zitierte ἀγαθός, der »Gute«, ist ganz offensichtlich im Sinne der alten Adelsethik verstanden: Untadelig an Leib und Gliedern, besitzend und erfolgreich. Dabei klingt selbstverständlich im ἀγαθὸς für den Griechen auch das Moralische mit. »Gut« bedeutet tüchtig und trefflich, wacker und glücklich zugleich. So zu *werden,* lautet die erste Lektion, welche der Dichter seinen adligen Hörern erteilt, liegt überhaupt nicht in der Macht des Menschen. Wo ein Mensch ausnahmsweise schön und trefflich, reich und glücklich ist und bleibt, liegt das Verdienst nicht bei ihm selbst, sondern bei den Göttern. Der Mensch ist von Geburt an seinem Schicksal ausgesetzt und muß ihm folgen, wenn es ihm Unglück schickt. Entsprechend gibt es wirkliche Vollkommenheit bei Menschen überhaupt nicht, sondern allein bei Gott. So hat der Mensch keine Ursache, sich dessen zu rühmen, was ihm ohne sein Verdienst durch historische Platzanweisung bis hinein in seine leibliche Konstitution geschenkt wird. Und er hat ebenfalls keine Ursache, sich dessen zu rühmen, wenn ihm ein gnädiges Schicksal jähen Sturz erspart. Die Annahme, daß Simonides in dieser unruhigen Zeit durch unmittelbares Erleben wie dem des Sturzes der Peisistratiden zu diesem Schluß gekommen ist, liegt auf der Hand. Eben angesichts der Preisgegebenheit des Menschen an das Schicksal stellt sich ihm die Frage, nach welchem Kriterium der Mann dann zu bewerten ist, wenn dabei vernünftigerweise ausscheiden muß, was er positiv und negativ vom Schicksal empfängt. Die Antwort reiht Simonides unter die Väter der Sophistik wie unter die Väter der Ethik Kants ein, weil er das Kriterium in den Willen verlegt. Verfügt der Mann nicht über das Gelingen, so kann und muß man seinen Wert an seinem Wollen messen. Und so fährt er fort:

»Darum will ich nie, nach unmöglichem Geschehen
Auf der Suche, auf vergebliche Hoffnung werfen
des Daseins Los: daß ich einen Menschen ganz
Ohne Fehler finde bei uns, die genießen der
breitgelagerten Erde Frucht.
Ich will, fände ich ihn, euch es melden sogleich.
Doch jeden lob ich und liebe ihn, wenn
Freiwillig er nichts Schändliches tut;
mit dem Schicksal (ἀνάγκᾳ δ')
Kämpfen selbst nicht Götter[25].«

An die Stelle des alten Ideals adliger Vollkommenheit tritt das bescheidenere, aber nun auch vom Menschen jederzeit zu verwirklichende des ὑγιὴς ἀνήρ, des gesunden Mannes:

---

[24] fr 4 Diehl (D); 19, 1, 1—3. 11—20 Werner (W); Übertragung O. Werner: Simonides und Bakchylides. Gedichte, Tusc., München 1969, S. 23 f. Vgl. dazu Wilamowitz, S. 159 ff.; Bowra: Poetry, S. 326 ff. und Fränkel, S. 351 ff.

[25] fr 4 D; 19, 21—30 W; Übertragung Werner, S. 25.

». . . . . Nicht lieb
ich zu tadeln; genügt mir doch durchaus ein Mann,
Der nicht schlecht, nicht zu unbeholfen ist, der sich auf
staatenförderndes Recht versteht:
Ein gesunder Mann; und nicht werde ich ihn
Tadeln; es ist ja der Toren Geschlecht
An Zahl ganz unendlich;
Schön ist alles, mit dem nicht
Häßliches gemischt ist[26].«

Simonides hat sein Ziel erreicht — und zugleich sicher auch die Erwartung des Fürsten erfüllt, der eben als ein ὑγιὴς ἀνήρ auf Anerkennung rechnen darf, der sich um den Nutzen der Polis verdient gemacht, der sich vor Schändlichem und Häßlichem hütet. Danach, ruft der Dichter seiner Zeit zu, sollt ihr einen Mann beurteilen: Ob er sich dem Anspruch der Gemeinschaft versagt oder nicht, ob er sich von allem Gemeinen und Häßlichen fernhält und also — das Wort fehlt, die Sache nicht — als ein Mensch guten Willens erweist. Das Schicksal verfügt über die historische Platzanweisung des Menschen. Es verfügt letztlich auch über das Vollbringen des Menschen. Also messe man den Mann an dem, für das man ihn füglich verantwortlich machen kann, an seinem guten Willen.

Alsbald hat das dunkle Schicksal nach den gastgebenden Skopaden gegriffen. Über der vollzählig versammelten Sippe stürzte das Dach der Festhalle ein. Nur der Dichter soll, der Überlieferung nach, bei diesem Unglück dem Tode entronnen sein. Jedenfalls hat er den Freunden den Trauergesang gedichtet und aufgeführt, von dem uns vier Zeilen erhalten sind, genug um zu erkennen, wie tief Simonides von dem Wissen um den Wechsel des Glücks ergriffen war:
»Sei, der du ein Mensch bist, nie der Meinung, daß du wissest, was morgen
                                                                                            kommt,
Noch, siehst du im Glück einen, wie lang er darin sein wird; denn
So schnell ist das Fortschwirren selbst nicht der breitflügligen
Fliege wie der Wechsel (des Glücks)[27].«

In dem Fragment eines bei unbekanntem Anlaß aufgeführten Chores heißt es das Thema vertiefend:
»Gering nur ist der Menschen
Kraft, erfolglos ihre Bestrebungen; in kurzem
Dasein-Mühsal auf Mühsal gehäuft.
Und unfliehbar zugleich hängt drohend darüber der Tod;

---

[26] fr 4 D; 19, 32—40 W; Übertragung Werner, S. 25.
[27] fr 6 D; 20 W, Übertragung Werner, S. 27. — Vgl. dazu Bowra: Poetry, S. 324 f. — Fränkel, S. 347, findet in dem Bild Z. 3 f., daß »ein Umschlag im Menschenleben ... nicht sinnvoller und bedeutsamer (ist) als wenn eine Fliege mit unvermittelter Plötzlichkeit auffliegt, um sich an einer anderen Stelle niederzulassen«. Aber damit überdehnt er wohl den Vergleich, dem es um die Geschwindigkeit des Wechsels und nichts weiter geht.

Von diesem fällt gleicher Teil ja den Guten wie auch
Zu jedem, der schlecht ist[28].«

Simonides sieht den Menschen in seiner Vergänglichkeit und Preisgegebenheit an das Todesschicksal. Nur der Gott ist fähig, Schicksal zu meistern. Bei Menschen dagegen ist nichts frei von Leid und Schädigung[29]. Er kann seinen Platz in der Geschichte nicht wählen, er kann mit seinem Planen und Wollen nicht über das Gelingen verfügen, er muß jederzeit damit rechnen, daß ihn Unheil trifft und schließlich der Tod:
»Es gibt kein Übel, mit dem
Bei Menschen man nicht zu rechnen hätte; nur kurz währt es, und
Alles stürzt ändernd um ein Gott[30].«
Oder:
»Alles kommt in *einer* Charybdis raffenden Schlund: die
Mächtigen Taten voll Ruhm und der Reichtum[31].«

Fragt sich der Mensch, was dann bleibt, so mag er sich mit dem Gedanken an den Nachruhm trösten. Aber auch das ist letztlich unrealistisch; denn:
»Es bleibt der Ruhm als schönes Grabmal; als
Letztes sinkt er unter die Erde[32].«

Blickt man auf Theognis zurück, so bleibt nicht verborgen, wie hier innerhalb einer Generation die Götter ferner gerückt sind. Die Beobachtung, daß das Schicksal die Menschen ohne Rücksicht auf ihre Trefflichkeit oder Schlechtigkeit treffen kann, hat Gott, hat die Götter in eine rätselhafte, dem Menschen ganz und gar unbegreifliche Macht verwandelt, so daß die Anekdote innere Wahrscheinlichkeit besitzt, die Cicero in De natura deorum dem Akademiker Cotta in den Mund legt:

»Roges me quid aut quale sit deus, auctore utar Simonide, de quo cum quaesivisset hoc idem tyrannus Hiero, deliberandi sibi unum diem postulavit; cum idem ex eo postridie quaereret, biduum petivit; cum saepius duplicaret numerum dierum admiransque Hiero requireret cur ita faceret, ›Quia quanto diutius considero‹, inquit, ›tanto mihi res videtur obscurior‹[33].«

Aber auch bei Simonides hat sich das Gefühl dafür erhalten, daß Selbstüberhebung, ὑπερηφανία, dem unter dem Schicksal stehenden Menschen nicht zukommt und er mit ihr geradezu sein Schicksal herausfordert. So soll er dem spartanischen König Pausanias, der sich stolz seiner Taten rühmte und nun von dem Dichter einen witzigen Einfall verlangte, in Erkennung seiner Überheblichkeit geraten haben, »er solle daran denken, daß er ein Mensch sei«[34]. Aus dem

---

[28] fr 9 D; 24 W; Übertragung Werner, S. 31.
[29] fr 10 D; 27 W; vgl. auch fr 63 D; 65 c W.
[30] fr 11 D; 23 W; Übertragung Werner, S. 29.
[31] fr 8 D; 25 W; Übertragung Werner, S. 31; vgl. auch fr 75 D; 75 W.
[32] fr 59 D; 22 W; Übertragung Werner, S. 29. — Vgl. aber auch fr. 5 D; 21 W.
[33] Cic. Nat. D. I, (XXII), 60, Loeb ed. H. Rackham, London und Cambridge/Mass. 1951² (1956), S. 58; Werner, testimonium 16, S. 220.
[34] (Plut.) Cons. ad Apoll. 6, 105a, Werner, testim. 12, S. 218.

Wissen um die Grenzen des Menschen erwuchs ihm eine sich bescheidende und ihre Maße nicht vergessende Menschlichkeit, ja, geradezu eine heitere Gelassenheit, die sich in der Maxime spiegelt παίζειν ἐν τῷ βίῳ καὶ περὶ μηδὲν ἅπλως σπουδάζειν.[35]. Der Blick in das scharfe Licht des Schicksals hat ihn nicht erblinden noch sich den Anforderungen des Tages versagen lassen. Auch der unter dem Schicksal stehende Mensch blieb für ihn Glied der Polis, deren Bedeutung er prägnant und knapp in dem Satz zusammenfaßte: πόλις ἄνδρα διδάσκει[36].

Wenden wir uns der *Proverbiensammlung* 16, 1—22, 16 zu, um hier zu erfahren, wie sich dem Israeliten Schicksal darstellte, wie er es erfuhr und deutete, begeben wir uns auf ein schon deshalb schwerer zu erhellendes Feld, weil wir es mit einem anonymen Sammelgut zu tun bekommen und mithin jedes biographischen Hintergrundes entbehren. Das hier vereinigte Wissen ist in Generationen in den Kreisen der judäischen Weisheit geformt und überliefert worden[37]. Ob und in welchem Umfang es seinen jetzigen Bestand der weiterbildenden und sichtenden Tätigkeit eines einzelnen verdankt, läßt sich nur schwer oder gar nicht entscheiden. So ist es zum Beispiel nicht unbestritten, ob 16, 1—15 mit seinen der Sammlung vorangestellten Jahwe- und Königssprüchen ursprünglicher Bestandteil oder Ergänzung von späterer Hand ist[38]. Oder es ist zu erwägen gegeben, ob wir nicht im Blick auf die Sammlungen c. 10—15; 16, 1—22, 16; 25—27 und 28—29 überhaupt von dem Gedanken einer einheitlichen Konzeption absehen und das Spruchgut stattdessen in Schichten gliedern müssen, die je einer besonderen, die Geschichte der israelitischen Weisheit spiegelnden Weltsicht entsprechen[39]. Da ich jedoch wie Gerhard von Rad Bedenken trage, eine geradlinige Entwicklung der israelitischen Weisheit von einer individuellen über eine die Gemeinschaft einbeziehende zur theologisierten zu unterstellen[40], und jedenfalls c. 10—15 und 16, 1—22, 16 eine je be-

---

[35] Theon Prog. 1, 215 Walz, Werner, testim. 27, S. 224.
[36] fr 53 D; 77 W; vgl. dazu M. Treu: Von Homer zur Lyrik, Zetemata 12, München 1955, S. 296.
[37] Vgl. dazu H.-J. Hermisson: Studien zur israelitischen Spruchweisheit, WMANT 28, Neukirchen 1968, S. 80. — Einen grundsätzlichen Überblick über die neuere Forschung zur Weisheitsliteratur gibt R. B. Y. Scott: The Study of Wisdom Literature, Interpr. 24, 1970, S. 20 ff.
[38] P. W. Skehan: A. Single Editor for the Whole Book of Proverbs, CBQ 10, 1948, S. 198 ff., bei J. Becker: Gottesfurcht im Alten Testament, Rom 1965, S. 212.
[39] W. McKane: Proverbs. A New Approach, London 1970, S. 10 ff. und S. 413 ff., der damit auf die von H. Gunkel z. B. in seiner »Israelitischen Literatur«, in: Kultur der Gegenwart I, 7, Leipzig 1925, zitiert nach dem Abdruck Wiesbaden 1963, S. 40, vertretene Sicht zurückkommt.
[40] Weisheit in Israel, Neukirchen 1970, S. 85 ff. und S. 95, Anm. 12. — Zur Kritik an Gunkel vgl. O. S. Rankin: Israel's Wisdom Literature, Edinburgh 1936 (1964), S. 68 f. — Daß die Untersuchungen von McKane einer gründlichen Überprüfung bedürfen, sei ausdrücklich angemerkt. Wie immer ihr Ergebnis ausfallen und dabei die Geschichte der Spruchüberlieferung konturiert werden mag, bleibt ein Versuch wie der vorliegende, eine Spruchsammlung als solche auf das in ihr insgesamt zum Ausdruck kommende Selbstverständnis zu befragen, in seinem besonderen Recht; vgl. dazu auch v. Rad, S. 49 ff.

sondere formale und geistige Physiognomie erkennen lassen[41], setze ich hier die wesentliche Einheit von 16, 1—22, 16 voraus.

Einen Rückschluß auf den sozialen Ort der Sammlung erlauben die in ihr erwähnten Realien: Die Stadt, 16, 32; 21, 22, ist befestigt, 18, 19, mit einer hohen Mauer umgeben, 18, 11. In ihr gibt es feste Türme, 18, 10, und einen wehrhaften, den Zugang mit einem Riegel sichernden Palast, 18, 19. Das Haus, 21, 9. 12, trägt unter Umständen ein kleines Zimmerchen auf dem Dach, 21, 9[42]. Außer Armen und Reichen gibt es in ihr Fürsten, 19, 10, Sklaven, 17, 7; 19, 10, und Handarbeiter, die vom Lohn ihrer Arbeit leben müssen, 16, 26. Gold und Silber werden im Schmelztiegel bearbeitet, 17, 3. Es gibt also auch Goldschmiede. Natürlich werden Gold und Silber besonders geschätzt und als Schmuck verarbeitet, 17, 3; 22, 1; 20, 15; aber auch Korallenschmuck fehlt nicht, 20, 15. Im Haus hat man eine Lampe, 20, 15. 20; 21, 4, vielleicht auch einen Schatz, 21, 20. Die Beobachtung, daß der Käufer die Ware herabsetzt, um ihren Preis zu drücken, 20, 14, spricht ebenso für die Vertrautheit mit dem Treiben auf dem Markt wie die Kenntnis falscher Maße und Gewichte, 16, 11; 20, 10. Man mag sagen, daß das alles nicht über das hinausgeht, was jeder Israelit, auch der Bewohner eines kleinen Ackerstädtchens vom städtischen Leben wissen konnte, und daß auch die Art der Erwähnung des Königs[43] keine Möglichkeit bietet, den Lebenskreis der Sammlung genauer zu bestimmen.

Aber vielleicht wird das Bild eindeutiger, wenn wir uns vergegenwärtigen, was von der Natur in Gestalt meteorologischer Erscheinungen, landwirtschaftlicher Vorgänge und Produkte und zumal der Tierwelt eine Rolle spielt. Natürlich weiß man, daß es Wolken gibt, die den Spätregen bringen, 16, 15, und daß der Tau in der trockenen Jahreszeit die Pflanzen erquickt, 19, 12; daß man im Herbst pflügt und im Sommer erntet, 20, 4. Auch das Wasser ist als Quelle, 18, 4, Bach, 18, 4, Bewässerungsgraben, 21, 1, tiefes Gewässer, 18, 4; 20, 5, und losbrechendes Wasser, 17, 14, vertreten. An landwirtschaftlichen Produkten werden Brot, 20, 17, Wein und Rauschtrank, 20, 1, und Honig, 16, 24, erwähnt. Den Vögeln stellt man mit dem Stellholz, 20, 25; 21, 6, dem Korb 22, 5[44], und dem Klappnetz, 22, 5, nach. Von Großtieren erscheint lediglich die verwaiste Bärin, 17, 12, der Junglöwe, 19, 12; 20, 2, und der Löwe, 22, 13. Daß man mit dem Auftauchen des Löwen nicht unbedingt zu rechnen hatte, zeigt die zuletzt erwähnte Stelle. Bedenkt man, daß vom Vieh, vgl. 12, 10, seiner Weide, vgl. 12, 26, von Rindern, vgl. 14, 4, Stieren, vgl. 14, 4, Mastochsen, vgl. 15, 17, Eseln, vgl. 26, 3, und vom Kleinvieh, vgl. 27, 23, die doch im Alltagsleben des Bauern und des Ackerbürgers eine viel elementarere Rolle spielten, in unserer Sammlung keine Rede ist, verstärkt sich der unwillkürliche Eindruck, den man beim Überlesen der Tierstatistik gewinnt, daß die Tierwelt ein wenig exotisch

---

[41] Vgl. dazu U. Skladny: Die ältesten Spruchsammlungen in Israel, Göttingen 1962, S. 7 ff.; 25 ff. und S. 67 ff.
[42] Vgl. dazu W. Frankenberg, HK II, 3, Göttingen 1898, S. 121, und McKane, S. 553.
[43] Vgl. dazu unten S. 20.
[44] Vgl. dazu McKane, S. 565.

in das Blickfeld kommt. Demgemäß liegt der Schluß auf der Hand, daß hier eine Gesellschaftsschicht zu Worte kommt, die bereits in relativer Ferne zum Leben des Bauern steht. Sieht man weiter, welche Rolle die Probleme des Gegensatzes zwischen arm und reich, des Handels und der Rechtspraxis spielen[45], zieht man weiter die zahlreichen Königssprüche in Betracht, vgl. 16,10. 12. 13. 15; 19, 12; 20, 2. 8. 26. 28; 21, 1 und 22, 11, wird man jedenfalls auf eine hauptstädtische Oberschicht geführt, wenn man nicht mit Skladny gleich an das Vorliegen einer Unterweisung für Beamte im königlichen Dienst rechnen möchte, wogegen der formale Unterschied zwischen einer derartigen Spruchsammlung und einer thematisch geordneten Lehre ins Feld geführt werden könnte[46]. Sofern man die Königssprüche ihrerseits nicht einfach als später aufgenommenes Traditionsgut ansehen will, was sich abgesehen von ihrer Massierung in 16, 10—15 angesichts ihrer Streuung durch die Sammlung kaum empfiehlt, wird man gegen eine Ansetzung in der fortgeschrittenen Königszeit wenig einwenden können[47].

Wie im alttestamentlichen Bereich überhaupt heißt auch bei unserer Proverbiensammlung vom Menschen unter dem Schicksal vom Menschen unter Jahwe reden. Als seine Geschöpfe bleiben die Menschen zu ihm unmittelbar, so daß sich die hierarchische Struktur der Gesellschaft an seinem Schöpfersein bricht. Mithin stehen die rangniedrigsten, die Armen und Elenden, als seine Geschöpfe neben den ranghöheren und besitzen daher einen unverlierbaren,

---

[45] Vgl. dazu Skladny, S. 38 ff.

[46] Vgl. dazu Skladny, S. 46, und McKane, S. 6 ff. und S. 413, aber auch Hermisson, S. 122 ff.

[47] Vgl. dazu Skladny, S. 80; J. A. Bewer und E. G. Kraeling: The Literature of the Old Testament, New York und London 1962³, S. 324; B. Gemser, HAT I, 16, Tübingen 1963², S. 8; ferner A. Weiser: Einleitung in das Alte Testament, Göttingen 1966⁶, S. 265; H. Ringgren, ATD 16, Göttingen 1962, S. 8. — Mit dem Abschluß der in die Königszeit zurückreichenden Sammlung im 5. und 4. Jahrhundert rechnet derzeit wohl die Mehrzahl der Forscher. Vgl. dazu J. Fichtner: Die altorientalische Weisheit in ihrer israelitisch-jüdischen Ausprägung, BZAW 62, Gießen 1933, S. 8; W. O. E. Oesterley und Th. H. Robinson: An Introduction to the Books of the Old Testament, London 1934 (1958), S. 204 ff.; R. H. Pfeiffer: Introduction to the Old Testament, New York 1948, S. 659; A. Lods: Histoire de la littérature hébraique et juive, Paris 1950, S. 659 ff.; H. Lusseau in: A. Robert und A. Feuillet: Introduction à la Bible I, Tournai 1957, S. 630 f.; O. Eissfeldt: Einleitung in das Alte Testament, Tübingen 1964³, S. 641; (E. Sellin-)G. Fohrer: Einleitung in das Alte Testament, Heidelberg 1965¹⁰, S. 349; R. B. Y. Scott, AB, Garden City, New York 1965, S. 18. — Gegen das von Eissfeldt zugunsten der Spätdatierung geltend gemachte und seither wiederholt aufgenommene Argument einiger Aramaismen vgl. A. Bentzen: Introduction to the Old Testament II, Kopenhagen 1958⁴, S. 173. — Angesichts der bei fast allen alttestamentlichen Büchern nachgewiesenen oder zu vermutenden exilisch-nachexilischen Redaktionsvorgänge wäre es in der Tat verwunderlich, wenn unser Spruchbuch von ihnen verschont geblieben wäre. Es fehlt jedoch m. E. zur Zeit noch immer an stichhaltigen Kriterien, derartige Zusätze eindeutig als solche auszuscheiden. Wird zugegeben, daß die Durchdringung zwischen Weisheit und Jahwismus bis in die frühe Königszeit zurückgeht, wofür m. E. die jahwistische Fassung der Josephsgeschichte zeugt, geht es kaum an, die Königssprüche in die vorexilische und die Jahwesprüche in die nachexilische Zeit zu datieren.

elementaren Achtungsanspruch, 17, 5; 22, 2[48]. Schöpfersein, Schöpfung und Geschöpfsein erschöpfen sich nicht in einem einmaligen, anfänglichen, sie setzenden oder konstituierenden Akt, sondern wirken immer erneut und beständig gebend und aufgebend in die Geschichte hinein. Wird die Überlegenheit Jahwes gegenüber allen Menschen in der Sammlung auch nicht ausdrücklich mit seinem Schöpfersein verbunden, so hindert doch nichts daran, seine umfassende Verfügungsgewalt über die Menschen aus ihm abzuleiten, da ausdrücklich konstatiert wird, daß im Armen der Schöpfer geschmäht *und* damit die göttliche Strafe provoziert wird, 17, 5.

Die schlechthin überragende Bedeutung Jahwes für alles, was Menschen erkennen, planen und tun, geht daraus hervor, daß er selbst den Menschen Ohr und Auge und mithin die Möglichkeit zur Erkenntnis gegeben hat, 20, 12[49]. Die Erkenntnismöglichkeiten des Menschen sind mithin geschöpfliche Eigenschaften, und daraus folgt, daß der Mensch sie nicht gegen seinen Schöpfer gebrauchen kann: Mit seinen Kunstfertigkeiten, seiner Weisheit, seiner Einsicht und seinem, zu einem Entschluß kommenden Planen richtet er gegen den Willen Jahwes nichts aus, 21, 30. Umgekehrt hängt der Erfolg menschlichen Planens und Tuns von seinem Verfügen ab, 16, 3; 19, 21, so daß er der eigentliche Lenker der Wege des Menschen bleibt, 16, 9. Das kann dann am Beispiel des Losorakels appliziert werden: Wenn Menschen das Orakel schütteln, um in einer undurchsichtigen Situation Entscheidung oder Aufklärung zu erhalten, gehen sie ja von der Voraussetzung aus, daß der Entscheid nicht von ihnen, sondern von Jahwe

---

[48] Vgl. dazu aus der Lehre des Amenemope (Kap. 2) IV, 4—6 und (Kap. 25) XXIV, 9 ff., H. O. Lange: Das Weisheitsbuch des Amenemope, Kopenhagen 1925, S. 36 und S. 121; AOT², S. 39 und S. 45; ANET², S. 422 und S. 424. — Zu den Jahwe-Aussagen der älteren Weisheit und ihrem Verhältnis zur mesopotamischen und ägyptischen Weisheit vgl. H. H. Schmid: Wesen und Geschichte der Weisheit, BZAW 101, Berlin 1966, S. 147 ff.

[49] Der Wahrspruch bereitet den Auslegern einige Schwierigkeit. Franz Delitzsch, BC, Leipzig 1873, wies auf seine Vieldeutigkeit hin, die es erlaubt, 1. im Sinne von Ps 94, 9 auf Gottes Sehen und Hören, 2. in dem von Ps 40, 7 auf die gottgewollte Verwendung beider Sinnesorgane zurückzuschließen oder 3. wahrhaftes Hören und Sehen als Gabe des Schöpfers bezeichnet zu finden. E. Bertheau—W. Nowack, KeH, Leipzig 1883, entschieden sich für 1; G. Wildeboer, KHC 15, Freiburg, Leipzig und Tübingen 1897, stellte 1 und 2 zur Auswahl; Frankenberg zog 3 in Erwägung, dachte aber eher an die Betonung der gleichen Notwendigkeit beider Organe; C. H. Toy, ICC, Edinburgh 1899 (1948), zog 1 und 2 heran; ähnlich entscheidet sich auch Ringgren, während Gemser und Scott letztlich 2 vertreten. Skladny, S. 27, Anm. 12 bezieht im Sinne von 3 auf das Hören und Sehen des Weisen und verweist auf 15, 31 f.; 19, 20 und 27. Zu erinnern wäre an den Epilog der Lehre des Ptahhotep, wo es im 2. Kapitel, zitiert nach H. Brunner: Altägyptische Erziehung, Wiesbaden 1957, S. 157, heißt: »Wen Gott liebt, der kann hören; aber nicht kann hören, wen Gott haßt.« Vgl. ANET², S. 414. — McKane, S. 547: »The meaning... is that the evidence of eye and ear can be trusted, that their reliability is guaranteed by their maker and that men can take for granted precision of these instruments. They are not given to him by Yahweh to be a source of deception and error, but in order to give him access to knowledge and wisdom by his hearing, seeing and reading.« klingt fast kartesianisch.

kommt, 16, 33, vgl. 18, 18⁵⁰. So soll nun das Verhältnis zwischen menschlichem Planen und Tun auf der einen und dem immer von Gott bestimmten Ergebnis auf der anderen Seite überhaupt verstanden werden. Mögen Könige, Ratgeber und Untertanen wähnen, ein König entscheide allein aus eigener Vollmacht und lenke damit souverän die Geschicke seines Volkes, so leitet seinen Willen, sein Herz, in Wahrheit Gott selbst. Denn das Herz des Königs ist für ihn wie ein Bewässerungsgraben, dessen Wasser willenlos dahin fließen müssen, wo sie hingeleitet werden, 21, 1⁵¹. Und sollten Feldherren oder Soldaten glauben, mit ihrer Tapferkeit oder Feigheit allein über Sieg und Niederlage in der Schlacht zu entscheiden, irren sie auch darin. Zwar treffen die Menschen ihre Vorbereitungen, aber sie gleichen damit letztlich den für die Schlacht geschirrten Rossen. Sieg oder Niederlage kommen von Jahwe, 21, 31.

Erscheint der Mensch nach dem bisher Gesagten wie ein willenloses Werkzeug der Gottheit, das mit seinen anerschaffenen Erkenntnismöglichkeiten aufgrund begrenzter Einsicht gerade noch zu begrenztem und daher den Situationen schließlich unangemessenem Wollen und Planen kommt, und Jahwe auf der anderen Seite als die Willkür schlechthin, als ein mit den Menschen spielender Dämon, als dunkles Schicksal, so wird die Willkür Gottes und die relative Ohnmacht des Menschen doch durch Jahwes sittlichen Willen begrenzt, der dem Menschen bekannt ist und dessen eingedenk zu sein eben zur echten Weisheit des Menschen gehört⁵². Der Mensch braucht letztlich nicht im Ungewissen darüber zu sein, nach welchen Grundsätzen Jahwe mit ihm verfährt: Er erwartet von ihm ṣᵉdāqā und mišpāṭ, gemeinschaftsgerechtes Verhalten im alltäglichen Umgang und besonders im Rechtsleben⁵³. Mitgeschöpflichkeit hat sich also in Soli-

---

⁵⁰ Vgl. z. B. Jos 7, 13 ff.; 1 Sam 10, 17 ff.; 14, 36 ff. und Jon 1, 7; dazu R. Press: Das Ordal im alten Israel, ZAW 51, 1933, S. 227 ff.; ferner O. Eissfeldt: Wahrsagung im Alten Testament, in: La divination en Mésopotamie Ancienne et dans les régions voisines, Paris 1966, S. 141 ff. — McKane, S. 419, möchte in Prov 16, 33 ein apologetisches Interesse finden, wofür die übrigen Jahwesprüche des Kapitels kaum sprechen.
⁵¹ Auch bei 21, 1 gehen die Auslegungen weit auseinander. Delitzsch sieht das tertium comparationis darin, daß das Herz des Königs, so entzogen und unberechenbar er seinen Untertanen erscheinen mag, doch von Jahwe nach verborgenen Anlässen gelenkt wird. Ähnlich entscheiden sich z. B. auch Toy; H. Gese: Lehre und Wirklichkeit in der alten Weisheit, Tübingen 1958, S. 48 f.; W. Zimmerli: Ort und Grenze der Weisheit im Rahmen der alttestamentlichen Theologie, in: Gottes Offenbarung, ThB 19, München 1963, S. 309, und Skladny, S. 29. — A. B. Ehrlich: Randglossen zur hebräischen Bibel VI, Leipzig 1913 (= Hildesheim 1968), S. 120, bezieht dagegen unter qualitativer Ausschöpfung des Vergleiches auf die von Jahwe gelenkte Gunstzuwendung des Königs, während McKane, S. 559, die Unabhängigkeit des Königs von seinen irdischen Ratgebern und die Abhängigkeit der Wohlfahrt der Gemeinschaft von seiner Willfährigkeit gegenüber Jahwes Leitung betont findet. M. E. hat Delitzsch das tertium comparationis richtig bestimmt. — Beachtenswert ist Scott, der in 21 a eine ursprünglich die Freiheit des Königs betonende Aussage findet, die durch die Einfügung des bᵉjad-jhwh in ihr Gegenteil verkehrt wurde.
⁵² Vgl. dagegen Gese, S. 46, und andererseits v. Rad, S. 136 f.
⁵³ Vgl. dazu K. Hj. Fahlgren: ṣᵉdāqā, nahestehende und entgegengesetzte Begriffe im Alten Testament, Diss. Uppsala 1932, S. 78, und H. H. Schmid: Gerechtigkeit als

darität zu bewähren, die dem anderen den Lebensraum und die Lebensmöglichkeit nicht ungebührlich beschneidet, 21, 10; 16, 4. Demgemäß wacht Jahwe über dem gemeinschaftsgerechten Verhalten im alltäglichen Handel und Wandel wie über dem im Gerichtsverfahren. Er läßt es nicht zu, daß sich der Sohn ungestraft an seinen Eltern vergeht, 20, 20; 19, 26. Er sorgt dafür, daß der betrügerische Händler den ihm zukommenden Lohn erhält; denn von ihm stammen Wage und Gewichtssteine, 16, 11; und ihm sind zweierlei Maße und Gewichte verhaßt, 20, 10. 23[54]. Und wer den Schuldigen freispricht und den Unschuldigen verurteilt, begeht in seinen Augen ein Greuel, ein todeswürdiges Verbrechen, 17, 15, vgl. auch 18, 5, ferner 19, 28; 20, 17 und 17, 23[55]. Begegnet der Erfolgreiche und Reiche dem Armen, so soll er sich der Tatsache erinnern, daß sie beide Geschöpfe Jahwes sind. Offensichtlich ist vorausgesetzt, daß er dann weiß, wie er sich dem Armen gegenüber zu verhalten hat, 17, 5; 22, 2; vgl. ferner 21, 13. 26. Wer sich nämlich dem Armen in seiner Not huldvoll zuwendet, ihm vorschießt oder mit dem Nötigsten aushilft[56], wird damit gleichsam zum Gläubiger Jahwes. Daß er seine Schuld reichlich zurückzahlt, ist selbstverständlich, 19, 17; 22, 9. — Wer wähnt, er könne sich dieser Solidaritäts- und Gerechtigkeitsforderung seines Gottes mittels kultischer Leistungen entziehen, befindet sich auf dem falschen Weg; denn Jahwe läßt sich seine Gunst nicht abkaufen. s^edāqā und mišpāṭ, Solidarität und Gerechtigkeit gelten ihm mehr als Opfer, 21, 3. Wer dagegen Jahwes Gerechtigkeitsforderung in den Wind schlägt und gleichzeitig ein Opfer darbringt, bringt ihm gleichsam ein Greuel, ein verbotenes und damit Gottes Heiligkeit verletzendes und so seinen Unwillen erregendes Opfer dar, 21, 27. Daß damit der Kult als solcher nicht einfach entwertet wird, sondern lediglich den ihm zukommenden Platz angewiesen erhält, geht aus der Mahnung hervor, sich bei einem Gelübde nicht zu übereilen. Hat der Mensch etwas geweiht, so ist er in seinem Gelübde gefangen und muß er es unbedingt halten, 20, 25[57]. Gott verlangt also, ohne dem Menschen einen Ausweg zu lassen, daß er sich seinem Willen gemäß verhalte. So prüft er die Geister, 16, 2, und die Herzen der Menschen, 17, 3; 21, 2, um festzustellen, ob sie seinem Willen genügen. Wer ihm entspricht, bleibt in seinem Schutz; wer treulos handelt, wird von ihm zu Fall gebracht, 22, 12. Ja, er liebt, wer reines Herzens ist, und hat Wohlgefallen an allen, die vollkommen sind, 22, 11 G.

Wie der Mensch handelt, so wird es ihm ergehen. Jahwe hat die Welt und

---

Weltordnung, BHTh 40, Tübingen 1968, S. 66 ff.
[54] Vgl. dazu Schmid: Gerechtigkeit, S. 99; Amenemope (Kap. 16) XVII, 18 ff.; (Kap. 17) XVIII, 4. 15—XIX, 9, Lange, S. 88 f. und S. 92; AOT², S. 43; ANET², S. 423; Am 8, 5.
[55] Zum Gebrauch von to'ēbā in der Weisheit vgl. P. Humbert: Le substantif to'ēbā et le verb t'b dans l'Ancien Testament, ZAW 72, 1960, S. 234 ff., und dazu McKane, S. 301.
[56] Zum wirtschaftlichen Entwicklungsstand vgl. auch H. Gamoran: The Biblical Law against Loans on Interest, JNES 30, 1971, S. 128.
[57] Zur Unwiderruflichkeit eines Gelübdes vgl. R. de Vaux: Studies in Old Testament Sacrifice, Cardiff 1964, S. 66 n. 57, Num 30, 3; Dtn 23, 22 ff.; Qoh 5, 3 ff., und Jud 11, 30 ff. 36.

die Menschen so geschaffen, hält Weltenlauf und Menschenschicksal so in Händen, daß jedem zukommt, was ihm gebührt. Durch seine eigene Torheit bringt sich der Mensch ins Unglück; dann aber macht er, statt sich selbst, Jahwe dafür verantwortlich, 19, 3. Er hätte wissen können, daß Jahwe die Welt so geschaffen und geordnet hat, daß allem und jedem, was geschieht, sein Äquivalent folgt, der Gerechtigkeit Heil und dem Frevel der Unheilstag, 16, 4[58]. Erscheint dem Menschen die von Jahwe gesetzte und aufrecht erhaltene Ordnung dennoch ungerecht, so mag er sich daran erinnern, daß er bei seiner Selbstprüfung zum Selbstbetrug neigt, 21, 2; 16, 25; 19, 3, und weiter an den unendlichen qualitativen Unterschied zwischen Schöpfer und Geschöpf, zwischen Gott und Mensch, gedenken, der den Menschen als solchen hindert, die Wege zu verstehen, die ihn Gott führt, 20, 24[59]. Prüft sich der Mensch gründlich genug, so wird er jedoch in jedem Fall zu dem Ergebnis kommen, daß sein Leben nicht allein Folge seiner begrenzten Einsicht in das, was jeweils eigentlich von ihm gefordert war, ist, sondern daß er auch die seinem Tun zugrundeliegen sollende Reinheit des Willens nicht erreicht hat, daß er ein Sünder ist, 20, 9[60].

Von diesem Ergebnis her wird deutlich, warum die Sammlung immer erneut die Souveränität Gottes verkündet und erinnernd einschärft: damit die Menschen Gott ihren Souverän sein lassen. Es geht nicht darum, den Menschen bei seinem Wollen, Planen und Vollbringen grundsätzlich zu entmutigen, ihn zu einem geschichtslosen Fatalismus und Quietismus aufzurufen, sondern darum, ihn aus gottvergessener Selbstsicherheit wach zu rütteln und ihn so dahin zu bringen, daß er sein Wollen, Planen und Vollbringen mit Gottes Ordnung, mit

---

[58] Zur Vokalisation von M vgl. M. Dahood: Proverbs and Northwest Semitic Philology, Rom 1963, S. 35 f. — Auch dieser Wahrspruch bereitet dem Verständnis einige Schwierigkeiten. Delitzsch fand in ihm festgestellt, daß auch das Böse freier Wesen in Gottes Plan aufgenommen ist und ihm daher dienstbar gemacht wird, ohne daß dabei an eine praedestinatio ad malum gedacht sei. Bertheau-Nowack entnahmen ihm, daß der Unglückstag sicher über den Frevler käme, was ähnlich auch Wildeboer betonte. Toy meinte, der Weise wolle vermutlich die Notwendigkeit der Bestrafung des Bösen kraft der moralischen Weltordnung betonen. Frankenberg las den Gedanken heraus, daß Gott der Frevler und Sünder bedarf, um in ihrer Bestrafung seinen kābôd zu erweisen. Scott, dem damit wohl schon P. Volz, SAT III, 2, Göttingen 1921², S. 157, vorangig, sieht in dem Vers eine Antwort auf die Frage, warum Gott schlechte Menschen geschaffen hat, ohne so weit wie Frankenberg auszudeuten. Er will jedoch das lmʿnhw lieber mit »counterpart« als mit »purpose« übersetzt wissen, ein Vorschlag, den McKane, S. 497, unter Verweis auf 16, 9 G aufnimmt, wobei das Suffix in lmʿnhw auf das kl und nicht auf jhwh zu beziehen ist: »Yahweh has made every thing in relation to its counterpart, and so the wicked man for an evil day.«, eine Interpretation, der wir uns anschließen.
[59] Vgl. dazu Amenemope (Kap. 18) XIX, 18 ff.; (Kap. 21) XXII, 5 ff. = (Kap. 22) XXIII, 8 ff., Lange, S. 98. 110 und S. 113 f.; AOT², S. 43 ff.; ANET², S. 424. — Ps 139, 23 f. — Hi 9, 2 f.; 35, 9 ff.
[60] Vgl. dazu Amenemope (Kap. 18) XIX, 18 ff., Lange, S. 98; AOT², S. 43 f.; ANET², S. 423. — Hi 4, 17 ff. — McKane, S. 547 f. möchte die didaktische Frage im Sinn von 16, 2 verstehen: »He can never be certain that his mind is pure and that he is without alley to sin.« Vgl. auch die Bedenken von Gese, S. 40, Anm. 1, haṭṭāʾā an dieser Stelle mit »Sünde« zu übersetzen.

seinem Wollen, Planen und Vollbringen in Übereinstimmung setzt[61]. Voraussetzung dafür ist es eben, daß der Mensch den Unterschied zwischen Schöpfer und Geschöpf, zwischen seinen Möglichkeiten und Gottes Möglichkeiten, erkennt und daraus die Konsequenz der jir'at jhwj, der Jahwefurcht zieht[62]. Denn sie verhilft dem Menschen zu dem, was er eigentlich will, aber niemals an Gottes Willen vorbei erreichen kann, zu einem gesicherten und erfüllten Leben in dieser Welt, 19, 23[63], indem sie ihn lehrt, dem Unheil zu entgehen, 16, 6b[64]. Der daeraek sᵉdāqā, der die Gemeinschaft mit Gott und den Menschen im Auge behaltende Wandel, ist die ihm gewiesene Möglichkeit wahrhafter Lebenserfüllung, 16, 31; vgl. 19, 16. Die grundsätzliche Gültigkeit des göttlichen Gerechtigkeitswillens und -wirkens ist dem Sammler so gewiß, daß er das paradoxe Wort an den Schluß stellt, daß man dem Armen zum Reichtum verhilft, indem man ihn bedrückt, und den Reichen schließlich arm macht, indem man ihm gibt, 22, 16[65]. Daß es ihm fern lag, menschliches Planen und menschliches Wirken als solches in Frage zu stellen, zeigt die Mahnung, beim Planen Rat, im Kriege Überlegung walten zu lassen, 20, 18, bzw. die Erinnerung daran, daß Fleiß und nicht Müßiggang menschlichem Vorhaben und menschlicher Erwartung zum Erfolg verhelfen, 21, 5; 19, 15. 24; 20, 13 und 21, 25. Dies freilich bleibt dem Menschen aufgegeben: bei seinem Tun Jahwes eingedenk zu sein, sein Vorhaben an Gottes Willen zu messen. Ist es ihm gegeben, so werden seine Pläne gelingen, 16, 3. Das Gedenken an Jahwe schaltet es aus, erlittenes Unrecht mit neuem Unrecht zu vergelten und dadurch selbst zum Frevler zu werden; sondern es läßt angesichts erlittenen Unrechts auf den Jahwe hoffen, der Zuflucht seiner ṣaddiqîm ist und dem Recht und der Gerechtigkeit, und nur diesen, zu einem guten Ende verhilft, 20, 22; 16, 29; 17, 13 und 18, 10[66]. Entdeckt der Mensch aber bei seiner Selbstprüfung, daß er gefehlt, daß er ᶜāwôn,

---

[61] Vgl. dazu Gese, S. 39; Skladny, S. 26, und v. Rad, S. 136 f.
[62] Vgl. dazu Becker, S. 224 ff., der als Charakteristikum der Sammlung 10—22, 16 die Verbindung der Jahwefurcht mit dem Retributionsgedanken darstellt.
[63] Zu dem Vorschlag von Dahood, S. 41, den zweiten Halbvers unter assertorischem Verständnis des bal antithetisch zu verstehen vgl. die Kritik von Becker, S. 227, und McKane, S. 534. — Vgl. auch Prov 14, 27.
[64] Becker, S. 226 f., weist richtig darauf hin, daß das swr mr' gemäß dem Vordersatz betont, daß der Jahwefürchtige dem Unheil entgeht. Vgl. in diesem Sinne schon Delitzsch. Zu swr in der Bedeutung »entgehen« vgl. Prov 13, 14; 15, 24 und Hi 15, 30. — G. Kuhn: Beiträge zur Erklärung des salomonischen Spruchbuches, BWANT 57, Stuttgart 1931, S. 38, schlug in diesem Sinne vor, statt swr mr' ein mûsār r' zu lesen: »und durch Furcht Jahwes böse Züchtigung«. Anders Scott: By loyalty and integrity guilt is atoned / By reverence for the Lord and turning from wrong«.
[65] Vgl. dazu auch 16, 8. 18. 19.; 18, 11; 19, 1. 22; 20, 21; 22, 4; Amenemope (Kap. 7) IX, 16 f.; X 1, b f. und (Kap. 11) XIV, 5—8, Lange, S. 56 und S. 73; AOT², S. 40 f. und S. 42; ANET², S. 422 f. — 1 Sam 2, 7; Ps 10; 49; Am 5, 11. Angemerkt sei, daß 16, 8 gegen McKane, S. 499, kaum eine Gleichsetzung von Armut und Frömmigkeit vollzieht, sondern Armut in Gerechtigkeit über ungerecht erworbenen und mithin den Untergang verfallenden Reichtum stellt, vgl. 15, 16.
[66] Vgl. dazu Amenemope (Kap. 7) X, 12—15; (Kap. 21) XXII, 7 f., Lange, S. 56 und S. 110; AOT², S. 41 und S. 44; ANET², S. 423; Prov 22, 19 und dazu Fichtner, S. 53 f.; Ps 22, 5 f.; 37, 3. 5.

im Begehen der Schuld zugleich die nun auf ihn zukommende Schuldfolge auf sich geladen hat[67], so besitzt er die Möglichkeit, die negativen Folgen seines ordnungswidrigen Verhaltens für sein eigenes Leben durch ḥaesaed und 'aᵉmaet, durch gemeinschaftsgerechtes Verhalten in wahrhaftiger Zuverlässigkeit aufzuheben, seinen ᶜāwôn zu bedecken, 16, 6a[68].

Sucht man zu erfassen, inwieweit sich Ideal und Wirklichkeit in der Gesellschaft des Sammlers decken, wird man a priori zu erwägen geben, daß allein die Tatsache, daß dies alles gesagt werden muß, zeigt, daß es nicht selbstverständlich ist, daß das Zusammenleben gestört, daß mangelnde Solidarität zwischen Reichen und Armen zum Problem[69], Rechtsbruch in der Rechtspraxis zu einer Möglichkeit geworden ist, mit der man ernsthaft zu rechnen hat. Die an die Adresse der Richter gerichtete Erinnerung daran, daß Jahwe in der Verurteilung des Unschuldigen ein todeswürdiges Verbrechen sieht, 17, 15; die Warnung vor dem Ansehen der Person vor Gericht, 18, 5; die Qualifikation der Annahme einer Bestechung und falscher Zeugenaussage als Gottlosigkeit, 17, 23; 19, 28 vgl. 19, 9[70], zeigen, daß der Mensch nicht unbedingt sicher sein kann, daß ihm im Rechtsstreit wirklich das ihm zustehende Recht wird. Unerschüttert erscheint auf den ersten Blick das Vertrauen in die oberste irdische Rechtsinstanz, in die Gerechtigkeit des Königs, der darin als besonderer Stellvertreter Gottes auf Erden an seinen Qualitäten und seinen Aufgaben teil hat: Sein Urteil wird einem unfehlbaren Orakelspruch gleichgesetzt, 16, 10[70a]. Sitzt er auf dem Richtstuhl, so durchschaut er allen Trug und urteilt so, wie es die Sachlage erfordert, 20, 8[71]. Wahrhaftige, aufrichtige Rede wird von ihm geschätzt, 16, 13[72]; denn Gerechtigkeit ist die Stütze seines Thrones, 16, 12; 20, 28[73]. Viel-

---

[67] Zum inneren Zusammenhang von Schuld und Schuldfolge vgl. auch v. Rad: Theologie des Alten Testaments I, München 1957, S. 263 f.

[68] Vgl. dazu R. Knierim: Die Hauptbegriffe für Sünde im Alten Testament, Gütersloh 1965, S. 227 f. — Ob man mit Skladny, S. 35 f., aus den relativ zahlreichen ṭôb-Sprüchen der Sammlung auf eine vorsichtigere Beurteilung des Tun-Ergehens-Zusammenhangs zurückschließen kann, der schon eine gewisse, in der Erfahrung begründete Skepsis gegenüber seiner Zuverlässigkeit zugrunde liegt, erscheint mir zweifelhaft.

[69] Vgl. dazu Skladny, S. 38 f.

[70] Vgl. dazu Amenemope (Kap. 20) XX, 3 ff., Lange, S. 105; AOT², S. 44; ANET², S. 424. — Ex 23, 8; Ps 15, 5; 26, 10; Is 1, 23; 5, 23; Mi 3, 11; Ez 22, 12; aber auch Prov 17, 8; 18, 16. — Amenemope (Kap. 13) XVI, 1 f., Lange, S. 80; AOT², S. 42; ANET², S. 423. — Ex 23, 1; Dtn 19, 16 ff.; Ps 27, 12; — Am 5, 10.

[70a] Vgl. 2 Sam 14, 17; 19, 28; dazu H. Cazelles, VT 8, 1958, S. 324; McKane, S. 499 f.; 1 Kö 3, 9 ff. 28; dazu M. Noth, BK IX, 1, Neukirchen 1968, S. 47; 2 Sam 23, 2; Ps 72, 1 f.; Js 9,6; 11, 2 ff.; ferner Js 61, 1 und grundsätzlich N. Porteous: Royal Wisdom, SVT 3, 1955, S. 247 ff.; G. Widengren: Sakrales Königtum im Alten Testament und im Judentum, Stuttgart 1955, S. 32; derselbe: Religionsphänomenologie, Berlin 1969, S. 365 ff.; A. R. Johnson: Sacral Kingship in Ancient Israel, Cardiff 1967², S. 13 ff.

[71] Vgl. 1 Kö 7, 7; ferner Ps 9, 5.

[72] Vgl. Ps 101.

[73] Vgl. auch Ps 89, 15 und 97, 2 und weiter H. Brunner: Gerechtigkeit als Fundament des Thrones, VT 8, 1958, S. 426 ff.

leicht trifft man die Meinung des Sammlers, wenn man sagt: So ist es in der Regel und so sollte es grundsätzlich sein. Daß es nicht ganz selbstverständlich ist, erhellt freilich schon daraus, daß es hier überhaupt gesagt werden muß. Jedenfalls stellt die Geschichte bereits die Erfahrung bereit, daß auch der König Launen haben, daß er im Affekt richten und urteilen kann; denn anders wäre die Erinnerung daran unverständlich, daß es dem Weisen gelingen kann, den Unmut des Königs zu besänftigen, 16, 14, vgl. auch 20, 2[74]. Ebenso mag man aus der Tatsache, daß dem weisen König die Bestrafung des Frevlers zugeschrieben wird, den Schluß ziehen, daß es eben auch unweise, gegen ihr eigentliches Interesse handelnde Könige gibt, 20, 26. Von hieraus gesehen gewinnen die Wahrsprüche, die Gerechtigkeit als des Thrones Stützen und Treue und Zuverlässigkeit als seinen besten Schutz bezeichnen, normative, den König und seine Untertanen an seine eigentliche Aufgabe innerhalb der göttlichen Ordnung und sein und ihrer aller wahres Interesse erinnernde, Funktion[75]. Indem in unserer Sammlung der Wille des Königs, der Richter, der Händler, der Reichen und Armen insgesamt an den Willen Jahwes gebunden werden, indem sie insgesamt zur Furcht Jahwes ermahnt werden und ihr allein Gelingen verheißen wird, werden Mensch und Gesellschaft der Selbstsicherheit und Eigenmächtigkeit entzogen. In der Offenheit für Gott, im Vertrauen auf ihn und nicht auf die eigene, ansonsten keineswegs geringgeschätzte Tüchtigkeit und Weisheit[76], bleiben Mensch und Gesellschaft da, wo sich Heil ereignen kann.

Der Mensch unter dem Schicksal ist für die Proverbiensammlung 16, 1—22, 16 der Mensch unter Jahwe und der Mensch in und unter der von ihm geschaffenen und aufrecht erhaltenen Ordnung. Der Bruch dieser Ordnung durch den Menschen hebt die Ordnung Jahwes nicht auf, sondern läßt vielmehr ihre dem Menschen schädlichen Seiten wirksam werden. Der angesichts eines krasser gewordenen Unterschiedes zwischen Reichtum und Armut aufbrechende Zweifel an ihrer Gültigkeit wird durch den Verweis auf ihre mit Sicherheit ausgleichende Funktion beantwortet; die aus dem Widerspruch zwischen Tun und Ergehen entspringende Anfechtung mittels des Verweises auf die Neigung des Menschen zum Selbstbetrug, die letztlich bei jedem Menschen sich findenden Sünden und den qualitativen, die Einsicht in Gottes Führung begrenzenden, Unterschied zwischen Gott und Mensch hinterfragt.

---

[74] Vgl. aber Skladny, S. 28 f., nach dessen Urteil unsere Sammlung »ein ganz und gar positives Bild des Königs« zeichnet und es sich bei seinen Affekten »nicht um unberechenbare Ausbrüche despotischer Willkür, sondern die Antwort auf ein entsprechendes (frevelhaftes bzw. gutes) menschliches Handeln« handelt. »Ein weiser Mann braucht den Zorn des Königs nicht zu fürchten (16, 14 b)!« — Zur eigentlichen Bedeutung des Wahrspruches vgl. schon Delitzsch und zuletzt treffend zur Situation McKane, S. 488: »The danger considered in v. 14 is not so much that the king acting in heat will make a bad political decision, as that an official may be the victim of this irrational anger, although he has done nothing to deserve his disfavour.«

[75] Vgl. dazu auch das ähnliche Urteil v. Rads: Theologie I, S. 319 f., über die Königspsalmen.

[76] Vgl. dazu Skladny, S. 32 ff.

Die eigentliche Begründung dieser Überzeugung tritt deutlicher hervor, wenn wir uns Qohelet, dem jüdischen Denker aus dem dritten Jahrhundert, zuwenden, dessen Heimat man am ehesten in Jerusalem oder doch in Juda wird suchen können[77]. Besonderer Reiz und besondere Schwierigkeit im Umgang mit ihm liegen darin, daß er sich in einer Sprache, die dafür aus ihrer Geschichte wenig bereit hält, abmühen muß, seinen eigenen Reflexionen mittels eines eigentümlichen Spiels zwischen überlieferten Sprichwörtern und Sentenzen, selbstgewählten Beispielen, rhetorischen Fragen, Beobachtungen und Schlußfolgerungen Ausdruck zu verleihen[78]. Aus dieser Eigentümlichkeit ergeben sich zusammen mit dem mindestens teilweise befolgten Prinzip der Stichwortassoziation bei der Anordnung[79] die in der neueren Auslegung deutlich zutage tretenden Schwierigkeiten bei der Abgrenzung der ursprünglich selbständigen Einheiten[80]. Nicht minder wird jedoch das Gesamtverständnis dieses Weisen durch sein immer erneutes Ansetzen erschwert, durch eine gewisse meditative Grundstimmung, die ihrem Gegenstand immer neue Seiten abgewinnt und gelegentlich selbst Widersprüche nicht scheut[81]. Wenn Qohelet auf diese Weise ein eindrückliches Bild von der Preisgegebenheit des Menschen an das von Gott bestimmte und gewirkte, dem Menschen in seinem Sinn weithin durchaus verborgene Schicksal hinterläßt, wenn er dabei alle dem Menschen vermeintlich zur Verfügung stehenden Möglichkeiten der Lebensbewältigung und Lebenssicherung als Illusionen enthüllt und damit zur Furcht Gottes auf der einen und zum Auskosten des dem Leben gegebenenfalls zugänglichen Guten, der Lebensfreude, auf der anderen Seite auffordert, ist damit vielleicht eine tragfähige Formel für das Gesamtverständnis gefunden. Es darf dabei allerdings nicht übersehen werden, daß das Nichtigkeitsurteil das Buch durchzieht, das menschliche Geschick als unentrinnbares Sein zum Tode erkannt und von daher einer Traurigkeit ausgesetzt ist, für die Qohelet schließlich und letztlich keine Medizin kennt. Wer nach dem Bleibenden fragt und die Antwort in der Welt sucht, findet in ihr nur die Vergänglichkeit und damit zugleich die Vergeblichkeit.

Deutlichstes Kennzeichen menschlichen Strebens nach Sicherheit ist der

---

[77] Vgl. dazu O. Kaiser: Einleitung in das Alte Testament, Gütersloh 1969, S. 311 f. = 1970², S. 318 f.
[78] Vgl. dazu z. B. P. Kleinert: Zur religions- und kulturgeschichtlichen Stellung des Buches Kohelet, ThStKr 1909, S. 495 f.; W. Zimmerli: Die Weisheit des Predigers Salomo, Berlin 1936, S. 23 ff.; derselbe: Das Buch des Predigers Salomo, ATD 16, Göttingen 1962, S. 128 ff., und jetzt grundsätzlich F. Ellermeier: Qohelet I, 1, Herzberg/Harz 1967, S. 48 ff.
[79] Vgl. dazu z. B. F. Delitzsch, BC, Leipzig 1875, S. 195; W. Nowack, KeH, Leipzig 1883, S. 188 f.; C. Siegfried, HK, Göttingen 1898, S. 4 f.; K. Galling: Kohelet-Studien, ZAW 50, 1932, S. 277 ff.; derselbe: Stand und Aufgabe der Kohelet-Forschung, ThR NF 6, 1934, S. 359 ff.; Zimmerli, ATD 16, S. 131 f.; Ellermeier, S. 122.
[80] Vgl. dazu die Übersicht bei Ellermeier, S. 131 ff., dessen literarkritischen Ergebnisse hier vorausgesetzt werden.
[81] Vgl. dazu O. Loretz: Qohelet und der Alte Orient, Freiburg, Basel, Wien 1964, S. 247 ff. und besonders S. 277.

Erwerbstrieb, ist der Versuch, Reichtümer und Schätze anzuhäufen. Doch Qohelet bezweifelt, daß es in des Menschen Macht steht, die erstrebte Sicherheit zu erlangen. Zum einen ist dem Menschen die eigene Unersättlichkeit im Wege, sie verhindert, daß er je zu seinem Ziel kommt: Wer reich ist, will bekanntlich immer noch reicher werden, 5, 9. Außerdem mehren sich mit der Zunahme des Besitzes andere Nutznießer, so daß der Eigentümer eigentlich nur den Anblick seines Reichtums hat, wir würden sagen: das Gefühl, etwas zu besitzen, 5, 10, ganz abgesehen von den wachsenden Sorgen, die ihm den Schlaf rauben, 5, 11, vgl. 2, 22 f. So kann ein Mensch durchaus reich werden, ohne dabei je zufrieden zu sein, 6, 3 ff. Weiterhin ist Besitz auch immer bedroht: Geht er plötzlich verloren, hat der Reiche buchstäblich nichts davon gehabt als seine Sorgen und auch der Sohn und Erbe geht leer aus, 5, 12 ff. Einem anderen mögen Reichtum und Ehren beschieden sein und damit alle Voraussetzungen für ein genußreiches Leben, aber ihm bleibt der Genuß durch Krankheit oder Sperrung der Verfügungsgewalt zugunsten eines Fremden verwehrt, 6, 1 f.[82]. Wieder ein anderer plagt sich ab; da er aber weder einen Sohn oder Bruder als Erben besitzt, ist sein Gewinnstreben letztlich sinnlos, 4, 7 f. Hat er aber einen Erben — woher weiß er, ob der vernünftig mit dem Ererbten schalten wird? 2, 18 f. — Gibt es also für den Menschen keinerlei Garantie, mittels des Reichtums und des Besitzstrebens je zu einem erfüllten Leben zu kommen, bleibt er dabei außer den mancherlei Zufälligkeiten zumal seiner eigenen Unersättlichkeit ausgeliefert, so kann es doch und allein Gott so fügen, daß ein Mensch Reichtum gewinnt und gleichzeitig auch dessen Früchte genießt: Dann läßt ihn die Freude seines Herzens die Kürze seines Lebens vergessen, 5, 18 f. Musterbeispiel für ein derartiges erfülltes Leben kann der weise und reiche König Salomo sein, in dessen Mantel Qohelet 1, 13—2, 26 schlüpft[83]: Gewiß erweist sich Lachen an sich als sinn- und Freude an sich als wirkungslos. Aber als Lohn der Mühe und Arbeit ist die Freude der einzige, dem Menschen mögliche Gewinn. Nur darf er nicht über den Tag, seine Aufgabe und Gabe, hinausfragen; denn dann brechen alle Sorgen, die ein grundsätzlich ungesichertes Dasein in sich birgt, wieder auf. So

»gibt es nichts Besseres ›für‹ den Menschen, als zu essen und zu trinken und es sich gut gehen zu lassen bei seiner Arbeit.

Auch ich habe es eingesehen: Das kommt von der Hand Gottes! Denn dem Menschen, der ihm gefällt, gibt er Weisheit und Erkenntnis und Freude, aber dem, der ihm mißfällt, gibt er die Mühsal zu sammeln und zu erwerben, um es (dann doch) dem zu geben, der Gott gefällt«[84]. Sucht man dabei freilich

---

[82] Vgl. dazu K. Galling, HAT I, 18², Tübingen 1969, z. St.
[83] Trotz des Einwandes von Galling, HAT², S. 88: »Die fiktive Selbstvorstellung Q.s (1,)12 als König über Israel in Jerusalem verträgt keine zeitliche Fixierung.« dürfte QR² in 1, 1 die Identifikation mit Salomo durchaus im Sinne von 1, 12 vorgenommen haben. Zu den sich aus 1, 16 und 2, 9 ergebenden Schwierigkeiten vgl. schon Delitzsch, z. St., und neuerdings Zimmerli, z. St.
[84] Vgl. aber G. A. Barton, ICC, Edinburgh 1908 (1959), der 2, 26 abα als redaktionell

nach einem dem Menschen begreiflichen Sinn, kommt man wiederum zu dem Ergebnis: »Auch das ist nichtig und ein Haschen nach Wind!« 2, 24—26, vgl. auch 3, 12 f.; 8, 15; 9, 7—9; 11, 9a. 10a, ferner 6, 9.

Doch dem Menschen ist nicht nur der Erwerbs-, sondern auch der Erkenntnistrieb eingeboren. Die ältere und in der Zwischenzeit geradezu kanonisch gewordene Weisheit meinte über das Mittel der Lebensbewältigung zu verfügen, indem sie den Menschen anwies, der göttlichen Ordnung gemäß zu handeln. Qohelet ist der damit unterstellte Zusammenhang zwischen menschlicher Tat und Tatfolge zutiefst problematisch geworden. Er hat beobachtet, daß sich an der Stätte, an der Recht und Gerechtigkeit herrschen sollten, das Unrecht unangefochten breit macht, 3, 16. Er hat gesehen, daß ein Mensch über den anderen zu dessen Schaden Gewalt hat, 8, 9. Er sieht das Leiden der Unterdrückten, für die es keinen Tröster gibt, 4, 1, und weiß, daß das Ausmaß des Leidens so groß sein kann, daß man sich angesichts der Möglichkeit, ihm selbst anheim zu fallen, eigentlich wünschen müßte, niemals geboren zu sein, 4, 2 f. Und nach seiner Beobachtung kommt es jedenfalls vor, daß es Gerechten und Frevlern gerade umgekehrt geht, als es ihnen eigentlich gehen sollte, 8, 14. Ein Gerechter kann in seiner Gerechtigkeit zugrunde gehen, 7, 15, er kann unbeachtet verschwinden und in der Stadt vergessen werden, 8, 10, während der Frevler in seiner Bosheit lange lebt, 7, 15, und schließlich in Ehren begraben wird, 8, 10. Ist es nicht sprichwörtlich bekannt, wie es sich eigentlich mit der göttlichen Gerechtigkeit verhält? »Ein Sünder kann hundertmal Böses tun und doch lange leben!« Wie soll da die Bosheit nicht unter den Menschen zunehmen? 8, 11—12a. Wie ist es dann mit dem Anspruch der Weisheit bestellt? Hat man das Urteil noch im Ohr, daß das höchste dem Menschen erreichbare Gut in selbstvergessener Freude als Lohn der Arbeit besteht, daß dieses Gut aber seinerseits dem Menschen unverfügbar und nur als Geschenk Gottes zugänglich ist, für das es keine Begründung auf seiten des Menschen zu geben scheint, wird man angesichts des Widerspruchs zwischen den Lehren der Weisheit und dem von Qohelet beobachteten tatsächlichen Verlauf des menschlichen Lebens a priori den Schluß ziehen, daß das Erkenntnisstreben des Menschen, richtet es sich auf den Schicksalszusammenhang und den Sinn des menschlichen Lebens, sich vor dem Rätselhaften verliert und also den Menschen nur in zusätzliche Qualen stürzt: Er sieht sich vor einer Fülle von Erscheinungen, die er trotz ihrer ewigen Wiederkehr nicht zu erfassen vermag, denen er nicht auf den Grund kommt, 1, 4 ff. 8[85]. Letztes Ergebnis des Versuchs, hinter die Ordnung der Dinge zu kommen ist ein: »Fern ist, was geschieht, und tief, tief, — wer könnte es herausfinden?« 7, 24. Und das bedeutet doch eben für den, der sich auf den Weg so gemeinter Erkenntnis begibt, daß er den zunächst vermutlich auf die Mühen des Schülers gemünzten Spruch bekräftigen muß:

»Wo viel Weisheit ist, ist viel Kummer,
und wer Erkenntnis mehrt, mehrt Leid!« 1, 18.

---

betrachtet, was künftiger Überprüfung wert ist.
[85] Zu 1, 8 vgl. Delitzsch z. St.

Und doch ist damit nicht das letzte Urteil über den menschlichen Erkenntnistrieb gesprochen. Reicht er nicht aus, um das Rätsel menschlichen Schicksals zu lösen, so kann er dem Menschen doch auf dieser Erde eine Einsicht und Klugheit verleihen, die ihn im Leben vor groben Fehltritten bewahrt. Wiederum kann Qohelet den relativen Vorteil der Weisheit vor der Torheit mit einem Spruch deutlich machen:
»Der Weise hat seine Augen im Kopf,
aber der Tor wandelt im Finstern!« 2, 14a, vgl. 7, 11 f.; 10, 2 f. —
Von dieser Einsicht in den begrenzten Wert der Weisheit aus kann Qohelet praktische Ratschläge erteilen, wie den, aus der Situation eines von einem übermächtigen Fremdherren unterworfenen Volkes verständlichen, sich nicht über die Bedrückung des Armen und den Raub von Recht und Gerechtigkeit in der Provinz zu wundern, weil schließlich, wollte man dagegen angehen, nur eine Instanz die andere deckt, 5, 7 f., oder den, am Hofe Gelassenheit zu bewahren, 10, 4, sich nicht unnötig in Gefahr zu bringen, 10, 8 f. 20, und dessen eingedenk zu sein, daß Faulheit jedenfalls nur zum Niedergang führen kann, 10, 18, vgl. 9, 10a.

Freilich, so groß die Bedeutung der Weisheit in den Grenzen des praktischen, tätigen Lebens auch ist, als absolutes Gut kann er sie auch hier nicht bewerten. Zum einen erweist sie sich oft als ohnmächtig, weil man den Mann, welcher der Lage gewachsen wäre, nicht in seiner Bedeutung erkennt und zum Zuge kommen läßt, weil er arm und daher unbekannt oder gering geschätzt ist, 9, 13 ff. Und schließlich und entscheidend stößt der Weise, in seinem métier Bewanderte, auf die gleiche Grenze wie der Reiche, auf die Grenze der zufallenden Zeit, des rechten Augenblicks, über welchen der Mensch als Mensch schlechterdings nicht verfügt:
»Wiederum sah ich unter der Sonne:
Die Schnellen gewinnen nicht den Lauf
noch die Helden die Schlacht,
auch nicht die Weisen Brot
noch auch die Verständigen Reichtum,
noch auch die Kundigen Gunst;
sondern Zeit und Geschick widerfährt ihnen allen.
Der Mensch kennt seine Zeit nicht. Wie Fische, die sich im › ‹ Netz verfangen, wie Vögel, die im Klappnetz gefangen sind, — genau wie sie werden die Menschen zur Zeit des Unglücks verstrickt, wenn es plötzlich über sie hereinbricht.« 9, 11 f. Unverfügbar wie die Zeit der Geburt und des Todes fallen dem Menschen die je besonderen, für ein bestimmtes Tun oder Leiden qualifizierten, Zeiten zu[86]. Der Mensch ist gleichsam dazu verdammt, zu arbeiten, sich abzumühen und seine Vorkehrungen zu treffen. Aber er kommt nicht hinter die Ordnung, die Gott in seiner Schöpfung gewiß schön und dauerhaft[87] festgelegt

---

[86] Vgl. dazu K. Galling: Das Rätsel der Zeit im Urteil Kohelets (Koh 3, 1—15), ZThK 58, 1961, S. 1 ff.
[87] Zu 3, 11 bα vgl. Ellermeier, S. 307 ff.

hat, die aber dem Menschen absolut entzogen bleibt, 3, 1 ff. Warum, so fragt sich Qohelet, hat Gott den Menschen in diesen Widerspruch gestellt, ihn einmal zum Erkennen, Wirken und Vorsorgen bestimmt und ihm zum anderen die Einsicht in den Kairos entzogen? Mit der Antwort ist zugleich das Letzte gesagt, was sich dem Suchen und Fragen Qohelets zu erkennen gibt: »... damit man ihn fürchtet« 3, 14b. Im Widerspruch menschlichen Daseins, in seinem Getriebensein zum Erkennen, Wirken und Vorsorgen bei seiner gleichzeitigen Unfähigkeit, über sein Leben im ganzen wie in seinen Teilen zu verfügen, offenbart sich die Macht Gottes. Wo sich der Mensch selbst entzogen ist, begegnet ihm Gott. Und die dem Menschen zukommende Haltung gegenüber diesem souveränen, in seinen Wegen von keiner menschlichen Weisheit erreichbaren Gott, vgl. 8, 16 f., ist eben die Furcht, die daraus erwächst, daß Gottes Welthandeln sich vom Menschen nicht einplanen läßt.

Was der Mensch auch unternimmt, es ist innerweltlich durch fremde Macht und absolut durch Gott als den Herrn der zufallenden Zeiten, auch den der Zeit des Geborenwerdens und Sterbens, begrenzt, vgl. 8, 7 f. Die Einsicht in diesen Verhalt bleibt nun aber nicht ohne praktische Konsequenzen, die allerdings für den Prediger in der Furcht Gottes selbst wurzeln: Wer Gott fürchtet, gebärdet sich weder übergerecht noch ungebärdig schlecht, sondern hält das dem Menschen gewiesene Maß der Mitte. In der Selbstübersteigerung nach der einen oder der anderen Seite liegt die Herausforderung des Schicksals, eines vorzeitigen Todes. Kann der Mensch die ihm zugewiesene Lebenszeit nicht verlängern, so kann er sie doch durch seine Torheit verkürzen. Selbstüberhebung liegt zum Beispiel vor, wenn ein Mensch an andere Menschen Forderungen stellt, wenn er sie an Maßstäben mißt, denen er selbst nicht genügt. So darf, wer mit anderen rechtet, nicht vergessen, daß er selbst möglicherweise dasselbe tut oder getan hat, wegen dessen er jetzt den anderen zur Rechenschaft zieht. Und grundsätzlich hat er zu bedenken, daß der alte Wahrspruch auch auf ihn zutrifft:

»Es gibt keinen Menschen auf Erden, der so gerecht ist,
daß er nur Gutes tut und niemals fehlt!«, vgl. 7, 15—22.

Die Furcht Gottes bewahrt den Menschen davor, sich selbst zu überheben, sie nimmt ihm im Umgang mit Menschen seine Unmenschlichkeit, gleichwie das auf Erden geschehende Unrecht ihm nach Gottes Willen seine Einbildung nehmen soll, er sei etwas Besonderes, er sei mehr als ein Tier, vgl. 3, 16 ff.[88]. Aus der Furcht Gottes folgt aber auch der rechte, stets die gebotene Distanz wahrende Umgang mit Gott, das Wissen darum, daß Gott im Himmel und der Mensch auf Erden ist, der Verzicht auf ein geschwätziges, schwärmendes Gebet, 5, 1 f., das Ernstnehmen des Gelübdes, 5, 3 ff., und die Zurückhaltung vor dem Opfer im Heiligtum, in dem grundsätzlich der Satz gilt, daß das Nahen zum Hören besser als das Opfern der Toren ist, 4, 17.

In einem Nichts endend, das keinen Unterschied zwischen dem Weisen und dem Toren, dem Gerechten und dem Gottlosen, dem Reinen und dem

---

[88] Vgl. dazu Barton, S. 47.

Unreinen, dem seinen kultischen Pflichten Nachkommenden und dem diese Pflichten Versäumenden, dem Guten und dem Sünder, dem leichtsinnig Schwörenden und dem solchen Schwur vermeidenden, 9, 1 f., ja, dem Menschen und dem Tier macht, 3, 19 f., und das zuletzt Vergessenheit und Vergessensein bedeutet, vgl. 2, 16; 9, 5, bleibt dem Menschen das eine Leben. Hat er das verstanden, so wird er auch dies begreifen:
»Süß ist das Licht und gut ist es für die Augen, die Sonne zu schauen;
ja wenn der Mensch Jahre die Fülle lebt, an ihnen allen soll er sich erfreuen und denken an des Dunkels Tage, daß sie dauern. Alles, was kommt,
ist nichtig!« 11, 7 f.

Darf man dem Denker, der überlieferten Glauben an der Erfahrung maß und von hier aus neu auslegte, der dabei der grundsätzlichen Ungesichertheit und Unverfügbarkeit des menschlichen Daseins ansichtig wurde und darin die Gottheit Gottes erkannte, der um Vergänglichkeit und Vergeblichkeit menschlichen Lebens und menschlichen Handelns wußte und doch dem Leben treu blieb, den Vorwurf der Inkonsequenz und der Geschichtslosigkeit machen[89]?

Wir blicken zurück: Daß der Mensch nicht über seine Platzanweisung in der Geschichte, weder im Blick auf die Zeit seiner Geburt noch über seine leibseelische Konstitution, noch über die Stunde seines Todes verfügt; daß da ein ontologischer Zwiespalt zwischen Wollen, Wirken und Vollbringen, Absicht und Ergebnis aufbrechen muß und letztlich alles Gelingen Geschenk ist; daß der Mensch es lernen muß, sich zu bescheiden, sein Maß zu erkennen und innezuhalten, will er sein Schicksal nicht zusätzlich herausfordern, sind Erkenntnisse, welche den Griechen Theognis und Simonides wie der israelitischen Spruchsammlung und dem jüdischen Weisen und Lehrer des Volkes Qohélet aufgegangen sind. Der Optimismus, auf das Schicksal zum Guten einwirken zu können, erwies sich von Theognis zu Simonides, von der Proverbiensammlung zu Qohelet im Schwinden. Der Glaube an die Einsichtigkeit des göttlichen Weltregimentes, den wir an anderer Stelle als einen sittlichen Glauben gekennzeichnet haben[90], erwies sich im Rückzug befindlich, ohne daß deshalb am Maß des Sittlichen gerüttelt worden wäre. Verbirgt sich der Gott des Gesetzes hinter dem Gott des Schicksals, will die Spannung ausgehalten werden. Die befragten Zeugen haben nicht daran gezweifelt, daß Gerechtigkeit die dem Menschen gestellte Aufgabe bleibt. Der unterschiedlichen geschichtlichen Situation in Griechenland und in Palästina entsprechend klingt die Aufforderung, dem Gemeinsamen zu leben, eindeutiger von den Griechen zu uns herüber, die sich als Glieder einer Polis verstanden, vernehmbar aber auch durch die Proverbien hindurch, für die s^{e}dāqā, gemeinschaftsgerechtes Verhalten, das höchste Maß ist. Für den Juden einer Zeit ohne reale Möglichkeiten zu einer eigenständigen Politik oder auch nur für einen Freiheitskampf rückt, nicht ohne den Einfluß der

---

[89] Vgl. dazu H. H. Schmid: Wesen und Geschichte der Weisheit, BZAW 101, Berlin 1966, S. 192 ff.
[90] Vgl. O. Kaiser: Dike und Sedaqa. Zur Frage nach der sittlichen Weltordnung, NZS 7, S. 251 ff.

langen Weisheitstradition, das Individuum in den Mittelpunkt. Im nüchternen Beobachten und Durchdenken seiner Möglichkeiten geht ihm wohl am radikalsten unter den hier befragten Zeugen auf, daß der Mensch seinem Wesen nach sich selbst entzogen und auf die souveräne Zuwendung des Gottes angewiesen ist, der sich ihm im Widerspruch seiner Existenz zu erkennen gibt. Wir mögen für uns immerhin den Satz des Simonides, daß die Polis Lehrer des Mannes ist, als verbindlich erachten und darin das sehen, was gerade heute von unserer Hand gefunden ist und also getan sein will. Nur sollten wir dabei auch mit Qohelet 9, 10a bedenken[91], was in unserer Macht steht und was nicht. Wer hier die Ziele, und noch etwa gar als Theologe, falsch steckt, wird nicht der Befreiung des Menschen, sondern seiner tieferen Verstrickung in seine Selbstentfremdung dienen. Drei Tagebuchaufzeichnungen, die Kiekegaard zwischen dem Spätherbst 1849 und dem Spätsommer 1850 aufgezeichnet hat, sind vielleicht geeignet, den Platz abzustecken, welchen die christologische Neubesinnung in Theologie und Kirche auszufüllen haben wird. Unter der Überschrift »Luthers Lehre vom Glauben, oder Luther als Gesichtspunkt, und mein Verständnis meiner selbst« notiert er abschließend: »Der Ernst des Jünglings liegt darin, rasch, guten Glaubens (bona fide), damit zu beginnen, daß er dem Ideal gleichen will; der Ernst des Älteren liegt darin, daß er zuerst den Glauben zwischeneinschiebt als Ausdruck des Respekts vor dem wesenhaften Unterschied zwischen all seinem Streben und dem Ideal. Das Moderne ist Spiegelfechterei mit Hilfe dessen, daß man den Glauben in eine erdichtete Innerlichkeit verwandelt[92].« Unter der Überschrift »Die Wende in der Auffassung des Christentums, veranlaßt auch durch das Jahr 48« heißt es im Sommer des folgenden Jahres prophetisch: »Der Kampf um das Christentum wird nicht mehr ein Kampf bleiben um es als Lehre ... Es wird (veranlaßt auch durch die sozialen und kommunistischen Bewegungen) um es als eine Existenz gekämpft werden. Die Streitfrage wird die Liebe zum ›Nächsten‹ werden, die Aufmerksamkeit wird sich auf Christi Leben richten, und das Christentum wird wesentlich betont werden auch in Richtung der Gleichförmigkeit mit seinem Leben[93].« Allerdings kann dem Rufe: »Wir wollen Taten sehen!« vermutlich so leicht und ausschließlich nicht stattgegeben werden, weil auch das bedacht, vielleicht auf dem Hintergrund des oben Skizzierten bedacht sein will, was Kierkegaard im Spätsommer 1850 eintrug: »Jeder Fortschritt auf das Ideal hin ist ein Rückschritt; denn der Fortschritt besteht ja eben darin, daß ich eindringlicher die Vollkommenheit des Ideals entdecke — und also ist mein Abstand von ihm größer[94].«

---

[91] Vgl. zur Übersetzung Zimmerli, z. St., wobei zugegeben sei, daß Qohelet den Satz weniger tiefsinnig gemeint haben mag, als es in unserem Zusammenhang erscheint. Vgl. auch A. B. Ehrlich: Randglossen zur hebräischen Bibel VII, Leipzig 1914 = Hildesheim 1968, S. 94.
[92] S. Kierkegaard: Die Tagebücher IV, hg. H. Gerdes, Düsseldorf 1970, S. 42 (X^2 A 207).
[93] Ebenda, S. 217 (X^3 A 346).
[94] Ebenda, S. 237 (X^3 A 509).

Die Sinnkrise bei Kohelet

I

In einer Zeit, in der sich der längst angefochtene Glaube an einen moralischen Grund allen irdischen Geschehens und insonderheit seiner niemals abreißenden Katastrophen — es mag sich dabei um Erdbeben, Überflutungen, Hagelschläge, Dürren, Hungersnöte, Seuchen und Kriege als kollektive oder Krankheiten und andere Unglücksfälle als individuelle Übel handeln — als einer göttlichen Antwort auf menschliches Tun und Lassen unter dem Eindruck bewußteren persönlichen Erlebens und ausgebreiteteren wissenschaftlichen Beobachtungen entweder gänzlich auflöst und einer ganz anders gearteten naturalistischen Deutung aller kosmischen und individuellen Prozesse weicht oder genötigt ist, die Fäden des Schicksals verschlungener und möglicherweise Inkarnationen umgreifend zu verstehen, steht offenbar der Glaube an den hinter und jenseits des Geschehens waltenden Gott als ganzer auf dem Spiel. Man braucht den Blick nicht einmal auf den ungeheuren und letztlich in seinen zeitlichen und räumlichen Ausdehnungen unvorstellbar gewordenen Weltprozeß zu richten,[1] sondern nur die Geschichte der Menschheit oder die eines einzelnen Volkes und vor allem das in sie hineinverwobene Schicksal des einzelnen in ihrer sich jeder von außen kommenden Deutung widersetzenden Mannigfaltigkeit und Undurchschaubarkeit in Betracht zu ziehen, um unmittelbar zu empfinden, wie tief die Sinneskrise der Gegenwart ist. Wir können uns das, was geschehen ist und in der Auflösung des überkommenen Gottesglaubens immer weiter um sich greift, an einem Wort des Euripides vergegenwärtigen, der sich in seiner Zeit in einer vergleichbaren Situation sah:[2]

Wen die Gedanken vom Walten der Götter erfüllen, dem schwindet
Schweres Leid von der Seele.
Aber die heimliche Hoffnung
Heiliger Ordnung
Wankt mir, wenn ich die Leiden und Taten der Menschen betrachte:
Alles in ewigem Wechsel!
Leben in ewigem Wandel
Unstet getrieben![3]

Bei dem Versuch, der geistigen Herausforderung der Gegenwart zu entsprechen und die lang angekündigte Krise zu überwinden, geht es letztlich um die Beantwortung der Frage, ob der biblische Gottesglaube der Transformation in die Gegenwart und Zukunft unfähig geworden[4] und der ekstatische Nihilismus Nietzsches, der sich den ewig zerrissenen und ewig wiedergeborenen Dionysos und den Ring der ewigen Wiederkehr als die letzten, dem Menschen im Blick auf das Ganze der Welt wie seines eigenen Lebens verbliebenen Symbole erwählt,[5] in der Tat die einzige, zugleich ebenso wahrhaftige wie illusionslose Möglichkeit der Sinngebung in Gestalt eines bedingungs- und ausnahmslosen Bejahens allen Geschehens ist, das als solches immer schon notwendig ist.[6] Daß eine solche Bejahung nur jenseits von Gut und Böse möglich ist und mit der kosmologischen zugleich die anthropologische Moralität aufhebt, ergibt sich einsichtig aus ihren Voraussetzungen und Folgerungen.[7]

Schon diese knappen Andeutungen dürften ausreichen, um deutlich zu machen, vor welchen grundsätzlichen Entscheidungen letztlich schon die gegenwärtigen, aber auf alle Fälle die nachfolgenden Generationen stehen und welche Konsequenzen diese für den weiteren Verlauf der Geschichte und mehr noch für das Verständnis des Menschen und der Menschlichkeit haben. Man darf daher wohl verlangen, daß der Horizont der Wirklichkeitserfahrung erweitert und die Besinnung auf das Eigentümliche menschlichen Daseins vertieft werde, um so festzustellen, ob dem menschlichen Geist in diesem ebenso grandiosen wie undurchsichtigen Welttheater tatsächlich nur die Rolle eines zusätzlichen Werkzeugs im Dienste der Selbsterhaltung zukommt und ob die Eigentümlichkeit des Geistes als Voraussetzung situationsüberschreitender reflektierender Freiheit überhaupt von einem naturalistischen Ansatz her angemessen begriffen werden kann.[8] — Aber so wie dem Historiker die bescheidenere Aufgabe zugewiesen ist, die Gegenwart und also auch ihre Krisen aus ihrem Werden verständlich zu machen, fällt dem Exegeten und Philologen die andere, ebenfalls bescheidene zu, nach solchen Denkern Ausschau zu halten, die innerhalb seines Zuständigkeitsbereiches eine vergleichbare Erfahrung der Sinneskrise gemacht haben, und an ihnen zu beobachten, ob und wie sie ihrer Herr geworden sind, um auf diese Weise einen indirekten Beitrag zum Verständnis und vielleicht auch zugleich zur Überwindung der gegenwärtigen Krise zu leisten.[9]

Daß der Alttestamentler in diesem Zusammenhang stärker noch als an den Hiobdichter und den mit seinem Agnostizismus in der Bibel einmaligen Verfasser von Spr. 30, 1—4 an Kohelet, den „Prediger Salomo", erinnert wird, ist wohl einsichtig. Bei dem Hiobdichter blieb es bei dem Protest der Erfahrung gegen die Lehre von der Stringenz des Tun-

Ergehen-Zusammenhangs, vgl. Hi. 21, 7 ff., und bei der Konsequenz der Beugung unter den nach seinem Wissen, seinem Willen und seiner Macht schlechthin überlegenen Gott, vgl. Hi. 39 ff., ohne daß sich sein Ethos selbst als erschüttert erweist.[10] Spr. 30, 1—4 ist jedoch ein zu knapper und zu entstellter Text, um ihm mehr als den Zweifel an der Erkennbarkeit Gottes entnehmen zu können.[11] Der uns nur unter dem Pseudonym bekannte Prediger steht als Mann des 2. Drittels des 3. Jahrhunderts v. Chr. mitten in der Auseinandersetzung zwischen Judentum und Hellenismus.[12] In einer letztlich aus der jüdisch-orientalischen Tradition nicht ableitbaren Weise beruft er sich gegenüber den Grundsätzen und Lehrmeinungen der weisheitlichen Schultradition, aber wohl auch der an Boden gewinnenden frühen Apokalyptik, auf Erfahrung und eigenes Nachdenken. Ob ihn allein die vordringende hellenistische Atmosphäre und Geistigkeit auf diesen Weg geführt oder er darüber hinaus unmittelbare Kenntnisse griechischer Literatur besessen hat, ist bis heute umstritten und eine der Natur der Sache nach schwer zu entscheidende Frage.[13] Auch wenn man die tiefergreifende Hellenisierung Cyperns in Rechnung stellt,[14] wird man das Beispiel des Begründers der stoischen Philosophie, Zenon, der als Sohn eines Handelsherrn vermutlich schon in Kition mit griechischen Philosophenschriften in Berührung gekommen ist,[15] im Auge behalten und es grundsätzlich nicht für ausgeschlossen halten, daß der vermutlich eine Generation jüngere Kohelet als Angehöriger der Jerusalemer Oberschicht, wenn nicht am Ende gar ebenfalls eines grundbesitzenden Handelshauses,[16] auch seinerseits unmittelbaren Zugang zu griechischer Literatur besessen hat. Aber die Frage nach den Abhängigkeiten des jüdischen Denkers von griechischen Einflüssen soll und kann uns in diesem begrenzten Rahmen nur peripher beschäftigen. Im Mittelpunkt unserer Nachforschungen und Überlegungen soll vielmehr die Frage stehen, wie sich dem Prediger Gott, Welt und Mensch nach dem Verlust des moralischen Gottes dargestellt haben. Vielleicht ergibt sich dadurch ungezwungen ein Beitrag zu der Frage, welchen Sinn die Rede von Gott auch noch heute haben kann.

II

Der Mann, dem wir die Herausgabe der geistigen Hinterlassenschaft des Predigers verdanken,[17] war der Überzeugung, die Lehren seines Meisters auf keine bessere Formel als die eines $h^a b\bar{e}l\ h^a b\bar{a}l\bar{\imath}m\ hakk\bar{o}l\ h\bar{a}b\ddot{a}l$, eines „völlige Nichtigkeit, alles ist nichts" oder, wie wir auch und vielleicht die Absicht treffender übersetzen dürfen, eines „völlige Vergeblichkeit, alles ist vergeblich" bzw. gar eines „völlige Sinnlosigkeit, alles ist sinnlos" bringen zu können (vgl. 1, 2 und 12, 8).[18] Und da das Stichwort *häbäl* mindestens 23mal in den Reflexionen des Predigers begegnet, ist der Ausleger jedenfalls gehalten, seine übrigen Lehren im Zusammenhang mit seinen Nichtigkeits- oder Vergeblichkeitsaussagen zu sehen, wenn ihnen, was bis zum Beweis des Gegenteils zu unterstellen ist, eine einheitliche Sicht des Lebens zugrunde liegt.[19] Und wenn es bei dem Prediger so etwas wie eine Krise des Lebenssinnes angesichts des Zusammenbruchs der überlieferten Lebensanschauung und der Werte seines Volkes gegeben hat, sollte sie sich in diesen mindestens in ihren Konsequenzen spiegeln.

So generalisierend, wie sie der Herausgeber verstand, begegnet die Vergeblichkeitsaussage gleich in der Einleitung zu der von 1, 12 bis wohl doch zu 2, 26 reichenden Königstravestie,[20] in der sich der Weise den Königsmantel um die Schultern legt, um so zu demonstrieren, daß sein Urteil über Sinn und Ertrag des Lebens auch von der höchsten, dem Juden denkbaren menschlichen Warte des weisesten und reichsten Königs her gesehen, bestehen kann. In 1, 14 f. faßt er das Ergebnis seiner Nachforschungen über das menschliche Schicksal wie folgt zusammen:

> Ich beobachtete alles Tun, das unter der Sonne getan ward.
> Aber da, es war alles vergeblich und ein Haschen nach Wind.
> »Gekrümmtes läßt sich nicht gerade machen
> und Fehlendes läßt sich nicht ersetzen!«

Das seinem Urteil zur Begründung nachgestellte Sprichwort läßt erkennen, daß das dem Menschen von Gott verhängte, so unruhige und doch so ergebnislose, ihn schließlich zermürbende Treiben (V. 13b) gegen Notwendigkeiten stößt, die er nicht zu ändern vermag. Welcher Art sie sind, läßt erstmals die Reflexion über die letztlich bestehende Unverfügbarkeit über das Erbe und den Erben in 2, 18—23 erkennen: Wer sein Leben in der Geschäftigkeit und in den Sorgen zur Mehrung und Erhaltung seines Reichtums verbracht hat, muß ihn schließlich einem anderen lassen, ohne zu wissen, ob dieser mit ihm umzugehen versteht, ob es sich bei ihm um einen Weisen oder einen Toren handelt. Wie sehr den Prediger das Mißverhältnis zwischen Aufwand und Ergebnis des Reichtums beschäftigt hat, zeigt der Umstand, daß er mehrfach auf dieses Thema zu sprechen gekommen ist; vgl. außer 2, 1—11 die Reflexionen 5, 9—19; 6, 1—6 und schließlich auch 4, 4—6 und 4, 7—12: Vergeblich ist die Unersättlichkeit des Besitztriebes; unangemessen die Sorgen, die der Reichtum dem Menschen bereitet; zudem kann er verlorengehen, so daß der, der sich um ihn bemüht hat, nur die Arbeit hatte und der Sohn leer ausgeht; und was hat der Mensch überdies von ihm, wenn er nackt, wie er aus seiner Mutter Leibe kam, wieder davon muß? (vgl. 5, 9 ff.). Oder was hat der Mensch von seinem Reichtum, wenn ihn z. B. eine schwere Krankheit hindert, seine Früchte auch zu genießen? (6, 1 ff.) [21] Und wie sinnlos ist die Geschäftigkeit und Tüchtigkeit, wenn sie in Wahrheit nichts anderes als den Versuch darstellt, es darin anderen gleichzutun und sie, wenn möglich, noch zu übertreffen? (4, 4 ff.) Und was soll der unter hartem Verzicht aufgebaute Reichtum, wenn es an einem blutsverwandten Erben fehlt? (4, 7 ff.) — Dabei hielt es der Prediger nach 2, 3—11 durchaus für möglich, Reichtum und Lebensgenuß so miteinander zu verbinden, daß sich der Mensch keinen Wunsch versagen muß und auf diese Weise tatsächlich den Lohn seiner Arbeit empfängt:

Ich nahm mir vor, meinen Leib mit Wein zu 'laben', mich von der Weisheit angetrieben der Torheit zu ergeben, bis ich sähe, was das für ein Glück ist, das sich die Menschen während ihrer begrenzten Lebenszeit unter der Sonne verschaffen können.

Ich weitete meine Tätigkeit aus,
baute mir Häuser, pflanzte mir Weingärten,
machte mir Gärten und Baumgärten
und pflanzte in ihnen Bäume aller Fruchtarten.
Ich machte mir Wasserteiche,
um das sprossende Gehölz der Bäume aus ihnen zu tränken.
Ich kaufte mir Sklaven und Sklavinnen;
außerdem besaß ich Vieh, Rinder und Kleinvieh,
in größerer Menge als alle,
die vor mir in Jerusalem waren.
Ich sammelte mir zudem Silber und Gold,
Schätze von Königen und Provinzen,
verschaffte mir Sänger und Sängerinnen,
und, woran sich die Menschen ergötzen,
 Gesang und Sängerinnen ! [22] —

So wurde ich reicher und reicher als alle, die vor mir in Jerusalem waren. Zudem stand mir meine Weisheit bei. Nichts von dem, was meine Augen begehrten, versagte ich ihnen. Mir selbst versagte ich keine Freude; ja, mein Herz war fröhlich bei all meiner Arbeit, und dies war mein Anteil von all meiner Arbeit.
Da wandte ich mich allen meinen Werken zu, die meine Hände geschaffen hatten, und der Arbeit, die ich darauf verwandt hatte, doch da war alles vergeblich und ein Haschen nach Wind; denn es gibt keinen Gewinn unter der Sonne.

In Übereinstimmung mit seinen weiteren Lehren weist der Prediger den Lebensgenuß als Lohn der Arbeit und damit zugleich als das dem Menschen mögliche Glück aus. Und doch setzt er hinter dieses Fazit die Nichtigkeitsaussage. Der Rückblick enthüllt ihm die Vergeblichkeit, weil es keinen Gewinn unter der Sonne gibt. Wenn wir deutend wiederholen: weil es keinen bleibenden Gewinn unter der Sonne gibt, wird der Einwand des Predigers deutlich. Am Ende behält der Mensch nichts in der Hand. Sein Glück ist vergänglich! Sowenig wie sich Besitz und Besitzstreben letztlich als Garanten der Lebenssicherung erweisen, so vergänglich ist der Genuß, den sie dem Menschen ermöglichen. Die *Ungesichertheit* der menschlichen Existenz ist dem Prediger an dem Beispiel extremer Lebenssicherung aufgegangen, und gleichzeitig hat er ihre Endlichkeit als entscheidende Relativierung ihres offenbar auf Unendlichkeit angelegten Glückverlangens erkannt.[23]

Kehren wir zur Abrundung dieses Themenkreises zu 2, 24—26 zurück, so wird deutlich, daß für den Prediger neben dem Endlichkeitsschock die Einsicht in die letztlich bestehende *Unverfügbarkeit* des Glückes stand:

> Es gibt nichts 'Besseres für den Menschen', als daß er ißt und trinkt und es sich gut sein läßt bei seiner Arbeit. Auch dies, sah ich ein, kommt aus der Hand Gottes, denn »Wer hat essen, wer kann sich freuen ohne — ihn ?« Denn dem Menschen, der ihm gefällt, gibt er Weisheit, Wissen und Freude; aber dem, der ihm mißfällt, gibt er das Geschäft zu mehren und zu sammeln, um es (dann) dem zu geben, der Gott gefällt. — Auch das ist sinnlos und ein Haschen nach Wind.

Steht es fest, daß es für den Menschen nichts Besseres als ein Leben der Freude gibt, so steht doch zugleich fest, daß der Mensch es nur dann erlangt, wenn es ihm Gott in seiner unergründlichen Wahl so bestimmt hat. Und diese Entscheidung Gottes ist deshalb unergründlich, weil sie sich offenbar weder an besondere Eigenschaften noch an besondere Verhaltensweisen des Menschen bindet. Die Worte *ṭôb*, „gut", und *ḥôṭä'*, „abweichend", sind hier jedenfalls nicht ethisch zu interpretieren (vgl. 7, 26).[24] So unterscheidet sich der Gott des Kohelet in seiner sich im Glück oder Unglück des Menschen manifestierenden Gnadenwahl nicht von einem blind die Lose verteilenden Schicksal, vom Zufall. Mag der Mensch alles daran setzen, glücklich zu werden, so liegt das Erreichen seines Zieles doch nicht in seinem Vermögen:

> Zum andern sah ich unter der Sonne,
> daß weder die Schnellsten den Lauf,
> noch die Tapfersten den Krieg,
> noch auch die Weisesten Brot,
> noch auch die Verständigsten Reichtum,
> noch auch die Kundigsten Gunst gewinnen;
> sondern sie alle treffen Zeit und Zufall.
> Ja, der Mensch kennt seine Zeit ja nicht.

> Wie die Fische, die sich in einem bösen Netz verfangen,
> und wie die Vögel, die in einem Netz gefaßt sind, —
> wie sie werden die Menschenkinder zur bösen Zeit
> gefangen, wenn sie plötzlich über sie herfällt (9, 11 f.).

Es liegt auf der Hand, daß sich der Prediger mit diesem Urteil über die Glückschancen des Menschen weit von der Glaubenstradition seines Volkes entfernt hat. Mag man dort ebenfalls gesehen haben, daß am Ende alles an Gottes Segen gelegen ist (Spr. 10, 22),[25] so meinte man doch zu wissen und darauf vertrauen zu können, daß Weisheit und Gerechtigkeit kraft göttlichen Regimentes zu Glück und Leben, Gottlosigkeit und Torheit aber zu Unglück und Tod führen. In diesem Sinne gratuliert z. B. Spr. 3, 13—16 dem Weisen:

> Wohl dem Menschen, der Weisheit fand,
> und 'dem Manne', der Einsicht erlangte;
> denn ihr Erwerb ist besser als der Erwerb von Silber,
> und besser als Gold ist ihr Gewinn.
> Sie ist kostbarer als Korallen,
> und keins deiner Kleinode kommt ihr gleich:
> Die Länge der Tage hält ihre Rechte
> und in ihrer Linken sind Reichtum und Ehre!

Theologisch formuliert, lautete das wie in dem folgenden Abschnitt aus den Elihu-Reden des Hiobbuches (34, 10—12):

> Daher, ihr Verständigen, hört mir zu!
> Fern sei es von Gott, daß er Unrecht tue,
> und von Schaddaj, daß er frevelhaft handle!
> Ja, er vergilt dem Menschen nach seinem Tun
> und läßt es jedem nach seinem Wandel ergehen.
> Ja, das ist gewiß, daß Gott kein Unrecht tut
> und Schaddaj das Recht nicht verkehrt!

Wenn diese Voraussetzung fällt, ist die Krise der Weisheit — wir würden heute sagen: die Krise von Religion und Ethik — da. Die Behauptung der Weisheit, das Grundgesetz des göttlichen Weltregimentes zu kennen, bestreitet der Prediger ausdrücklich, weil ihn die Erfahrung von seiner Brüchigkeit überzeugt hat (8, 14):

> Es gibt etwas Sinnloses *(häbäl)*, das auf dieser Erde geschieht:
> Es gibt Gerechte, die trifft ein dem Tun der Frevler gemäßes Geschick;
> und es gibt Frevler, die trifft ein dem Tun der Gerechten gemäßes Geschick.
> Ich sage: Auch dies ist sinnlos *(häbäl)*.

Und ähnlich heißt es in 7, 15:

Dies alles sah ich in meinen vergänglichen Tagen *(bîmê häblî)*:
Es kommt vor, daß ein Gerechter trotz seiner Gerechtigkeit zugrunde geht;
und es kommt vor, daß ein Frevler trotz seiner Bosheit lange lebt.

Eine eschatologische Auflösung des Problems, daß die Glückseligkeit des Menschen zu seinen Lebzeiten nicht in Übereinstimmung mit seiner Würdigkeit steht, wie sie die gleichzeitige frühe jüdische Apokalyptik z. B. in Hen. 22; Ps. 49 und 73 vertreten hat,[26] ließ Kohelet skeptisch außer Betracht. In der Reflexion 3, 16—22, die am Beispiel der schicksalhaften Blindheit menschlicher Rechtsprechung geradezu sarkastisch auf der bloßen Kreatürlichkeit des Menschen besteht,[27] heißt es in V. 19—22:

Denn das Geschick der Menschen und das Geschick der Tiere ist ein und dasselbe: Beide erleiden denselben Tod; denn beide haben den gleichen Lebensodem. Der Mensch besitzt keinen Vorzug vor den Tieren; denn beide sind vergänglich *(häbäl)*. Beide gehen zu ein und demselben Ort:
Beide sind aus Staub entstanden und beide kehren zum Staube zurück. —
Wer weiß denn, (ob) das Leben der Menschen nach oben steigt, während das Leben der Tiere nach unten zur Erde fährt? Da sah ich ein, daß es für den Menschen nichts Besseres gibt, als sich bei seinem Tun zu freuen; denn das ist sein Teil.
Denn wer könnte es ihm ermöglichen zu ersehen, was nach ihm geschehen wird.

Die skeptische, dem Andersdenkenden die Beweislast zuschiebende Argumentation des Predigers in V. 21 und V. 22b ist jedoch nur vordergründig für eine Belehrung offen. Beide Fragen sind rhetorisch gemeint und implizieren jeweils die Antwort: „Niemand!" Trotz 9, 10 muß man fragen, ob der Prediger an der traditionellen Vorstellung der Unterwelt festgehalten hat, in der die Sippengenossen gemeinsam wie im Familiengrab den letzten Schlaf finden, und nicht vielmehr mit der Rückkehr des Menschen zum Staube für ihn alles gesagt war, was über den Zustand des Menschen nach dem Tode zu sagen war. Jedenfalls war er davon überzeugt, daß es keinen Ausgleich für die Taten der Menschen nach dem Tode und also auch keinen Himmel als Stätte der verklärten Gerechten noch einen unterirdischen Strafort für die Frevler im Sinne der apokalyptischen Erwartungen gibt (9, 4—6):[28]

Nur wer zu den Lebenden zählt,
besitzt Hoffnung;
denn: »Ein lebendiger Hund ist besser als ein toter Löwe!«
Ja, die Lebenden wissen, daß sie sterben müssen,
aber die Toten wissen gar nichts.
Es gibt für sie auch keinen Lohn mehr;
denn ihr Andenken ist vergessen.

Ihr Lieben wie ihr Hassen
wie ihr Streben sind längst dahin.
Sie haben in Ewigkeit keinen Anteil mehr
an allem, was unter der Sonne geschieht! —

Auf dem Hintergrund dieser Beobachtungen und dieser Überzeugungen ist es einleuchtend, daß die traditionelle Weisheit in den Augen des Predigers ihre Kraft verloren hatte, das Dasein umfassend zu deuten. Und demgemäß stellt er ihr Versagen in 8, 16—17 fest:

Als ich meinen Sinn darauf richtete, Weisheit zu erkennen und das Treiben zu durchschauen, das auf der Erde geschieht,
denn: »Auch am Tage und in der Nacht sieht er mit seinen Augen keinen
da sah ich am Ganzen des göttlichen Wirkens ein, [Schlaf!« —,
daß der Mensch das Geschehen nicht ergründen kann,
das unter der Sonne geschieht.
Wie sich der Mensch auch plagt, es zu finden,
kann er es doch nicht ergründen.
Und selbst wenn der Weise behauptet, es zu wissen,
so vermag er es doch nicht zu ergründen.

Von dieser negativen Bilanz her ist es verständlich, warum Kohelet das Trachten nach Weisheit als ein Streben nach dem Winde bezeichnen und dabei das Sprichwort zitieren kann (1, 17 f.):

Mit der Weisheit mehrt sich der Kummer,
und mit dem Wissen wächst der Schmerz!

Oder warum er an anderer Stelle (7, 23 f.) konstatiert:

Alles dies versuchte ich mit Weisheit.
Ich dachte: Ich will weise werden! —
Aber sie blieb fern von mir.
Fern ist, was geschieht,
und abgrundtief. — Wer kann es ergründen?

Natürlich gibt es einen relativen Wert der Weisheit als einer praktischen Lebenskunde (vgl. 1, 4); daher wäre der Prediger als ihr Lehrer wohl der Letzte gewesen, dies zu bestreiten (vgl. 9, 17—11, 6). Aber dennoch ließ ihn die Frage nicht los, ob der Aufwand und das Ergebnis dieser Bildung in einem adäquaten Verhältnis zueinander stehen — eine Frage, die sich vermutlich die tieferen Geister aller Zeiten gestellt haben, ohne sie jedoch (aus welchen Gründen auch immer) mit einer solchen an Nietzsche gemahnenden Offenheit beantwortet zu haben, 6, 7—9):[29]

Alle Arbeit des Menschen dient seinem Mund,
und doch wird die Gier nicht gestillt. —

Was für einen Vorteil hat dann der Weise vor dem Toren,
welchen vor dem Armen,[30] der im Glück zu wandeln versteht? —
»Besser ist, was die Augen sehen,
als was sich die Gier vorstellt!« —
Auch dies ist sinnlos *(häbäl)* und ein Haschen nach Wind!

III

Es ist deutlich geworden, daß die Sinneskrise bei Kohelet durch die Einsicht in den Widerspruch zwischen der Lehre der nachexilischen Weisheit von dem vergeltenden Handeln Gottes und der beobachteten Wirklichkeit menschlichen Lebens ausgelöst worden ist. Entgegen allen heilsgeschichtlichen Deutungen erkennt er in der Geschichte keinen Fortschritt, sondern ein Auf-der-Stelle-Treten in einer ewigen Kreisbewegung, die ihrerseits zu keinem Ergebnis führt. Es ist kaum denkbar, daß ein jüdischer Theologe des 3. vorchristlichen Jahrhunderts diese These ohne einen Seitenblick auf die gleichzeitigen Geschichtsentwürfe nachprophetischer Eschatologie und Apokalyptik vertritt. So heißt es in 1, 4—10:[31]

Geschlechter gehen dahin
und Geschlechter kommen,
aber die Erde bleibt ewig.
'Immer wieder' geht die Sonne auf
und immer wieder geht die Sonne unter,
strebt sie zu ihrem Ort,
an dem sie aufgeht.
Immer wieder weht der Wind nach Süden
und immer wieder dreht er sich nach Norden,
im dauernden Drehen weht der Wind,
nur um sich zu drehen, schlägt der Wind um.
Alle Bäche fließen dauernd zum Meer,
dabei wird das Meer nie voller.
Zum Ort, von dem die Bäche fließen,
dorthin kehren sie zurück, um wieder zu fließen.
Alle Worte quälen sich hin,
niemand vermag (etwas) zu sagen.
Ergebnislos sieht das Auge,
ungestillt hört das Ohr.
Was war, das wird sein.
Und was getan wurde, wird wieder getan.
Und so gibt es nichts Neues unter der Sonne.
Geschieht einmal etwas, von dem man sagt:
»Aufgepaßt: das ist neu!« —

Längst gab es das in den Ewigkeiten,
die vor uns waren.
Es gibt keine Erinnerung an die Früheren,
und auch an die Späteren, die es geben wird,
werden sich die nicht erinnern, die nach ihnen leben.

Bedenkt man die Zeit, in welcher Kohelet lebt, fragt man sich verwundert, ob die Kunde von den zumal militärtechnischen, aber auch von den sonstigen Errungenschaften der hellenistischen Zivilisation nicht bis zu ihm nach Jerusalem gedrungen ist.[32] Oder sollten die ᶜōlāmîm, die „Ewigkeiten" in V. 10, in Wahrheit schon Welten bezeichnen und also die Lehre vom großen Jahr und der Wiederkehr aller Dinge im Hintergrund stehen, wie sie in der gleichzeitigen frühen Stoa eine große Rolle spielte?[33] Man zögert, weil der Prediger seine Beispiele im engeren Rahmen hält und man nicht sicher ist, ob seine Aussage über die Ewigkeit der Welt in 1, 4 etwas anderes als Gn. 8, 22 sagen will.[34] Aber man bleibt unsicher, weil es offenbar möglich war, Schöpfungserzählungen als bloße Symbole für ewige göttliche Ordnungen zu verwenden.[35] In der gleichen Zweideutigkeit bleibt die Schöpfungsaussage in 3, 11, in welcher der Prediger konstatiert, daß Gott alles zu seiner Zeit schön gemacht und auch die Dauer darein gelegt hat.[36] Hat Kohelet hier lediglich das ṭôb, „gut", von Gn. 1, 31 durch das griechisch-kosmologischem καλός entsprechende yāpåd, „schön",[36a] ersetzt und ist die Zeit eben die des ersten, die jetzige Ordnung stiftenden Gotteshandelns, oder geht es vielmehr um die in 3, 1—9 erwähnten unterschiedlichen Zeiten, die ewig wiederkehren? Die Frage muß offenbleiben, aber doch ausdrücklich gestellt werden, ob hinter der Zurückhaltung und Zweideutigkeit des Predigers gegenüber und bei seinen Schöpfungsaussagen nicht die Absicht dessen waltet, der selbst an die Ewigkeit der Welt glaubte.[37]

In dieser sich in ihren Inhalten ewig um sich selbst drehenden Welt, in der „Gott das Entschwundene wieder hervorsucht" (3, 15), ist der Mensch in eigentümlicher Weise einem Urkonflikt zwischen seinem Planen- und Handelnmüssen und seinem Es-zu-einem-Ziel-führen-Können ausgesetzt. Während er so tun muß, als hinge alles von ihm selbst ab, entscheiden am Ende Zeit und Zufall, ᶜēt und pägaᶜ (9, 11) über den Ausgang. Man wird dieses Hervortreten des Schicksalsglaubens beim Prediger nicht von dem allgemein die hellenistische Welt durchziehenden Lebensgefühl des Ausgeliefertseins an das Schicksal und den Zufall isolieren dürfen. Der Alexanderzug und die ihm folgenden Machtverschiebungen hatten bei den Großen als Akteuren wie bei den Kleinen als ihren Opfern zu viele unerwartete Wendungen in ihrem Leben gebracht, als daß sich dies nicht in ihrem Selbstverständnis hätte niederschlagen können. „Hört auf", so heißt es in einem berühmten Fragment des Menander (342/41—293/92), „über Vernunft zu reden! Denn nicht die Vernunft des Menschen ist etwas, sondern die der Tyche. Mag diese ein göttlicher Hauch (πνεῦμα) oder Vernunft sein, sie ist es, die alles lenkt, umkehrt und bewahrt; menschliche Vorausberechnung ist Rauch und leere Rede".[38] Man braucht sich nur an die ersten drei Syrischen Kriege, die zwischen den Ptolemäern und den Seleukiden um den seit 301 strittigen Besitz von Coelesyrien und Palästina geführt worden sind, zu erinnern[39] oder in Betracht zu ziehen, welche Kunde von anderen Kriegsschauplätzen des 3. Jahrhunderts nach Jerusalem dringen mußte,[40] um zu erkennen, wie die eigenen Beobachtungen und die zu ihm dringenden Nachrichten aus der großen Welt den Prediger gleichermaßen in seiner fatalistischen Sicht des menschlichen Lebens bestärken konnten.

Wir können es uns an dieser Stelle ersparen, den großen Katalog inhaltlich polar determinierter Zeiten von 3, 1—8 zu wiederholen. Daß diese Zeiten schicksalhaft gemeint sind, daß es bei ihnen letztlich um der menschlichen Wahl entzogene Möglichkeiten geht,[41] geben die beiden ersten und die beiden letzten Paare deutlich genug zu erkennen: Der Mensch wählt weder die Stunde seiner Geburt noch die seines Todes,[42] sondern er erleidet beide. Die Zeiten für das Pflanzen und Ausreißen des Gepflanzten ergeben sich zwangsläufig aus dem Jahreskreislauf. Der Mensch kann sich über sie nicht hinwegsetzen, muß aber durchaus damit rechnen, sie wegen der dem Wetter nun einmal innewohnenden Unberechenbarkeit zu verfehlen. Liebe und Haß überfallen den Menschen, so daß er ihnen — blindlings getrieben — folgen muß (vgl. 9, 1). Und daß der Untertan in einem hellenistischen Staate Kriegsausbrüche und Friedensschlüsse als schicksalhafte Ereignisse erfuhr, ergibt sich aus der Staatsform.[43] Man braucht darüber hinaus nur auf 8,8 zurückzugreifen, um den schicksalhaften Charakter dieser Zeiten zu durchschauen:

> Es gibt keine Herrschaft des Menschen über den Wind '',
> und es gibt keine Herrschaft über den Todestag,
> noch gibt es eine Entlassung aus dem Kriegsdienst,
> noch rettet 'Reichtum' seinen Besitzer.

Der Stachel liegt für den Menschen darin, daß er trotzdem so handeln muß, als hinge jeglicher Erfolg von ihm selbst ab. „Welchen Gewinn", so fragt Kohelet, seine Liste der Zeiten abschließend (in 3, 9), „hat (dann) der Handelnde dadurch, daß er sich abmüht?"

An die Stelle der von der Weisheit behaupteten Durchschaubarkeit der Welt ist für den Prediger ihre *Undurchschaubarkeit* getreten. Dabei empfindet er ihren numinosen Charakter offensichtlich so stark und bleibt gleichzeitig insofern fest in der jüdischen Tradition verwurzelt, daß er diese Schicksalsmächtigkeit weder dämonisiert und als eigenständige Größe neben die Gottheit stellt noch sie weiterhin, was bei seinem Zeit- und Kreislaufdenken an und für sich nahegelegen und durchaus den Grundtendenzen des hellenistischen Zeitalters entsprochen hätte,[44] astrologisch deutet. Achtet man auf die hinter 4, 17—5, 6 stehende Haltung der jüdischen Tradition gegenüber, die auf einen strikten Thoragehorsam und rituelle Observanz schließen läßt, wird man Worte wie Dtn. 4, 19; 17, 3 und 18, 10 f. als Barrieren gegen das Eindringen der Astrologie in das Judentum ansehen dürfen.[45] Statt das Undurchdringliche doch noch zu durchdringen und das Dunkle doch noch zu lichten, fragte sich Kohelet vielmehr, was dieser (trotz seiner der ewigen Ordnung verdankten Schönheit) dunkle Weltprozeß eigentlich dem Menschen meine (vgl. 3, 10 bis 15). Auf der einen Seite diese dem Menschen wesentlich zugehörende rastlose Zielstrebigkeit, auf der anderen Seite diese alles menschliche Vornehmen zu einem Vabanquespiel machende Verschlossenheit der Welt —, das scheint vorab auf die Absicht des für beides verantwortlichen Gottes zu deuten, den Menschen zu plagen.[46] Die Unmöglichkeit, den Weltprozeß und den Menschen als ein sich selbst und seine glückhafte Zukunft wollendes Wesen miteinander in Übereinstimmung zu bringen, oder anders ausgedrückt: die Kosmologie und die Anthropologie miteinander zu versöhnen, weisen den Prediger auf den dann dem Menschen einzig verbleibenden natürlichen Lebenssinn eines von der Freude erfüllten Lebens, das anzupreisen er in der Folge nicht müde wird.[47] Aber unter den gesetzten Voraussetzungen bleibt der Einwand nicht aus, daß der Mensch seines Glückes letztlich nicht mächtig ist, sondern von der göttlichen Zuteilung abhängig bleibt (vgl. 2, 24—26 und 5, 18 f.). Man muß 3, 10 (vgl. 1, 13) im Sinn behalten, wenn man 3, 14 mit seiner schließlich gebotenen teleologischen Deutung recht verstehen will: Hier stellt Kohelet (1) fest, daß Gottes Handeln in der Welt ein ewig notwendiges, vom Menschen nicht zu veränderndes Geschehen ist.[48] Daraus zieht er (2) den Schluß, Gott habe das so eingerichtet, damit man sich vor ihm *fürchte*. Im Kontext kann das nur heißen, daß das sich dem Menschen als blinder Zufall zeitigende Gotteshandeln den Menschen die Furcht Gottes lehren will. In der Umschlossenheit seiner Existenz von dem in seinem Wirken in der Welt unergründlichen Gott geht dem Menschen die furchterregende *majestas Dei* auf, der sich der Mensch, sie treffe ihn zum Guten oder Bösen, nur unterwerfen kann. Eine Auflehnung gegen dies Schicksal ist sinnlos (vgl. 6, 10 bis 12).[49] Wir sind jetzt gerüstet, die Reflexion selbst zu lesen und zu verstehen:

> Ich sah mir die Unrast an, die Gott den Menschen verordnet hat, daß er sich damit plage. Alles hat er schön gemacht zu seiner Zeit; er hat es auch für die

Dauer bestimmt; nur bleibt das eigentliche Werk Gottes dem Menschen vom Anfang bis zum Ende unergründbar. Ich erkannte:
Für ihn gibt es nichts Besseres, als sich zu freuen und es sich wohlgehen zu lassen, solange er lebt.
Nur: wenn irgendein Mensch essen und trinken kann und bei seiner Arbeit Gutes erfährt, ist auch das eine Zuteilung Gottes.
Da erkannte ich: Alles, was Gott wirkt, geschieht ewiglich; keiner kann etwas daran ändern oder etwas davon ungeschehen machen. Und das hat Gott so eingerichtet, damit man sich vor ihm fürchte. —
Was geschehen ist, hat es längst schon gegeben, und was gerade geschehen will, ist längst schon geschehen; denn Gott sucht das Vergangene wieder hervor (3, 10—15).

Versöhnt ihn diese Gottesfurcht mit seinem Dasein oder bewahrt sie ihn nur davor, diesen schicksalsmächtigen Gott durch frevelhaftes Verhalten herauszufordern? Von 4, 17—5, 6 (vgl. 5, 6b) und 7, 15—22 (vgl. V. 18b)[50] her scheint das zweite zuzutreffen: Wer Gott fürchtet, fordert ihn weder durch ein direkt gegen ihn gerichtetes frevelhaftes Verhalten heraus (vgl. 5, 5), noch zieht er sich eingedenk der göttlichen Schicksalsmacht durch ein extremes Verhalten zum Guten oder zum Schlechten den Zorn Gottes zu (vgl. 7, 18).[51] Aber was heißt das anders, als daß der zur blinden Schicksalsmächtigkeit gewordene Gott eben doch noch in einem unmittelbaren Verhältnis zu seiner Kreatur steht und offenbar durch jedwede Hybris gereizt werden *kann* — mehr werden wir nicht sagen dürfen, um aus dem Gott des Kohelet nicht unversehens wieder den Gott der weisheitlichen Schultradition zu machen. Die Spannung zwischen Determinismus und Freiheit, die sich beim Prediger nicht nur mittels des Verweises auf 7, 29 nachweisen läßt, ist die religiöse Urantinomie. Sie läßt sich (wie in 7, 13 f.) auf der Seite des Menschen und seiner Freiheit bis auf die bloße, an die συγκατάθεσις der Stoiker erinnernde[52] innere Schickung in das Unvermeidliche reduzieren. Aber noch darin ist diese Antinomie und das eigentümliche, von der Freiheit nicht abzulösende Verhältnis des Menschen zu sich selbst und zu seiner Welt als Geist gewahrt. Erst wo sie monistisch und unter Ausblendung des Geistes aufgehoben wird, stehen Gott und Mensch wahrhaft jenseits von Gut und Böse. Aber es könnte ja sein, daß diese Urantinomie zugleich ein wesentliches Urphänomen menschlicher Existenz umschreibt.[53] Dann gälte es, ihr auch heute den Platz zu halten.

IV

Blicken wir zurück, so bleibt noch die Frage zu stellen, ob ein Mensch, der wie Kohelet in die Bodenlosigkeit menschlicher Existenz auf ihrem göttlichen Grunde gesehen hat, Freude überhaupt anders als in der Selbstvergessenheit seines Daseins als eines Seins zum Tode erfahren konnte (vgl. 5, 18 f.). Er kannte die Ergebung in das gottgelenkte Schicksal (7, 13 f.). Aber es gibt in seinen Aufzeichnungen keinen Anhaltspunkt dafür, daß sie von dem *Urvertrauen* getragen wurde, von dem der Glaube lebt und aus dem heraus selbst der fromme Stoiker angesichts des sein Schicksal bestimmenden Gottes beten konnte:

Führ du mich, Zeus, und du, Pepromene,
wohin der Weg von euch mir ist bestimmt!
Ich folg' euch ohne Zaudern. Sträub' ich mich,
so handl' ich schlecht, — und folgen muß ich euch doch.[54]

Aus diesem Vertrauen bekannte der Apostel im Horizont einer Hoffnung, die auch der Tod nicht zunichte macht (Rö. 8, 28):

Wir wissen aber, daß denen, die Gott lieben, alle Dinge zum Besten dienen.

Anmerkungen

[1] Zu den Daten und Theorien vgl. W. H. Westphal unter Mitw. von W. Westphal: Physik. Berlin, Heidelberg, New York 25/26 1970, S. 669 ff. und W. Stegmüller: Hauptströmungen der Gegenwartsphilosophie II. Stuttgart 1975, S. 255 ff.

[2] Eur. Hipp. 1102 ff. Übertragung E. Buschor, München 1952, S. 145.

[3] Vgl. auch K. Reinhardt: Die Sinneskrise bei Euripides, in: Tradition und Geist. Gesammelte Essays zur Dichtung. Göttingen 1960, S. 227 ff.

[4] Zu dieser Aufgabe vgl. H. Zahrnt: Warum ich glaube. Meine Sache mit Gott. München, Zürich 1977, S. 110 ff.

[5] Das *Dionysossymbol* steht für Nietzsche von der ›Geburt der Tragödie‹ 1872 bis zu den späten, posthum edierten Schriften und Aphorismen im Zentrum seines Denkens. Vgl. KTA 70, S. 29 ff.; ›Geburt der Tragödie‹ Nr. 1 f. und 16 f., (KTA 70, S. 47 ff. und S. 131 ff.); ›Ecce Homo‹ (KTA 77, S. 293 f., S. 348 ff., S. 379 ff., S. 384 ff. und S. 409); ›Willen zur Macht‹ (KTA 78, Aphor. 1003 ff. und 1067). Kritik wie Bestätigung seines Bildes des griechischen Gottes bietet K. Kérenyi: Dionysos. Urbild des unzerstörbaren Lebens (Werke in Einzelausgaben VIII). München, Wien 1976. — Der *Gedanke der ewigen Wiederkehr des Gleichen* wird von Nietzsche noch 1874 in den ›Unzeitgemäßen Betrachtungen‹ ausdrücklich abgelehnt. Vgl. ›Vom Nutzen und Nachteil der Historie für das Leben‹ (KTA 71, S. 115 f.) und ›Schopenhauer als Erzieher‹ (KTA 71, S. 200). Nach seiner eigenen Darstellung hat sich der Gedanke bei ihm im August

1881 durchgesetzt, vgl. ›Ecce Homo‹ (KTA 77, S. 370 f.). Er erscheint erstmals in der ›Fröhlichen Wissenschaft‹, Aphor. 341 (KTA 74, S. 231). In ›Also sprach Zarathustra‹ läßt er sich mit zunehmender Offenheit aus; von KTA 75, S. 160 ff. über die Anspielungen S. 179 und S. 182, welche gleichsam die erste Entfaltung S. 170 ff. lebendig erhält, bis der Gedanke S. 238 ff. und S. 253 ff. offen ausgesprochen wird, um dann noch einmal S. 351 ff. nachzuklingen. Im ›Willen zur Macht‹ vgl. die Aphor. 1053 ff. (KTA 78, S. 689 ff.). Vgl. dazu auch K. Löwith: Nietzsches Philosophie der ewigen Wiederkehr des Gleichen. Stuttgart 1956, und von demselben: Gott, Mensch und Welt in der Metaphysik von Descartes bis zu Nietzsche. Göttingen 1967, S. 156 ff.

[6] Vgl. den Aphor. II, 310 aus dem Jahre 1887 in der ›Umwertung aller Werte‹, hrsg. von F. Würzbach. München ²1977, S. 310, der um die Möglichkeit der Aufrechterhaltung und Neufüllung des Gottesgedankens kreist und mit dem Satz schließt: „Geschehen und Notwendig-Geschehen ist eine *Tautologie*".

[7] Vgl. dazu im ›Willen zur Macht‹ (KTA 78, S. 697) den Aphorismus 1067: „... diese meine dionysische Welt des Ewig-sich-selber-Schaffens, des Ewig-sich-selber-Zerstörens, diese Geheimnis-Welt der doppelten Wollüste, dies mein 'Jenseits von Gut und Böse', ohne Ziel, wenn nicht im Glück des Kreises ein Ziel liegt, ohne Willen, wenn nicht ein Ring zu sich selber guten Willen hat — wollt ihr einen Namen für diese Welt? ... *Diese Welt ist der Wille zur Macht — und nichts außerdem!* Und auch ihr selber seid dieser Wille zur Macht — und nichts außerdem!"

[8] Vgl. dazu, was Nietzsche im ›Willen zur Macht‹ (KTA 78, S. 434) Aphor. 644, ›Ecce Homo‹ (KTA 77, S. 318 f.) und ferner KTA 78, Aphor. 1062 und ›Also sprach Zarathustra‹ (KTA 75, S. 81) über den Geist sagt. — Zur Sache vgl. N. Hartmann: Das Problem des geistigen Seins. Berlin ³1963; ferner O. Kaiser: Der dunkle Grund der Freiheit, in: NZSTh 20 (1978).

[9] Zur Sache vgl. auch O. Kaiser: Gedanken zur Bewältigung der gegenwärtigen Krise, in: Traditio-Krisis-Renovatio aus theologischer Sicht. Festschrift W. Zeller. Marburg 1976, S. 471 ff.

[10] Vgl. dazu O. Kaiser: Leid und Gott. Ein Beitrag zur Theologie des Buches Hiob, in: Sichtbare Kirche. Festschrift H. Laag. Gütersloh 1973, S. 13 ff. und E. Ruprecht: Leiden und Gerechtigkeit bei Hiob, in: ZThK 73 (1976), S. 424 ff.

[11] Vgl. dazu z. B. R. B. Y. Scott, Proverbs, AB 18. Garden City, New York 1965, S. 175 ff. oder knapp O. Kaiser: Einleitung in das Alte Testament. Gütersloh ⁴1978, S. 342 f.

[12] Vgl. dazu M. Hengel: Judentum und Hellenismus (WUNT 10). Tübingen 1969, S. 210 ff. und bes. S. 213, sowie zur allgemeinen Information Kaiser, Einleitung⁴, S. 353 ff.

[13] Vgl. im ersten Sinne Hengel, a. a. O., S. 213 f., im zweiten R. Braun: Kohelet und die frühhellenistische Popularphilosophie (BZAW 130). Berlin, New York 1973, S. 38 ff. und S. 167 ff.

[14] Vgl. dazu G. Hill: A History of Cyprus I. Cambridge 1949, und V. Karageorghis: Cyprus. Ancient Civilization. London 1969, S. 66 ff.

¹⁵ DL VII, 31 f. Vgl. dazu A. A. Long: Hellenistic Philosophy. London 1974, S. 109 f.

¹⁶ In diese Richtung könnten die der kaufmännischen Umgangssprache angehörenden Schlüsselbegriffe wie *yitrôn* und *kišrôn* „Gewinn" und *ḥäšbôn* „Berechnung" führen. Vgl. dazu auch R. Kroeber: Der Prediger, hebräisch und deutsch (SQAW 13). Berlin 1963, S. 41 ff. Auf eine gewisse Erfahrung im Umgang mit Grundbesitz läßt 2, 4 ff. schließen.

¹⁷ Zum literarischen Problem vgl. F. Ellermeier: Qohelet I, 1. Untersuchungen zum Buche Qohelet. Hertzberg/Harz 1967, S. 93 ff.

¹⁸ Vgl. dazu Ellermeier, S. 100 f.

¹⁹ Vgl. dazu aber H. Gese: Die Krisis der Weisheit bei Kohelet, in: Vom Sinai zum Zion (BEvTh 64). München 1974, S. 179.

²⁰ Vgl. dazu W. Zimmerli: Das Buch Kohelet-Traktat oder Sentenzensammlung?, in: VT 24 (1974), S. 226.

²¹ Ob man unter dem „Ausländer" in V. 2 einen fremdblütigen Hausverwalter zu verstehen hat?

²² Vgl. arab. *šadā* und *šādiya*.

²³ Man wird sich unmittelbar an den Schluß von Nietzsches „Trunkenem Lied" aus dem ›Zarathustra‹ (KTA 75, S. 253 bzw. KTA 77, S. 480) erinnert fühlen.

²⁴ Zum Sprachgebrauch vgl. auch 1. Sam. 29, 6 und 1. Kö. 1, 21.

²⁵ Vgl. dazu auch H. Gese: Lehre und Wirklichkeit in der alten Weisheit. Tübingen 1958, S. 38 ff., und O. Kaiser: Der Mensch unter dem Schicksal, in: NZSTh 14 (1972), S. 1 ff. und bes. S. 14 ff.

²⁶ Vgl. dazu O. Kaiser, in: O. Kaiser und E. Lohse: Tod und Leben (BibKon 1001). Stuttgart 1977, S. 68 ff.

²⁷ Zum Verständnis von 3, 16—18 vgl. K. Galling: Der Prediger, HAT I, 18. Tübingen ²1969, z. St.

²⁸ Vgl. dazu Kaiser, Tod und Leben, S. 73 ff. — Das Vorkommen des Wortes Scheol in Koh. 9, 10 ist von mir dort auf S. 68 übersehen, ohne daß sich dadurch etwas ändert.

²⁹ Es sei gestattet, zwei seiner Einwürfe zu zitieren: „Glaubt es mir: wenn die Menschen in der wissenschaftlichen Fabrik arbeiten und nutzbar werden sollen, bevor sie reif sind, so ist in kurzem die Wissenschaft ebenso ruiniert, wie die allzuzeitig in dieser Fabrik verwendeten Sklaven" (›Vom Nutzen und Nachteil der Historie für das Leben‹, KTA 71, S. 158). — „Nun steht freilich neben dieser vereinzelten Erkenntnis (daß es in der Wissenschaft letztlich um die Freude am Vorhandenen geht und also am Forschungsprozeß), als einem Exzeß der Ehrlichkeit, wenn nicht des Übermutes, eine tiefsinnige *Wahnvorstellung*, welche zuerst in der Person des Sokrates zur Welt kam, — jener unerschütterliche Glaube, daß das Denken, an dem Leitfaden der Kausalität, bis in die tiefsten Abgründe des Seins reiche, und daß das Denken das Sein nicht nur erkennen, sondern sogar zu *korrigieren* imstande sei" (›Die Geburt der Tragödie‹, KTA 70, S. 127 f.).

³⁰ Der Text von V. 8b ist eingangs gestört. Ich schlage vor, mit H. W. Hertzberg: Der Prediger, KTA² XIV, 4/5. Gütersloh 1963, z. St. ein *mēhāʿānî* zu lesen.

³¹ Zur Abgrenzung vgl. nach wie vor Ellermeier, a. a. O., S. 93 ff.
³² Vgl. dazu z. B. W. Tarn unter Mitw. von G. T. Griffith: Die Kultur der hellenistischen Welt. Darmstadt 1966 (nach Cambridge ³1952), S. 356 ff. (= S. 299 ff.) und J. Kronmeyer und G. Veith: Heerwesen und Kriegsführung der Griechen und Römer, HAW IV, III, 2. München 1928 (1963).
³³ Vgl. dazu B. L. van der Waerden: Das große Jahr und die ewige Wiederkehr, in: Hermes 80 (1952), S. 130 ff.
³⁴ Vgl. auch Philo, de aet. mund. 19.
³⁵ Vgl. dazu J. Hirschberger: Geschichte der Philosophie I. Basel, Freiburg, Wien ⁷1963, S. 141.
³⁶ Zu 3, 11b vgl. Ellermeier, a. a. O., S. 307 ff.
³⁶ᵃ Vgl. z. B. DL I, 35; DK 11 A 1 (I, S. 71, 11); DK 22 B 124; vgl. auch DK 14 A 21 und dazu W. K. C. Guthrie: A History of Greek Philosophy I. Cambridge 1962 (1971), S. 206 ff.; Pl. Ti. St 30 B; SVF I, 140; zum Problem auch Braun, a. a. O., S. 55.
³⁷ Das klingt, zieht man das oben über die Möglichkeit einer Äonenlehre im Sinne der ewigen Wiederkehr Gesagte in Betracht, wenn man sich an die antike, von Philo, de aet. mund. referierte Diskussion hält, widersprüchlich, da man hier die Ewigkeit der Welt in Gegensatz zur ewigen Wiederkehr gestellt hat. Denkt man jedoch an die Definition des Kosmos durch Heraklit DK 22 B 30, muß ein solcher Widerspruch nicht auftauchen. Zur Position Zenons vgl. A. Graeser: Zenon von Kition. Positionen und Probleme. Berlin, New York 1975, S. 187 ff.
³⁸ Fr. 482 nach M. P. Nilsson: Geschichte der griechischen Religion II, HAW V, II, 2. München ²1961, S. 203. Zur Rolle der Tyche in der hellenistischen Religion vgl. auch J. Kaerst: Geschichte des Hellenismus II. Darmstadt 1975 (= Leipzig und Berlin ²1926, S. 168 ff. und W. Tarn, a. a. O., S. 404 f. (= S. 340 f.).
³⁹ Vgl. dazu Hengel, Judentum und Hellenismus, S. 8 ff. und H. Bengtson: Griechische Geschichte, HAW III, 4 München ³1965, S. 388 ff.
⁴⁰ Vgl. dazu Bengtson, a. a. O., S. 374 ff. und S. 380 ff.
⁴¹ Anders z. B. K. Galling: Das Rätsel der Zeit, in: ZThK 58 (1961), S. 1 ff., vgl. bes. S. 6; ähnlich derselbe HAT I, 18², S. 94. Vgl. aber auch R. B. Y. Scott, AB 18, z. St.: "In the endlessly repeated round of human experience, each event occurs at its proper time in God's scheme of things, and man's effort to make what happens conform to his own desires is fruitless".
⁴² Der Selbstmord lag offenbar außerhalb der dem Prediger erschlossenen Möglichkeiten.
⁴³ Vgl. dazu V. Ehrenberg: Der Staat der Griechen, Zürich, Stuttgart 1965, S. 191 ff.
⁴⁴ Vgl. dazu Kaerst, a. a. O., S. 226 ff.; Tarn, a. a. O., S. 410 ff. (= S. 345 ff.) und F. Boll, C. Bezold und W. Gundel: Sternglaube und Sterndeutung. Die Geschichte und das Wesen der Astrologie. Mit einem bibliogr. Anhang von H. G. Gundel. Darmstadt ⁶1974, S. 15 ff. und bes. S. 21 ff.
⁴⁵ Zu einem in Qumran gefundenen Horoskop vgl. demnächst H. Lichtenberger: Studien zum Menschenbild in den Texten der Qumrangemeinde StUNT 15, Göttingen 1980, S. 142 ff.

⁴⁶ Ein Kairoer Genizafragment liest als Piel $l^{ec}annôt$, was bei Ableitung von ^cnh II „demütigen" nicht schlecht in den Kontext paßte.

⁴⁷ Vgl. 2, 10.24—26; 3, 22; 5, 17—19; 7, 14; 8, 15; 9, 7—10 und 11, 7 bis 12, 6.

⁴⁸ Vgl. dazu oben S. 4, Anm. 6.

⁴⁹ In diesem Sinne auch E. Pfeifer: Die Gottesfurcht im Buche Kohelet, in: Gottes Wert und Gottes Land. Festschrift H.-W. Hertzberg, hrsg. von H. Graf Reventlow. Göttingen 1965, S. 133 ff. und bes. S. 139.

⁵⁰ Zur Diskussion über die literarische Ursprünglichkeit der Belege vgl. Pfeifer, ebd., S. 140 ff. und S. 143 ff. — 8, 12b. 13 scheidet m. E. jedenfalls aus den von Kohelet selbst überlieferten Worten aus und gehört erst dem zweiten Redaktor an. Vgl. auch Ellermeier, a. a. O., S. 75.

⁵¹ Vgl. aber auch Gese, a. a. O., S. 179.

⁵² Vgl. dazu das Gebet des Kleanthes SVF I 527 und das Beispiel von dem an den Wagen gebundenen Hund SVF III 975.

⁵³ Urphänomene sind nicht ableitbare Phänomene. Vgl. zu ihnen Goethe, Maximen und Reflexionen, Nr. 433, Gedenkausgabe Bd. IX. Zürich 1949, S. 552.

⁵⁴ SVF I 527 in der Übertragung von M. Pohlenz: Die Stoa. Geschichte einer geistigen Bewegung I. Göttingen ³1964, S. 106.

Die Begründung der Sittlichkeit
im Buche Jesus Sirach

Spätestens in dem Augenblick, in dem Israel der kosmischen Majestät seines Gottes bewußt geworden war und zu der Ausbildung einer Lehre von der Schöpfung fortschritt[1], war für es latent das Problem des Verhältnisses von Schöpfungsordnung und offenbartem Heilswillen Gottes, von Weisheit und Gebot, von Vernunft und Offenbarung gegeben. Nach seinem Glauben hatte ihm Gott am Sinai das Gesetz als einen Erweis seiner Gnade verliehen. Es zeigte dem Volk, wie es vor Gott lebt und leben soll, weil es durch ihn, und durch ihn allein lebt[2]. Das Gesetz war für Israel Gnadengabe und Bedingung für den in einem bestimmten Rhythmus gefeierten Akt der Bundeserneuerung[3], in dem es der richtenden und segnenden Gegenwart seines Gottes inne ward. Als die Wahrer dieser Bundesordnung walten die Propheten und Priester mit ihren jeweils in die konkrete Situation hineingesprochenen Weisungen.

Aber *der* Gott, der Israel das Gesetz gegeben hatte, war ja zugleich sein Schöpfer. Er hatte über diese seine Kreatur das Urteil gefällt, daß sie sehr gut war (Gen 1, 31). Und daher erzählen die Himmel die Ehre Gottes (Ps 19,2); daher kann der Mensch dem Walten Gottes in der Wirklichkeit nachspüren, um die geheime Ordnung der Weltabläufe zu entdecken. Mit anderen Worten: Weil Israel seinen Gott als den Herrn der ganzen Wirklichkeit verstand, konnte sich auch in Israel wie in seiner Umwelt ein besonderer Stand der Weisen entwickeln[4], die dieser geheimen Ordnung aller Dinge nachspürten[5]. Es gab also neben der als offenbart geglaubten Bundesordnung gleichsam eine Möglichkeit für die Vernunft des Menschen, die von dem Schöpfer an dem in jede Gegenwart fortwirkenden Anfang gesetzte Urordnung zu erkennen. Nur weil die Erkenntnisfähigkeit des Menschen als Menschen begrenzt war, fehlte ihm die letzte Einsicht in diese Ordnung, blieb sie für ihn unverfügbar[6]. Aber diese letzte Unverfügbarkeit nötigte den Menschen keineswegs zur Skepsis. Denn eines stand auf alle Fälle fest: Israels Gott, der Schöpfer Himmels und der Erden, war ein gerechter Gott. Die von ihm geschaffene Ordnung war ei-

---

[1] Vgl. dazu Th. C. Vriezen, Theologie des Alten Testaments in Grundzügen, Wageningen u. Neukirchen, 1957, S. 22.

[2] Vgl. W. Gutbrod, ThWb IV, S. 1031.

[3] Vgl. dazu A. Alt, Die Ursprünge des israelitischen Rechts (1934), in: Kl. Schriften I, München 1953, S. 325ff.; A. Weiser, Die Psalmen, ATD 14/15, Göttingen 1955⁴, S. 20.

[4] Vgl. Jer 18, 18; Jes 29, 14.

[5] Vgl. G. von Rad, Theologie des Alten Testaments I, München 1957, S. 423.

[6] Vgl. H. Gese, Lehre und Wirklichkeit in der Alten Weisheit, Tübingen 1958, S. 38ff.

ne gerechte Ordnung, in der sich das religiös-sittliche Verhalten des Menschen in dem physisch-materiellen Geschehen widerspiegelte[7].

Weil der Gott, dessen Wille sich in der Bundesordnung offenbart hatte und dessen Walten der menschlichen Vernunft vernehmbar war, *einer* war, empfand das eigentlich alttestamentliche Zeitalter in dem Nebeneinander von vernünftiger Gotteserkenntnis und der Offenbarung seines Willens kein Problem. Die Welt erschloß sich dem Israeliten wie dem frühen Menschen allgemein durch die Anwesenheit seines Gottes. Auf ihn waren alle Lebensbezüge so unmittelbar versammelt, daß der Mensch die Gottesfrage überhaupt nur als praktisches und nicht als theoretisches Problem empfand. Das eigentliche Altertum kannte keinen theoretischen, sondern nur einen praktischen Atheismus, der sich in dem Ungehorsam des Menschen gegenüber der Ordnung offenbarte[8].

Dennoch wurde Israel spätestens in dem Augenblick dazu gezwungen, sich Rechenschaft über das Verhältnis zwischen der dem Menschen möglichen Ordnungserkenntnis, der Weisheit, und dem offenbarten Willen Gottes, dem Gesetz, zu geben, als es gelehrt wurde, seine ganze Geschichte unter dem Blickwinkel des Gehorsams gegen das Gesetz zu verstehen, und als dieses Gesetz als eine schriftlich fixierte Größe erschien: „Ihr sollt zu den Geboten, die ich euch ‚heute' gebe, weder etwas hinzufügen, noch etwas davon wegnehmen; sondern ihr sollt die Gebote Jahwes, eures Gottes, die ich euch ‚heute' gebe, befolgen", heißt es in der zweiten, abschließenden Einleitung zum Deuteronomium[9]. Je mehr das lebendige prophetische Element in der jüdischen Gemeinde nach dem Exil erlosch, desto stärker rückte das Gesetz in den Mittelpunkt des Glaubens. Der Gotteswille war Israel bekannt; denn „überaus nahe liegt dir das Wort, in deinen Mund und in dein Herz (ist es gelegt), so daß du darnach tun kannst"[10]. So steht Israel in der Entscheidungssituation, ob es Leben oder Tod, Fluch oder Segen wählt[11]. War auch der Raum für Gottes Langmut mittels des Gedankens des sich noch an den Kindern vollstreckenden Segens oder Fluches gewahrt[12], so war das Walten Gottes doch grundsätzlich der Willkür entzogen und in eine rational-verständliche Ordnung gefaßt[13]. Diese Rationalität wurde in der Predigt des Ezechiel wie in der Darstellung des Chronistischen Geschichtswerkes noch dahingehend gesteigert, daß jede Generation und jeder einzelne grundsätzlich allein die Folgen

---

[7] Vgl. A. Lauha, Die Krise des religiösen Glaubens bei Kohelet, Supplements VT III, Leiden 1955, S. 183.
[8] Vgl. O. Weber, Grundlagen der Dogmatik I, Neukirchen 1955, S. 544.
[9] Dtn 4, 2. Zitiert nach HSAT, Tübingen 1922⁴.
[10] Dtn 30, 14. Zitiert nach HSAT, Tübingen 1922⁴.
[11] Dtn 30, 19f.
[12] Dtn 5, 9.
[13] Vgl. J. Hempel, Das Ethos des Alten Testaments, BZAW 67, Berlin 1938, S. 202f.

seines eigenen Tuns zu tragen hat[14]. In dieser nachexilischen Zeit mußte nun auch der Weisheitslehrer seine Lehre mit dem Gesetz in Verbindung bringen, zumal dasselbe Dtn 4, 6 bereits ausdrücklich als Israels Weisheit bezeichnet worden war.

Der erste, bei dem wir das Gesetz und die Weiheitslehre in ein deutlich erkennbares Zueinander gebracht finden, ist Jesus Sirach, ein in den Tagen des Hohenpriesters Simon II. lebender Weisheitslehrer[15]. Den Angaben seines Enkels entsprechend, der das Buch ins Griechische übersetzte, dürfte er etwa um das Jahr 180 v. Chr. seine Spruchsammlung verfaßt haben[16]. Nach 50,27 in der Fassung der Septuaginta wirkte Jesus Sirach in Jerusalem. Diese Nachricht verdient angesichts seiner Beschreibung des hohenpriesterlichen Dienstes im „Lobe der Väter" unser volles Vertrauen. Wenn die Erwähnung des Lehrhauses, des bêt hammidrāš (51, 23), möglicherweise auch nur bildlich zu verstehen ist[17], so spricht doch der Hinweis in dem Prolog dafür, daß Sirach ein in einem Lehrhause tätiger Schriftgelehrter und Weisheitslehrer war. Denn es wird dort von ihm gesagt, daß er sich gründlich mit dem Studium des Gesetzes, der Propheten und der übrigen von den Vätern überkommenen Schriften beschäftigt habe. War zu dieser Zeit die Grenze des hebräischen heiligen Schrifttums auch noch fließend, so dürfen wir doch damit rechnen, daß ihm alle in der heutigen hebräischen Bibel überlieferten Schriften außer dem Danielbuche bekannt gewesen sind[18]. Er sah sich also vor die Aufgabe gestellt, das Ganze der alttestamentlichen Tradition zu einer für seine Gegenwart verpflichtenden Aussage zusammenzufassen. Lag bei ihm der Schwerpunkt auch auf der Mitteilung der Lebensweisheit, der Erfahrungsweisheit, so mußte er sie doch seiner Zeit entsprechend mit der Tradition und innerhalb derselben wieder in besonderer Weise mit dem Gesetz in Verbindung bringen. Stand auch die große Bedrohung des Judentums durch Antiochus IV. Ephiphanes noch aus, so dürfte die Versuchung, den Glauben der Väter zu verlassen und aus Opportunismus oder Skepsis mit der hellenistischen Kultur seinen Frieden zu schließen, schon bestanden haben. Aus dieser Begegnung sollte sich schließlich auch für das Judentum die Frage nach dem Verhältnis von Vernunft und Offenbarung als ein rationales Problem stellen.

---

[14] Vgl. Ez 18,20ff.; ferner 2 Chr 26 mit 2 Kö 15; 2 Chr 35, 20-25 mit 2 Kö 23,29f.; dazu O. S. Rankin, Israel's Wisdom Literature, Edinburgh 1954², S. 78ff.; W. Rudolph, Chronikbücher, HAT 21, Tübingen 1955, S. XIV; G. von Rad, a. a. O., S. 347.

[15] Vgl. N. Peters, Das Buch Jesus Sirach oder Ecclesiasticus, Exeget. Handbuch z. AT, 25. Band, Münster 1913, S. XXXIff.; R. Smend, Die Weisheit des Jesus Sirach, Berlin 1906, S. XIVff.

[16] Vgl. A. Eberharter, Das Buch Jesus Sirach oder Ecclesiasticus, in: Die Heilige Schrift des AT, ed. F. Feldmann u. H. Herkenne, VI. Band, 5. Abt., Bonn 1925, S. 5; V. Hamp, Das Buch Jesus Sirach, in: Das Alte Testament, Echter Bibel, Würzburg 1951, S. 5.

[17] Vgl. V. Hamp z. St.

[18] Zur Abfassungszeit von Kohelet vgl. W. F. Albright, Some Canaanite-Phoenician sources of Hebrew wisdom, Supplements VT III, Leiden 1955, S. 15; vgl. auch unten S. 140 ff.

Für Jesus Sirach, den Schriftgelehrten und Weisheitslehrer, blieb es dem Horizont des biblisch-alttestamentlichen Glaubens entsprechend ein praktisches, ein ethisches Problem. Will man feststellen, wie er Vernunft und Offenbarung, Weisheit und Gesetz aufeinander bezog, so muß man entsprechend nach seiner Begründung der Sittlichkeit, und das heißt für Sirach selbst: nach seiner Begründung der Weisheit fragen.

An dieser Fragestellung hat gerade der Alttestamentler ein besonderes Interesse, weil er hier zum ersten Male die Möglichkeit erhält, zu beobachten, wie sich die Botschaft des Alten Testamentes als ein Ganzes genommen auswirkte[19]. Es könnte sein, daß sich hier, an der Grenze des Alten Bundes, auch seine letzte Begrenztheit zeigte, die durch sich auf die neue Epiphanie Gottes und den neuen Bund hinausweist. Damit hängt dann die konkrete weitere Frage zusammen, ob Jesus Sirach mit Recht unter das globale Urteil fällt, das COUARD über die religiösen und sittlichen Anschauungen der Apokryphen und Pseudepigraphen fällte. Er warf ihnen vor, sie hätten die Gesetzeserfüllung an die Stelle des Glaubens gerückt und letztlich eine „tote Werkheiligkeit" proklamiert[20].

Das Sirachbuch beginnt 1, 1-10 mit einer feierlichen Feststellung, daß alle Weisheit von Jahwe kommt und ewig bei ihm bleibt. Er hat sie früher als das All erschaffen und sie dann über alle seine Werke ausgegossen. Darum ist er auch allein weise und allein in der Lage, sie den Menschen zu geben. Er verleiht sie aber nur denen, die ihn lieben. — Das hier Gesagte erinnert an die Charakterisierung der Weisheit in der jüngeren Spruchsammlung Prov 1-9[21], wo die Weisheit 3,19 und 8,22f. geradezu den „Weltgedanken Gottes bei der Schöpfung" entspricht[22].

Wenn Jesus Sirach dann 1, 11-21 in einer Folge von Einzelsprüchen die Furcht des Herrn als die Wurzel und Fülle aller Weisheit beschreibt, bleibt er auch damit in dem Rahmen dessen, was uns in der genannten Proverbiensammlung wie im Hiobbuch über die Weisheit als Möglichkeit des Menschen gesagt wird: Anfang und Ende aller Weisheit ist die Furcht Jahwes[23]. Erinnert man sich daran, daß die Furcht Jahwes im Alten Testament die „zusammenfassende Bezeichnung des religiösen Verhältnisses" des Menschen zu Gott in sich faßt[24], ja, daß sie neben dem Vertrauen genau die Bedeutung hat, die wir heute mit dem Worte Glauben verbinden[25], so wird man bereits an dieser Stel-

---

[19] Vgl. auch Sir 39, 1.
[20] L. Couard, Die religiösen und sittlichen Anschauungen der alttestamentlichen Apokryphen und Pseudepigraphen, Gütersloh 1907, S. 139ff.
[21] Zur speziellen Problematik von Prov 8f. vgl. W. F. Albright, Von der Steinzeit zum Christentum, Bern 1949, S. 365f.
[22] G. von Rad a. a. O., S. 443.
[23] Vgl. Prov. 1, 7; 9, 10; Hi 28, 28.
[24] Vgl. W. Eichrodt, Theologie des AT III, Berlin 1948², S. 18.
[25] Vgl. A. Weiser, ThWb VI, S. 182f.

le ein Fragezeichen hinter das Urteil Couards setzen. Wir werden entsprechend sehr genau darauf zu achten haben, welche Rolle die Furcht Jahwes in dem gesamten Denken des Siraciden spielt. War sie für ihn ein traditioneller Begriff oder eine lebendige Wirklichkeit?

Wir fragen daher zunächst weiter, wie für Sirach die rechte, zur Weisheit führende Gottesfurcht aussieht und wie der Mensch in ihren Besitz gelangt. Die Antwort lautet 1, 26: „Begehrst du Weisheit, so halte die Gebote und der Herr wird sie dir geben." Da die Ausdrücke tôra, Gesetz, miṣwâ, Gebot und dābār, Wort, in den alten Proverbiensammlungen auf die chokmatische Unterweisungen bezogen werden konnten[26], müssen wir feststellen, welche konkrete Füllung Sirach diesen Begriffen gab. Drei Stellen beanspruchen hier besondere Aufmerksamkeit: 45,5; 24,23 und 17,11ff. Die erste findet sich im Lob der Väter. Dort heißt es, daß Gott dem Mose das Gebot miṣwâ, überreichte, das Gesetz des Lebens und der Einsicht, tôrat ḥajjim wutᵉbûnâ. Aus ihm sollte er Jakob seine Satzungen, ḥuḳâw, seine Zeugnisse, 'ēdôtâw, und seine Rechtsbestimmungen, mišpāṭâw, lehren. Es handelt sich hier um einen deutlichen Anklang an Dtn 4,44f., wo ebenfalls dieses Nebeneinander von Tora, Edut, Chok und Mischpat begegnet. — An der zweiten Stelle, 24,23, heißt es nach einem Selbstrühmungshymnus der personifizierten Weisheit, die erzählte, wie sie in Jakob und Israel Wohnung nahm und in Jerusalem ihre Herrschaft antrat, plötzlich: „Dies alles ist das Bundesbuch des Höchsten, das Gesetz das uns Mose gebot als Erbteil für die Gemeinde Jakobs." Hier tritt die Identifikation der Weisheit mit dem mosaischen Gesetz deutlich zutage. Überliest man von hier aus den vorausgehenden Hymnus der Weisheit noch einmal und setzt überall in Gedanken das Wort „Gesetz des Mose" an ihre Stelle, so tönt aus ihm die deuteronomistische Verheißung heraus: Wer das Gesetz tut, wird leben![27] Die dritte Stelle, 17,11ff., setzt wiederum die Weisheit und das Gesetz des Lebens parallel und weist dann auf den Bund hin, den Gott mit Israel, seinem Besitztum, schloß. Obwohl Sirach unmittelbar vorher von der Schöpfung und der Erkennbarkeit Gottes in seiner Kreatur spricht, zieht er doch nicht die weitergehende Konsequenz, das Gesetz mit der Harmonie des Alls, dem ewigen Logos der Natur zu identifizieren, wie es dann später Philo getan hat[28]. Der Weisheitslehrer und Schriftgelehrte Sirach bleibt innerhalb der praktischen, ethischen Fragestellung.

Das mosaische Gesetz ist für Sirach jedoch nicht einfach mit der sinaitischen Gesetzgebung identisch, sondern umfaßt bereits alle göttlichen Gebote des Pentateuch. In diesem Sinne wird 44,20 das Beschneidungsgebot für Abraham als Gebot des Höchsten, miṣwat 'äljôn, und 41,4 unter offensichtlicher

---

[26] Vgl. J. Fichtner, Die altorientalische Weisheit in ihrer israelitisch-jüdischen Ausprägung, BZAW 62, Gießen 1933, S. 83; ferner W. Gutbrod, ThWb IV, S. 1038; G. von Rad, a. a. O., S. 433.
[27] Vgl. Dtn 4,6f.
[28] De vita Mosis II 52.

Anspielung auf Gen 3,19 die Todverfallenheit des Menschen als ein Gesetz des Höchsten, tôrat ʿäljôn, bezeichnet. Diese Feststellung stimmt mit der Benennung des Pentateuchs als des Gesetzes durch den Enkel im Prolog überein.

Es ist also deutlich geworden: Die Befolgung des im Pentateuch offenbarten Gotteswillens erschließt den Weg zu der Weisheit, die Gott denen gibt, die ihn lieben. Darum heißt es dann ganz konsequent 2,15:

„Die den Herren fürchten, sind seinen Worten nicht ungehorsam,
und die ihn lieben, halten seine Wege ein."

Und ähnlich im folgenden Verse:

„Die den Herrn fürchten, suchen sein Wohlgefallen,
und die ihn lieben, sind erfüllt vom Gesetz."

Die Liebe zu Jahwe, dem Gott, der mit Israel seinen Bund geschlossen hat, stellt sich in der Erfüllung des von ihm gegebenen Gesetzes dar. Darum heißt es 15,1b:

„und wer das Gesetz hält, erlangt sie",

nämlich die Weisheit. Und konsequent sagt Sirach wiederum 19,20:

„Alle Weisheit ist Furcht des Herrn
und in aller Weisheit ist Erfüllung des Gesetzes ($\pi o i \eta \sigma \iota \varsigma\ \nu \acute{o} \mu o v$)!"

Das Gesetz ist der Kompaß, der dem Menschen den Weg durch die Stürme des Lebens zeigt, der ihn in aller augenscheinlichen Sinnlosigkeit des Weltgeschehens zu der im Verborgenen waltenden, richtenden und segnenden Ordnung Gottes führt (vgl. 33,2 G). Die in diesem Gesetz enthaltene Weisheit ist unerschöpflich:

„Der Erste hat es nicht ausgelernt,
und auch der Letzte wird es nicht ergründen;
denn größer als das Meer ist sein Verstand,
und seine Gedanken sind größer als die große Flut." (24,28f.)

Ist das Gesetz selbst mit der vor- und urweltlichen Weisheit Gottes identisch, so kann man nicht mehr hinter es zurückfragen. Man kann es nur tun oder verwerfen, aber nicht darüber diskutieren, ob es sinnvoll ist oder nicht. Daher ist alles rechte und weise Tun Gehorsam gegen das dem Mose offenbarte Gesetz.

Es zeigt sich jedoch schon bei Sirach, daß die Einzelforderungen nicht mehr alle selbstverständlich waren. Er begründet daher die wohl bereits zum Problem werdenden kultischen Forderungen ähnlich wie später Jochanan b. Zakkai mit dem einfachen Hinweis auf das Gebot. So wie dieser dem Fragenden sagte: „Weder macht der Tote unrein, noch macht das Wasser rein, sondern der Heilige ... hat gesagt: Ein Gesetz habe ich festgesetzt, einen Entscheid getroffen. Du bist nicht ermächtigt, meinen Entscheid zu übertreten, der geschrieben ist, dies ist die Satzung meines Gesetzes"[29], so begründet Sirach das Opfergebot mit dem einfachen Hinweis auf das Gebot selbst: πάντα γὰρ ταῦτα χάριν ἐντολῆς : „und dieses alles um des Gebotes willen" (35,4 G)[30]. Die Weisheit ist für ihn in der Tat und anders als für das hellenistische Judentum demutsvolle Unterordnung unter den offenbarten Gotteswillen, den der Mensch mit Furcht und Vertrauen entgegenzunehmen hat.

Überprüft man von dieser Grundlage aus den Inhalt des ganzen Sirachbuches, so ist man erstaunt, daß sich nun ein großer Teil der konkreten Weisheitslehren durchaus nicht mit dem Gesetz beschäftigt, sondern ganz nach der Art der alten Weisheit der Erfahrung abgelauschte Anweisungen für das rechte Verhalten des Menschen in allen möglichen Lebenslagen gibt. Dabei fällt uns Heutigen der Eudämonismus seiner Ratschläge gelegentlich unangenehm auf. Wir empfinden hier geradezu eine Entwürdigung des Menschen, wenn er den folgenden Rat für das Verhalten gegenüber dem Freunde gibt:

> „Beweise Treue deinem Freund in seiner Armut,
> damit du auch an seinem Glück Teil habest.
> In der Zeit der Not halte bei ihm aus,
> damit du an seinem Erbe miterbest." (22,28f.)

Hier ist nicht von einer personalen Bindung die Rede, die wir als einen Selbstwert ansehen würden, sondern nur von den Folgen eines für mich nützlichen Verhaltens gegenüber einem Anderen, der hier lediglich als Mittel, aber nicht als Zweck gewürdigt wird[31]. Wir lassen das hier aufgeworfene Problem noch einen Augenblick offen und sehen uns nach einem Bindeglied um, welches die der Erfahrung abgelauschte Weisheitslehre mit dem in dem Bundesgesetz offenbarten Gotteswillen verkoppelt. Es dürfte in den beiden Sprüchen 21,11 und 32, 14 G = 35,14 H zu finden sein. Dort heißt es:

> „Wer das Gesetz hält, bezähmt seine Gelüste,
> und lauter Zucht ist die Gottesfurcht."

und weiter:

> „Wer Gott sucht, wird Zucht empfangen,
> und wer sich an ihn wendet, findet Wohlgefallen."

Der Schlüsselbegriff ist in beiden Sprüchen das Wort mûsār, Zucht, das von Rad mit Recht als ein hebräisches Äquivalent des griechischen Wortes

---

[29] Vgl. W. Bousset-H. Gressmann, Die Religion des Judentums, Tübingen 1926³, S. 130.

[30] Zu dem sich hier im Zusammenhang ankündigenden Prozeß der Spiritualisierung der Kultbegriffe vgl. H. Wenschkewitz, Die Spiritualisierung der Kultusbegriffe Tempel, Priester und Opfer im NT, Angelos-Beiheft 4, Leipzig 1932, S. 80.

[31] Vgl. I. Kants angewandte Formulierung des kategorischen Imperativs, in: Grundlegung zur Metaphysik der Sitten, Riga 1785, S. 64f.

παιδεία bezeichnet hat[32], des „Inbegriffes des idealen körperlichen und seelischen Geformtseins der Kalokagathie"[33]. Indem das Gesetz den Gehorsam des Menschen beansprucht, verwandelt es ihn aus einem unbeherrschten in einen zuchtvollen Menschen, der nun in allen seinen Handlungen das rechte Maß findet. Schwingt der Gottesfürchtige und Gesetzestreue eben durch die Befolgung des Gesetzes in die gottgewollte Ordnung aller Dinge ein, so wird er daher auch des göttlichen Segens, des realen Lebensglückes teilhaftig. In dieser Ordnung fällt das für den Menschen Nützliche und Gute mit dem Wahren zusammen[34]. Der scheinbare Eudämonismus so vieler Weisungen des Sirach hat seinen Wurzelgrund in dieser Einheit der Welt, in der sich der Nutzen einer Handlung mit ihrer inneren Wahrheit deckt. Man wird aber immerhin zugeben müssen, daß die Betrachtung des Nächsten unter dem Gesichtspunkt des Nützlichen in dem Augenblick zu einem kalten Egoismus und damit zu einer Verfehlung der Ordnung führen kann, in dem das Gefühl für die anwesende göttliche Ordnung zu ersterben beginnt.

Die Frage, wieweit die Gottesfurcht eine lebendige Kraft ist, entscheidet sich daran, wie das Vermögen des Menschen, das Gesetz zu halten und den auf dem Gesetz ruhenden Segen zu erkennen, beurteilt wird. Kann der Mensch das Gesetz überhaupt aus eigener Kraft halten? Kann der Mensch an seinem irdischen Ergehen ablesen, ob er unter dem Zorn oder unter der Gnade steht? Auf die erste Frage gibt der Sirazide eine doppelte Antwort. Er sagt einmal ganz deutlich (15,15):

„Wenn du es begehrst, kannst du das Gebot halten."

In diesem ganzen Abschnitt 15,11-20 begründet er ausdrücklich die Entscheidungsfreiheit und Verantwortung des Menschen: Gott ist auf keinen Fall für die Sünde des Menschen verantwortlich zu machen. Er hat die Entscheidung in die Hände des Menschen gelegt, der nun die Wahl zwischen Gehorsam und Ungehorsam hat:

„Vor dir sind Feuer und Wasser ausgegossen;
wonach du willst, strecke aus deine Hand.
Vor dem Menschen liegen Leben und Tod;
das, was ihm gefällt, wird ihm gegeben ...
Er hat dem Menschen nicht befohlen zu sündigen
und die Männer der Lüge nicht kräftig gemacht."

Gott hat den Menschen, heißt es 17, v. 6 u. 8, Zunge, Auge, Ohr und ein Herz zum Denken gegeben. Mit ihnen kann er die Größe des göttlichen Waltens erkennen, so daß er Gott fürchtet und ihn dankbar preist. — Es ist ganz offensichtlich, daß sich Sirach hier gegen eine Skepsis zur Wehr setzt, wie sie

---

[32] G. von Rad, a. a. O. S., 429 Anm. 32.
[33] W. Jaeger, Paideia I, Berlin und Leipzig 1936², S. 364.
[34] Vgl. H. Gese, a. a. O. S. 14.

uns im Koheletbuch entgegentritt, gegen eine alle menschliche Verantwortung auslöschende Determination, die Gott in einen nach seiner Willkür handelnden Despoten verwandelt[35].

Aber so sehr Sirach hier die Entscheidungsfreiheit und Verantwortlichkeit des Menschen betont: er weiß doch ebenso darum, daß der Menscht *ganz* in der Hand seines Gottes steht:

> „Wie Ton in der Hand des Töpfers (ist),
> der ihn ergreift nach Wohlgefallen,
> so ist der Mensch in seines Schöpfers Hand,
> um zu empfangen von ihm (sein) Los." (36,13 H = 33,13 G)

Die ganze Schöpfung zeigt Gegensatzpaare. Gut und Böse, Leben und Tod, Licht und Finsternis, der Gute und der Gottlose stehen in ihr nebeneinander. Die Gottesfurcht ist dem Menschen nach 1,14 bereits im Mutterleibe anerschaffen. Man möchte meinen, daß Sirach gerade durch diese paradoxen Aussagen die Spannung im Menschen erzeugen wollte, die ihn Gott fürchten und sich vor seinem verborgenen Ratschluß zu seinem im Gesetz offenbarten Heilswillen flüchten läßt. An dieser Stelle ist man versucht, an Luthers Entscheidung dieses Problems zu erinnern: „Mea sententia est haec, nos debere fidere gratiae Dei, sed manere incertos de nostri et aliorum futura perseverantia, seu praedestinatione, ut ille dicit: 'Qui stat, videat ne cadat'."[36] Exegetisch wird festzuhalten sein, daß Sirach beide Linien im Alten Testament vorfand: Die Gesetzgebung, vor allem das Deuteronomium, und die ganze prophetische Verkündigung betonten immer wieder die Entscheidungssituation des Menschen. Aber die gleichen Propheten wußten auch darum, das Jahwe Gutes und Böses, Licht und Dunkel schafft[37]. Sie wußten um das Geheimnis der Erwählung und Berufung des Volkes wie des Einzelnen vom Mutterleibe an[38]. Im Psalter fand sich gar der Gedanke, daß die Tage des Menschen bereits im Buche des Lebens verzeichnet standen, ehe sie gebildet waren[39]. So ist es wahrscheinlich, daß ihn gerade die Schrift daran hinderte, in dieser Frage einen Ausgleich zu versuchen, wie er es anders bei der Erklärung der dem Menschen feindlichen Naturereignisse tun konnte[40].

Hier las er, daß nach dem Urteil Gottes alle seine Werke sehr gut sind (Gen 1,31). Und dann hörte er, wie Gott die Völker mit Feuer, Hagel, Hunger und Pest bestrafte. Und so erklärt er ganz unbefangen:

---

[35] Vgl. Koh 6,10ff.; 8, 17; 9, 2; dazu A. Lauha, a. a. O., S. 186, und O. S. Rankin, a. a. O., S. 95f.
[36] Enders IV; 51,18ff.; WABr. 2, 550,13ff., vgl. K. Holl, Gesammelte Aufsätze zur Kirchengeschichte I (Luther), Tübingen 1932⁶, S. 152.
[37] Vgl. Am 3, 6; Zeph 3, 5f.; Jes 45, 7.
[38] Vgl. Jer 1, 5; Jes 44, 2; 43, 1; 46, 3; 49, 1. 5.
[39] Ps 139, 13-16.
[40] Daß Sirach selbst seiner eigenen Berufung zum Weisheitslehrer sicher war (vgl. 33, 16f. G u. 51,1ff.), sei der Vollständigkeit halber angemerkt. In diesem Berufungsgefühl des Weisheitslehrers klingt sicher ein prophetisches Moment nach.

> „Die Werke Gottes sind alle gut,
> und alles Nötige gibt er reichlich zu seiner Zeit.
> Man sage nicht: Dieses ist schlechter als jenes!
> Denn alles ist zu seiner Zeit von Wert." (39,33f.)

Gott hat das Böse geschaffen, um damit die Bösen zu bestrafen. Das Gute schuf er für die Gerechten und die Bösen. Aber in den Händen der Bösen wird auch das Gute, z.B. der Rebensaft, zum Bösen.

Kann man aber ohne weiteres aus dem widrigen Geschick ablesen, ob man unter dem Gericht Gottes steht? Die Antwort wird auf doppelte Weise gegeben: 1. Auch den Frommen trifft mancherlei Unbill, womit ihn Gott erprobt, wie das Gold im Feuer geprüft wird (vgl. 2,1ff.). — 2. Der Gottlose kann in der Tat äußerlich glücklich sein, er kann Erfolg haben. Aber er kann sich dabei nicht einfach der Vergebung seiner Sünde trösten; denn das Gericht Gottes kann stündlich über ihn hereinbrechen (vgl. 5,4ff.). Niemand kann wissen, ob Gott nicht schon bereit ist, den Elenden aus seiner Armut zu befreien und den Reichen in die Not hinabzustürzen (vgl. 11,21ff.). Erst in dem letzten Augenblick, im Tode, wird es offenbar, ob der Mensch im Segen oder im Fluche stand. Daher gelten für das praktische sittliche Verhalten des Menschen zwei Maximen. Die erste entzieht dem Menschen das vorzeitige Urteil, indem sie sagt:

> „Vor dem Tode preise nicht glücklich den Mann,
> und an seinem Ende wird der Mensch offenbar." (11,28)

Die zweite weist ihn an den offenbaren Heilswillen Gottes im Gesetz:

> „Wer das Gesetz hält, bewahrt sein Leben,
> und wer auf Jahwe vertraut, wird nicht zuschanden." (32,24 G = 35,24 H)

Oder:

> „Bis zum Tode streite für die Gerechtigkeit,
> und Jahwe wird für dich kämpfen." (4,28)

Auch in der Frage nach dem Eintritt des göttlichen Gerichtes zeigt es sich, daß Sirach die von ihm im Alten Testament vorgefundenen Ansichten kombiniert hat. Er las die Geschichten von den Versuchungen des Menschen durch Gott (z.B. Gen 22)[41]. Er übernahm aus dem Deuteronomium und dem Deuteronomistischen Geschichtswerk den Gedanken der Heimsuchung der Sünde an den Kindern (vgl. 41,5ff.) und aus dem chronistischen Geschichtswerk wie aus Ezechiel den einer unbedingten individuellen Vergeltung[42]. Im bösen,

---

[41] Vgl. Sir 44, 21.
[42] Vgl. 41,5ff.8ff. mit Dtn 5, 9; 2 Kö 17,7ff. (dazu O. S. Rankin, a. a. O., S. 78f.); 35, 10; 11, 28; 32, 24 G = 35, 24 H mit Ez 18,20ff.; 2 Chr 26 mit 2 Kö15; 2 Chr 35, 20-25 mit 2 Kö 23,29f. (dazu O. S. Rankin, a. a. O., S. 78ff.; W. Rudolph Chronikbücher, HAT 21, Tübingen 1955, S. XIV; G. von Rad, a. a. O., S. 347). Zur Frage nach der Bekanntschaft Sirachs mit dem Chronist. Geschichtswerk vgl. W. Rudolph, Esra und Nehemia, HAT 20, Tübingen 1949, S. 167f.; ders., Chronikbücher, HAT 21, S. X.

plötzlichen Tot offenbart sich der Grimm Gottes über den sterblichen Menschen, für den es keine Hoffnung auf ein freudenvolles Jenseits gibt[43]. Da dieser Tod immer noch vor dem Menschen steht, gibt es für ihn keine Heilsgewißheit. Er kann sich nur an die Verheißung klammern, daß Gott denen, die ihn lieben und seine Gebote halten, seine Barmherzigkeit erzeigen wird. Da er aber nicht einmal weiß, ob ihn Gott dazu auserseken hat, ein Gefäß der Barmherzigkeit zu sein, ist er letztlich darauf angewiesen, erfüllt von der Furcht Gottes und im Vertrauen darauf, daß sein Bund ernst gemeint ist, mit Sirach zu beten:

„Gib deinen Lohn denen, die auf dich hoffen,
und laß deine Propheten als zuverlässig erscheinen.
Höre auf die Stimme deiner Knechte
nach deinem Wohlgefallen über dein Volk,
damit alle Enden der Erde erkennen,
daß du der ewige Gott bist." (36,14ff.G)[44]

In der ungelösten Spannung zwischen der Möglichkeit seiner Erwählung bzw. seiner Verwerfung und seiner Verantwortung weiß sich der Mensch an das Gesetz Gottes gewiesen, durch dessen Zucht ihm der Weg zu der Erkenntnis der Schöpfungsordnungen, zur Weisheit, eröffnet wird. Da über diesem Gesetz die Verheißung steht, darf er sich an sie klammern in der Gewißheit, daß ein Leben in Jahwefurcht und -vertrauen seinen Segen empfängt. Der Einladung, diese göttliche Weisheit zu suchen, läßt Sirach in der Form eines Dankliedes sein Bekenntnis folgen, daß er die Kraft Gottes, zu helfen und weise zu machen, in seinem eigenen Leben erfahren hat (vgl. 51), und erweist sich auch darin als in der lebendigen Tradition des Alten Testamentes stehend[45].

Gewiß wird der Mensch an seine Werke gewiesen. Gewiß werden dem guten Werk, pōʿal ṭôb, und der Gerechtigkeitserweisung, ṣedāḳā, sündentilgende Kraft beigemessen[46]. Aber solange die Gottesfurcht derartig lebendig im Hintergrund aller Einzelanweisungen steht, dürfte man kaum befugt sein, von einer „toten Werkgerechtigkeit" zu reden.

Man wird dem Siraziden zubilligen müssen, daß er ein Mann des alten Bundes war, für den die Freiheit vom Gesetz im späteren christlichen Sinne seinem geschichtlichen Ort entsprechend keine Möglichkeit war. Eine undia-

---

[43] Vgl. 14, 11-19. Ob in 48, 11 die Auferstehung der letzten, bei der Wiederkunft des Elias lebenden Generation vorausgesetzt wird, läßt sich wegen der Textverderbnis von H nicht entscheiden; vgl. die widersprüchlichen Rekonstruktionen von R. Smend, Die Weisheit des Jesus Sirach, Berlin 1906, z. St., und M. H. Segal, Sefer ben Sira haschalem, Jerusalem 1953, z. St. Der gesamte Tenor der Aussagen über die Begrenzung des Lebens scheint mir eher dagegen zu sprechen.

[44] Vgl. 33,22ff. bei Segal

[45] Zur Verbindung von Tradition und Erfahrung in der alttestamentlichen Frömmigkeit vgl. A. Weiser, ATD 16, II zu Thren 3, 31-33.

[46] Vgl. 3,30f.; 3,3f.; 3,14f.; 35,5.

lektische Kritik an seiner Gesetzlichkeit hätte daher die Preisgabe des offenbarungsgeschichtlichen Denkens überhaupt zur Folge und wäre entsprechend nicht ohne Konsequenzen für die Beurteilung des neutestamentlichen Heilsgeschehens selbst. Freilich, in dem Augenblick, in dem der Glaube an die innerweltliche Vergeltung als den alleinigen Maßstab zur Deutung des menschlichen Schicksals durchbrochen wurde — durchbrochen, weil er die Erfahrung des Menschen nicht mehr hinlänglich zu deuten vermochte — stellte sich auch die Frage nach der Gerechtigkeit Gottes so, daß sie die Grenzen des Alten Testamentes und damit auch die des Sirach-Buches grundsätzlich sprengte, obwohl das weisheitliche Denken, wie z.B. der Jakobusbrief zeigt, damit selbst nicht abgetan war. Und dieser Augenblick war nicht mehr fern.

Gottesgewißheit und Weltbewußtsein in der frühhellenistischen jüdischen Weisheit

I.

Es darf als allgemein anerkannt vorausgesetzt werden, daß wir in den Büchern Kohelet und Ben Sira' zwei unterschiedlichen Weisen der Deutung menschlichen Schicksals und der Beurteilung der Fähigkeit, es erkennend zu durchdringen, begegnen. Das Denken Kohelets können wir dabei vorgängig auf die doppelte Formel bringen, daß, was auch unter der Sonne geschieht, letztlich dem menschlichen Erkenntnisstreben entzogen und dem Menschen daher ein bleibender Lebensgewinn versagt ist[1]. Umgekehrt können wir die Lehren Ben Sira's in gleicher Vorläufigkeit dahingehend zusammenfassen, daß dem Menschen das Gesetz des göttlichen Handelns, soweit es ihm zu wissen not tut[2], auch bekannt ist und nun alles darauf ankommt, daß er sich in Gottesfurcht für den Weg des Lebens entscheidet[3]. Gleichzeitig können wir als Religionshistoriker feststellen, daß die Zukunft nicht dem einsamen und eigenständigen ‚Prediger', sondern dem Siraziden gehörte. Die, vom späteren rabbinisch jüdischen Standpunkt her beurteilt, orthodoxe Redaktion des Predigerbuches, der wir unbestritten jedenfalls das Nachwort in 12,12-14 und damit neben der Identifikation des Weisen mit Salomo die schließliche Rezeption im Kanon verdanken[4], lenkt denn auch zu einem dem Siraziden verwandten Denken zurück, indem sie die Gottesfurcht und das Halten der göttlichen Gebote im Horizont des den Menschen nach seinen Taten beurteilenden Gottesgerichts einschärft.

Es geht uns heute nicht darum, das geistige Profil der beiden jüdischen Denker in ihrer je eigentümlichen Verwurzelung in der Tradition und ihrer ebenso eigentümlichen Reaktion auf ihre Situation darzustellen, wie das in

---

[1] Vgl. dazu z.B. die Darstellungen von *G. von Rad*: Weisheit in Israel, Neukirchen-Vluyn 1970, S. 292ff., oder *O. Kaiser*: Die Sinnkrise bei Kohelet, in: Rechtfertigung, Realismus, Universalismus in biblischer Sicht. F. S. Adolf Köberle, hg. von *Gotthold Müller*, Darmstadt 1978, S. 3ff.

[2] Vgl. 3,21f.

[3] Zu ihrer Rolle im Denken des Siraziden vgl. *J. Haspecker S. J.*: Gottesfurcht bei Jesus Sirach, AnBib 30, Rom 1967; aber auch *J. Marböck*: Weisheit im Wandel. Untersuchungen zur Weisheitstheologie bei Ben Sira, BBB 37, Bonn 1971, S. 21f., passim und besonders S. 174.

[4] Vgl. dazu z.B. *R. B. Y. Scott*: Proverbs. Ecclesiastes, AB 1, Garden City – New York 1965, S. 194f., *K. Galling*: Der Prediger, in: Die fünf Megillot, HAT I, 18, 2. Aufl., Tübingen 1963, S. 73, oder *W. Zimmerli*: Das Buch des Predigers Salomo, in: ATD 16, 3. Aufl., Göttingen 1981, S. 135f. — Zu der Fiktion der salomonischen Verfasserschaft vgl. auch *M. Hengel*: Judentum und Hellenismus, WUNT 10, Tübingen 1969, S. 237ff., und zum Epilog auch *H. H. Schmid*: Wesen und Geschichte der Weisheit, BZAW 101, Berlin 1966, S. 195f.

den letzten Jahrzehnten wiederholt unternommen worden ist[5]. Angesichts des Versuches von Whitley, den Prediger um das Jahr 150 v. Chr. und also nach dem Siraziden zu datieren, stellen wir hier nur knapp fest, daß wir an der herkömmlichen, umgekehrten Reihenfolge festhalten[6] und mit Hengel u.a. davon ausgehen, daß sein eigentümliches Insistieren auf der eigenen Beobachtung und dem eignen Nachdenken wohl auf die Veränderung des geistigen Klimas in Palästina unter dem Einfluß des Hellenismus zurückzuführen ist[7], sich aber spezifische Einflüsse hellenistischer Popularphilosophie bei ihm nicht nachweisen lassen[8]. Loader hat nach unserer Einsicht noch einmal überzeugend nachgewiesen, daß das Denken Kohelets grundlegend durch die Auseinandersetzung mit der jüdischen Weisheit und ihrem Anspruch, das Gesetz des göttlichen Handelns am Menschen zu kennen, bestimmt ist[9]. Die Möglichkeit, daß ein astraler, aber noch nicht astrologisch im engeren Sinne ausgelegter Schicksalsglaube, wie er sich weiterhin im Hellenismus nachweisen läßt, eine Rolle bei der Ausformung seines oppositionellen Denkens gespielt hat, soll in vorerst vorsichtigem Anschluß an Sasse jedenfalls angemerkt werden[10].

So paradox das nach dem eingangs Gesagten klingen mag: Die geistige Situation Ben Sira's ist angefochtener, sein Gesamtentwurf, wenn man so will, apologetischer: Die hellenistische Kultur scheint für die Jugend, an die sich der Weise wendet, anziehender und die Gefahr des Traditionsbruches, wie er sich alsbald in der Gründung der hellenistischen Polis in Jerusalem manifestierte[11], greifbarer geworden zu sein[12]. Aber auch im Blick auf den Siraziden ist gele-

---

[5] Vgl. dazu z.B. *O. Loretz*: Qohelet und der Alte Orient, Freiburg i.Br. u.a. 1964; Hengel, a.a.O. S. 210ff.; *R. Braun*: Kohelet und die frühhellenistische Popularphilosophie, BZAW 130, Berlin und New York 1973; *Ch. F. Whitley*: Kohelet. His Language und Thought, BZAW 148, Berlin und New York 1979, S. 162ff., und besonders *J. A. Loader*: Polar Structures in the Book of Qohelet, BZAW 152, Berlin und New York 1979, bzw. Hengel, a.a.O., S. 241ff.; Marböck, a.a.O., und *Th. Middendorp*: Die Stellung Ben Siras zwischen Judentum und Hellenismus, Leiden 1973.

[6] Vgl. dazu *Whitley*, S. 182ff.; und zu ihm kritisch *O. Kaiser*: Judentum und Hellenismus, VuF 27, 1982, 1, S. 74ff. = unten, S. 141ff.

[7] A.a.O. S. 232ff. Ähnlich urteilte letztlich schon *H. W. Hertzberg*: Der Prediger, KAT² XVII, 4-5, Gütersloh 1963, S. 60, und später *R. B. Y. Scott*: The Way of Wisdom in the Old Testament, New York und London 1971, S. 177f. Vgl. aber auch die zurückhaltenderen Stimmen von Zimmerli, S. 123f.; Galling, S. 77f.; *A. Lauha*: Kohelet, BK XIX, Neukirchen-Vluyn 1978, S. 11f., und Loader, S. 132.

[8] Vgl. dazu auch die Kritik von *Kaiser*, VuF 1982, S. 70ff. und S. 76ff. = unten, S. 137ff. und S. 143ff.

[9] Vgl. Loader, S. 122f., und *von Rad*, S. 301.

[10] Vgl. *H. Sasse*, Artikel *aiōn*, in: ThWNT I, Stuttgart 1933 (1953), S. 205,7ff.

[11] Vgl. dazu *E. Bickermann*: Der Gott der Makkabäer, Berlin 1937, S. 59ff. und S. 73ff. = *E. Bickerman*: The God of the Maccabees, tre. H. R. Moehring, StJLA 32, Leiden 1979, S. 38ff. und S. 48ff.; *V. Tcherikover*: Hellenistic Civilization and the Jews, New York (1959) 1979, S. 152ff., sowie *Hengel*, S. 130ff. und S. 503ff.

[12] Vgl. dazu auch *Hengel*, S. 243.

gentlich wohl weit über das Ziel hinausgeschossen worden, indem bei ihm eine in die Tiefe und die Breite gehende Beeinflussung durch die hellenistische Literatur angenommen wurde[13]. Wir bescheiden uns an dieser Stelle, indem wir an die Schriften der beiden Denker die begrenztere, wenn auch, wie sich erweisen dürfte, fundamentalere Frage stellen, wie sich Gottesgewißheit und Weltbewußtsein bei ihnen vereinigen. Wir tun das primär als Historiker, lassen aber keinen Zweifel daran, daß es sich dabei um ein in eminentem Sinne auch für die gegenwärtige Theologie fundamentales Problem handelt, von dessen angemessener Lösung ihre eigene Glaubwürdigkeit abhängt. Denn es dürfte angesichts der Schwierigkeiten, denen sich Theologie und Kirche bei ihren Versuchen gegenübersehen, sich mit ihrem Reden von Gott über ihren engeren Kreis hinaus verständlich zu machen, deutlich geworden sein, daß die Antwort auf die Frage, ob und wie Gott in der Welt und hier zumal in den Lebenszusammenhängen des Menschen erfahrbar ist, auf eine klare, rational einsichtige Antwort angewiesen ist. Dabei dürfen wir unterstellen, daß ein bloßer Hinblick auf die „Welt" ebensowenig wie die bloße Wiederholung der Bekenntnisse der Väter ausreicht. Andernfalls müßten die Wissenschaften der Neuzeit den Gottesglauben befördert und die Versicherungen der Selbstgewißheit der Glaubenden je das gleiche Ziel erreicht haben. In dieser Situation liefert die Exegese gewiß keine Lösungen, wie denn überhaupt der geistigen Krise der Gegenwart nicht mit einem bloßen und sei es noch so reflektierten Biblizismus beizukommen ist; aber vielleicht ist sie in der Lage, nachhaltiger auf die Probleme und in ihrer Einseitigkeit unzureichende Lösungsversuche aufmerksam zu machen.

II.

Wenden wir uns dem *Prediger* zu, dürfen wir drei Gedankenkreise als für ihn bezeichnend herausstellen: 1. den der dem Menschen zufallenden Zeit; 2. und damit verbunden, den der Unverfügbarkeit des menschlichen Schicksals und 3. als einen kräftigen, das jüdische Erbe signalisierenden Kontrapunkt den der Gottesfurcht. Aus der Verbindung dieser drei Grundgedanken miteinander ergibt sich dann als ethische Konsequenz das, was man gewiß nicht eigentlich zutreffend den Hedonismus des Predigers genannt hat, sein *carpe diem*. Wir können uns die Verwobenheit dieser Argumentationsketten einschließlich ihrer praktischen Folgerungen an dem jedenfalls sachlich einen Zusammenhang bildenden Text 3,1-15 verdeutlichen. Dabei kann die Frage, ob es sich hier um zwei ursprünglich selbständige oder um eine von vornherein als Einheit konzipierte Reflexion handelt, als für unsere Problemstellung irrelevant auf der Seite bleiben[14]. Es reicht zudem aus, wenn wir uns von dem eben-

---

[13] Vgl. dazu das Referat VuF 1982, S. 82ff. = S. 149ff.
[14] Vgl. dazu die Tabelle bei *F. Ellermeier*: Qohelet I, 1. Untersuchungen zum Buche Qohelet, Herzberg/Harz 1967, S. 133.

so bekannten wie in gewissen Einzelheiten seiner Deutung umstrittenen Abschnitt 3,1-9 Anfang und Ende vergegenwärtigen[15]: „Für alles", so heißt es da, „gibt es eine (bestimmte) Stunde und eine (bestimmte) Zeit für jedes Vorhaben unter dem Himmel: eine Zeit der Geburt und eine Zeit des Sterbens, eine Zeit des Pflanzens und eine Zeit, das Gepflanzte auszureißen."

In beiden Gegensatzpaaren geht es offenbar um die Unverfügbarkeit menschlichen Lebens bzw. des Erfolges seines Handelns: Kein Mensch verfügt über die Stunde seiner Geburt und, sofern er, worüber Kohelet nicht reflektiert, keinen Selbstmord begeht, auch nicht über die Stunde seines Todes. Ebenso ist der Bauer bei seinem Tun von kosmischen Einflüssen abhängig, die er nicht in der Hand hat. Selbst der moderne Mensch vermag dies trotz aller Fortschritte auf den Gebieten der Medizin, der Meteorologie und der Agronomie wohl noch unmittelbar nachzuvollziehen. — So stellen sich dem Prediger aber auch die anderen Lebensbereiche dar: Freude und Leid überkommen den Menschen, Liebe und Haß setzen seine planenden Lebensentwürfe außer Kraft. Anders wäre es nur, wenn die nach Kohelets Verständnis inhaltlich determinierten, von Gott heraufgeführten Zeiten und die Pläne des Menschen wie zufällig zusammenstimmten, wie das dann ja auch je und je der Fall sein mag, woraus sich aber keinerlei Regel ableiten läßt[16]. Daraus ergibt sich notwendig eine Begrenzung des Menschen in seinem Anspruch, Selbstgestalter seines Schicksals zu sein. Und so lautet die resignierende Frage des Predigers in V. 9 denn auch: „Was für einen Gewinn hat (dann) der Handelnde bei dem, womit er sich abmüht?"

Die Fragestellung ist hier gleichsam ethisch neutral: Sie betont wie der uns alsbald beschäftigende Abschnitt 9,11f. die Unverfügbarkeit und damit zugleich, vom Menschen her geurteilt, die Blindheit seines Schicksals. Was in der Welt geschieht, scheint von jeder Rücksichtnahme auf menschliche Lebensentwürfe wie auf sein Wohlverhalten gegenüber Gott und den Menschen frei. Demgemäß erklärt der Prediger denn auch in seiner textlich freilich nicht eindeutigen Reflexion 9,1ff.:

„Ja, auf dies alles richtete ich meinen Sinn,
um all dies zu erkunden,
wie die Gerechten und die Weisen und ihre Taten
in Gottes Verfügung stehen.
Ob es Liebe oder ob es Haß ist, weiß der Mensch nicht[17].

---

[15] Vgl. dazu z.B. *Hertzberg*, S. 104f.: *Loader*, S. 30ff., und Zimmerli, S. 165.
[16] Vgl. dazu *K. Galling*: Das Rätsel der Zeit im Urteil Kohelets (Koh 3,1-15), in: ZThK 58 (1961), S. 1ff.
[17] Das Verständnis von 9,1bα ist in der Auslegung umstritten. Wird V. 1bα in der Regel auf die Affekte des Menschen bezogen, folgt Verfasser *Galling*, S. 113, in der Beziehung auf Gottes Verhalten gegenüber dem Menschen.

> Alles, was ihm zur Verfügung steht, ‚ist eitel'[18],
> weil alle das gleiche Geschick trifft,
> den Gerechten und den Gottlosen,
> den Reinen und den Unreinen,
> den, der opfert, und den, der nicht opfert;
> wie dem Guten so ergeht es dem Frevler,
> ‚wie' dem, der schwört, so dem, der den Schwur scheut.
> Dies ist ein Übel bei allem, was unter der Sonne geschieht,
> daß alle das gleiche Geschick trifft."

Das heißt nichts anderes, als daß der Tod keine Rücksicht auf die religiöse und ethische Haltung der Menschen nimmt, sondern sie Gott nach seinem unerforschlichen Ratschluß und seiner nicht zu durchschauenden Gunst — den einen früher und den anderen später — sterben läßt. Daß wir damit jedenfalls die Überzeugung des Predigers getroffen haben, zeigt uns 9,11f., eine Reflexion, in der wiederum in der für den Prediger typischen Weise die Beobachtungsaussage am Anfang steht und damit für den Schluß empirische Folgerichtigkeit verlangt:

> „Zum andern sah ich unter der Sonne,
> daß weder die Schnellsten den Lauf,
> noch die Tapfersten den Krieg,
> noch auch die Weisesten Brot,
> noch auch die Verständigsten Reichtum,
> noch auch die Kundigsten Gunst gewinnen;
> sondern sie alle treffen Zeit und Zufall.
> Denn, der Mensch kennt seine Zeit ja nicht.
> Wie die Fische, die sich in einem bösen Netz verfangen,
> und wie die Vögel, die in einem Netz gefaßt sind —
> wie sie werden die Menschenkinder zur bösen Zeit
> gefangen, wenn sie plötzlich über sie herfällt."

Und dem können wir seine in 8,14 mitgeteilte Beobachtung anfügen, die das bisher Gesagte noch einmal auf eine Formel bringt: „Es gibt etwas Sinnloses[19], das auf dieser Erde geschieht: Es gibt Gerechte, die trifft ein dem Tun der Frevler gemäßes Geschick; und es gibt Frevler, die trifft ein dem Tun der Gerechten gemäßes Geschick. Ich sage: Auch dies ist sinnlos!"

Damit ist — wie immer man nun die dem Gedankengut der traditionellen Weisheit gemäßen Aussagen im Koheletbuch bewertet, ob mit *Zimmerli* als Zwar — Aber — Aussagen oder mit *Ellermeier* und *Galling* als redaktionelle Einschübe[20] — die Zuversicht in den von Gott bewirkten Zusammenhang

---

[18] Der Text von V. 1bß und 2aα₁ ist offensichtlich nicht in Ordnung, zudem das Verständnis von V. 1bß umstritten. Unsere Übersetzung schließt sich der Rekonstruktion und Interpretation von *Lauha* z. St. an.

[19] Vgl. dazu *Zimmerli*, S. 139.

[20] Vgl. dazu *Ellermeier*, S. 125ff., und *Galling*, S. 76, auf der einen und *Zimmerli*, S. 126, und schließlich auch noch *Loader*, S. 132f., auf der anderen Seite.

zwischen menschlicher Tat und Tatfolge jedenfalls von den Grenzfällen her in Frage gestellt; vgl. auch 7,15. Der Anspruch der ‚Weisheit', die Grundsätze des göttlichen Handelns am Menschen zu erkennen, erweist sich als nichtig, 8,16: „Das Geschehen, das unter der Sonne geschieht — wie sich der Mensch auch müht, es zu ergründen, erfaßt er es doch nicht. Und auch wenn der Weise behauptet, es zu kennen, vermag er es doch nicht zu ergründen."

Wenden wir uns zu unserem Ausgangstext in Kapitel 3 zurück, verstehen wir nun, welche Erfahrungsbreite er abzudecken beansprucht, wenn es dort in den Versen 10 und 11 heißt: „Ich sah die Mühsal, die Gott den Menschenkindern gegeben hat, sich damit abzumühen: Alles hat er zu seiner Zeit schön gemacht. Auch die Dauer hat er darein gelegt[21]. Nur daß der Mensch das eigentliche Wirken Gottes nicht erfaßt, weder seinen Anfang noch sein Ende!" Diese Verborgenheit der Grundsätze des göttlichen Handelns beinhaltet natürlich nicht, daß der Mensch blindwütig daraufloseben kann: Das widerspräche aller Erfahrung. Gibt es keine absolute, so doch eine relative Einsicht, eine relative Sachkundigkeit oder Weisheit des Menschen im Umgang zunächst mit der Welt und mit seinesgleichen, am Ende aber auch mit Gott, so daß Kohelet den Wahrspruch aufnehmen kann, 2,14: „Der Weise hat seine Augen im Kopf, aber der Tor wandelt in der Finsternis!" Den Umständen angemessenes und dabei die Lebenserfahrung der Väter in Rechnung stellendes Verhalten gibt dem Menschen, zumal wenn er alle Eventualitäten im Auge behält, vgl. 11,1-6, eine gewisse, aber keine absolute Lebenssicherheit. Und vielleicht verdient diese Einsicht angesichts der antinomistischen Tendenzen der Gegenwart, nachdrücklich unterstrichen zu werden. Hat der Prediger einem ethischen Rigorismus nicht das Wort geredet, vgl. 7,15-22, lag ihm ein ethischer Relativismus jedenfalls fern.

Wenn es sich aber so verhält, daß dem Menschen Erfolg und Mißerfolg, seine guten und seine bösen Tage letztlich zufallen, so kommt alles darauf an, daß er die guten als solche erkennt und nutzt und die schlechten als unvermeidlich klaglos hinnimmt, 7,14:

„An einem glücklichen Tag sei glücklich
und an einem unglücklichen Tag bedenke,
daß Gott den einen
wie den andern geschaffen hat —
weil der Mensch nichts von dem ergründet,
was nach ihm kommt."[22]

Angesichts der Gewißheit des Todes und der mit ihm verbundenen endgültigen Trennung von allem Leben und allen Lebenden, vgl. 9,4-6 und 3,19 bis 22, kommt es darauf an, daß sich der Mensch auf das ihm in seinem ver-

---

[21] Zum Verständnis der Ewigkeitsaussage vgl. *Ellermeier*, S. 309ff., aber auch *Zimmerli*, S. 167f.
[22] Das Verständnis von V. 14bß ist umstritten. Die Übersetzung schließt sich der von *Galling* z. St. an.

gänglichen und bedrohten Leben mögliche und mithin einzige Glück einstellt, 3,12f.:

„Ich erkannte", heißt es da, „daß es ‚für den Menschen'[23] nichts Besseres gibt, als sich zu freuen und sich gütlich zu tun in seinem Leben. Aber wenn ein Mensch essen und trinken und Gutes erfahren kann bei all seiner Mühsal, ist das eine Gabe Gottes." Das *carpe diem* emanzipiert sich nicht von dem Schicksalsglauben, sondern wird vielmehr von ihm getragen. Wie unerforschlich Gottes Vorziehen und Verwerfen ist, hat der Prediger wie in 9,1 so in 2,26 gesagt. Auf seinen von uns in diesem Zusammenhang nur anzudeutenden kosmischen Schicksalsglauben zurückgreifend, dessen wohl deutlichste Entfaltung in dem jetzigen Prolog 1,(2)3-9 zu finden ist, zieht er nun zwei Folgerungen: 1. daß alles, was Gott tut, für immer geschieht, ohne daß der Mensch etwas daran ändern kann, 3,14a; vgl. V. 15, und 2. — und erst damit erreichen wir die eigentlich theologische, nun doch in dieser ganzen Sinnlosigkeit des Weltprozesses und des Menschenlebens einen Sinn entdeckende Antwort, 3,14b: „… aber Gott handelt so, damit sie (d.h. die Menschen) sich vor ihm *fürchten*"[24]. Über der Undurchschaubarkeit menschlichen Schicksals und kosmischen Geschehens erhebt sich dem Prediger Gott in seiner ganzen Souveränität und weist damit den Menschen in seine kreatürlichen Schranken.

Wir fassen zusammen: Von der *Beobachtung* der menschlichen Schicksale her stellt der Prediger die Weisheit der Väter, daß Gott die Menschen nach ihren Taten belohnt oder bestraft, in Frage. Trotzdem bleibt ihm der letztlich ebenfalls der Tradition entstammende Grundsatz, daß Gott hinter allem Weltgeschehen steht, unerschüttert. Aber dieser Gott erweist sich nicht als der gütig und pädagogisch einsichtig am Menschen handelnde Vater, sondern als seine absolute Begrenzung. Von dieser Begrenztheit des Menschen her, sein Schicksal letztgültig zu bestimmen, erkennt Kohelet den *Deus absconditus*, den verborgenen Gott, in seiner ganzen Gewalt. Die Übergewichtigkeit des Weltbewußtseins läßt kein anderes Gottesverständnis zu. Das hindert den Weisen bei aller ihm wohl zu Recht nachgesagten kühlen Distanz zu dem Gott der Väter, dem Gott seines Volkes Israel, nicht nur nicht, sondern bestärkt ihn einsichtig genug darin, dem Menschen Sorgfalt im Umgang mit dem unberechenbaren, fernen Gott einzuprägen, dessen Zorn man z.B. nicht durch fahrlässig ausgesprochene und nachher nicht eingehaltene Gelübde herausfordern darf; vgl. 5,2-6. Darin zeigt sich zugleich, daß dem Prediger der schicksals-

---

[23] Vgl. BHS.
[24] Zur Sache vgl. auch *E. Pfeiffer*: Die Gottesfurcht im Buche Kohelet, in: Gottes Wort und Gottes Land. F. S. Hans-Wilhelm Hertzberg, hg. von *H. Graf Reventlow*, Göttingen 1965, S. 133ff. Seine mit Galling zusammenstimmende Explikation der Gottesfurcht beim Prediger als Abstandsgefühl scheint mir gegenüber dem Versuch von *H. Gese*: Die Krisis der Weisheit bei Kohelet, in: Vom Sinai zum Zion, München 1974, S. 179, sie als den Weg zur Aufhebung der Distanzierung von Gott und dem Kairos zu deuten, unbedingt den Vorzug zu verdienen.

mächtige Deus absconditus Person geblieben ist. Aber ein Vertrauen zu diesem Gott kann es naturgemäß nicht mehr geben.

III.

Wenden wir uns dem *Siraziden* zu, schlägt uns eine ganz andere Innigkeit der Frömmigkeit entgegen, die auf den Fundamenten der Tradition basiert und sie in einer verwandelten Welt als gültig zu erweisen sucht. Konzentrieren wir uns auch bei ihm darauf, uns seine zentralen Gedanken mittels einiger Kernstellen ins Gedächtnis zu rufen[25]. Dabei wird uns vor allem die Frage bewegen müssen, woher der Weise in seiner gegenüber der des Predigers viel angefochteneren Zeit die eigentümliche Sicherheit nimmt, die sich in dem Wahrspruch 33,1 (H) = 36,1 (G) zusammenfassen läßt:

„Wer den Herrn fürchtet, den trifft kein Unglück, und wenn er in Versuchung kommt, wird er ihn wiederum erretten."

In der Protasis, in dem Vordersatz mit seinem implizierten Appell an die Gottesfurcht, ist zugleich enthalten, daß dieser Gott kein Glücksgarant schlechthin ist. Der Mensch muß ganz energisch das Seine dazu tun, muß alle Lebensklugheit aufbieten und allen Gesetzesgehorsam üben, um Gottes Güte zu erfahren. Dabei ist längst aufgefallen, wie peripher letztlich die Hinweise auf das Gesetz, den Kult und die priesterliche Observanz in den eigentlichen Lehren Ben Sira's sind[26]. Aber sie sind dennoch da und bilden den von der Tradition geheiligten konkreten Lebensrahmen, dessen Wirklichkeit und Gültigkeit dem Siraziden außer Frage stehen. Man braucht zum Beleg nur an die Mose, Aaron und dem Hohen Priester Simon in seinem „Lob der Väter" gewidmeten Abschnitte Kapitel 45 und 50,1-24 (H) zu erinnern. In den Bahnen des durch das Gesetz geregelten und durch den Sühne schaffenden Kult geheiligten Lebens hat sich die Lebensklugheit, von der Furcht vor (und der Liebe zu) Gott geleitet[27], zu bewähren.

Die Frage, ob der Mensch das gesteckte Ziel eines von Unglück freien, erfüllten und langen Lebens tatsächlich erreichen kann, findet eine in ihrem sachlichen Gehalt an Dtn 30 erinnernde Begründung. Dabei zeigt die Form der Abmahnung, daß sich der Weise gegen einen in Skepsis umschlagenden, Gott zur Ursache von allem, was in der Welt geschieht, machenden Pankausa-

---

[25] Auf die Textausgabe von *F. Vattioni*: Ecclesiastico. Testo ebraico con apparato critico e versione graeca, latina e siriaca, Istituto Orientale di Napoli, Neapel 1968, und die mit einem kritischen Apparat versehene Übersetzung von *G. Sauer*: Jesus Sirach, JSHRZ III/5, Gütersloh 1981, weise ich als dankbar benutzte Hilfsmittel gern hin.

[26] Vgl. *von Rad*, S. 314ff.

[27] Vgl. z.B. 2,15f. und 7,29f. Daß der Gedanke der Gottesliebe wesentlich geringer ausgeprägt ist als der der Gottesfurcht, zeigt ein Blick in die Konkordanzen.

lismus wehren muß, der für die Verantwortung des Menschen keinen Raum mehr läßt, 15,11-20:

> „Sage nicht: ‚Von Gott kommt meine Sünde!'
> Denn was er haßt, bewirkt er nicht!
> Sage nicht: ‚Er ließ mich straucheln!'
> Denn er bedarf keiner Menschen, die Unrecht tun.
> Böses und Greuel haßt der Herr,
> er läßt es denen nicht zukommen, die ihn fürchten.
> Als Gott im Anfang den Menschen erschuf,
> da gab er ihn in die Hand seines Willens.
> Wenn du willst, bewahrst du das Gebot,
> und Einsicht ist es, nach seinem Gefallen zu handeln.
> Ausgebreitet sind vor die Feuer und Wasser;
> was du willst — danach strecke aus deine Hand!
> Vor dem Menschen liegen Leben und Tod;
> was er erwählt, wird ihm gegeben!
> Reich an Weisheit ist der Herr,
> gewaltig an Kraft ist er und sieht alles!"[28]

Diese wohl nur scheinbar durch prädestinatianische Untertöne in 33,7ff. (H) = 36,7ff. (G) gedämpfte[29], an den Willen und die Einsicht des Menschen appellierende *Entscheidungsethik* läßt keinen Zweifel daran, daß es bei den je konkreten Willensakten des Menschen um sein ganzes Leben, um Leben oder Tod geht; und dies nicht in dem banalen und ganz offensichtlich zutreffenden Sinn, daß wir unser Leben als solches beständig gegenüber den es ringsum bedrohenden physischen Gefahren in die Hut nehmen müssen, sondern in dem durch die alttestamentliche Tradtion vorgegebenen, daß unser Verhalten gegen Gott und die Menschen von Gott selbst zum Kriterium über unser Leben gemacht wird. Den Weg zum Leben aber hält die Gottesfurcht[30] offen, zumal wenn sie sich mit Weisheit paart[31]. Das von Kohelet gleichsam von Dur nach Moll transponierte Motiv der Gottesfurcht erhält so bei dem Siraziden sein altes Strahlen zurück. Auf ihr liegen wieder alle Verheißungen. So heißt es in 2,8-10:

> „ Die ihr den Herrn fürchtet, vertraut ihm,
> und euer Lohn wird nicht ausbleiben.

---

[28] Zu 15,20 vgl. auch 17,19ff.

[29] Damit stelle ich die in meinem Aufsatz „Die Begründung der Sittlichkeit im Buche Jesus Sirach", ZThK 55 (1958), S. 60f. = unten, S. 118f., vorgelegte vorsichtig prädestinatianische Auslegung von 33,13 (H) = 36,13 (G) ausdrücklich zur Diskussion und verweise zum Verständnis der Stelle vorerst auf *J. G. Snaith*: Ecclesiasticus, CBC, Cambridge 1974, S. 162.

[30] Vgl. zu ihrer Charakterisierung *Haspecker*, S. 338.

[31] Damit wird nicht bestritten, daß Weisheit und Gottesfurcht für Sirach unterschiedliche *topoi* waren; vgl. *Marböck*, S. 133. Zum Verhältnis zwischen Weisheit „von oben" und Weisheit „von unten" beim Siraziden vgl. ebd. S. 129ff.

Die ihr den Herrn fürchtet, hofft auf Gutes
und auf dauernde Zufriedenheit und Erbarmen.
Blickt auf die einstigen Geschlechter und seht:
Wer vertraute dem Herrn und ward zuschanden?
Oder wer blieb in seiner Furcht und wurde verlassen?
Oder wer rief ihn an, und er hätte ihn im Stich gelassen?"

In diesen wenigen Versen wird schlagartig deutlich, worin die Gewißheit des Siraziden gründet: Da man das Schicksal der einstigen Geschlechter nicht unmittelbar anschauen, sondern nur durch die Vermittlung der Überlieferung zur Kenntnis nehmen kann, ist deutlich, daß sich der Weise auf das Zeugnis der Schriften seines Volkes beruft, vgl. auch 38,34b-39,1[32], und es auf die Summe bringt, daß, wer sich im Gehorsam gegen Gottes Willen auf ihn verläßt, nicht zuschanden wurde und wird. Und der heutige Alttestamentler wird ihm wohl zu bescheinigen haben, daß er damit das Gesamtzeugnis des Alten Testaments richtig zusammengefaßt hat[33].

Es versteht sich eigentlich von selbst, daß auch der Sirazide nicht an der Tatsache des Leidens des Unschuldigen vorübergehen konnte. Die von ihr ausgehende Anfechtung ist so alt wie das Verständnis der Gottheit als des sich väterlich um die Menschen kümmernden Herrschers der Welt[34]. Ben Sira' hat auf sie eine doppelte, ihn offenbar befriedigende Antwort gegeben: 1. bleibt nach seiner Überzeugung keiner, der den Weg der Gottesfurcht einschlagen will, ohne Versuchung: Gott prüft ihn im Schmelzofen der Leiden und Erniedrigungen, mit Krankheit und Armut, bis er erkennt, daß ihm dieser Mensch in der Tat unbedingt vertraut, 2,1-5. Es geht diesem Gott also nicht nur um einen äußerlichen oder momentanen Gehorsam, sondern um die volle Zuwendung des Menschen zu ihm selbst im Vertrauen. Wir könnten auch sagen: Es geht Gott darum, nicht als Glücksgötze mißbraucht, sondern als Person ernst genommen zu werden. Es ist zweifellos dieses Vertrauen, diese Zuwendung zu Gott als Person, welche dem Büchlein des Siraziden seine eigentümliche Wärme gibt. Auf diesem Wege darf man sich aber 2. nicht durch das Glück der Gottlosen anfechten lassen, 11,19-26 (H) = 11,21-28 (G):

„Wundere dich nicht über die ‚Taten der Bösen',
‚vertraue' auf den Herrn und sein Licht!
Denn leicht ist es in des Herrn Augen,
den Armen unversehens und plötzlich reich zu machen.

---

[32] Vgl. dazu auch *H. Stadelmann*: Ben Sira als Schriftgelehrter, WUNT II, 6, Tübingen 1980, S. 219ff.

[33] Das als ein Ganzes genommene Hiobbuch fiel aus diesem Gesamtbild nicht heraus; vgl. auch 49,8. Daß Ben Sira' den Prediger kannte, läßt sich nach *Middendorp*, S. 85ff., vgl. besonders S. 89f., nicht nachweisen.

[34] Vgl. dazu *Th. Jacobsen*: The Treasures of Darkness. A History of Mesopotamian Religion, New Haven und London 1976, S. 145ff. und besonders S. 160ff.

> Der Segen Gottes ist das Los der Gerechten
> und ‚seine' Hoffnung sproßt zur (rechten) Zeit.
> Sage nicht: ‚Für mich ist genug da,
> und was kann mir von nun an Böses geschehen?'
> Das Gute von heute läßt das Böse vergessen,
> und das Böse von heute läßt das Gute vergessen.
> Denn leicht ist es für den Herrn, am Tage des Endes
> dem Menschen nach seinem Wandel zu vergelten[35].
> Das Böse von heute läßt die Lust vergessen,
> und das Ende des Menschen gibt über ihn Auskunft.
> Vor dem Tode preise nicht glücklich den Mann;
> denn an seinem Ausgang wird der Mensch erkannt!"

Der auch und zumal aus der späten ägyptischen Weisheit bekannte Gedanke der Wandelbarkeit des Schicksals[36] liefert ihm den Schlüssel, mit dem Problem des Glücks der Gottlosen fertig zu werden: Alles Glück ist wandelbar, nein, Gott kann es leichthin wandeln, weil er über Reichtum und Armut eines Menschen befindet; vgl. 11,14. Es klingt wie ein Echo des seit den Tagen Herodots durch die griechische Literatur ziehenden „Vor dem Tode preise nicht glücklich den Menschen!"[37], wenn Ben Sira' das Ende des Menschen über sein Glück und damit zugleich über sein Gottesverhältnis Auskunft geben läßt: Erst im Augenblick des Todes wird es offenbar, wie es tatsächlich um das Verhältnis zwischen Gott und Mensch bestellt war. Ein früher Tod ist in diesem Verstehenshorizont gewiß Zeuge der Ungerechtigkeit oder Torheit, ein langes Leben und friedliches Ende Bestätigung der Weisheit und der Gottesfurcht des Menschen und damit zugleich des Wohlgefallens und des Erbarmens Gottes. Damit bleibt der Mensch bis zu seinem letzen Augenblick mit seiner, allein am Ende ohnmächtigen Lebensklugheit im Gehorsam und Vertrauen auf seinen Gott geworfen[38].

Ben Sira' leugnet nicht, daß es des Menschen Fassungsvermögen übersteigende Geheimnisse Gottes gibt; vgl. 3,21. Er weiß demgemäß auch um den Deus absconditus. Aber entscheidend für ihn ist, daß der Wille Gottes offenbar und die Welt ihm gemäß zweckmäßig geordnet ist. Daher kann er uneingeschränkt zu dem Lob des Schöpfers aufrufen, dessen Werke dem Guten zum Guten und dem Bösen zum Bösen ausschlagen und der Stürme, Feuer, Hagel,

---

[35] Auf die Tatsache, daß die prophetisch-eschatologischen Termini bei Ben Sira' individualisiert sind und der Weise keine jenseitige Vergeltung erwartete, hat *V. Hamp*: Zukunft und Jenseits im Buche Sirach, in: Alttestamentliche Studien. Friedrich Nötscher zum 60. Geburtstage gewidmet, BBB 1, Bonn 1950, S. 86ff., vgl. S. 91, unwiderlegbar hingewiesen.

[36] Vgl. dazu *Miriam Lichtheim*: Observations on Papyrus Insinger, in: Studien zu altägyptischen Lebenslehren, hg. *E. Hornung* und *O. Keel*, OBO 28, Freiburg/Schweiz und Göttingen 1979, S. 294ff. und S. 301ff.

[37] Vgl. Hdt. I 32, 7; 86, 3; S. OT 1528-1530.

[38] Vgl. auch ZThK 55, S. 62.

Hunger, Pest und reißendes Getier und Kriege geschaffen hat, um die Bösen zu vernichten, 39,30b-35 (H):

> „Sie alle sind zu ihrem Zwecke geschaffen
> und sind im Lager und werden zu ‚seiner' Zeit aufgeboten.
> Befiehlt er ihnen, frohlocken sie,
> und werden sie beordert, widerstreben sie seinem Munde nicht.
> Daher war ich von Anfang an überzeugt
> und gab acht und legte es schriftlich nieder:
> Die Werke Gottes sind allzumal gut;
> ‚und alles' Nötige beschafft er zu seiner Zeit.
> Sage nicht: Das ist schlechter ‚als das'!
> Denn alles beweist seine Stärke zu seiner Zeit.
> Nun jauchzt mit ganzen Herzen
> und preiset den Namen des Heiligen!"

Der in der Schrift offenbare Gott, der *Deus revelatus*, zieht den Blick des Siraziden auf sich und gibt seinem Selbst- und Weltverständnis in den strikt eingehaltenen Grenzen einer alttestamentlich auf dieses *eine* irdische Leben begrenzten Erwartung einen unübersehbaren Optimismus. Daher fehlt denn auch seiner sich dieser Lebensansicht logisch einfügenden Aufforderung zum *carpe diem* jegliche resignative Nichtigkeitsaussage, 14,11-19[39]:

> „Mein Sohn, wenn es dir möglich ist, tue dich gütlich
> und labe dich, wie du es vermagst.
> Gedenke, daß der Tod nicht zaudert
> und dir die Frist bis zur Unterwelt nicht kund ist.
> Ehe du stirbst, tue Gutes dem Freund
> und gib ihm, soviel du vermagst.
> Laß dich nicht abhalten von dem, was der Tag Gutes bringt,
> und gehe nicht an (deinem) Teil ‚Lust' vorbei.
> Mußt du nicht einem anderen dein Vermögen lassen
> und den Ertrag deiner Mühe denen, die ihn verteilen?
> Gib ‚und nimm', und laß es dir wohl sein;
> denn in der Unterwelt gibt's keine Wonnen zu suchen!
> Alles Fleisch nutzt sich ab wie ein Gewand,
> und nach ewiger Satzung müssen sie sterben.
> Wie sprossendes Laub am grünen Baum,
> an dem dieses welkt und jenes treibt,
> so sind die Geschlechter aus Fleisch und Blut:
> Eines stirbt und ein anderes wächst heran.
> All sein Gemächte verfault gewiß,
> und das Werk seiner Hände folgt ihm nach."

Daß der vorletzte Vers, von Ilias VI 146ff. abhängig ist, wurde längst be-

---

[39] Eine Begründung der Kürzungen von HA aufgrund des Textes von G kann in diesem Zusammenhang nicht gegeben werden. Zu V. 14 vgl. *H. P. Rüger*: Text und Textform im hebräischen Sirach, BZAW 112, Berlin 1970, S. 19f.

merkt und zeigt uns noch einmal, daß Ben Sira' das alttestamentliche Erbe in einer sich unter dem Einfluß des Hellenismus wandelnden Welt behauptet.

IV.

Leszek Kolakowski hat jüngst daran erinnert, daß Völkermorde, Foltern, Kriege, Grausamkeiten aller Art und „monströse Untaten, die Menschen gegen Menschen verüben, keiner Periode in der Geschichte unbekannt waren"[40]. Angesichts solcher Ereignisse wirkt der Optimismus des Siraziden befremdlich. Hier scheint der Märtyrertod ebensowenig vorgesehen wie der einen jungen Menschen als ein Naturereignis treffende, von ihm selbst unverschuldete Tod. Daher sollte sich der Leser seines Büchleins fragen, ob der Preis, den hier ein an das Wort des Alten Testaments gebundenes und von daher den Anspruch auf die Durchsichtigkeit des Weltenlaufes und des menschlichen Schicksals erhebendes Denken bezahlt, nicht zu hoch und in seinen Konsequenzen für die Betroffenen geradezu unmenschlich ist. Es kommt offenbar gerade darauf an, daß wir auch noch in den dunkelsten, mit ethischen Kategorien nicht mehr zu erhellenden Stunden auf Gott vertrauen können. So wird dem Christen deutlich, daß das Kreuz Christi, der entehrende Verbrechertod des Unschuldigen zum Zeichen des Sieges gemacht, die Gültigkeit des alttestamentlichen Optimismus aufhebt. Wir sahen am Beispiel des Predigers, daß der theologische Ansatz in der Welt nicht über den *Deus absconditus* hinausführt. Aber wir sehen nun auch, daß ein undialektisch bei einer durch die alttestamentliche Tradition ausgelegten Gottesgewißheit einsetzender Glaube, der den *Deus revelatus* überbetont, an der Wirklichkeit und der Not der Welt vorbeigeht. Ist die Lösung der rechten Beziehung des Weltbewußtseins auf die Gottesgewißheit dann nicht darin zu suchen, daß die Gott durch ihre Endlichkeit bezeugende Welt den Menschen zu einem Vertrauen aufruft, das sich dank der Selbstbescheidung in die eigene Endlichkeit in einem Frieden geborgen weiß, der über alle Vernunft hinausreicht, Phil 4,7?

---

[40] Die Sorge um Gott in einem scheinbar gottlosen Zeitalter. Feuilleton-Beilage der Süddeutschen Zeitung Nr. 203, 5./6. September 1981, S. 101f.; vgl. S. 102.

Judentum und Hellenismus

*Ein Beitrag zur Frage nach dem hellenistischen Einfluß
auf Kohelet und Jesus Sirach*

Hellenistische Einflüsse auf Kohelet und Ben Sira

Ist von der Begegnung zwischen Judentum und Hellenismus die Rede, wird der Alttestamentler der Eigenart seiner Texte gemäß in erster Linie an *Kohelet* denken. Für seine Ansetzung im 3. Jh. vChr. und damit in frühhellenistischer Zeit gibt es gute Gründe. Zudem ist seit dem Ende des 18. Jhs. wiederholt beobachtet worden, daß sich dieses Buch nicht nur aus der atl. Welt verstehen läßt, sondern mindestens auch zu der Frage nach seiner Beeinflussung durch die griechisch-hellenistische Kultur zwingt (Braun, 1 ff und Whitley, 154 ff). Doch wurde eine Übereinstimmung darüber, ob und in welchem Umfang mit einer solchen Einwirkung zu rechnen ist, bisher in der Forschung nicht erzielt. Auch die jüngst zum Predigerbuch erschienenen Arbeiten zeigen mit ihren Divergenzen, wie schwierig es ist, das damit gestellte Problem allseitig befriedigend zu lösen. Den stärksten griechischen Einfluß auf den jüdischen Denker unterstellt *Rainer Braun*, für den der Prediger ein Mann ist, der das Denken und Lehren der zeitgenössischen griechischen Reflexion in seine eigene Lehrschrift übernahm und hebräisch formulierte (170). *Charles F. Whitley* rechnet demgegenüber damit, daß der Prediger außer durch die ägyptische und mesopotamische Weisheit wie selbstverständlich durch das alttestamentliche Schrifttum auch von griechischen Gedanken beeinflußt worden ist, ohne daß sich entscheiden lasse, ob dies auf literarischem Wege oder in mündlicher Form erfolgt sei (182). *Aarre Lauha* hält es für möglich, daß der Prediger griechische Autoren kannte, sieht aber die These einer direkten Abhängigkeit nach wie vor als unbewiesen an. Vor allem findet er die geistige Physiognomie Kohelets nicht durch den Hellenismus bestimmt: „Die Problematik Kohelets ist nicht griechisch, sondern orientalisch. Wenn man nach den Wurzeln des Denkens Kohelets fragt, muß man darum vor allem seine literarischen Berührungen mit der morgenländischen Umwelt beachten" (11 f). Und während *James A. Loader* einen griechischen Einfluß als solchen auf den Prediger zuzugestehen bereit ist, sieht er sein Denken doch thematisch fundamental durch den unaufgelösten inneren Widerspruch gegen die dogmatisierte jüdische Weisheit bestimmt an (vgl. 129 mit 122 f). – Die Schwierigkeit, das Maß des griechisch-hellenistischen Kultureinflusses auf den jüdischen Denker zu bestimmen, resultiert gewiß daraus, daß sich bei ihm keine direkte literarische Abhängigkeit von einem griechischen Autor nachweisen läßt (Whitley, 182), hat aber darüber hinaus gewiß ihre Gründe in der weitgehenden Undurchschaubarkeit der sich im 3. Jh. im syrischen

Raum überkreuzenden geistigen Einflüsse, die vom Iran bis in die griechische Welt und von Kleinasien bis in das vielschichtige Ägypten dieser Zeit reichen.

In dieser Lage darf man es als ein gesundes Kriterium für die Feststellung fremder und zumal hellenistischer Einflüsse auf das Denken Kohelets betrachten, wenn man bei ihm auf Einstellungen und Gedanken stößt, die sich als solche nicht ohne weiteres aus dem Themenkreis der traditionellen jüdischen und angesichts der Radikalität ihrer Bearbeitung auch nicht aus der vorderasiatisch-ägyptischen Weisheit ableiten lassen. – Unter dieser Voraussetzung scheint dem Rezensenten *Martin Hengel* richtig beraten gewesen zu sein, als er in seinem schnell zu einem Standardwerk gewordenen „Judentum und Hellenismus" in den folgenden Eigentümlichkeiten und Gedanken des Predigers als solchen zureichende Hinweise auf seine Berührung mit dem hellenistischen Geist gesehen hat: Vorab in der in dieser Weise neuen Betonung der Individualität des Weisen, wie sie sich in seinem penetranten Pochen auf die eigene Beobachtung und das eigene Nachdenken niedergeschlagen hat; dann in der damit verbundenen distanzierten Betrachtungsweise und ihren so in der vorausgehenden Weisheit nicht nachweisbaren argumentierenden Reflexionen; sachlich schließlich in dem sich zwischen Gott und Mensch schiebenden Schicksalsbegriff, dem das Zurücktreten der persönlichen Züge Gottes, die Kritik am Vergeltungsglauben und als Konsequenz die Ergebung des Menschen in das Schicksal und zugleich das *Carpe diem* entsprechen (vgl. 210 ff und besonders die Zusammenfassung 232 f).

Wenden wir uns von dieser Einsicht her *R. Brauns* Erlanger Dissertation zu, werden wir von ihr notwendig enttäuscht, weil sie die zentrale Bedeutung des Schicksalsgedankens und der Bestreitung des Tun-Ergehen-Zusammenhangs für das Denken des Predigers nicht erkannt oder jedenfalls ihre mögliche griechische Vorgeschichte nicht nachhaltig genug untersucht hat. So reichen als Nachweise für den Schicksalsglauben die Berufung aus Epicur fr. 307 Usener und die ganz allgemeine auf die Mittlere und Jüngere Stoa angesichts der spätestens mit Heraklit einsetzenden Verbreitung desselben nicht aus (60). Zur Sache wird man den Aufsatz von *B. L. van der Waerden*, Das große Jahr und die ewige Wiederkehr, Hermes 80, 1952, 129 ff unbedingt zu berücksichtigen haben. – Abgesehen davon hat sich Braun mit bewundernswertem Eifer an das Sammeln von verwandten Motiven zum Koheletbuch zumal aus der pessimistischen griechischen Tradition bemüht und methodisch durchaus gesunde und beachtenswerte Grundsätze entwickelt. Seine Skepsis gegenüber einer letzlich verspäteten Einwirkung der pessimistischen mesopotamischen und ägyptischen Literatur auf den jüdischen Weisen ist durchaus berechtigt. Sie würde, einmal unterstellt, sogleich mehr Fragmale aufwerfen, als sie das Problem des Koheletbuches zu lösen in der Lage ist. Brauns Vorgehen, sich zuerst einen systematischen Überblick über die pessimistischen Überlieferungen der griechisch-hellenistischen Bildung zu verschaffen, ist sachgemäß (14-38). Ebenso verdienen die dem Vergleich zugrunde gelegten Maximen

Zustimmung, daß nämlich 1. Sprachvergleiche mit der semitischen Welt die Herleitung eigentümlicher Gedanken nicht ersetzen können; 2. die Wahrscheinlichkeit dafür spricht, aus der alttestamentlich-jüdischen Tradition nicht ableitbare Gedanken und Motive auf fremde und in dieser Zeit besonders hellenistische Einflüsse zurückzuführen, wobei die im Schulbetrieb der Zeit berücksichtigten Autoren den Vorrang verdienen; und daß 3. über Hengel hinausgehend zu prüfen ist, ob sich für den kritisch-relativistischen Empirismus Kohelets spezielle literarische Vorbilder nachweisen lassen (41 ff). Allerdings hätte sich Braun im Blick auf den zweiten Grundsatz vergegenwärtigen müssen, daß wir in der Spruchweisheit des Proverbienbuches offensichtlich nur einen begrenzten Ausschnitt aus der jüdischen Weisheit besitzen und bei banalen Themen und Vergleichen trotz des Schweigens der Überlieferung nicht sogleich ein fremder Einfluß unterstellt werden darf. Eine derartige Reflexion hätte zusammen mit einem sorgfältigeren Achten auf die eigentlichen Aussageintentionen der verglichenen Texte den Umfang des dem Vergleich standhaltenden Materials erheblich reduziert. Es kann in den unserem Referat gesteckten Grenzen nicht darum gehen, Brauns Vergleiche Schritt um Schritt kritisch zu begleiten. So muß es der Rezensent dabei bewenden lassen, sein eigenes Urteil aufgrund erneuter Nachprüfungen zu fällen. In diesem Sinne meint er feststellen zu dürfen, daß schon die als erstes in Angriff genommene sprachliche Analyse den aus ihr gezogenen Schluß nicht rechtfertigt, Kohelet habe wahrscheinlich über eine griechische literarische und rhetorische Bildung verfügt (55).

Zum Einzelnen merke ich unter weiterer Verwendung der bei Liddell – Scott – Jones, Greek – English Lexicon, Oxford 1940² (1961), XVIII ff verwandten Abkürzungen für die griechischen Autoren an: 1) Will man das die Ergebnisse der Nachforschung Kohelets zusammenfassende *hkl hbl* auf ein τῦφος (sic!) τὰ πάντα des Kynikers Monimos, vgl. S. E. M. VIII, 5, zurückführen, liegt eine Vermittlung durch eine von Menander beeinflußte Alltagssprache, vgl. D. L. VI, 83, ebenso im Bereich des Möglichen. Man darf vor allem nicht übersehen, daß die Wendung *hkl hbl* mit der Parallelaussage *wrʿwt rwḥ* zusammengehört, vgl. 1, 14; 2, 11 und 17, die sich ähnlich erst bei Zenobios 1, 38 nachweisen läßt. So dürfte an eine vertiefende Aufnahme eines semitischen Sprichwortes durch den Prediger zu denken sein; gegen B., 45 f. – 2) Die Möglichkeit, daß *ytrwn* aus der Kaufmannssprache stammt, ist m. E. angesichts der unzureichenden Dokumentation dieses Lebensbereiches in der althebräischen Literatur kaum widerlegbar, wenn auch eine Einwirkung des griechischen ὄφελη nicht auszuschließen ist. Ob es dazu eines spezifischen Einflusses der antiken Rhetorik bedurft hätte, 48, scheint mir im Blick auf die von B. angeführten Belege fraglich. – 3) Bei ʿml kann man sich kurz fassen: Daß μόχθος und πόνος Zentralbegriffe der Popularphilosophie gewesen sind, sei unbelegt zugestanden, zwingt aber nicht, bei Kohelet mehr als eine Weiterentwicklung des alttestamentlich-weisheitlichen Sprachgebrauchs im veränderten Milieu anzusetzen; gegen 48 f. – 4) Das Gebiet der semitischen Epigraphik ist zugestanden schwierig. Im Blick auf das Alter der Tabnit- und der Eschmunazar-Inschrift, die beide für das *tḥt šmš* einen Beleg enthalten, vgl. KAI 13, 7 f und 14, 12, ist B. offenbar der einseitigen Information durch BHW II, Sp. 766 erlegen; aber wie es zu der Datierung um 300 bzw. ins 3. Jahrhundert vChr. kam und warum beide ins 5. zu datieren sind, ist bei J. B. Peckham, The Development of the Late Phoenician Scripts, HSS 20, Cambridge/Mass. 1968, 71 ff nachzulesen.

– Der griechische Einfluß müßte in diesem Fall also über Phönikien laufend ins 6.-5. Jahrhundert vChr. zurückdatiert werden und käme für Kohelet nur noch als ein vermittelter in Frage; gegen B., 49 ff. – 5) Für *twr* vermutet B. selbst nur mit Vorbehalt eine Abhängigkeit von nachsokratisch-empirischem τηρεῖν. Als Hauptbeleg verweist er auf Hp. Praec. 30,8. Belege für den entsprechenden Sprachgebrauch der empirischen Philosophen Menodotos, Antyllos und Galen sind für die Verwendung bei Kohelet als zu spät jedenfalls irrelevant. So kommt man im Blick auf die Verwendung der Verben des Beobachtens nicht über das von Hengel Gesagte hinaus; gegen B., 51. 6) Für das *ṭwb lpny h'lhym* und das griechische Motiv der Theophilie kann B. gerade keinen zugleich fatalistischen griechischen Beleg namhaft machen. So ist man angesichts des alttestamentlichen Gedankens von Gottes Wohlgefallen kaum genötigt, mehr als einen Einfluß der Sprache anzuerkennen; gegen B., 51 ff. – 7) Da für den eigentümlichen Sprachgebrauch des ʿ*sh ṭwb* bei Koh 3, 12 immerhin ein entsprechendes ʿ*sh rʿ* 2 Sam 12, 18 vorliegt, ist man kaum genötigt, zu seiner Erklärung auf das eine Euripideswort E. Cyc. 341 zu rekurrieren. Immerhin ist beachtenswert, daß B. statt des bislang angeführten εὖ πράττειν für ein εὖ δρᾶν als griechisches Äquivalent plädiert; vgl. 53 f. – 8) Unverständlich ist B's Konstruktion eines griechisch-anthropologischen Begriffs τὸ καλὸν φίλον. Soweit die angeführten Belege die Stichworte enthalten, geht es um den *Satz*, daß das Gute freund ist. Vgl. Thgn. 17: ὅττε καλόν, φίλον ἐϬτί. – E. Ba. 881: ὅ τε καλὸν φίλον ἀεί. – Pl. Lys. 216c: τὸ καλὸν φίλον εἶναι. – Arist. EN VIII, 1, 1155a 29 (sic!) sagt von der Freundschaft, οὐ μόνον δ' ἀναγκαῖόν ἐϬτι ἀλλὰ καὶ καλόν; – was alles kaum mit dem *ṭwb 'šr yph* von Koh 5, 17 zusammenhängt; gegen B., 54 f.

Brauns Hauptarbeit, das Zusammentragen griechischer Motivparallelen leidet unter den beiden, oben kritisch bemerkten Mängeln. So reduzierte sich dem Rezensenten bei seiner Nachprüfung das ernsthaft in Betracht zu ziehende Material gegenüber Brauns Aufstellungen auf 146 ff etwa auf ein Drittel. Demgemäß legen wir hier die folgende Motivparallelentabelle vor:

Kohelet	Griech. Dichtung	Philosophie und Gnomik
1, 7	Ar. N 1294	
11	Sim. fr. 59 D	
2, 1 ff		Men. Sent. 777
12b	Men. fr. 537,7 f	
14 f		Hegesiaker D.L. II, 95 f
16	Men. fr. 538	
18 ff	Thgn. 913 ff	
3, 1		Hp. Praec. 30,8
1 ff	(sämtliche Belege nur formal!) Hom. Od. XI, 379; Thgn. 1396	Timon fr. 49
12	E. Cyc. 335 ff	
22	Sim. 20 D; Pi. I. VII, 25 ff; S. OC 1270	
4, 2	Anac. fr. 51 Bgk; Thgn 425 ff; A. Supp. 802; S. OC 1225 ff	
9 ff	Hom. Il. X, 224 ff?	
13 f	E. fr. 264 N	
5, 3		Men. Sent. 347
7		Diog. D. L. VI, 45
8		Onesicritus fr. 17; Men. Sent. 420

11	Men. Kith.	Pythag./Stob. V, 68
14		Sol. Sent. 13,76
17 ff	Pi. P. I, 46 ff	
6, 12	Pi. O. VII, 25 f	
7,11	Men. fr. 22	vgl. Arist. EN X, 9, 1178b 33 ff
12		Krates D. L. VI, 88
13	Hes. Op. 7	
15	Thgn. 377 ff	
16 f	Thgn. 335	vgl. Arist. EN II, 6, 1006 b 36 ff, aber auch Sol. Sent. 1 D; vgl. Arist. Rh. 1389b 4.
	Pi. fr. 204 Bowra	
20	Sol. fr. 15 D	
7, 25		Stoiker D. L. VII, 124
26	vgl. Hes. Op. 570 ff und die bei Braun, 70 Anm. 80 geführten Nachweise	
8,1		Antisthenes D. L. VI, 12
3		Men. Sent. 701
8	Thgn. 727 ff 1187 ff	
17	Thgn. 141 f; Pi. fr. 50 Bowra; S. fr. 835 N	Men. Sent. 712
9, 4	E. Tr. 634 f; Theoc. 4, 41	
7 ff	(Alkaios ?) Skolion 30 Bgk.	
7	Mimn. fr. 2 D	
10	Thgn. 875; Asklepiades, Anth. Graec. XII, 50 Beckby; Leonidas von Tarent, ib. VI, 452; Philodemos ib. IX, 570; Amphis fr. 3 Weinreich	
13 ff	E. fr. 300 N	
15 ff	Men. Pap. BM 2823	
16	Agathon fr. 27	
10, 6	Anacr. fr. 54	
16	Eup. fr. 121	
19	Thgn. 718	Men. Sent. 826
11,7 ff	Thgn. 763 ff. 969 ff 1003 ff; Mimn. fr. 3 D Semon. fr. 29 D	
7	E. IA 1218	
12,1 ff	Mimn. fr. 1 D	Men. Sent. 869 f
7	E. Supp. 532 f sowie Epich. fr. 9 D E. fr. 839,8 ff N; Lucr. II, 999.	

Brauns Resümee, die Tatsache, daß sich „die meisten Parallelen aus Homer, Theognis, Euripides und Menander gefunden haben", bestätigte für Kohelet, „daß er, wie seine gesamte Umwelt mit den Gedanken dieser Schriftsteller vertraut war" (150), mag auf den ersten Blick auch angesichts unserer reduzierten Tabelle einsichtig erscheinen, weil mit diesen Namen Autoren genannt sind, die zum Schulbuchrepertoire der Zeit gehörten. Es bleibt jedoch zu bedenken, ob diese Konkordanzen notwendig in der Kenntnis dieser Autoren begründet sind oder sich nicht vielmehr daraus ergeben, daß es sich hier wie dort um eine sich den Grundfragen des Lebens beobachtend und reflektierend zuwendende Literatur handelt, der das Leben selbst die gemeinsamen Themen stellt und der analoge oder identische Zeitgeist eine vergleichbare Sicht freigibt.

Ganz in diesem Sinne macht der relativ hohe Anteil an Parallelen aus Pindar stutzig. Und weiterhin stellt sich im Blick auf die Sentetiae Menandri die Frage, ob es bloßer Zufall ist, daß ihre Bezeugung durch Papyri und Ostraka erst in den nachchristlichen Jahrhunderten einsetzt (vgl. dazu die Übersicht bei S. Jäckel, Menandri Sententiae (Bibliotheca Scriptorum Graecorum et Romanorum Teubneriana), Leipzig 1964,, XXII ff). Analoge Bedenken stellen sich bei Brauns Beobachtung ein, daß sich die gnomisch-popularphilosophischen Parallelen gerade in den Reflexionen des Predigers häufen (158). Hier kann man außer auf Leben und Zeitgeist gewiß auf die Geistesbeschäftigung abheben. Daß sich die Königsfiktion eines popularphilosophischen Modells ihrer Umwelt bedient (164, vgl. 162 ff), ist am Ende kaum so sicher, wie es Braun erscheint. Wer die Erfolglosigkeit menschlichen Strebens überhaupt darlegen will, muß notwendig die höchste, ihm denkbare Selbstverwirklichung des Menschen zugrunde legen. Und mag die Identifikation des Königs mit Salomo nun primär oder sekundär erfolgt sein, ist der Einfluß des biblischen Bildes von Salomo als dem weisesten und reichsten König kaum auszuschließen und am Ende auch eine Nachwirkung der weisheitlichen Gattung der Königslehre nicht (vgl. dazu Loader, 19 f).

Wenn Braun weiter versucht, vom Aufbau des Buches her seine Abhängigkeit von der hellenistischen Diatribe wahrscheinlich zu machen (151 ff), muß er sich die Kritik gefallen lassen, daß er, sollte der Zweck erreicht werden, einen wesentlich konkreteren Vergleich hätte vorlegen müssen. Dazu hätte ebenso eine inhaltliche Aufbauanalyse der Reflexionen des Predigerbuches wie eine solche ausgewählter Diatriben gehört. – Trotz vieler guter Einzelbeobachtungen, die es dem Exegeten angeraten sein lassen, das Buch bei seiner eigenen Arbeit am Kohelet nicht zu vernachlässigen, kann man es im ganzen mit *Loader* dahingehend beurteilen: „There certainly is Greek ,influence' in the Book of Qohelet. But the mere enumeration of the elements thereof brings no proof that Qohelet has ,taken over' the thought and teaching of Greek philosophy, as Braun's argument runs. What he misses because of his methodological shortcomings, is the actual point: How do these elements of Greek influencee function in the actual thought patterns constructed in the various structural units of the book? Therefore Braun's book is only a useful compendium of reference material in support of what we already know, vit. that elements known from early Hellenistic philosophy are to be found in the book of Qohelet" (129).

Ch. F. Whitley setzt sich in seiner Untersuchung vor allem das Ziel, die Hypothese einer ursprünglich aramäischen Abfassung des Buches und die andere seiner sprachlichen Beeinflussung durch das Phönizische zu überprüfen, wie sie von **Burkitt, Zimmermann** und **Ginsberg** auf der einen und **Dahood** auf der anderen

Seite vertreten worden sind. Demgemäß ist der Großteil seines Buches einer sprachlichen Analyse des Kohelet (4-105) und der abschließenden negativen Würdigung der genannten Hypothesen (106-118) gewidmet. In seinem Materialreichtum wird sich dieser Teil der Abhandlung dem Exegeten von selbst empfehlen, wenn er Whitley auch nicht immer in seinen Ableitungen und literarkritischen Vermutungen folgen wird. Angesichts des Ergebnisses der sprachlichen Analyse, daß die Sprache des Predigers sowohl syntaktisch wie mit ihren Aramaismen dem Mischnischen Hebräisch näher als Ben Sira steht, und seiner mit Middendorp und Gordis geteilten Sicht, daß Ben Sira das Predigerbuch nicht kannte (vgl. auch Kaiser, Einleitung[4], 359 Anm. 23), drängt sich ihm die Frage auf, ob Kohelet nicht in Wahrheit entgegen der heute fast allgemeinen Ansetzung *vor* Ben Sira in Wahrheit hinter diesem einzuordnen sei (199 ff). Seine Annahme, Kohelets Gebrauch von 'mr l statt 'mr 'l in 8, 4 zeuge von einer Beeinflussung durch Dan 4,32 ist zu scharfsichtig; denn 'mr l ist keineswegs nur eine Späterscheinung des Hebräischen, vgl. zB. Gen 3,17; 20,5 und Ps 11,1. So reicht es aus, Koh 8,4 als Gedächtniszitat von Hiob 9, 12 anzusehen. – Sachlich meint Whitley seine Spätdatierung des Predigers vor allem dadurch erhärten zu können, daß die Überzeugungen Ben Siras offensichtlich im Einklang mit der herkömmlichen jüdischen Weisheit stehen, während sich gleichzeitig eine Reihe von Gedankenberührungen zwischen Ben Sira und Kohelet feststellen läßt (vgl. 129 ff und 163). Da er den Prediger sprachlich und wegen seiner Infragestellung eines Lebens nach dem Tode jedenfalls noch hinter das Danielbuch stellen möchte (136 ff), ihm aber 4 Q Qoh[a] eine wesentliche weitergehende Spätdatierung verbietet, plädiert er für eine Entstehung des Koheletbuches auf dem Hintergrund der Einsetzung des Hasmonäers Jonathan zum Hohen Priester durch Alexander Balas. Dieser Traditionsbruch sei für Kohelet das Signal gewesen, nun auch seinerseits keinen Hehl aus seiner eigenen Abneigung gegen das Judentum zu machen und unumwunden griechischen Anschauungen bei sich Raum zu geben (vgl. 141 ff und besonders 146). Die Bildung der Qumrangemeinschaft möchte Whitley dann erst als Folge der offiziellen Anerkennung des hasmonäischen Hohenpriestertums durch die Juden im Jahre 140 vChr. ansehen, womit er den Spielraum für die Textentwicklung und die Übernahme des Koheletbuches durch die Qumrangemeinde gewonnen zu haben glaubt (zur Bedeutung des Hohenpriestertums Jonathans für das Entstehen der Qumrangemeinde vgl. auch H. Stegemann, Die Entstehung der Qumrangemeinde, Diss. Bonn 1971, 247 ff).

Man wird freilich einwenden können, daß es fraglich ist, ob innerhalb eines Jahrzehntes nicht nur die Entstehung, sondern auch die orthodoxe Rezension und die Weiterentwicklung des Textes des Koheletbuches Platz finden können. Und man wird weiter nach der Altersbestimmung des Wächterbuches Hen 1-36 durch Milik darauf hinweisen dürfen, daß die Auferstehungshoffnung, wie sie Dan 12 vertritt, nicht erst in der Makkabäerzeit entstanden ist (vgl. dazu J. T. Milik, The Books of Enoch. Aramaic Fragments of Qumrân Cave 4, Oxford 1976, 22 ff und bes. 28 sowie O. Kaiser in: O. Kaiser und E. Lohse, Tod und Leben (Biblische Konfrontationen), Stuttgart 1977, 71 ff). Was aber die sprachlichen Argumente betrifft, bleibt immer noch der Einwand, daß der Unterschied zwischen Ben Sira und Daniel auf der einen und Kohelet auf der anderen Seite sehr wohl damit zusammenhängen kann, daß sich die einen bewußt an die Tradition anschlossen und um ein der Kultsprache gemäßes Hebräisch bemühten, während der andere, der sich von ihr abzugrenzen suchte, darauf verzichtete und auf die aramaisierte Volkssprache zurückgreifen konnte, eine Möglichkeit, die Whitley (141) selbst gesehen hat. Und schließlich bleibt die Frage zu stellen, ob es angesichts des Weiterbestehens der Jerusalemer Akra bis zum Jahre 141 vChr. mit ihren Hellenisten im hasmonäischen Jerusalem tatsächlich einen geistigen Freiraum für einen Denker wie den Prediger geben konnte (vgl. dazu auch Hengel, 556 ff). Das vom 1. Makkabäerbuch gezeichnete Bild der Epoche ermutigt jedenfalls nicht dazu (vgl. E. Bickerman(n), Der Gott der Makkabäer, Berlin 1937, 27 ff = The God of the Maccabees, 17 ff und K.-D. Schunk, 1. Makkabäerbuch, JSHRZ I/4, Gütersloh 1980, 293).

Obwohl Whitley babylonische und ägyptische Einflüsse auf Kohelet nicht ausschließen will (vgl. 152 ff und 179), interessiert ihn im Zusammenhang mit seiner Spätansetzung der griechische naturgemäß am meisten. Gelänge es ihm, einen nachhaltigen epikureischen Einfluß auf Kohelet glaubhaft zu machen, hätte er ein weiteres Argument für diese gefunden. „. . . the nature of Greek influence in Kohelet," heißt es auf S. 165, das Ergebnis vorwegnehmend, „presupposes a sustained contact with Epicurean thought which could hardly be possible before the reign of Antiochus Epiphanes (175-164 B. C.)." Unter seiner Regierung sei die seleukidische Hauptstadt Antiochien zu einem Zentrum des Epikureertums geworden. Antiochus sei selbst durch den Einfluß des Philonides von Laodikeia zum Epikureer bekehrt worden und habe in dieser Philosophie ein Mittel zur Einigung der Völker seines Reiches gesehen. „This," so folgert Whitley (165), „was doubtless his motive in attempting to impose Greek thought and culture on the Jews." Daß diese Missionshypothese durch Bickerman(n) längst und überzeugend in Frage gestellt worden ist, hat Whitley wie mancher andere übersehen (vgl. Bickerman(n), 48 ff und 117 ff = 25 ff und 76 ff, sowie Tcherikover, 175 ff).

Sehen wir zu, welche typisch epikureischen Philosopheme Whitley bei Kohelet wiederzufinden meint und wie stichhaltung sich seine Hypothese nach der Überprüfung der vermeintlichen oder tatsächlichen Parallelen erweist. In der Reihenfolge ihrer Benennung geht es 1.) um die Weltabgewandtheit der Götter, die auch ihr Weltregiment ausschließt; 2.) die Leugnung der Prophetie; 3.) die Leugnung eines Lebens nach dem Tode; 4.) die damit zusammenhängende Auflösung der Seele im Tode; 5.) den Hedonismus und 6.) die Lehre von der ewigen Widerkehr. Mit 1) vergleicht Whitley Koh 5, 1; 3, 11 und 8, 17; mit 2) 8, 6 – 8 und 6, 12; mit 3) 9, 4 – 5. 10; mit 4) 12, 6 – 7; mit 5) 5, 18; 8, 15; 3, 22 und 2, 10, wobei 10, 16 f den epikureischen Vorbehalt gegen eine bloß sinnliche Lust signalisieren soll; mit 6) 3, 15 und 1, 9. Dabei zieht Whitley bei dem letzten Vergleichspunkt einen stoischen Einfluß vor, weil das Philosophem in der Stoa in der Tat eine ungleich zentralere Stellung als im Denken Epikurs besitzt.

Doch was bleibt von all den unterstellten epikureischen Einflüssen übrig, wenn man sich die Kohelettexte genauer ansieht? Ad 1): Die Aussage in 5, 1, daß Gott im Himmel und der

Mensch auf der Erde ist, betont zwar den zwischen beiden bestehenden unendlichen Abstand, aber beinhaltet keinesfalls ein göttliches Desinteresse am Menschen und der Welt, vgl. nur 5, 3 f. Im absoluten Gegensatz zur epikureischen Doktrin ist Gott für den Prediger die alles bestimmende Macht, 3, 10 f. 14 f. So ist bei ihm auch nicht die Rede davon, daß sich dieser Gott nicht um die Menschen kümmert; er sorgt vielmehr dafür, daß sie sich abmühen, 1, 12 b; 3, 10, und hält sie vollends im Gegensatz zu allem, was Epikur über die Götter lehrte, ausdrücklich in seiner Furcht, 3, 14. – Ad 2): 9, 4 – 5 hängt mit dem eigentümlichen Schicksalsglauben zusammen, wie ihn 1, 4 – 11; 3, 1 – 9 und 3, 10 – 15 entwickeln. Ebenso will 6, 12 von dem Rätsel der zufallenden Zeit (Kurt Galling) her verstanden sein. – Ad 3): Die Leugnung eines Afterlife teilt der Prediger in der Tat mit Epikur; aber allein die Tatsache, daß sie für beide einen ganz verschiedenen Stellenwert besitzt, – für den einen ist der Tod als Ende der große, allen Lebenssinn vernichtende Schock, für den anderen teils ein Trost, teils etwas, was uns nichts angeht (vgl. Epic. Sent. II: ὁ θάνατος οὐδὲν πρὸς ἡμᾶς . . .; ferner Sent. XI sowie D. L. X, 124 ff), sollte uns warnen, hier einen epikureischen Einfluß beim Prediger zu unterstellen. Wer sagt uns denn, daß der Mensch des Altertums die stille Anfechtung durch den Gedanken nicht kannte, daß mit dem Tode alles aus ist? Die Erwartung des bewußtlosen Schattendaseins in der Unterwelt bildete für ihn kaum einen Trost. Warum sonst begehrte Gilgamesch beim Tode seines Freundes Enkidu auf? Und was sollte das Gespräch des Mannes mit seinem Ba, die sogenannte Rede eines Lebensmüden mit seiner Seele, wenn dem Ringen um die Art des Fortlebens nach dem Tode nicht zugleich der Zweifel an ihm entsprach (vgl. dazu W. Barta, Das Gespräch eines Mannes mit seinem BA (Papyrus Berlin 3024), MÄS 18, Berlin 1969, 98 f)? Und welche Einschätzung des Lebens im Hades deutet sich an, wenn Achill das Kompliment des Odysseus über seine königliche Stellung in der Unterwelt zurückweist und erklärt, er wolle lieber der letzte Sklave auf Erden als der König der Toten sein (vgl. J. Griffin, Homer on Life and Death, Oxford 1980, 100 f)? Und warum suchte der todgeweihte Kranke sein Geschick noch einmal betend zu wenden, indem er Jahwe daran mahnte, daß er mit seinem Tode einen der Künder seines Ruhmes verlöre (vgl. zB. Ps 30, 10; 88, 1 ff; 6, 6 und 115, 17 f; sowie 102, 25)? – Nur eine Befreiung der Seele aus der Unterwelt oder ihre sofortige Himmelsreise wären in der Lage, dem Menschen eine über den Tod hinausgehende Hoffnung zu verleihen. Die Mär davon hat den Prediger erreicht, aber sie hat ihn nicht überzeugt, vgl. 3, 21 mit 3, 19. – Ad 4): Aus 12, 6 – 7 kann man in der Tat die Auflösung der menschlichen Seele herauslesen; aber wenn man schon nach einem philosophischen Gewährsmann für die hier vertretene Auffassung unter Einschluß von V. 7b sucht, müßte man ihn in Aristoteles oder – mit vielen Zusatzüberlegungen – in den Stoikern finden (vgl. Arist. de An 413a 4 ff; GA 736b 27 f; Protr. fr. 10c Ross; Metaph. XII, 1070a 24 ff und dazu zB. St. R. L. Clark, Aristotle's Man, Oxford 1975, 182 und 170 f bzw. SVF II 809 (223, 17 ff); I 537 (121,4 f); 522 (118,3 ff) und dazu E. Zeller, Die Philosophie der Griechen in ihrer geschichtlichen Entwicklung III/1, Leipzig 1923[5] = Hildesheim 1963[6], 198 ff), wozu aber angesichts von Ps 104, 29 f nichts nötigt, ganz unabhängig von der Frage, ob V. 7b angesichts von 3, 19. 21 überhaupt Kohelet zugeschrieben werden darf. – Ad 5): Whitley gehört zum Glück nicht zu den ahnungslosen Theologen, die Epikur für einen Apostel eines dem bloßen Sinnengenuß ergebenen Lebens halten. Das ist ja angesichts von D. L. X, 132 und Sent. V. X und XXXVI f. einschließlich der zu XXXI durch Diogenes Laertius gegebenen Erläuterung D. L. X, 149 gar nicht möglich! So brauchen wir lediglich zu fragen, ob Koh 10, 16 f ein hinreichendes Zeugnis ist, um Kohelet als von Epikurs Forderung, die Sinnenfreuden einem einsichtsvollen, geordneten und gerechten Leben unterzuordnen, vgl. Sent. V, abhängig anzusprechen. Es reicht aus, im griechischen Bereich auf Eup. fr. 121 und im alttestamentlichen auf Jes 5, 11. 22 und Spr 31, 4; 20, 1 zu verweisen, um die ganze Hypothese zum Einsturz zu bringen. – Ad 6): Daß die Lehre von der Wiederkehr aller Dinge Epikur zugeschrieben wird (vgl. Epic. fr. 307 Usener) und als ein zentrales Philosophem der stoischen Kosmologie angesehen werden muß (vgl. zB. SVF I 107 (32, 3 ff. 6 ff); 109 (32, 19 ff); II 625 (190, 10 ff), duldet keinen Einspruch. Erkennt man ihren in SVF II, 625 direkt angesprochenen astronomischen Hintergrund, die von den Babyloniern entwickelte Vorstellung vom „großen Jahr", wird man zögern, 1, 4 ff und 3, 15 ff unbesehen auf einen speziellen philosophischen Einfluß zurückzuführen. Man braucht sich nur der freilich jüngeren Darstellung des palmyrenischen, den Zodiakus beherrschenden Bel zu erinnern, um von einer notwendig westlichen Beeinflussung abzusehen. 1, 4b spricht zudem ebenso gegen einen stoischen Nachhall wie der ganze, an der Gerechtigkeit der göttlichen Weltordnung zweifelnde Fatalismus des jüdischen Weisen, was Whitley selbst richtig gesehen hat (171). Es ist ihm ja überhaupt nicht verborgen geblieben, daß die angeblich von den Philosophen oder den griechischen Dichtern entlehnten Motive bei Kohelet am Ende eine ganz andere Rolle als bei ihren vermeintlichen Urbildern spielen. Er geht weiterhin zumal auf die Parallelen bei Hesiod ein (171 f). Das Verhältnis zu Theognis scheint er durch Ranston für geklärt zu halten (vgl. 158 ff). Daß er die Beziehungen zur jüdischen Literatur selbstverständlich in seine Untersuchung einbezogen und dabei u. a. eine brauchbare Zusammenstellung von Parallelen aus den Proverbien und eine durch die vermeintlich festgestellte Abhängigkeit des Predigers von Ben Sira getrübte aus letzterem geliefert hat, sei nicht verschwiegen (vgl. dazu 161 ff sowie 119 f). Whitley übersah auch nicht, was Kohelet von den babylonischen und den ägyptischen nur vordergründigen Pessimisten trennt (179).

Mithin muß der Rezensent Whitley's Bereitwilligkeit, trotzdem mit babylonischen, ägyptischen und griechischen literarischen Einflüssen auf den Prediger zu rechnen, auf eine mangelnde Klarheit über das Methodenproblem bei der Erhebung solcher Abhängigkeiten zurückführen. Es reicht nicht aus, thematische Gemeinsamkeiten oder auch nur Gedankenüberschneidungen, formale und metaphorische Entsprechungen festzustellen, um daraus auf Entlehnungen zurückzuschließen. Es ist vielmehr erst zu überlegen, ob die fraglichen rhetorischen Figuren, Metaphern und Gedanken eindeutig und ausschließlich nur mittels der Annahme ihrer Entlehnung erklärt werden können. Das wird, wo von der Ungerechtigkeit unter den Menschen, den Beschwerden des Alters, dem drohend bevorstehenden Tod und der angesichts seiner erhobenen Mahnung, das Leben zu genießen, die Rede ist, schwerlich der Fall sein, sofern es nicht gelingt, Ganz- oder Halbzitate nachzuweisen. Selbst die Tatsache, daß solche Gedanken in der älteren alttestamentlichen Literatur nicht bezeugt sind, ist im Zweifelsfall irrelevant, da es sich bei ihr um einen einseitigen Ausschnitt aus dem israelitisch-jüdischen Schrifttum handelt, was sich zu verdeutlichen Morton Smith' Palestinian Parties and Politics that Shaped the Old Testament, New York und London 1971, gute Dienste leistet. Beim Rückgriff auf wesentlich ältere Literaturwerke ist zudem die Frage nach dem Traditionsweg sorgfältig zu klären. Und schließlich ist zu bedenken, warum der fremde Gedanke entlehnt worden ist und welche Funktion er in seinem neuen Kontext erhalten hat. Whitley hat sich im Fall des von ihm unterstellten Einflusses des Epikureismus um die Erhellung des Traditionsweges bemüht. Und er hat es auch nicht unterlassen, auf die andersartige Bedeutung der sonstigen angeblichen Entlehnungen im Denken des Predigers hinzuweisen. Aber weil er sich das Problem nicht in seiner ganzen Verzweigtheit vergegenwärtigt hat, ist es ihm am Ende nicht gelungen, die Frage nach dem griechischen Einfluß auf Kohelet über den bei Hengel erreichten Stand voranzutreiben. Und vielleicht ist dies unter den obwaltenden Umständen auch gar nicht möglich.

Die Untersuchung von *James A. Loader* stellt den wesentlichsten Beitrag zur Kohelet-Forschung seit der Monographie von Ellermeier aus dem Jahre 1967 dar. Sie greift zunächst erneut das umstrittene Thema der Komposition des Buches auf, zu dem sich auch Braun geäußert hatte, und kommt zu dem wohlabgewogenen und nach der Ansicht des Rezensenten ganz dem Befund entsprechenden Ergebnis: „We have no logical development of thougth reflected in the composition of the book, but there are various separate pericopes. These are structured carefully. Without contradicting my first point, it can be said that seperate pericopes are compositionally related to each other. The basic idea running through all of them is the conviction of emptiness which purposely begins and ends the book" (9). – Loader gibt weiterhin eine umfassende, in den folgenden Analysen der Reflexionen begründete Übersicht über die von Kohelet verwandten Stilfiguren, die metrischen Verhältnisse und die Gattungen, unter denen, wie nicht anders zu erwarten, die weisheitlichen absolut dominieren (9 – 28). Anschließend wendet er sich der Darstellung der polaren Strukturen zu, welche Komposition und Gedankengang der einzelnen Reflexionen bestimmen. Er erläutert den Begriff wie folgt: „By ‚polar structures' I mean patterns of tension created by the counterposition of two elements to one another. This tendency is so prominent throughout the book that it may be called its outstanding characteristic." Auf diese Weise zeigt sich überzeugend das letztlich einheitliche Denkmuster Kohelets, dessen Nachdenken durch die unaufgelöste Spannung zwischen der traditionellen jüdischen Weisheit mit ihrem Glauben an den unauflöslichen Zusammenhang zwischen menschlicher Tat und göttlich verordneter Tatfolge und seiner eigenen Erfahrung bestimmt ist. Dabei gelingt es Loader von Einheit zu Einheit, die Verwurzelung des Weisen in der Tradition seines Volkes zu demonstrieren. Am Ende ergibt sich so, daß es Kohelet wie so zuvor nur dem Dichter des Hiob gelungen ist, die Vergeltungslehre zu besiegen, ihm darüber jedoch zugleich jegliches menschliche Erfolgsstreben fragwürdig geworden ist (vgl. 122 f).

Die Ursache für diese Spannung im Denken und für diesen Ausgang der Reflexionen Kohelets sucht Loader in der Tatsache, daß Kohelet darauf verzichtet hat, den zwischen Gott und Welt entstandenen Abgrund, der sich in nachexilischer Zeit durch die Wandlung des Gottes Israels zum fernen Gott aufgetan hatte, durch Mittlergestalten zu überbrücken (124 ff). Weil Kohelet einerseits in der jüdischen Weisheitstradition stand und die Welt andererseits distanziert betrachtete, zerbrach ihm die Beziehung zu Zeit und Situation (circumstance) und damit die weisheitliche Tradition. An dieser Stelle ist Loader geneigt, einen griechischen Einfluß zuzugestehen: „The early Hellenistic philosophers also were concerned with the question of ‚profit'. On the other hand, the pessimistic and critical traits of these philosophers are also well-known. But this is not a fundamental argument. It probably is true, but if it were not, we would still be able to explain Kohelet's thought and we would still be able to understand his polar patterns" (131). Loader stützt sich bei diesem Urteil ebenso auf Braun wie er sich gleichzeitig von ihm distanziert. Angesichts der Tatsache, daß er am Ende geneigt ist, den Pessimismus des Predigers eher aus seiner existenziellen Spannung als aus einem – nach Ansicht des Rezensenten immer noch zu erweisenden – Einfluß der griechischen Philosophie und Dichtung ableitet, darf man die Frage aufwerfen, ob nicht trotz des chokmatischen Vorbildes, welches die Berufung auf die Beobachtung besitzt (vgl. Loader's Nachweise 25), gerade in dieser distanzierten Berufung auf die *eigene Erfahrung* der wesentliche Beitrag zu suchen ist, den der Hellenismus zum Denken Kohelets geleistet hat.

Zur Kritik Loader's an Brauns Vergleichsmethode siehe bei ihm 129 f. – An dieser Stelle weniger mit der Interpretation des Kohelet als mit der Frage nach seiner Stellung im jüdischen Frühhellenismus befaßt, reicht es aus, positiv daraufhinzuweisen, daß Loader an einer ganzen Reihe bislang schwieriger Stellen überzeugende Deutungen gelungen sind. Man vgl. zB., was er 66 ff zu 11, 1 – 6 ausgeführt hat. – Auf der anderen Seite ist die Gefahr allzu konsequenter Deutung von dem entdeckten Gegensatz her nicht immer vermieden, vgl. zB. was 90 f zu 4, 7 – 12 ausgeführt wird. Unklar blieb mir die 7, 18a auf 48 gegebene Interpretation. Schließlich wird es kaum wunder nehmen, daß der Rezensent Loader in der Ansicht zustimmt, daß die Literarkritik der literarischen Analyse nicht vorgreifen darf. Das ist ja auch letztlich in der alttestamentlichen Wissenschaft so nie geschehen, selbst wenn es in den Darstellungen so aussehen mag. Die Literarkritik setzt immer schon ein Verständnis des Textes, eine sorgfältige Beobachtung seines Gedankenganges und der dabei sich ergebenen inhaltlichen Spannungen voraus (vgl. Loader, 1). So kann nur der Erfolg der Analyse über die literarische Einheit entscheiden. In dieser Hinsicht muß der Rezensent gestehen, daß ihn der Versuch Loader's, hinter die Literarkritik von Ellermeier und Galling zurückzugehen, nicht überzeugt hat.

Wenden wir uns dem Problem der hellenistischen Beeinflussung des *Sirachbuches* zu, haben wir im Blick auf die zeitliche Ansetzung und zugleich den geschichtlichen und geistesgeschichtlichen Hintergrund festeren Boden unter den Füßen: Die noch den Prediger in den Grenzen der Tradition haltende Anonymität ist aufgegeben, vgl. 50, 27 und 51, 30 V (Lévi). Das Lob auf den Hohenpriester Simeon in 50, 1 ff und die Angaben des Enkels, die seinen Prolog jedenfalls in die Zeit nach 138 vChr. verweisen, bestimmen zusammen mit dem Fehlen von Hinweisen auf die mit dem Jahre 175 einsetzenden Eingriffe in die Konstitution und das religiöse Leben Jerusalems das erste Viertel des 2. Jhs. vChr. als die Wirkungszeit Ben Siras. Da der Versuch der Jerusalemer Aristokratie und ihres Wortführers, des Hohenpriesters Jason, das jüdische Ethnos in die Polis „Antiocheia in Jerusalem" umzuwandeln (vgl. Bickerman(n), Gott, 59 ff = God, 38 ff und Hengel, 503 ff), kaum aus heiterem Himmel erfolgt ist, dürfen wir unterstellen, was schon die Namen dieses und des folgenden Hohenpriesters signalisieren, daß der Hellenisierungsprozeß in der jüdischen Metropole soweit fortgeschritten war, daß man sich in der Lage glaubte, ein griechisches Gymnasium und die Ephebie mit dem Hohenpriester als Archonten und Gymnasiarchen unterhalten und verkraften zu können, vgl. 1Makk 1,11 ff und 2Makk 4,7 ff. So ist man zu der Unterstellung berechtigt, daß im Jerusalem Ben Siras griechisch-hellenistisches Schrifttum bekannt war und Ben Sira als Anhänger der Oniaden von dieser Bewegung nicht unbeeinflußt geblieben ist.

Halten wir uns an die Darstellung *Martin Hengels*, so belegt dies schon die Selbstvorstellung des Siraziden. Auf die von ihm in diesem Zusammenhang ins Feld geführten Unterschriften wollen wir dagegen als Argument verzichten, weil sie in der Masada-Handschrift des Sirachbuches fehlen. Dagegen werden wir

Hengel beipflichten, wenn er in den anschwellenden und das Maß der Lehreinheiten, wie es Spr 1-9 zu beobachten ist, hinter sich lassenden Lehren eine Auswirkung des veränderten geistigen Klimas erkennt (242). Für Hengels Gesamtverständnis Ben Siras ist entscheidend, daß er bei ihm eine deutliche Protesthaltung „gegen den Übermut der freisinnigen Aristokratie" erkennt (246) und ihn im ausdrücklichen Anschluß an *Rudolf Smend sen.* in der Auseinandersetzung mit dem hellenistischen Freigeist begriffen sieht (252). Beim Abschreiten der fraglichen Themen zeichnen sich die Konturen der eigenen hellenistischen Beeinflussung des Weisen ab. Die vielleicht durch die Auseinandersetzung mit „gewissen vom Hellenismus stärker beeinflußten Weisheitsschulen" bestimmten Verse 15, 11 ff reden in einer „fast philosophischen Weise von der Unfreiheit bzw. Freiheit des menschlichen Willens" (255). Eine ähnliche Frontstellung erkennt er in 16, 17 ff, wo es nach Hengel gegen eine Gottesvorstellung geht, „die in fast epikuräischer Weise" Gottes Nichtbefaßtheit mit dem menschlichen Einzelschicksal unterstellt (256). Damit zusammenhängend sah sich Ben Sira in die Auseinandersetzung mit den Bestreitern der Gerechtigkeit Gottes 39, 24 ff und der Vollkommenheit der Welt 39, 16; 42, 15 verstrickt (260 ff). Dabei erinnert besonders das zweite Thema an stoische Vorstellungen (265 ff). Auch der Gedanke der Seinspolarität, nach dem es das Gute nicht ohne das Böse gibt, weist in Hengels Augen auf die griechische Philosophie hinaus (267). „Mit der Annahme einer lediglich analogen Entwicklung zwischen jüdischer Weisheit und stoischer Philosophie wird man bei Ben Sira kaum mehr auskommen, vielmehr muß man nicht nur bei seinen Gegnern, sondern auch bei ihm gewisse popularphilosophische Einflüsse voraussetzen, eine Erscheinung, die bei dem geistigen Klima um 175 vChr. in Jerusalem nicht mehr verwunderlich ist." Das Stichwort, unter dem Hengel diese Öffnung des Siraziden für den griechischen Geist versteht, heißt letztlich Anpassung des konservativen Schriftgelehrten an den Zeitgeist in apologetisch pädagogischer Absicht (268). Wir werden sehen, daß gerade an diesem Punkt der Widerspruch der Nachfolger eingesetzt hat. Zunächst merken wir jedoch noch an, daß sich gegen die von Max Pohlenz, Stoa und Semitismus, Neue Jahrbücher für Wissenschaft und Jugendbildung, 2/3, 1926, 257 ff, aufgestellte und in seinem einflußreichen Werk „Die Stoa. Geschichte einer geistigen Bewegung I", Göttingen 1964³, 69 und 108, in vorsichtiger Weise erneut vorgetragene Hypothese von der semitischen Beeinflussung des Denkens des Begründers der stoischen Schule, Zenon, mindestens Zurückhaltung empfiehlt. Ein Blick in A. A. Long, Hellenistic Philosophy. Stoics, Epicureans, Sceptics, London 1974, 113 wird künftig darauf verzichten lassen, in der etwaigen Aufnahme stoischer Philosopheme im Judentum eine Assimilation ursprünglich semitischer Gedanken in hellenistischem Gewande zu erkennen. Und schließlich gilt es vorab, weiterhin auch Hengels Beurteilung der Beziehungen Ben Siras zur griechischen Dichtung, besonders zu Theognis, Euripides und den Vertretern der Mittleren Komödie zur Kenntnis zu nehmen: Bedacht ersetzt er den Ausdruck der sich nachweislich ergebenden Parallelen durch den der Anklänge, weil eine direkte literarische Abhängigkeit bei den herangezogenen, auf allgemeinmenschlicher Erfahrung beruhenden Topoi nicht erweisbar ist (269). Daß wir ihm bei diesen Erwägungen grundsätzlich zu folgen bereit sind, liegt nach dem oben zum Methodenproblem Gesagten auf der Hand.

Die Frage, die sich dem Leser Hengels stellt, ob er das Bild Ben Siras nicht zu sehr als das eines Apologeten gezeichnet und den Ton zu stark auf die Auseinandersetzung mit dem Hellenismus gesetzt hat, findet er bei Marböck und Middendorp aufgenommen. *Johannes Marböck* sieht in seiner Arbeit den Siraziden damit befaßt, das überlieferte Selbstverständnis angesichts der Herausforderung durch die hellenistische Welt neu zu formulieren (73). Das scheint auf den ersten Blick in der Substanz nichts anderes als das von Hengel Gesagte zu bedeuten. Aber es handelt sich dabei doch um eine wesentliche Akzentverschiebung, indem die Frontstellung jetzt nicht nur nach außen gerichtet ist, sondern gleichzeitig durch Ben Sira selbst verläuft, wenn auch in ganz anderer Weise, als Loader dies für Kohelet nachgewiesen hat. Auch Marböck bezweifelt nicht, daß der eigentliche Schwerpunkt seines Denkens der eines jüdischen Schriftgelehrten ist, der als solcher nicht bereit ist, die Prärogative Israels gegenüber den Völkern preiszugeben. Ohne deren Weisheit zu leugnen, beharrt er darauf, daß das Wahre der *einen* göttlichen Weisheit in aller Welt nur von Israel her erkannt werden kann; aber er gesteht eben auch zu, daß es als solches nicht abgelehnt zu werden braucht, vgl. 1, 8 ff und 24, 1 ff (72 f). So bleibt dem Gesetz sein Vorrang als sicherer Weg zur Weisheit gewahrt, vgl. 15, 1; 19, 20 und 24, 23 (89 f). Daß die Tora des Mose gerade zur Zeit des Siraziden als Weisheit bezeichnet und als Teil einer universalen Schöpfungsordnung angesehen wird, ist Marböck ein Hinweis darauf, daß Ben Sira als eine weisheitliche Antwort auf den Hellenismus anzusehen ist (93). Da Weisheit und Gesetz zentrale Philosopheme der Stoa waren, sieht Marböck Ben Sira den göttlichen Weltgeist der Stoa als Mittel für die Neuinterpretation des jüdischen Gesetzesglaubens in Dienst nehmen. Mithin sei auch die Absicht Ben Siras nicht antihellenistische Polemik, sondern der Versuch, den alten Glauben in einer sich wandelnden Welt neu zu sagen, gewesen (vgl. 94 und 132). Dabei denkt er gegen Raymond Pautrel, Ben Sira et le stoicisme, RScR 51, 1963, 535 ff, eher an einen vermittelten als einen unmittelbaren Einfluß der stoischen Philosophie auf den Siraziden, den er wie andere vor ihm und Hengel neben ihm weiterhin in der Vorstellung der Güte und Zweckmäßigkeit der Schöpfungswerke in 39, 16. 33 wiederfindet (vgl. 140 und 143 f). Dabei setzt er voraus, daß dieser Einfluß so stark gewesen ist, daß er Ben Sira selbst bewußt war (145).

Man wird freilich gerade gegenüber dem Versuch, die zentrale Verbindung von Weisheit und Gesetz beim Siraziden auf einen stoischen Einfluß zurückzuführen, größte Vorsicht walten lassen, und dies nicht nur angesichts von Dtn 4, 6, sondern vor allem angesichts der Aufgabe, die sich einem im Judentum gegründeten und an ihm festhaltenden Weisen in der damaligen Situation notwendig stellte, das Gesetz als die letzte und eigentliche Norm des jüdischen Lebens in sein chokmatisches Denken einzubeziehen. Dagegen folgt man Marböck gern, wenn er zeigt, wie sich die hellenistische Kultur in der Behandlung des Themas des Arztes durch Ben Sira spiegelt, Überlegungen, die er treffend unter die Überschrift „Zum Problem von Frömmigkeit und Fortschritt in Sir 38, 1 – 15" gestellt hat (154 ff). Und das gleiche gilt, wo Marböck über die Themen des Reisens (160 ff) und der Bankettsitten (162 ff) referiert. Hier wird in der Tat deutlich, daß Ben Sira, der Denker, der die Substanz eines theokratischen und an das Gesetz gebundenen Judentums in einer gewandelten Welt verteidigt, selbst ein Kind der hellenistischen Welt gewesen ist.

Betonte Marböck den stoischen Einfluß, ging es *Theophil Middendorp* um den Nachweis, daß Ben Sira aus griechischen Anthologien geschöpft hat „und jedenfalls in den Sprüchen des Theognis bewandert" war (33). Die Hypothese basiert auf der Ansicht, Ben Sira habe ein Schulbuch nach griechischem Vorbild zu schreiben beabsichtigt. Abgesehen von der Theognidischen Sammlung und Xenophons Memorabilien legt Middendorp seinen Vergleichen vor allem diejenigen Autoren zugrunde, die in dem von Guéraud und Jouquet 1938 veröffentlichten Schulbuch vom Ende des 3. Jhs. vChr. zu Wort kommen: Euripides und Homer. Überprüft man die als solche angesprochenen Parallelen, erscheint ihre Nennung angesichts der Verbreitung der Motive in der griechischen Literatur teilweise als zufällig; andere sind von ihrem Inhalt her fraglich. Weiterhin hat es Middendorp versäumt, sich die Tatsache zu vergegenwärtigen, daß die Gattung der Weisheitslehre mit ihrer Bildung größerer Einheiten eine ebenso aus Mesopotamien wie aus Ägypten und dem Alten Testament bekannte Literaturform gewesen ist. Nach Ansicht des Rezensenten war er auch allzu schnell bereit, die Rücksichtnahme auf griechisches Denken anzunehmen, wo sich in Wahrheit nur das typisch weisheitliche Denken durchhält.

Stichhaltig sind nach erneuter Überprüfung der Belege in ihrem Kontext nur die folgenden, aus Middendorps Vorschlägen S. 7-26 entnommenen und durch zusätzliche, ohne weitere Nachforschungen beigebrachten Parallelen:

Sir
4, 21   vgl. Hom.Il. XXIV,44; E. Hipp. 383–387 (sic!).
6, 14   vgl. Thgn. 77 f; E. Or. 1155 ff (sic!); aber auch Pl. Lys. 211e; Epic. Sent. XXVII; ferner Arist. EN VIII, 1, 1155a 1 ff.
11, 26(28)   vgl. Hdt. I, 32,7; 86,3; S. OT 1528–1530 (sic!).
13, 2   vgl. Aesop, Chytrai (Halm 422); aber zur Herkunft auch H.S. Schnur, Fabeln der Antike, Tusc., München 1978, 153.
13, 14   vgl. Hom.Od. XVII, 217; aber auch zB. Pl. Lys. 214a.
14, 18   vgl. Hom. Il. VI, 146 f; zur Verbreitung des Motivs aber auch zB. D.L. IX,67; ferner Mimn.fr. 2,1 f (D).
20, 18   vgl. D.L. VII, 26 (SVF I 329(70,25 f) und dazu die Notiz ebenda 70,27 f sowie aeth. Achikar 13.
33, 15   vgl. Heraclit. fr.11 (D); aber auch SVF II 1169 f.
34 (31), 20 (G)   vgl. Democr.fr. 209 (D). und Ps.Arist. Mu. 396b.
34 (31), 28 (G)   vgl. Thgn. 499 f.
37, 27 B marg. Mc.C.vgl. Thgn. 500

40, 11   vgl. Epich. fr.9 (D); aber auch Pl.Tim. 41d–42e; E.Fr. 839,8 ff N; Lucr. II, 999 und dazu Zeller III, 1⁵ ⁶, 435 mit Anm.1.

Als typisch griechische Themen aus der von Middendorp aufgestellten Liste werden wir jedenfalls das der Freundschaft, das des Todes mit seiner neuartig ambivalenten Beurteilung desselben und das der Selbstachtung anzuerkennen haben. Zusammengenommen bezeugen sie eine gegenüber der jüdischen Tradition stärkere Individualisierung und vermutlich zugleich auch gesellschaftliche Isolierung, wie sie der beginnenden innerjüdischen Parteiung entspricht. In der Frage, ob Ben Sira selbst gereist ist, sollte man trotz der gegen die unmittelbare Abhängigkeit von Sir 31 (34 G), 9 ff von Hom Od. I, 1 ff geltend zu machenden Bedenken künftig Middendorp, 172 f, vergleichen.

Middendorp vermutet, daß es schon zur Zeit Antiochos III. in Jerusalem Tendenzen gegeben habe, die Stadt in eine Polis zu verwandeln. Diesen gegenüber habe sich Ben Sira mit seiner Betonung des Gesetzes für die Tora als Grundlage des jüdischen Staatswesens eingesetzt, vgl. 41, 8 und 42, 2. Nur in diesem eingeschränkten Sinne könne man ihm denn auch eine antihellenistische Tendenz zuschreiben (vgl. 162 und 164). Ben Siras eigentliche Bedeutung für seine Zeit habe vielmehr in dem Versuch gelegen, „zwischen griechischer Bildung und alttestamentlich jüdischer Überlieferung eine Brücke zu schlagen." Diese Zielsetzung habe seine stoisch geprägte Schriftauslegung bedingt (174). – Middendorps Urteil, daß der Versuch des Siraziden als solcher ein Kind der ruhigen Jahrzehnte der Herrschaft Antiochos III. über Juda gewesen ist, wird man sich gern anschließen und ihm dann weiterhin auch darin folgen, daß 35, 18-20; 36, 1-17; 44, 16; 48, 10-11; 51, 1-12. 12a-o. 13-30 als Nachträge aus der Makkabäerzeit anzusehen sind (113 – 136). Blickt man vom Ende auf die mit diesem Referat in ihrer Thematik nicht ausgeschöpfte Arbeit zurück, wird man kritisch zurückfragen, ob Ben Sira tatsächlich ein Schulbuch nach hellenistischem Muster vorlegen wollte. Zu groß erscheint die Differenz zwischen dem Werk des Siraziden und dem, was S. 32 über ein solches berichtet wird. Zudem scheint uns der ganze, in sich so komplizierte Überlieferungsprozeß des Sirachbuches schon seinen Fundorten gemäß nicht aus seiner Verwendung als Schulbuch mit all den Unwägbarkeiten, die sich hier beim Diktat und memorierenden Nachschreiben ergeben, verstanden werden zu müssen (vgl. 98 mit 113), sondern aus der Tatsache, daß sich an dem durch keine Kanonisierung geschützten Werk der Interpretations- und Fortschreibungsprozeß fortsetzte, dem wir am Ende das kanonische Schrifttum des Alten Testaments selbst verdanken, wenn anders etwas Wahres an der Redaktionsgeschichte ist.

Besonderes Interesse besitzt im Horizont der hier zur Berichterstattung anstehenden Problematik die Bemühung um die religionsgeschichtliche Erhellung der Personifikation der Weisheit, wie sie in dem Weisheitshymnus Sir 24, 1-22 zutage tritt.

– *Hans Conzelmann* hatte in seinem Beitrag zur Bultmann-Festschrift 1964 „Die Mutter der Weisheit" für Sir 24, 3 ff eine *Isisaretologie* als unmittelbare Vorlage des Siraziden erschlossen. Dieser habe die Weisheit an die Stelle der Göttin Isis gesetzt (Zeit und Geschichte, hg. E. Dinkler, Tübingen 1964, 225 ff). *M. Hengel* hielt diese Ableitung grundsätzlich für richtig, rechnete aber mit einem zwischen den Isisaretologien und Sir 24 liegenden älteren Weisheitshymnus als Vermittler. Die Frage, ob man den Gott Israels oder eine Göttin Isis verehren solle, sei im Jerusalem des beginnenden 2. Jhs. vChr. nicht mehr relevant gewesen (287). Dabei teilt er seine Annahme, Ben Sira habe bereits über eine jüdische Vorlage verfügt mit *G. Pfeiffer*, der sich in seiner Jenenser Dissertation ähnlich ausgesprochen hatte (31). Pfeiffer hält jedoch die Ableitung der personifizierten Weisheit von der Göttin Isis, wie sie seit Reitzenstein wiederholt vorgeschlagen ist, für unbewiesen und rechnet statt dessen damit, daß eine Göttin nach Art der aus den Elephantinepapyri bekannten Anatjahu im Hintergrund steht (vgl. 84 und 102). Die das Problem der Hypostasenbildung im Judentum vom 6. vorchristlichen bis zum Ende des 1. nachchristlichen Jhs. untersuchende Arbeit hat dank des von ihr gebotenen Überblicks über die Hypostasenbildungen und ihre literarischen Bezeugungen ihre Bedeutung bis heute nicht verloren, wenn die gedrängte Behandlung auch zugleich ihre Grenzen zu erkennen gibt. – *Marböck* hat ähnlich wie bei den von ihm unterstellten stoischen Beziehungen Ben Siras auch bei Sir 24 entschieden, es könne zwar keine direkte Abhängigkeit von einer Isisaretologie angesetzt werden, doch müsse mit der Bekanntschaft Ben Siras mit solchen Dichtungen gerechnet werden (53). Auch *Middendorp* hat in seiner Arbeit das Problem gestreift. Sein Hinweis auf die Prodikosfabel X. Mem. II, I, 21 ff und besonders 32 ist sicher für die literatur- und geistesgeschichtliche Einordnung des Textes insgesamt nicht wertlos; doch ist seine globale Feststellung, „die Beziehung der Prodikosfabel zu Sir 24" liege „am Tage" in ihrer Allgemeinheit kaum weiterführend (21).
– *Otto Rickenbachers* Untersuchung der „Weisheitsperikopen bei Ben Sira" beschränkt sich auf die Probleme des Textes, der Struktur der Einheiten und ihres thematischen Kontextes bei Ben Sira selbst. Sie besitzt in diesem Rahmen zumal bei der Erörterung der Textüberlieferung ihre unbestreitbaren Verdienste. Zu dem uns hier beschäftigenden Themenkreis nimmt sie jedoch keine Stellung.
– Dagegen ist *Burton L. Mack's* Abhandlung nicht nur für den Neu-, sondern auch für den Alttestamentler und Religionsgeschichtler von größtem Interesse. Bei Hiob 28 einsetzend und bei Philo von Alexandrien endend, skizziert Mack den Weg des jüdischen Weisheitsdenkens. Er zeigt, wie das Judentum die durch das Exilsgeschick ausgelöste Krise der Erfahrungsweisheit zu überwinden suchte, indem es die Personifikation der Weisheit schuf, die nun die Menschen lehren sollte, die Welt aus der Perspektive Gottes zu betrachten. Die Gestalt der Weisheit in Spr 8, 2 ff und Sir 24, 3 ff wird unter ausdrücklicher Berufung auf Conzelmanns Ergebnisse auf Isis zurückgeführt und die Hypothese von Christa Kayatz (Studien zu Proverbien 1-9, WMANT 22, Neukirchen 1966, 10 ff), es handle sich bei ihr um eine Fortwirkung der Konzeption der ägyptischen Göttin Maat, dahingehend modifiziert, daß Isis in der Spätzeit die Rolle der Beherrscherin der Weltordnung übernommen habe und in dieser, der Maat entlehnten Funktion hinter der jüdischen Gestalt stehe. Gegen die unmittelbare Herleitung von der Maat sprächen die bei ihr nicht nachweisbaren Selbstanpreisungen und die sexuellen Züge (38 f). Ist man bereit, diese religionsgeschichtliche Ableitung zu akzeptieren, kommt man im Blick auf Sir 24 doch wieder auf Hengels Bedenken gegen einen unmittelbaren Rückgriff auf eine Isisaretologie zurück, zumal Spr 8, 2 ff wohl nicht erst aus dem 2. Jh. vChr. stammen dürfte.

Fragt sich der Leser am Ende, wie es nun eigentlich um die hellenistischen Einflüsse auf Ben Sira bestellt sei, wird ihn der Rezensent primär auf das verweisen, was Hengel zur literarischen Form und Marböck wie Middendorp gemäß der hier getroffenen Auswahl über die Aufnahme typisch griechischer Themen beim Siraziden gesagt haben. Er fügt hinzu, daß nach seiner Einsicht bislang keine stichhaltigen Argumente für die Existenz epikureischer Einflüsse auf Ben Sira beigebracht worden sind. Die Gottesvorstellung in 16, 17 ff trägt gewiß keine spezifisch auf diese Philosophenschule hinweisenden Züge. Und die bei Ben Sira ähnlich wie beim Prediger anzutreffende Aufforderung, sich angesichts des gewiß auf ihn zukommenden Todes des Lebens zu freuen, läßt in dieser Allgemeinheit ebenfalls keine Rückschlüsse auf einen vom Garten ausgehenden Einfluß auf den jüdischen Denker zu. Ob man die teleologischen Gedanken Ben Siras in der Tat auf eine stoische Einwirkung zurückführen darf, erscheint dem Rezensenten angesichts eines Textes wie Ps 104 keineswegs als sicher. Zudem ist der Gedanke literarisch bei den Griechen nicht nur stoisches Eigentum gewesen (vgl. dazu W. Theiler, Zur Geschichte der teleologischen Naturbetrachtung bis auf Aristoteles, Berlin 1965²). Die Annahme Marböcks, der Siraziede sei in seinem zentralen Gedanken der Annäherung von Weisheit und Gesetz von der Stoa beeinflußt, bedarf mE. erneuter sehr kritischer Nachprüfung unter Ausbreitung des fraglichen jüdischen und des stoischen Vergleichsmaterials. Ob man aus der von uns reduzierten Liste der von Middendorp beigebrachten Parallelen auf die Benutzung von Auszügen aus Homer, Theognis, Sophokles und Euripdies schließen darf, bedarf ebenfalls erneuter Untersuchung. Jedenfalls ein Teil derselben dürfte wegen der von ihnen thematisierten allgemeinmenschlichen Phänomene ihren Beweischarakter verlieren, so daß sich bei dem verbleibenden Rest die Frage nach ihrer Übernahme aus der Sprache einer hellenisierten Welt stellt (vgl. dazu Morton Smith, Palestinian Parties, 72 f).

Die hier wieder und wieder an den Tag gelegte Reserve beinhaltet keine Undankbarkeit gegen die Arbeit der Autoren, die sich bemüht haben, den Einfluß griechischen Denkens und griechischer Literatur in einer über Hengels Darstellung hinausgehenden Weise zu präzisieren. Es ist gewiß, daß ein so schwieriges und vielschichtiges Thema nicht schon im zweiten und dritten Anlauf bewältigt werden kann, weil sich erst angesichts solcher Versuche mit ihren Voreiligkeiten und Kurzschlüssen das für die sachgemäße Bearbeitung des Themas nötige Methodenbewußtsein entwickelt. Unterdes haben die hier gewürdigten Arbeiten alle das Verdienst, einen lang brach liegenden Acker neu aufgepflügt und damit künftiger Bestellung fähig gemacht zu haben. Daß sich gerade angesichts dieser Versuche *M. Hengels* „Judentum und Hellenismus" in seiner aus der Durchdringung des Materials und der Einsicht in die Vielschichtigkeit seiner Probleme kommenden Zurückhaltung als die klassische Darstellung des gesamten Phänomens für das 3. und 2. Jh. vChr. erweist, muß freilich nachdrücklich festgestellt werden.

Literatur

Ein Beitrag zur Frage nach dem hellenistischen Einfluß auf Kohelet und Jesus Sirach
Rainer Braun, Kohelet und die frühhellenistische Popularphilosophie, (BZAW 130) XII + 187 S. de Gruyter Berlin 1973. — *Martin Hengel, Judentum und Hellenismus*. Studien zu ihrer Begegnung unter besonderer Berücksichtigung Palästinas bis zur Mitte des 2. Jh. vChr. (WUNT 10), XI + 693 S. Mohr Tübingen 1969; 2. durchges. Aufl. 1973. — *Aarre Lauha, Kohelet* (BK. AT XIX), VIII + 232 S. Neukirchner Vlg. Neukirchen 1978 — *James A. Loader*, Polar Structures in the Book of Qohelet (BZAW 152) XII + 138 S. de Gruyter Berlin 1979. — *Burton L. Mack, Logos und Sophia*. Untersuchungen zur Weisheitstheologie im hellenistischen Judentum (StUNT 10), 220 S. Vandenhoeck & Ruprecht Göttingen 1973. — *Johannes Marböck*, Weisheit im Wandel. Untersuchungen zur Weisheitstheologie bei Ben Sira (Bonner Biblische Beiträge 37), 192 S. Hanstein Bonn 1971. — *Theophil Middendorp, Die Stellung Ben Siras zwischen Judentum und Hellenismus*, XVI + 183 S. E. J. Brill Leiden 1973. — *Gerhard Pfeiffer*, Ursprung und Wesen der Hypostasenvorstellungen im Judentum (Arbeiten zur Theologie I/31) 110 S. Calwer VLG Stuttgart 1967. — *Otto Rickenbacher, Weisheitsperikopen bei Ben Sira* (Orbis Biblicus et Orientalis 1), X + 229 S. Universitätsvlg. Freiburg/Schw. Vandenhoeck & Ruprecht Göttingen 1973. — *Charles F. Whitley, Kohelet*. His Language and Thought (BZAW 148), VIII + 199 S. de Gruyter Berlin 1979.

Von der Gerechtigkeit Gottes nach dem Alten Testament[1]

Käte Weischedel zum 28. November 1983

I

Die Frage nach der Gerechtigkeit Gottes transzendiert, ganz gleich, ob wir sie historisch oder systematisch behandeln, den Bereich dessen, was sich lediglich distanziert zur Kenntnis nehmen läßt. Denn sie schließt, mindestens solange sie im Horizont des Glaubens an Gott geschieht, notwendig die andere Frage mit ein, ob es für uns selbst einen Weg gibt, dessen Befolgung uns eindeutig zum Heil, zu einem erfüllten irdischen und gegebenenfalls auch zum ewigen Leben führt, weil Gerechtigkeit und Leben im biblischen Glauben nicht voneinander zu trennen sind. Sie entspricht damit letztlich der Frage, welche der reiche Jüngling im Evangelium an Jesus stellt: „Guter Meister, was soll ich tun, damit ich das ewige Leben ererbe?" — Jesu Antwort ist klar und eindeutig. Sie entspricht dabei zunächst ganz der jüdisch-pharisäischen Lehre: „Du kennst die Gebote ..." Der Jüngling ist in der Gebotserfüllung aufgewachsen. Diese Antwort war für ihn nicht neu. Er hatte offenbar mehr von Jesus erwartet. Seine Gesetzestreue scheint ihm nicht den Frieden und die Zuversicht gegen Gott gegeben zu haben, nach denen er verlangte. Jesus erkannte ihn in seiner Not und gab ihm den Rat, seine ganze Habe zu verkaufen und mit ihm zu ziehen, ihm nachzufolgen. In der radikalen Auslieferung an Gottes Gnade und Treue ist also nach Jesu Wort das wahre und das ewige Leben zu finden, Mk 10,17ff.

Die Frage nach Gottes Gerechtigkeit und unserer eigenen Verantwortung für unser Schicksal kann freilich auch die andere Ursache haben, daß wir die Erfahrung machen, daß unsere Lebenspläne und Hoffnungen sich nicht erfüllen, sei es, daß äußere Widrigkeiten sie verhindern und zerbrechen, sei es, daß uns Krankheit und Leiden befallen. In derartigen Situationen erhebt sich die Doppelfrage, ob Gott denn tatsächlich gerecht ist und wir unsere Leiden wirklich selbst verschuldet haben oder nicht entweder ein ohnmächtiger Gott oder ein blindes Schicksal über uns walten. Schon ein Blick auf das Böse und das Leid in dieser Welt reicht aus, uns vor die Frage zu stellen, ob Gott als der letzte Grund der Welt tatsächlich allmächtig, allgütig, allweise und allgerecht ist. In dem Widerspruch zwischen diesem Gottesbild und dem tatsächlichen Lauf der Welt hat schon der hellenistische Philosoph Epikur (341-270 v. Chr.) das heute wieder als Grundschwierigkeit des Theismus betrachtete Problem er-

---

[1] Vorlesung, gehalten auf Einladung der Gemeinschaft Evangelischer Erzieher im Rheinland am 2. und 3. November 1983 im Haus der Begegnung in Mühlheim/Ruhr.

kannt und aus seiner Unlösbarkeit den Schluß gezogen, daß sich die Götter zur Beeinträchtigung ihrer Seligkeit überhaupt nicht um die Menschen kümmern. Der afrikanische, dem 3. nachchristlichen Jahrhundert angehörende Kirchenvater Lactanz hat uns Epikurs Argumentation in seiner eigenen Schrift de ira Dei, „Vom Zorne Gottes" 13, 19 erhalten: „Deus, inquit, aut vult tollere mala et non potest, aut potest et non vult, aut neque vult neque potest, aut et vult et potest. Si vult et non potest, inbecillis est, quod in deum non cadit. Si potest et non vult, invidus, quod aeque alienum a deo. Si neque vult neque potest, et invidus et inbecillis est, ideo nec deus. Si et vult et potest, quod solum deo convenit, unde ergo sunt mala? Aut cur illa non tollit?"[2]

Pierre Bayle, der rationalistische Kritiker der philosophischen Theologie an der Schwelle zur Aufklärung (1647-1706) hat diese Sätze in seinen Ende des 17. Jh.s erschienenen „Dictionnaire historique et critique" aufgenommen und mit ihm die 1710 veröffentlichten „Essais de Theodicée sur la bonté de Dieu, la liberté de l'homme et l'origine du mal", die „Versuche in der Theodizee über die Güte Gottes, die Freiheit des Menschen und den Ursprung des Übels" von Gottfried Wilhelm Leibniz (1646-1716) provoziert[3], die dem Problem bis heute seinen Namen gegeben haben. Leibniz sah als die eigentliche Triebfeder der Sittlichkeit die Liebe zu Gott an, hielt aber eine solche ohne die Erkenntnis seiner Vollkommenheiten für ausgeschlossen. Daher schien es ihm dringlich, Gottes Heiligkeit, Gerechtigkeit und Güte samt seiner Macht und Unabhängigkeit ins rechte Licht zu rücken und damit zu zeigen, daß Gott das Böse nicht will, sondern nur zuläßt, und diese Welt mit all ihren Dissonanzen trotzdem die beste aller möglichen Welten ist. Denn wenn Gott allweise, allgütig und allmächtig ist, so konnte er in seiner unendlichen, alle Möglichkeiten überhaupt in zeitloser Präsenz überschauenden Vernunft gar nicht anders, als aus den unendlich möglichen die beste aller möglichen auszuwählen und zu verwirklichen, wobei alle Fehler und Leiden im einzelnen die Harmonie des Ganzen nicht aufheben können, sondern von Gott als zu ihr gehörend erkannt sind. Dem Menschen mit seiner endlichen Vernunft bleibt diese Möglichkeit der Gesamtschau und damit der Einsicht, inwiefern die Leiden dieser Welt und sein eigenes Leid zur Harmonie des Ganzen gehören, verschlossen, so daß er sich an den von ihm logisch nachvollziehbaren Schluß halten muß, daß Gott gemäß seiner Prädikate keine andere als die beste aller möglichen Welt schaffen konnte, um dann gemäß dieser Grundeinsicht angesichts der Undurchschaubarkeit des Weltenlaufes das Vertrauen zu schöpfen, daß es Gott jedenfalls gut mit der Welt und mit ihm selbst meint[4].

---

[2] Zitiert nach Epicurea, ed. H. Usener, Leipzig 1887 = Stuttgart 1966, S. 253.
[3] Philosophische Schriften von G. W. Leibniz, hg. C. J. Gerhardt, VI, Berlin 1885 = Hildesheim und New York 1978; deutsche Übersetzung A. Buchenau, PhB 71, Hamburg 1968[2]. — Zum systematischen Hintergrund vgl. A. Gurwitsch: Leibniz Philosophie des Panlogismus, Berlin und New York 1974, S. 207ff. und besonders S. 219ff.
[4] Die wesentlichen Gedanken finden sich bereits in dem 1685 fertiggestellten, aber erst 1846

So gewaltig die Wirkung dieser Schrift auf ihr Jahrhundert gewesen ist[5], so gründlich geriet sie in Mißkredit, als sich unter dem Eindruck des Erdbebens von Lissabon 1755 die latent vorhandenen pessimistischen Strömungen durch Voltaires Einlenken auf diese Linie in seinem Candide (1759) verstärkten und zusammen mit dem von Hume (1711-1776) eingeleiteten Antiintellektualismus das geistige Klima Europas in Richtung auf eine Skepsis veränderten, ob der begrenzte menschliche Verstand überhaupt zur Lösung derartiger Probleme in der Lage sei. Kants kleine, 1791 erschienene Schrift „Über das Mißlingen aller philosophischen Versuche in der Theodizee" brachte ihre Sache letztlich bis heute in Verdacht. Da nach seiner begründeten Ansicht „zwischen den innern Bestimmungsgründen des Willens (nämlich der moralischen Denkungsart) nach Gesetzen der Freiheit und zwischen den (größtenteils äußern) von unserm Willen unabhängigen Ursachen unsers Wohlergehens nach Naturgesetzen gar kein begreifliches Verhältnis ist: so bleibt die Vermutung, daß die Übereinstimmung des Schicksals mit einer göttlichen Gerechtigkeit, nach den Begriffen, die wir uns von ihr machen, so wenig dort wie hier zu erwarten sei".[5a] Es fehlt dem Menschen die Möglichkeit, die Zusammenstimmung des Natur- mit dem Sittengesetz zu erweisen; denn wir haben zwar einen Begriff von der Weisheit in der Einrichtung dieser Welt, der auf eine Phy-

---

veröffentlichten Discours de Métaphysique, Gerhardt IV, S. 427ff., hier zitiert nach der zweisprachigen Ausgabe von H. Herring, PhB 260, Hamburg 1958 (1975). Die grundlegende These lautet: „La notion de Dieu la plus receue et la plus significative que nous ayons, est assez bien exprimée en ces termes, que Dieu est un estre absolument parfait... D'ou il s' ensuit que Dieu possedant la sagesse supreme et infinie agit de la maniere la plus parfaite, non seulemant au sens metaphysique, mais encor moralement parlant..." (§ 1). „... il est bon de considerer que Dieu ne fait rien hors d'ordre. Ainsi ce qui passe pour extraordinaire ne l'est qu'à l'egard de quelque ordre particulier establi parmy les creatures. Car quant à l'ordre universel, tout y est conforme." Und: „Ainsi on peut dire que de quelque maniere que Dieu auroit crée le monde, il auroit tousjours esté regulier et dans un certain ordre general" (§ 6). „Il suffit donc d'avoir cette confiance en Dieu, ou'il fait tout pour le mieux, et que rien ne sçauroit nuire à ceux qui l'aiment; mais de connoistre en particulier les raisons qui l'ont pû mouvoir à choisir cet ordre de l'univers, à souffrir les pechés, à dispenser ses graces salutaires d'une certaine maniere, cela passe les forces d'un esprit fini, sur tout quand il n'est pas encor parvenu à la jouissance de la veue de Dieu". „... les plus parfaits de tous les estres, et qui occupent le moins de volume, c'est à dire qui s'empechent le moins, ce sont les esprits dont les perfections sont les vertus. C'est pourquoy il ne faut point douter que la felicité des esprits ne soit le principal but de Dieu et qu'il ne la mette en execution autant que l'harmonie generale le permet" (§ 5). „La connoissance generale de cette grande verité que Dieu agit tousjours de la maniere la plus parfaite, et la plus souhaittable qui soit possible, est à mon avis le fondement de l'amour que nous devons à Dieu sur toutes choses, puisque celuy qui aime, cherche sa satisfaction dans la felicité ou perfection de l'objet aimé et de ses actions" (§ 4).

[5] Vgl. dazu O. Lempp: Das Problem der Theodizee in der Philosophie und Literatur des 18. Jahrhunderts bis auf Kant und Schiller, Leipzig 1910 = Hildesheim und New York 1976,S. 64f. und S. 75ff., und zum Folgenden, ebenda, S. 171ff.

[5a] Akademie Ausgabe VIII, S. 262, 31ff. = Werke Weischedel VI, S. 114.

sikotheologie, auf die begründete Annahme des die Welt formierenden, schaffenden göttlichen Geistes führt[6]. Und wir haben angesichts der sittlichen Idee unserer praktischen Vernunft „auch einen Begriff von einer moralischen Weisheit, die in eine Welt überhaupt durch einen vollkommensten Urheber gelegt sein könnte, an der sittlichen Idee unserer eigenen praktischen Vernunft. — Aber von der Einheit in der Zusammenstimmung jener Kunstweisheit mit der moralischen Weisheit in einer Sinnenwelt haben wir keinen Begriff; und können auch zu demselben nie zu gelangen hoffen".[7] Ob zu Recht oder zu Unrecht mag dahingestellt bleiben: diese kleine Schrift hat Leibnizens Theodizee in den Augen der Gebildeten weithin zu einem barocken curiosum gemacht, wobei abzuwarten ist, ob sich nicht eines Tages eine andere Beurteilung durchsetzt, die zwischen barocker, zeitgebundener Schale und überzeitlich gültigem rationalem Kern zu unterscheiden weiß[8].

Der letzte große spekulative Versuch Hegels, die Theodizee darin zu finden, daß die Weltgeschichte die Verwirklichung des unendlichen Geistes im Endlichen und mithin die Geschichte der Freiheit ist, ist in der Folge des Zusammenbruchs der Metaphysik im weiteren Verlauf des 19. Jh.s zum säkularisierten Motor aller Freiheitsbewegungen geworden. „Daß die Weltgeschichte dieser Entwicklungsgang und das wirkliche Werden des Geistes ist, unter dem wechselnden Schauspiele ihrer Geschichten, — dies ist die wahrhafte Theodizee, die Rechtfertigung Gottes in der Geschichte. Nur die Einsicht kann den Geist mit der Weltgeschichte und der Wirklichkeit versöhnen, daß das, was geschehen ist und alle Tage geschieht, nicht nur nicht ohne Gott, sondern wesentlich das Werk seiner selbst ist."[9] Der sich in den Gesetzen der Welt ebenso verwirklichende und offenbarende wie verbergende Gott ist der Punkt, an dem sich die Notwendigkeit der kausaldeterminierten Abläufe dank meiner Einsicht, daß ich Teil dieser notwendigen Selbstverwirklichung Gottes bin und die Notwendigkeit die Wahrheit meiner Freiheit ist, eben in die Freiheit verwandelt und die Entfremdung wie den unendlichen Schmerz, welche die Rücksichtslosigkeit des Naturverlaufes gegenüber meinem Glücksverlangen und mein Freiheitsbewußtsein angesichts meiner moralischen Unvollkommenheit verursachen, aufhebt[10]. Logische Einsicht und religiöser Akt der Andacht, die darin besteht, daß ich mich selbst in meiner Besonderheit aufgebe und als ein Partikuläres gegenüber dem Allgemeinen, ein Akzidentelles an der

---

[6] Zur Wiederaufnahme des teleologischen Arguments vgl. R. Swinburne: The Existence of God, Oxford 1979, S. 133ff.
[7] AA VIII, S. 263, 22ff. = WW VI, S. 115.
[8] Vgl. dazu auch C. H. Ratschow: Weltbewußtsein und Gottesgewißheit in der Aufklärung des 18. Jahrhunderts, in: Glaube und Toleranz, hg. T. Rendtorff, Gütersloh 1982, S. 89ff., und zur Lösung des Freiheitsproblems bei Leibniz und Kant Chr. Axelos: Die ontologischen Grundlagen der Freiheitstheorie von Leibniz, Berlin und New York 1973, S. 2ff.
[9] Sämtliche Werke, hg. H. Glockner, Bd. 11, S. 569.
[10] SW 16, S. 270ff.

Substanz verstehe, daß ich auf mich Verzicht getan habe und mich als endlich und doch gleichzeitig im Unendlichen aufgehoben weiß, liegen hier ineinander[11].

Es fällt uns heute — und darin erweist sich die Mächtigkeit des auf uns allen liegenden Schattens Kants — leichter, den hier geforderten Akt als das ganze, bis heute umstrittene System nachzuvollziehen. Immerhin werden wir uns am Ende fragen müssen, ob Hegels Kritik an der seiner philosophischen Andachtsforderung im Alten Testament am ehesten gerecht werdenden Hiobdichtung bzw. genauer an ihrem typisch alttestamentlichen religiösen Horizont von uns verstanden wird. Denn der alttestamentliche Hiob wird, nachdem er durch die Wirklichkeit Gottes zum Verzicht auf sich selbst geführt worden ist, wieder in sein früheres, äußeres Glück eingesetzt. Damit vollzieht sich hier aber, wie Hegel kritisiert, ein eigentümlicher Umschlag der Anerkennung der Ehre Gottes als des höchsten Zwecks in den realen Zweck der Natürlichkeit, der Familie und des Volkes, so daß der Gegensatz zwischen Gott und Welt, Geist und Natur am Ende gerade nicht aufgehoben werden kann, die Versöhnung im Geiste nicht geschieht[12]. Angesichts dieser Kritik wird die Frage brennend, ob wir diesem Ungenügen überhaupt spekulativ, mittels einer spekulativen Christologie und einer spekulativen Deutung des Karfreitags, wie sie Hegel in wahrhaft großer Weise vorgelegt hat[13], überwinden oder ob die Versöhnung am Ende im Glauben und dem ihm gemäßen Akt der Andacht geschieht, in dem sich der endliche Mensch vom Unendlichen umfangen und damit zugleich in einem Frieden geborgen weiß, der höher als alle Vernunft ist, Phil 4, 7. Der transzendente, sich jedem Zugriff des Menschen entziehende, aber ihn trotz und in allen Dunkelheiten bergende Gott tut sich als der ewige Grund auf, wenn der Mensch den Verzicht auf sich selbst gegenüber Gott vollzieht. Dadurch erhält er die Freiheit zur Annahme des eigenen, durch menschliche Macht nicht zu behebenden und so in der Tat schicksalhaften Leidens, aber auch, sofern ihm dafür noch die Zeit bleibt, die Freiheit zur Abwendung, Erleichterung und Aufhebung fremden Leidens[14].

Um in dieser Versöhnung nicht zu erstarren und sie dadurch als zu einem bloßen Gedanken gewordene wieder zu verlieren, müssen wir immer erneut „die Zerrissenheit des Seins, das Böse und das Elend, die Ungerechtigkeit rückhaltlos und ohne verschleiernden Kompromiß" sehen[15], uns an den rationalen Lösungsversuchen die Unlösbarkeit dieses Grundrätsels unserer Existenz und unserer Welt vergegenwärtigen, die daraus resultiert, daß wir selbst,

---

[11] SW 15, S. 207f.
[12] SW 16, S. 66ff.
[13] SW 16, S. 295ff.
[14] Vgl. dazu auch K. Jaspers: Von der Wahrheit, München 1947 = München/Darmstadt 1983³, S. 898ff.
[15] Jaspers, S. 899f.

unter den Bedingungen der Existenz stehend, nicht ihre Bedingungen selbst, sondern nur deren Konsequenzen begreifen können, weil wir als endliche Geister, weil unser endliches Denken des Unendlichen, uns Umgreifenden nicht Herr werden kann. „Es muß," so sagt Karl Jaspers, mit dem wir schon seit einigen Sätzen im Dialog stehen, „gemäß seinen unentrinnbaren Strukturen, das Unendliche endlich, das Umgreifende zum Gegenstand machen. Ist das geschehen, so ergeben sich ausnahmslos unmögliche Konsequenzen".[16] Diese führen uns eben wieder vor den Abgrund der Seinszerrissenheit, der Selbstzerrissenheit und damit zu der Möglichkeit der Begegnung mit dem ungeheuren, transzendenten Seinsgrund, zu Gott zurück.

Sind wir mit diesem Vorüberlegungen ganz unnötig der eigentlich gestellten Aufgabe der Vorstellung und Deutung der alttestamentlichen, zunächst nichts anderes als eine monotheistische Zuspitzung der allgemein-altorientalischen Antwort auf die Frage nach der sich im Leiden offenbarenden Zerrissenheit des Seins darstellenden, Anschauungen von der Gerechtigkeit Gottes ausgewichen? Wohl kaum; denn es war vielmehr unser Bemühen, den Horizont zu gewinnen, innerhalb dessen wir sie als die fast zweitausend Jahre post Christum natum Geborenen verstehen und am Ende vielleicht auch bestehen können. Allein die Vielstimmigkeit der Antworten, die sich trotz aller redaktionellen Bemühungen nicht reibungslos in den Rahmen späterer jüdischer Normaltheologie einfügt und das zwischen dem Alten und dem Neuen Testament bestehende dialektische Verhältnis setzen am Ende bei uns ein solches, sich der eigenen Möglichkeiten und Grenzen bewußtes Problemverständnis voraus. Eine dabei unvermeidliche Kritik hat dann nichts mit einer Ehrfurchtslosigkeit gegenüber der Schrift, sondern vielmehr mit jenem „Prüfet alles, das Gute behaltet!" zutun, zu dem der Apostel die Gemeinde allen prophetischen Ansprüchen gegenüber aufgerufen hat, 1 Thess 5, 21. Wir meinen, daß unsere eigene, am Schluß skizzierte Vorentscheidung uns in die Nähe des Jesuswortes und der Geschichte zurückführt, mit denen wir unseren Erkundungsgang begonnen haben. Vielleicht erhellt ihre theologische Legitimität am ehesten, indem wir an Luthers erste These aus seiner „Disputatio pro declaratione virtutis indulgentiarum" von 1517 erinnern: „Dominus et magister noster Jesus christus dicendo: Penitentiam agite etc. omnem vitam fidelium penitentiam esse voluit"[17].

II

Wir besitzen im Alten Testament einen Psalm, der zu dem wohl bekanntesten Choral Paul Gerhards und darüber hinaus zu einer der zartesten Arien der deutschen Kirchenmusik in Mendelssohn-Bartholdys Oratorium „Elias"

---

[16] Jaspers, S. 902.
[17] Luthers Werke in Auswahl, hg. O. Clemen, Bd. 1, Berlin 1966⁶, S. 3.

Anlaß gegeben hat, den 37. Hier steht im 5. Vers das „Befiehl dem Herrn deine Wege und hoffe auf ihn, er wird's wohl machen und wird deine Gerechtigkeit heraufführen wie das Licht und dein Recht wie den Mittag". Und hier heißt es im 7. Vers: „Sei stille im Herrn und warte auf ihn". Thema dieses kunstvollen, jeden zweiten Vers mit einem Buchstaben des hebräischen Alphabets beginnenden und daher als akrostichisch, als von seinem Zeilenanfang her geordnet bezeichneten, Psalms ist, wie es die Überschrift der Lutherbibel treffend sagt, das scheinbare Glück der Gottlosen. Der in der Sprache und Vorstellungswelt der „Weisheit" geschulte Dichter prägt es den Frommen ein, daß sie es erleben werden, daß Gott die gottlosen Rechtsbrecher, die רְשָׁעִים, ausrotten, ihren gewalttätigen, gegen den צַדִּיק, den Gerechten, gereckten Arm zerbrechen wird, während יהוה den, an dem er Gefallen hat, vor dem Sturze bewahrt. Zur Unterstreichung der Richtigkeit seiner Lehre beruft sich der Dichter ganz im Stile der Weisheit auf seine eigene Lebenserfahrung[18]. So heißt es in V. 25:

> „Ich bin jung gewesen und alt geworden,
> aber ich sah niemals, daß ein Gerechter verlassen ward
> und seine Nachkommen um Brot bettelten."

Und in V. 35f. finden wir das Gegenbeispiel:

> „Ich sah einen Gottlosen voller Gewalt,
> ,der erhob sich wie eine Libanonzeder'.
> ,Ich' kam wieder vorbei, da war er nicht mehr,
> ich suchte ihn — er war nicht mehr zu finden!"

Er ist seiner Sache so sicher, daß er im folgenden 37., von Luther herrlich, aber die Textlage verkennend mit

> „Bleibe fromm und halte dich recht ..."

übersetzten Vers den Rat gibt:

> „Beobachte ,den Makellosen' und betrachte den Redlichen,
> eines solchen Mannes Ausgang ist Heil."

So erhebt dieser, kaum vor dem späten 5. oder 4. Jh. v. Chr. wirkende Weise den Anspruch, daß sich Gottes Gerechtigkeit unverbrüchlich in diesem Leben verifizieren läßt: Gott errettet den Gerechten aus der Not und bringt den Gottlosen stets zu Fall. Der gegenteilige Eindruck ist nur eine Folge momentaner Beobachtungen, einer bloß scheinbaren Verkehrung der göttlichen Ordnung.

Ziehen wir die Weisheit des Jesus Sirach oder Ben Sira' aus dem 1. Drittel des 2. Jh.s v. Chr. mit in unsere Überlegungen ein[19], finden wir hier ein vollgültiges Echo. So heißt es in 2,8-10:

---

[18] Vgl. z.B. Hi 4,8ff.; 5,3ff. und 15,9f.
[19] Vgl. dazu auch oben, S.   ff. und S.   ff.

„Die ihr den Herrn fürchtet, vertraut ihm,
und euer Lohn wird nicht ausbleiben.
Die ihr den Herrn fürchtet, hofft auf Gutes
und auf dauernde Zufriedenheit und Erbarmen.
Blickt auf die einstigen Geschlechter und seht:
Wer vertraute dem Herrn und ward zuschanden?
Oder wer blieb in seiner Furcht und wurde verlassen?
Oder wer rief ihn an, und er ließ ihn im Stich?"

Dabei beruft sich Ben Sira' offenbar auf die Schrifttradition seines Volkes, die in seinem Jahrhundert ihre feste, den „Kanon" abschließende Gestalt erhielt[20]; denn was zur Zeit der Früheren geschah, kann man nur von den Vätern erfahren oder nachlesen. In diesem Sinne können wir sagen, daß der 37. Psalm die klassische Formel für den alttestamentlichen Glauben an Gottes Gerechtigkeit enthält. Wir müssen dann jedoch hinzusetzen: In dieser Akzentuierung kommt eine Entwicklung und ein Ringen mit dem Problem zum Abschluß, das ein gutes Jahrtausend, eben die ganze eigentliche alttestamentliche Zeit ausgefüllt hat.

Thorkhild Jacobsen hat in seinen "Treasures of Darkness. A History of Mesopotamian Religion" einleuchtend aufgezeigt, daß die Vorstellung von der Gerechtigkeit der Götter eine Folge ihres seit dem 3. Jt. v. Chr. zu beobachtenden Verständnisses als Herrscher ist. Der Herrscher muß sich seinen Untertanen gegenüber legitimieren, indem er ihre im Widerstreit liegenden Rechtsansprüche zum Ausgleich bringt und den Rechtsbrüchen wehrt. Die Götter und zumal der höchste, für das aequilibrum im Kosmos verantwortliche Gott nimmt, ist er als Herrscher der Götter und Hirte der Menschen verstanden, an dieser Aufgabe teil, ja, sie wird zu der seine Weltzugewandtheit bestimmenden Seinsweise[21]. Als Israel gegen Ende des 2. Jt.s v. Chr. das Erbe der kanaanäischen Stadtkultur der späten Bronzezeit übernahm, lernte es spätestens die Vorstellung vom Gott als König bei den Kanaanäern kennen[22]. Damit war denn auch notwendig der Glaube an seine Gerechtigkeit und sein Eintreten für alle, die Unrecht leiden, verbunden. Irdisches Königtum teilte mit dem himmlischen die Aufgabe, für Gerechtigkeit auf Erden zu sorgen. Als der irdische Stellvertreter des Gottes galt der König als der Sohn Gottes, Ps 2,7[23]. — Andererseits hatte in Mesopotamien jede Stadt, jeder Beruf, jeder Mensch seinen besonderen Schutzgott, dem er als dem „Gott seines Vaters" verbunden

---

[20] Zur Problematik der Rede von einem jüdischen Kanon vgl. J. Barr: Holy Scripture. Canon, Authority, Criticism, Oxford 1983, S. 49ff.

[21] Vgl. dazu Th. Jacobsen: The Treasures of Darkness, New Haven und London 1976, S. 75ff.

[22] Vgl. dazu auch W. H. Schmidt: Alttestamentlicher Glaube in seiner Umwelt, Neukirchen 1982[4], S. 152ff., und zum religionsgeschichtlichen Hintergrund auch H. Frankfort: Kingship and the Gods. A Study of Ancient Near Eastern Religion as Integration of Society and Nature, Chicago 1948 (1955).

[23] Vgl. dazu auch O. Kaiser: Das Buch des Propheten Jesaja. Kapitel 1-12, ATD 17, Göttingen 1981[5], S. 204ff.

war und von dem er Hilfe in all seinen Nöten erwarten konnte[24]. In der Bindung Israels an den *einen* Jahwe schloß sich beides zusammen: Er war der König, Jes 6,5, der Hirte Israels, Ps 80,1, der Wahrer seines Rechts und seine Hilfe in allen Nöten, Ps 46,2. Er liebt das Recht, Ps 37,28, und in seinem Reich hat man das Recht lieb. Und entsprechend liebt er selbst auch die Gerechten, Ps 146,8, während er die Rechtsbrecher, die Frevler, die Gottlosen, die רְשָׁעִים oder פֹּעֲלֵי אָוֶן vernichtet, in die Unterwelt schickt, Ps 34,22, weil er die Übeltäter haßt, Ps 5,6. Und demgemäß bekennt der König, daß er alle Morgen die Gottlosen im Lande zum Schweigen bringt und die Übeltäter aus Jahwes Stadt ausrottet, Ps 101,8[25]. Beides dürfen wir uns demnach, obwohl wir hier Belege aus sehr unterschiedlichen Zeitstellungen aufgerufen haben, als für den Glauben Israels spätestens seit der frühen Königszeit selbstverständlich denken: daß Jahwe der Rechtswalter Israels ist, der eingreift, wo die irdische Gerechtigkeit versagt, und daß sich der Einzelne in seinen Nöten und in seiner Bedrängnis an Jahwe als seinen Helfer wendet.

Daß Tat und Tatfolge zusammengehören, ist eine Selbstverständlichkeit für den Menschen als sich in seinem Handeln erfüllendes Wesen. Mit jedem Tun will der Mensch etwas Bestimmtes bewirken, aber letztlich erwartet er von ihm, wie Aristoteles richtig beobachtet hat, seine εὐδαιμονία, sein „Glück", sein „Heil"[26]. Das gilt nicht nur für seine technischen Verrichtungen, sondern auch für sein soziales Verhalten. Diese Einsicht schlägt sich in Sprichwörtern nieder; z.B. Spr 11,2: „Kommt Übermut, kommt Schande!" Oder: „,Faulen fehlt Vermögen', ,aber Fleißige' erlangen Reichtum", Spr 11,16[27]. Der weisheitliche, zunächst mehr oder weniger säkulare, am erfolgreichen, richtigen Verhalten interessierte Kunstspruch nimmt solche Beobachtungen auf: „Wer eine Grube gräbt, fällt hinein, und wer einen Stein hochwälzt, auf den rollt er zurück", Spr 26,27, vgl. Ps 7,16. Oder: „Arm ,macht' lässige Hand, aber der Fleißigen Hand macht reich", Spr 10,4. So ist es wohl in der Regel und so sollte es sein, aber leider gibt es auch ihre Ausnahmen, z.B.: „Speise die Fülle der Neubruch der Armen, oft wird sie durch Unrecht genommen", Spr 13,23. Findet hier der Mißerfolg seine Erklärung in äußerer Gewalt, so gibt es Situationen genug, in denen solche Störung nicht vorherzusehen, abzuschätzen war. Daher werden spätere Generationen den Vorbehalt machen: „So Jahwe will, hat das Erfolg, was du da vorhast!" So hieß es schon in einer sumerisch-akkadisch überlieferten Spruchsammlung aus dem 2. Jt. v. Chr.: „Deine Hilfe ist nicht Reichtum, sondern (dein) Gott!", bzw. „Klein (oder) groß: Gott ist [deine] Hi[lfe]"[28]. Und in der Proverbiensammlung wird

---

[24] Vgl. dazu Jacobsen, S. 145ff., und H. Hirsch: Gott der Väter, AfO 21, 1966, S. 56ff.
[25] Vgl. dazu auch O. Kaiser: Erwägungen zu Psalm 101, ZAW 74, 1962, S. 195ff.
[26] Arist. EN I, 4, 1095a 14ff.
[27] Zum Text vgl. B. Gemser, HAT I, 16, Tübingen 1963², z. St.
[28] Proverbs. Assyrian Collection II, 42f. und 44f., bei W. G. Lambert: Babylonian Wisdom Literature, Oxford 1960, S. 227f. bzw. S. 232.

es entsprechend heißen: „Der Segen Jahwes, er macht reich, und Abmühen fügt ‚zu ihm' nichts hinzu", Spr 10,22. Oder noch allgemeiner: „Des Menschen Herz erdenkt seinen Weg, aber Jahwe lenkt seinen Schritt", Spr 16,9. Das heißt aber, daß aller Erfolg des Menschen unter dem Vorbehalt steht: „So Gott will ...", der jüdisch-christlichen conditio Jacobea, vgl. Jak 4,15[29].

Entsprechend der Vorstellung vom Schutzgott wird nun aber Unglück in jeder Form auf eine Unterlassung, eine Sünde gegenüber dem Gott zurückgeführt, sofern man nicht, wie im alten Mesopotamien dafür böse Geister, Dämonen oder einen höchsten, unumstößlichen Ratschluß verantwortlich machen konnte. In diesem Sinne rief ein Büßer den babylonischen Stadtgott Marduk an:

„Viel sind meiner Sünden, und allenthalben verfehlte ich mich;
mag ich (aber) auch diese ... überschritten haben,
möge ich (doch) aus meiner Not herauskommen!"[30]

Oft aber weiß der Beter keinen Grund für sein Leiden zu finden, keine Relation zwischen seinem Tun und seinem Ergehen festzustellen, so daß er wie der assyrische König Assurbanipal (668-626) bekennen mochte:

„Gott und Menschen, Toten und Lebendigen, tat ich Gutes.
Warum sind (trotzdem) Krankheit, Herzeleid, *Auszehrung* und Verderben an mich geheftet?"[31]

D.h.: dort, wo Gottes Gerechtigkeit in Rechnung gestellt wird, stellt sich auch notwendig das Problem des Leidens des Unschuldigen ein[31a].

Was wir am mesopotamischen Beispiel verdeutlicht haben, können wir anhand des israelitischen Psalters verifizieren und so erkennen, daß es sich bei der Grundkonzeption und der sich aus ihr ergebenden Problematik keinesfalls um ein Sondergut Israels handelt. Daß die Sache schließlich in Israel eine eigene Wendung genommen und dadurch zugleich eine Verschärfung erfahren hat, bleibt wohl wahr. Wir werden alsbald davon zu sprechen haben und so überhaupt erst verstehen, wie es zur Durchsetzung des universellen Gerechtig-

---

[29] Zur Diskussion über das Alter dieses Vorbehalts in der israelitischen Weisheit vgl. einerseits H. Gese: Lehre und Wirklichkeit in der alten Weisheit, Tübingen 1958, S. 38f., und andererseits W. McKane: Proverbs. A New Approach, OTL, London 1970, S. 15f., und zur Sache auch oben, S. 74 f.

[30] A. Falkenstein und W. von Soden: Sumerische und Akkadische Hymnen und Gebete (SAG), Bibliothek der Alten Welt, Zürich und Stuttgart 1953, A. 18, S. 270. — Zum babylonischen Bußritual vgl. E. Gerstenberger: Der bittende Mensch. Bittritual und Klagelied des Einzelnen im Alten Testament, WMANT 51, Neukirchen 1980, S. 64ff.; zu den religiösen Zusammenhängen auch H. W. F. Saggs: The Encounter with the Divine in Mesopotamia and Israel, Jordan Lectures 1976, London 1978, S. 93ff.

[31] SAG. A 17, S. 269.

[31a] Vgl. dazu Jacobsen, S. 160ff., und J. J. Stamm: Das Leiden des Unschuldigen in Babylon und Israel, AThANT 10, Zürich 1948.

keitsglaubens in seiner schärfsten Ausprägung als Vergeltungsglauben gekommen ist[32]. Vorerst seien jedoch die israelitischen Parallelen zu dem mesopotamischen Befund aufgezeigt. So lesen wir etwa im 38. Psalm, der mit seinen Anfangsworten wie der 6. hinter dem Choral „Straf mich nicht in deinem Zorn" steht und den wir als Krankheitspsalm ansehen dürfen[33], in den V. 4 und 5:

> „Nichts Gesundes ist an meinem Fleische ob deinem Grimm,
> keine heile Stelle an meinen Gebeinen ob meiner ‚Sünden'.
> Denn meine Vergehen sind über mein Haupt gegangen,
> wie eine schwer Last sind sie mir zu schwer geworden!"

In der dem Leid entsprechenden Verlassenheit, — man machte sich nicht mit dem Sünder gemein, um den Zorn Gottes nicht auch noch auf das eigene Haupt zu ziehen —, bleibt dem Beter nur noch die Zuflucht zu Gottes Erbarmen, zu seiner Hilfe, V. 16.23. So heißt es im 6. Psalm im 5. Vers ausdrücklich:

> „Wende dich, Jahwe, rette mein Leben,
> hilf mir um deiner Güte willen!"

Und als Grund für die göttliche Hilfe erinnert ihn der Beter daran, daß Gott dabei ist, einen Diener zu verlieren, der seinen Namen und seine Taten auf Erden bekannt macht:

> „Denn im Tode gibt es kein Gedenken an dich,
> in der Unterwelt, wer kann dich (da) preisen?"

Aber es gibt auch in Israel die bange auf die Unerklärlichkeit des Leidens hinweisenden Warum- und Wie-lange-Fragen:

> „Wie lange, Jahwe, vergißt du mich? Auf Dauer?
> Wie lange verbirgst du dein Antlitz vor mir?
> Wie lange soll sich meine Seele ‚bekümmern',
> Qual ‚tagtäglich' mein Herz (bewohnen)?
> Wie lange soll sich mein Feind gegen mich erheben?"

heißt es entsprechend in Ps 13,1-3. Und schließlich steht an der Grenze des Lebens die verzweifelte Frage des Todkranken aus Ps 88,15:

> „Warum, Jahwe, verstößt du mich,
> verbirgst du dein Antlitz vor mir?"[34],

die in dem von Jesu nach Markus und Matthäus als letztem Schrei aufgenommenen אֵלִי אֵלִי לָמָה עֲזַבְתָּנִי , in dem „Mein Gott, mein Gott, wa-

---

[32] Vgl. dazu zuletzt P. D. Miller jr.: Sin and Judgement in the Prophets, SBL. MS 27, Chico, Cal. 1982, S. 121ff. und besonders S. 134ff.

[33] Vgl. dazu K. Seybold: Das Gebet des Kranken im Alten Testament, BWANT 99, Stuttgart 1973, S. 98ff.

[34] Vgl. dazu auch Seybold, S. 113ff.

rum hast du mich verlassen?", ihre für allezeit gültige Formulierung gefunden hat[35].

Dieser Glaube an Gottes Gerechtigkeit führte freilich nicht notwendig im Systemzwang zu der Annahme, daß jeder, der Unrecht erlitt, damit die ihm gemäße göttliche Strafe empfing. Daß es ehrgeizige Mörder im Kampf um den Einfluß am Königshofe gab und sich selbst ein König zum Justizmord hinreißen lassen konnte, daß also die Macht und das Streben nach der Macht den Menschen korrumpiert und seine schuldlosen Opfer verlangt, konnte man z.B. in der aus der frühen Königszeit stammenden Geschichte von der Thronnachfolge Davids, sei sie nun ein primär selbständiges Werk gewesen oder aus Einzelerzählungen bei der Komposition der Davidgeschichte zusammengefügt, nachlesen: David ließ Uria, den Hethiter, aus seiner Leibgarde der sog. „Dreißig", vgl. 2 Sam 23,39, durch trügerischen Befehl im Kampfe umkommen und also ermorden, 2 Sam 11,6ff. Joab, sein General, der sich den Weg zu dieser Stelle durch die Ermordung Abners geebnet hatte, 2 Sam 2,12ff., trug keine Bedenken, seinen Konkurrenten Amasa aus dem Wege zu räumen, als er nach der Ermordung Absaloms bei dem König in Ungnade gefallen war, 2 Sam 19,14f.; 20,4ff.8ff. Wenn den Bösewicht am Ende die Strafe trifft, wenn Salomo diesen gefährlichen Mann aus dem Wege räumen läßt, 1 Kö 2,28ff., ist es die Tat wiederum eines Konkurrenten, die, wenn auch auf königlichen Befehl, unter Bruch des Asylrechtes geschieht. David verlor den ersten Sohn aus der ehebrecherischen Verbindung, 2 Sam 12,15bff. Daß die folgenden Wirren in seiner Familie göttliche Strafen waren, wird nicht gesagt. Er selbst stirbt ja in höchstem Alter! — Ein erschreckender Realismus der Darstellung, bei der man sich fragt, ob sie von Freundeshand geschrieben ist, in der man aber wohl ein Zeugnis früher, nüchtern ihre Umwelt beobachtender ‚Weisheit' sehen darf[36].

Nicht nur persönliches Wohl und Wehe, sondern auch das Ergehen der Völker dachte man wesentlich durch göttliche Huld oder göttlichen Zorn bestimmt. Man mochte die Katastrophe freilich im polytheistischen Rahmen auch darauf zurückführen, daß der eigene Schutzgott oder die eigene Schutzgöttin in der göttlichen Ratsversammlung unterlegen war, wobei der dunkle Ratschluß des Himmelsgottes Anu und damit gleichsam ein astrales fatum den Ausschlag gegeben hatte[37]. Um möglichst nahe in Israels Umwelt zu bleiben,

---

[35] Vgl. dazu auch H. Gese: Psalm 22 und das Neue Testament. Der älteste Bericht vom Tode Jesu und die Entstehung des Herrenmahls, ZThK 65, 1968, S. 1ff. = Vom Sinai zum Zion, BEvTH 64, München 1974, S. 180ff.

[36] Vgl. dazu einerseits E. Würthwein: Die Erzählung von der Thronfolge Davids — theologische oder politische Geschichtsschreibung?, ThSt (B) 115, Zürich 1974, und andererseits J. Kegler: Politisches Geschehen und theologisches Verstehen. Zum Geschichtsverständnis in der frühen israelitischen Königszeit, CThM A 8, Stuttgart 1977, S. 162ff., sowie zu den Beziehungen zur Weisheit z.B. R. N. Whybray: The Succession Narrative, StBTh II, 9, London 1968.

[37] Vgl. dazu die Klage über die Zerstörung von Ur, SAG. S. 38, S. 192ff., und zur astrologischen

brauchen wir zur weiteren Erhellung des Phänomens nur die berühmte Mescha-Stele aus dem 9. Jh. v. Chr. zu befragen. Hier führt der moabitische König Mescha, den wir aus 2 Kö 3,4ff. kennen, die Unterwerfung Moabs durch König Omri von Israel auf den Zorn des eigenen Gottes Kamosch und seinen eigenen Sieg über den „Sohn", in Wahrheit: den Enkel Omris, Joram, auf die Hilfe Kamoschs zurück[38]. D.h. aber: die „Geschichtstheologie" Israels, wie sie den Prophetenworten zugrunde liegt und schließlich im sog. Deuteronomistischen Geschichtswerk, der Darstellung der Geschichte Israels von der Landnahme bis zum Untergang des Reiches Juda in Dtn 1-2 Kö 25, ihre systematische Durchführung erhalten hat, stellt als solche wiederum kein Sondergut Israels dar. Das Besondere ist freilich, was Israel unter dem Einfluß der Aufgabe, das Exil zu verarbeiten, in eben diesem Geschichtswerk daraus gemacht hat[39]. Dabei ist dann auch der Einfluß und die Bedeutung der vorexilischen Unheilsprophetie — unbeschadet ihrer im großen Stil erfolgten exilisch-nachexilischen Ausarbeitung und Fortschreibung — in Rechnung zu stellen und nicht zuletzt die überragende Bedeutung des Deuteronomiums selbst zu würdigen.

Die Grundkonzeption dieser Geschichtstheologie ist, daß sich die ausschließliche Treue zu Jahwe nicht nur in kultischer Obödienz, die seinem religiösen Ausschließlichkeitsanspruch, seinem „Privilegrecht", entspricht, sondern gemäß seiner Rolle als der letzten Rechtsinstanz des ganzen Volkes, ja selbst der Völker, vgl. Am 1,3ff., in konkreter Gerechtigkeit, im Rechttun, צְדָקָה, gegen alle seine Glieder wie unter allen Völkern bewährt. Die Loyalitätsforderung gilt daher nicht nur dem Einzelnen, sondern zugleich dem ganzen Volke. Der göttliche Richter schließt sie alle zusammen: Wie steht es um die Loyalität gegenüber ihm selbst und wie um die Solidarität, den חֶסֶד, untereinander? Wir fühlen uns sogleich an den aus frühdeuteronomistischer Zeit stammenden Dekalog von Ex 20 par Dtn 5 erinnert, der eben die beiden Rechtsansprüche katechismusartig systematisiert hat[40]. Dabei hat sich die Solidarität zumal gegenüber den personae miserae zu bewähren, für die aus gutem Grund im Alten Orient wie im Alten Testament die Witwen und Waisen als

---

Grundstimmung der sumerischen Kultur B. Alster: Studies in Sumerian Proverbs, Mesopotamia 3, Kopenhagen 1975, S. 100ff.

[38] KAI 181, Z. 2-4. Zur Sache vgl. B. Albrektson: History and the Gods. An Essay on the Idea of Historical Events as Divine Manifestations, in the Ancient Near East and in Israel, ConBib. OTS 1, Lund 1967, und Saggs, a.a.O., S. 64ff. Auf die Problematik der Rede von der Heilsgeschichte als Fundamentalkategorie der frühen Geschichtsschreibung Israels hat Kegler, Politisches Geschehen und theologisches Verstehen, S. 316ff., mit Recht hingewiesen.

[39] Vgl. dazu R. Smend: Die Entstehung des Alten Testaments, ThW 1, Stuttgart 1981², S. 111ff., bzw. O. Kaiser: Einleitung in das Alte Testament, Gütersloh 1984⁵, S. 177f., vgl. auch S. 171f., und zum Gesamtproblem P. R. Ackroyd: Exile and Restoration, London 1968.

[40] Vgl. zu ihm L. Perlitt: Bundestheologie im Alten Testament, WMANT 36, Neukirchen 1969, S. 77ff., und F. L. Hossfeld: Der Dekalog, OBO 45, Freiburg/Schw. und Göttingen 1982, sowie das Referat bei Kaiser, Einleitung⁵, S. 73f.

Exempel stehen[41]. Versagt die bürgerliche Rechtsgemeinde im Tor und versagt der König als Rechtswalter Jahwes, fällt die Schuld auf das ganze Volk zurück. Werden Witwen und Waisen bedrängt, so daß sie zu Jahwe um Hilfe schreien, erhört er ihr Rufen und zieht die Männer, die dafür insgesamt die Verantwortung tragen, zur Rechenschaft, läßt er sie mit dem Schwert töten und so ihre eigenen Frauen und Kinder zu Witwen und Waisen machen, Ex 22,21-23. Die Schutzforderung für die personae miserae findet sich demgemäß wie im Bundesbuch, aus dem wir eben zitierten, so auch im Deuteronomium, vgl. Dtn 10,18; 24,17-19. Und beide Rechtsbücher haben dem Fremdling und den Armen, der sein Leben als Tagelöhner fristet, ausdrücklich in den Kreis der Schutzbedürftigen einbezogen, Ex 22,20; 23,6; Dtn 24,17ff.; 24,14f., vgl. auch Spr 22,22f.

Wir brauchen das Gesagte kaum an den einschlägigen Worten der Propheten im einzelnen zu demonstrieren. Es reicht aus, wenn wir den beiden Paradebeispielen gemäß in Auswahl katalogisieren[42]: In den ersten Kapiteln des Jesajabuches[43] wird der Fall der Waisen und Witwen gleich dreimal aufgerufen; einmal im Zusammenhang der Forderung, zur Vermeidung einer weiteren Katastrophe beiden Recht zu schaffen, Jes 1,17; zweimal als Begründung kommenden Unheils, 1, 23 und 10,2. Dabei bezieht 1, 23 auch das „Begrüßungsgeschenk", שֹׁחַד, die Bestechung[43a], und 10, 2 die דַּלִּים und die עֲנִיִּים, die „Niedrigen" und die „Gebeugten", mit ein. Das Begrüßungsgeschenk, das den Richter parteiisch stimmen soll, erscheint auch in Jes 5, 23 wieder. Es hat eben zur Folge, daß der צַדִּיק, der Gerechte, der sich solidarisch verhalten hat, seinen Rechtsanspruch, seine צְדָקָה, verliert. Mi 3, 11 und Ez 22, 12 begegnet der Vorwurf wieder.

Die Ausbeutung der Armen ist besonders im Amosbuch thematisiert: Man verkauft den אֶבְיוֹן, den Bedürftigen, der sein Darlehen nicht zurückzahlen kann, um ein Paar Schuhe in die Schuldsklaverei, Am 2, 6; 8, 6. Der Grundherr verlangt vom Pächter zu hohe Realabgaben. Man fälscht das Maß, die Waage und erhöht gleichzeitig den Preis, Am 8,4f.; vgl. Mi 6,11. Die Auflösung der Gemeinschaft geht soweit, daß man dahinein greift, wo man den Anderen am tiefsten verletzt, in seine Intimsphäre, und Ehebruch treibt, Hos 4,2; vgl. Jer 7,6, — wo wir auch dem Unrecht gegenüber Fremdlingen, Witwen und Waisen wiederbegegnen. Die eindrucksvollste, die Vergehen gegen Jahwe und den Nächsten zusammenfassende Anklage findet sich im Hoseabuch. Sie ist von den Tradenten der Botschaft des Propheten ob ihres pro-

---

[41] Vgl. dazu auch F. C. Fensham: Widow, Orphan and the Poor in Ancient Near Eastern Legal and Wisdom Literature, JNES 21, 1962, S. 129ff., sowie dazu wie zum Folgenden W. Thiel: Die soziale Entwicklung Israels in vorstaatlicher Zeit, Berlin/DDR 1980, S. 150ff.

[42] Zur Sache vgl. auch Miller, Sin and Judgement, S. 121ff.

[43] Zur Zeitstellung der Texte vgl. Kaiser, ATD 17⁵, z. St.; zur Sache auch oben, S.   ff.

[43a] Vgl. dazu auch H. M. Kümmel: Bestechung im Alten Orient, in: Korruption im Altertum, hg. W. Schuller, München und Wien 1982, S. 55ff.

grammatischen Charakters an den Anfang der Wortsammlung der c. 4-11 gestellt[44]. Hier heißt es:

> „Höret das Wort Jahwes, ihr Israelsöhne;
> denn Jahwe hat einen Streit mit den Landesbewohnern(vor):
> Denn es gibt keine Treue (אֱמֶת) und keine Verläßlichkeit (חֶסֶד)
> und keine Gotteserkenntnis im Lande.
> Fluch und Trug, Mord, Diebstahl und Ehebruch breiten sich aus,
> und Bluttat reiht sich an Bluttat!"

Das von Amos und Hosea vorausgesagte Gericht hatte das Nordreich 722 getroffen. Das Südreich war, Jeremias Botschaft gemäß[45], 587 untergegangen. Wir verstehen, daß die Überlebenden ihre Worte bargen und aktualisierten und andere Sammlungen neben sie stellten, um den Überlebenden den Schock und die Angst zu nehmen, Jahwe hätte sie verlassen und sich als ohnmächtig erwiesen. Nicht er, so lautete die aus den Prophetenbüchern wie aus dem Deuteronomium geschöpfte Antwort, hatte Israel, sondern Israel hatte seinen Gott verlassen, den Ernst seiner Gerechtigkeitsforderung verkannt. Da erwies sich Jahwe Zebaoth erhaben im Gericht, der heilige Gott heilig durch seine Gerechtigkeit, Jes 5, 16[46].

III

Das exilisch-nachexilische Israel, das Judentum, konsolidierte sich vor allem unter dem Einfluß des Gesetzes, des priesterlichen, das seinen Kult im neuerrichteten Jerusalemer Heiligtum regelte, und aufs Ganze gesehen mehr noch des deuteronomischen und seiner deuteronomistischen Auslegung. Und beide sind schließlich im Pentateuch, in den 5 Mosebüchern zu *der* תּוֹרָה, *dem* Gesetz, zusammengewachsen. Die Propheten, nach jüdischem Verständnis: die Bücher Josua — 2. Könige und dann Jesaja, Jeremia, Ezechiel und die Zwölf, sollten als konkrete Illustration teils der unbedingten Gehorsamsforderung und damit des Ernstes der auf dem Ungehorsam liegenden Flüche, vgl. Dtn 28,15ff., und teils der Entfaltung der auf dem Gehorsam liegenden Segensverheißungen, vgl. Dtn 28,1ff., verstanden werden. Die Unheilsgeschichte, die erfüllte Gerichtsprophetie und die Eschatologie blieben damit der תּוֹרָה untergeordnet. Dabei erwies sich für das in die Welt zerstreute oder doch in größerer Entfernung von dem nunmehr einzig legitimen Jerusalemer Tempel mit seinem sühneschaffenden Kult lebenden Israel als entscheidend, daß die Deuteronomisten das Deuteronomium als Bundesurkunde und die mosaische Gesetzespredigt als das Gesetzbuch, סֵפֶר הַתּוֹרָה, interpretierten, vgl. z.B. Dtn 28,69;

---

[44] Vgl. dazu Jörg Jeremias: Der Prophet Hosea, ATD 24/1, Göttingen 1983, S. 59ff.
[45] Zur Problematik der Jeremiaüberlieferung vgl. jetzt R. P. Carroll: From Chaos to Covenant. Uses of Prophecy in the Book of Jeremiah, London 1981, besonders S. 249ff.
[46] Zur Zeitstellung des Textes vgl. Kaiser, ATD 17⁵, z. St.

29,20. Dabei ließen sie Mose ausdrücklich erklären, daß er diesen Bund und das mit ihm verbundene Eidverhältnis nicht allein mit den Anwesenden, sondern auch mit den Abwesenden schließe: Ganz Israel in allen Orten und für alle Zeiten steht damit unter diesem Gesetz, Dtn 29,13f. Damit ist ihm die Entscheidung zwischen Leben und Tod, Gutem und Bösem vorgelegt, damit es das Leben wähle, Dtn 30,19. Und wenn das Volk bis ans Ende des Himmels, und d.h.: bis dahin, wo Himmel und Erde am Rande der Welt einander begegnen, verstoßen wäre, es aber zu Jahwe, seinem Gott, umkehrte, so würde er seine Gefangenschaft wenden, sich seiner erbarmen und es aus allen Völkern sammeln, Dtn 30,1ff. So hängt die Zukunft Israels an seinem Gehorsam gegenüber dem Gesetz; und es liegt bei jedem Israeliten, nah oder fern, durch seine Umkehr und seinen Gehorsam das Seine dazubeizutragen, daß sich Gott seines Volkes erbarme. Das Kommen des Messias, der großen Geschichtswende, — all das konnte nicht am Gesetz vorbei erwartet werden; denn Gerechtigkeit und Leben hängen unlösbar zusammen.

Das exilisch-nachexilische Judentum machte freilich die Erfahrung, daß es mit dieser Umkehr und dieser totalen Hingabe aller an den Gesetz aus der Liebe zu dem Gott, der es in seinen Vätern erwählt und aus Ägyptenland herausgeführt hat, vgl. Dtn 6,4ff., eine eigene Sache ist. Kultischer Gehorsam ist allemal leichter als diese vollendete Hingabe[47]. Aus der Nehemiadenkschrift können wir entnehmen, daß selbst Jerusalem und Juda nicht die heilige Stadt und das heilige Volk und Land darstellten, die sie sein sollten: Die Ausbeutung der sozial Schwachen in Zeiten der Hungersnöte führte zum Wucher, durch den die Kleinen oft nicht nur Haus und Hof, sondern selbst ihre Kinder verloren, die sie in die Sklaverei ziehen lassen mußten, Neh 5,1ff. Die Leviten und Sänger am Tempel waren unversorgt, weil der Zehnte ausblieb, Neh 13,10ff. Der Sabbat, spätestens seit dem Exil zusammen mit Beschneidung und Schächtung Kennzeichen des Juden, wurde nicht gehalten, 13,15ff., und Mischehen mit Frauen aus den umliegenden nichtjüdischen Ländern führten zur Entfremdung der Jugend bis zum Verlust der eigenen jüdischen Sprache, 13,23ff. Wir blicken hier wie im Büchlein Maleachi durch ein schmales Fenster in einen Geschichtsraum, dessen Dunkel wir sonst nur in mühsamer redaktionsgeschichtlicher Kleinarbeit erhellen können. Aber wir dürfen ruhig den Schluß ziehen, daß wir hier einen für die Verhältnisse im 5. Jh. v. Chr. typischen Eindruck erhalten haben: Es brauchte seine Zeit, bis sich das gesetzestreue Judentum konsolidiert hatte. Und natürlich blieb auch seine Geschichte nicht weniger bewegt, von Spaltungen in der Priesterschaft und Sondermeinungen im Volke bedroht, wie wir das aus der Geschichte der christlichen Kirche kennen.

Es ist eine entsprechende Erfahrung, welche die namenlose, nur noch schriftlich wirkende, das Erbe der Väter fortschreibende Prophetie veranlaß-

---

[47] Vgl. auch unten, S.

te, die Hoffnung darauf zu setzen, daß Jahwe selbst für die Erfüllung des Gehorsams sorgen werde, indem er mit Israel und Juda einen neuen Bund schließen und dabei das Gesetz in ihr Herz schreiben werde, so daß sich der Inhalt des Bundes, daß Israel Jahwes Volk und er sein Gott sei, tatsächlich erfüllen würde, Jer 31,31ff[48]. Dem entspricht im Ezechielbuch die Verheißung der Verleihung eines neuen Herzens: Das bisherige, steinerne, gefühllose und ungehorsame soll durch ein fleischernes, fühlendes und gehorsames ersetzt werden und dem Volk, was auf dasselbe hinausläuft, der Geist Jahwes gegeben werden, Ez 36,26f., vgl. auch Joel 3,1ff. Erst dem gehorsamen, von seinen Sünden gereinigten Volk soll das Land zurückgegeben werden; erst dann sollen seine Trümmer gebaut und seine Äcker gepflügt werden, damit die dem Gottesgericht erlegenen Nachbarvölker, Ez 25; 26-28; 29-32, erkennen, wer Jahwe ist, Ez 36,33ff. Aber solche Stimmen wollten nicht als Aufforderung zum laissez-faire bis zu diesem Gotteswunder, sondern als Antrieb, in seinem eigenen Gehorsam trotz des Versagens vieler nicht nachzulassen, verstanden werden.

Je länger das Exil und mehr noch seine Folgen währten, desto notwendiger mußte sich freilich die Frage erheben, wie es um die Gerechtigkeit Gottes gegenüber seinem Volke bestellt sei. Längst waren die Schuldigen gestorben. Aber von der erwarteten Wende war nichts oder nur wenig zu spüren. So heißt es etwa im 5. Klagelied in den V. 7 und 21f.:

„Unsere Väter, die sündigten, sind nicht mehr.
Wir selbst müssen ihre Verschuldungen tragen!"

Und:

„Bringe uns, Jahwe, zu dir zurück, so wollen wir umkehren!
Wie vormals erneuere unsere Tage!
Denn wenn du uns gänzlich verworfen hast,
so zürnst du uns zu sehr!"[49]

Gewiß konnte man die Frage nach dem Hinausrücken des Heils immer erneut mit dem Hinweis auf die fehlende vollständige Buße beantworten, wie man das in der tritojesajanischen Sammlung (Jes 56-66) und bei Sacharja nachlesen kann. Aber es konnte sicher nicht ausbleiben, daß sich angesichts der immer erneuten Verzögerung der erwarteten großen, Israels Befreiung und Weltherrschaft mit sich bringenden Wende eine Stimmung breitmachte, die dem allem gegenüber skeptisch war. So sagten die einen etwa: „Die Väter haben saure Trauben gegessen, aber den Kindern sind die Zähne stumpf geworden!", Ez 18,2; Jer 31,29, oder: „Inwiefern liebt uns Jahwe?", Mal 1,2, oder grundsätzlicher: „Wo ist der Gott, der da richtet?", Mal 2,17. Aus dieser Verborgen-

---

[48] Vgl. dazu auch S. Böhmer: Heimkehr und neuer Bund. Studien zu Jeremia 30-31, GThA 5, Göttingen 1976, S. 74ff., und zur Sache auch das knappe Referat bei W. H. Schmidt, Alttestamentlicher Glaube⁴, S. 114ff., bzw. den Artikel „Bund" von E. Kutsch, TRE VII, S. 397ff.

[49] Zur Schichtung und Zeitstellung des Liedes vgl. O. Kaiser: Klagelieder, ATD 16/2³, Göttingen 1981, z. St.

heit Gottes mochte man dann den Schluß ziehen, daß man tun und lassen könne, was einem beliebt, wie es die Schilderung des Gottlosen in Ps 10,3ff. illustriert. Ps 14,1 bringt diese Skepsis und ihre ethischen Konsequenzen auf die knappe Formel: „Es denkt der Tor bei sich: Es ist kein Gott!" Freilich, wie stark derartige Strömungen waren, können wir im nachhinein kaum ermessen. Dominierend und offiziell den Ton angebend konnten sie innerhalb des Judentums schon deshalb nicht werden, weil das Gesetz spätestens um 400 mit persischer Autorisierung zur Rechtsgrundlage des ganzen Judentums geworden war.

Umso mehr werden wir die zweite Strömung in Rechnung stellen, die nun in einer Individualisierung der Heilserwartungen bestand. Mochte der Segen über Israel erst zu der von Gott dafür auserschenen Stunde kommen, so würde er schon jetzt bei den Frommen nicht ausbleiben. Diese grundsätzlich mit dem Schutzgottglauben verbundene Überzeugung mußte sich nun mit den über dem Gesetz stehenden Segensverheißungen verbinden und demgemäß individualisieren. Es reicht aus, auf den 1. Psalm zu verweisen, um deutlich zu machen, daß es sich bei dieser Hypothese um keine Reißbrettkonstruktion handelt:

„Wohl dem Manne der nicht wandelt nach der Gottlosen Rat ...
sondern hat seine Freude an Jahwes Gesetz
und sinnt über seinem Gesetz Tag und Nacht.
Der ist wie ein Baum, gepflanzt an Wasserbächen ...
und alles was er tut, gelingt ihm wohl!"

Oder man sehe nur den kunstvollst gefügten 119. Psalm an, der im achtfachen Akrostich das Alphabet durchläuft und dabei immer nur um das Eine kreist, das Gesetz Gottes und den Gehorsam des Beters. Hier schließlich steht das in unserer Liturgie fortlebende:

„Herr, dein Wort ist meines Fußes Leuchte
und ein Licht auf meinem Wege!", 119,105.

Diese Individualisierung ist in Ez 18, einem keinesfalls bereits aus dem 6. Jh. stammenden Text, sondern einer wesentlich jüngeren Fortschreibung[50], systematisiert. Der oben erwähnte Vorwurf, daß die Nachkommen die Folgen der Schuld der Eltern zu tragen haben, wird durch die feierliche Deklaration Jahwes zurückgewiesen, daß er, — wie es nebenbei im israelitischen Recht längst Brauch war, — keine Sippenhaft und Kollektivschuld kennt, sondern jedem nach seinem eigenen Tun vergilt:

„Die Seele, die sündigt, die soll sterben! Der Sohn soll nicht an der Schuld des Vaters tragen noch der Vater an der Schuld des Sohnes; sondern die Gerechtigkeit des Gerechten soll über ihn (selbst) kommen und die Bosheit des Bösen soll über ihn (selbst) kommen!"

---

[50] Vgl. dazu die Ansetzungen bei H. Schulz: Das Todesrecht im Alten Testament, BZAW 114, Berlin 1969, S. 167ff., und J. Garscha: Studien zum Ezechielbuch, EHS.T 23, Frankfurt/Main und Bern 1974, S. 303ff. und S. 311.

Unter dem Eindruck dieser neuen, aber zugleich alten, weil in der überkommenen Vorstellung vom Segen der Gottheit für den Frommen verwurzelten Überzeugung hat man dann auch das Bild der Geschichte korrigiert: In der visionären Ankündigung der Zerstörung Jerusamlems in Ez 9 geht nun ein himmlischer Schreiber durch die Stadt, der allen, die sich von den in Jerusalem geschehenen Greueln distanziert hatten, ein Kreuz auf die Stirn zeichnet, um ihre Verschonung zu sichern, Ez 9,4. — Wir könnten zeigen, wie sich das Ringen um diese absolute, jedem das Seine gebende Gerechtigkeit Gottes im Rückblick auf die kollektiven Gerichte der Vergangenheit und ihre Folgen zum Beispiel in einem Text wie Gn 18, 22b-33, dem Gespräch zwischen Abraham und Jahwe angesichts der bevorstehenden Vernichtung von Sodom spiegelt. Für den keinesfalls vor dem (wohl fortgeschrittenen) 4. Jh. v. Chr. wirkenden Chronisten, den Verfasser der Chronikbücher, ist die Sache ausgestanden: Er erzählt die Geschichte der Königszeit unter Zugrundelegung des Maßstabes individueller Vergeltung und legt sich, fehlen ihm dafür die Anhaltspunkte in der Tradition, die Dinge notfalls selbst zurecht. So berichtet er etwa vom König Asa, daß er einen überwältigenden Sieg über eine kuschitische Übermacht errang, ohne einen Schwertstreich zu tun. Aber als er angesichts eines Angriffs König Baesas von Israel ein Bündnis mit Benhadad von Damaskus schloß, zog ihn ein Seher zur Rechenschaft. Asa warf ihn ins Gefängnis und ließ sich in seiner Politik nicht stören. Aber drei Jahre später wurde er krank, und weil er statt Jahwe den Arzt suchte, starb er nach zwei weiteren Jahren, 2 Chr 14;16.

Selbstverständlich können wir den Vorgang der Individualisierung der Gesetzesfrömmigkeit auch im Spiegel der Weisheit beobachten, und wir bekommen erst dadurch den Schlüssel, der die im Hiobbuch wie beim Prediger Salomo, bei Kohelet, zugrundeliegende Frontstellung aufschließt. Während in der ‚mittleren' Weisheit beobachtet worden war, wie sich gerechtes Verhalten auf den Täter in der Gemeinschaft auswirkt, und wohl immer schon das Wissen um das Angewiesensein des Menschen auf Jahwes Fügung präsent war, wird jetzt das Moment, daß Jahwe selbst der Garant von Heil und Verderben ist, systematisiert und zugleich die Unverbrüchlichkeit seiner Ordnung behauptet[51]. So hieß es z.B. Spr 11,6, daß die Gerechtigkeit dem Untadligen den Weg ebnet, während der Treulose durch seine Gier gefangen wird; oder Spr 10,30, daß der Gerechte nicht wankt, während der Frevler aus dem Lande verschwindet. Nun aber heißt es versichernd: „Die Hand darauf, daß der Böse nicht straflos bleibt, aber ‚wer Gerechtigkeit säte', geht frei aus", Spr 11,21; oder: „Das Licht der Gerechten ‚leuchtet auf', aber die Lampe der Frevler erlischt", Spr 13,9. Und diese Ordnung wird nun durch die Allwissenheit Jahwes garantiert: „An jeder Stätte sind Jahwes Augen, sie wachen über Böse und Gute!", Spr 15,3. Oder: „Unterwelt und Totenreich liegen vor Jahwe, um

---

[51] Vgl. dazu W. McKane, Proverbs, S. 14f.

wieviel mehr die Herzen der Menschen", Spr 15,11. Oder: „Alles hat Jahwe für seinen Zweck geschaffen, so auch den Frevler für den Unheilstag", Spr 16,4. — Erinnern wir uns an das, was wir früher über die Einstellung gegenüber dem Leidenden gesagt haben, daß man ihn für einen von Gott geschlagenen hielt und als solchen mied[52], liegt es auf der Hand, daß die Systematisierung eine Verschärfung seiner Situation mit sich brachte. Der durch den Glauben an Gottes Gerechtigkeit naheliegende Rückschluß von Leid auf Schuld konnte nun geradezu unausweichlich werden. Gleichzeitig bedeutete die Individualisierung und Generalisierung des Gerichts — oder, wie wir ruhig sagen können: des Vergeltungsgedankens, daß das andere Erklärungsmodell, welches Leid als Folge der Schuld der Vorfahren deutete, an Überzeugungskraft verlor. Wir brauchen, um das Zurücktreten, ja die Abschwächung dieses Gedankens zu verfolgen, nur den großen Kultnamen Jahwes in Ex 34,6f., der ihn als den kennzeichnet, der mitleidig, langmütig und von großer Treue ist, der Tausenden Huld erweist, der Schuld, Ungehorsam und Sünde vergibt, aber zugleich die Schuld der Väter an den Kindern bis ins dritte und vierte Glied vergilt[52a], mit der Aufnahme der Formel im Dekalog Ex 20,5 par Dtn 5,9 zu vergleichen, um dies zu erkennen: Das „an den Kindern bis ins dritte und vierte Glied" wird nun durch ein „die mich hassen" erweitert und damit dem neuen Denken angepaßt[53]. Dabei bleibt dann durchaus für die Vorstellung des Prüfungs- oder Bewährungsleidens Raum, wie sie die Rahmenerzählung des Hiobbuches in ihrem Grundbestand vertritt: Der sich nicht gegen Gottes Heimsuchung auflehnende, um seine Kreatürlichkeit und damit um seinen fehlenden Rechtstitel gegen Gott wissende Dulder erfährt am Ende die restitutio in integrum[54]. Daß der moderne Leser unbefriedigt bleibt, liegt an seinem eigenen soteriologischen Individualismus: Er stellt die Frage nach dem Los der im Unglück umgekommenen Kinder. Für den noch in der Sippe geborgenen Weisen aber bleiben sie als Besitz des Vaters außer Betracht.

Wir sehen an dieser Stelle davon ab, auf die Neuakzentuierung der Erzählung und zugleich der zentralen Hiobdichtung durch die Einfügung der Satansszenen einzugehen, welche die Erklärung für den im Leiden des Unschuldigen aufbrechenden Riß in der Wirklichkeit in der himmlischen Welt suchen und dabei in die Nähe eines Dualismus geraten, wie er sich ähnlich in der Lehre Zarathustras beobachten läßt, der Ahura Mazda, dem „Weisen Herrn", den heiligen wie den bösen Geist, den Ahra Mainyu unterordnet[55]. In diesem Sin-

---

52 Vgl. dazu oben, S.
52a Als Beispiel für die ältere religiöse Sippenhaft vgl. 2 Sam 21.
53 Vgl. dazu auch J. Blenkinsopp: Wisdom and Law in the Old Testament, Oxford 1983, S. 50.
54 Vgl. dazu oben, S.
55 Vgl. dazu W. Eilers, Artikel „Ormazd", RGG IV³, Sp. 1702f., und „Zarathustra", RGG VI³, Sp. 1866f., sowie G. Widengren: Die Religionen Irans, RM 14, Stuttgart 1965, S. 74ff., und zur weiteren Entwicklung zum eigentlichen Dualismus S. 149 und S. 214ff.

ne bleibt der Satan auch hier, um Luther zu zitieren, „Gottes Teufel"[56]. Wir gehen statt dessen sogleich zu dem zentralen Hiobdialog (Hi 3-31) samt den zwar im Blick auf ihre ursprüngliche Zusammengehörigkeit mit diesem in der Literatur wiederholt angefochtenen, aber nach unserer Einsicht unentbehrlichen Gottesreden Hi 38-42,6* über [57], der das Leiden des Unschuldigen in den Mittelpunkt stellt und in dessen Zentrum die Behauptung steht, daß der von den Weisen vertretene unverbrüchliche Zusammenhang zwischen Tun und Ergehen, Leid und Schuld nicht aufweisbar ist bzw. vorsichtiger: durch das Leiden des Unschuldigen in Frage gestellt wird. „Es ist alles eins", läßt der Dichter seinen Hiob in 9,22 sagen, "drum sage ich: Unschuldig oder schuldig — er vertilgt!" In c. 21 läßt er ihn dann den Erfahrungsbeweis gegen die von den Freunden vertretene Lehre führen, nach der die Lampe des Gottlosen verlischt, Hi 18,5; vgl. Spr 13,9, Gott den Unschuldigen nicht verwirft, während er die Hand der Frevler fahren läßt, Hi 8, 20:

„Warum bleiben Frevler am Leben,
altern und bleiben gesund und stark?
.....
Wie oft erlischt die Lampe der Frevler
und kommt Verderben über sie,
sind sie wie Häcksel vor dem Winde,
wie Spreu, die der Sturm entführt?"

Und gleichzeitig läßt er seinen Hiob mit der offenbar noch immer virulenten Anschauung von der religiösen Sippenhaft, dem Geschlechterfluch abrechnen:

„Spart Gott seinen Söhnen sein Unheil auf? —
Ihm vergelte er es, daß er es spürt!
Seine Augen sollen ‚sein Unglück' sehen,
und er von dem Grimme Allwalts trinken!
Denn was schert ihn sein Haus nach ihm,
wenn die Zahl seiner Monde vorüber?"

Im Bewußtsein seiner Unschuld fordert er schließlich nach seinem sog. Reinigungseid in c. 31 Gott selbst zum Rechtsstreit heraus:

„O hätte ich einen, der auf mich hört!
Da ist mein Zeichen: Allwalt antworte mir!" 31,35.

---

[56] Zur Sache vgl. P. Henke: Zum Teufel — Hinweise auf eine verdrängte Wirklichkeit, NZSTh 22, 1980, S. 166ff.
[57] Von 9,32ff. über 13,18ff.; 19,25ff.; 23,3ff. und 31,35 drängt Hiob auf die Gottesbegegnung hin. Ohne sie bliebe die Dichtung ein Torso. 26, 5-14 kann nicht dagegen ins Feld geführt werden, da dieser Abschnitt, der gleichsam die Argumente der Gottesreden vorwegnimmt, seinen jetzigen Ort erst späteren Manipulationen verdankt. Vgl. dazu z.B. G. Hölscher: Das Buch Hiob, HAT I/17, Tübingen 1952, bzw. G. Fohrer: Das Buch Hiob, KAT XVI, Gütersloh 1963, z. St., und zuletzt V. Maag: Hiob. Wandlung und Verarbeitung des Problems in Novelle, Dialogdichtung und Spätfassungen, FRLANT 128, Göttingen 1982, S. 195f.

Und wirklich erscheint Jahwe im Gewittersturm: Seine gewaltige, dem Menschen in seiner Schöpfung präsente Majestät übersteigt das Fassungsvermögen des Menschen. Der endliche Verstand reicht nicht zu, den unendlichen, sich in seinen Werken spiegelnden zu begreifen. So bricht Hiobs Auflehnung zusammen, widerruft er die Anklage Gottes und erklärt sich zur Buße bereit, 42,6[58]. Angesichts der Wirklichkeit Gottes bricht die Überzeugung des Menschen, er könne Gott gegenüber im Recht sein, 13,18, zusammen. Aber damit wird die sittliche Verantwortung des Menschen nicht aufgehoben. Daß es des Menschen Pflicht ist, Gerechtigkeit, und d.h. alttestamentlich: Gemeinschaftstreue[59] zu üben, bleibt in der ganzen Dichtung unbestritten und wird durch den Reinigungseid in c. 31 als dem höchsten Ausdruck alttestamentlicher Ethik unterstrichen. So bleibt das Leid des Unschuldigen in seiner ganzen Rätselhaftigkeit bestehen, gleichzeitig damit aber auch die Würde des Leidenden bewahrt, weil ihn die Schuldaufrechnungen der Freunde nicht mehr berühren. In der Annahme seines dunklen Schicksals schließt er seinen Frieden mit Gott. — Daß die drei Freunde in 42,7ff. von Gott zur Ordnung gerufen werden, erinnert ein für allemal daran, daß der Theologe vor allem ehrlich gegenüber sich selbst und dem Anderen zu sein hat, wenn sich durch ihn Gott als der geheime Grund der Welt erschließen soll.

Es hat an dem Wissen um die Verborgenheit der Weisheit Gottes auch weiterhin nicht gefehlt. Hi 24, 1-24 und das ganze c. 28 sind seine Zeugen[60]. Aber diese Stimmen haben sich offenbar in der Schulweisheit nicht durchgesetzt; denn anders ist es kaum verständlich, daß die Auseinandersetzung mit ihr in frühhellenistischer Zeit noch einmal aufbricht. Wir dürfen ja nicht vergessen, daß sich auch das Hiobbuch nur in seiner bearbeiteten, um die Elihu-Reden in den c. 32-37 erweiterten Form durchgesetzt hat. Damit war eigentlich die Lösung der Dichtung zurückgenommen: Als letzte, unerschütterliche Wahrheit wird wieder der Satz etabliert, daß Gott nicht ungerecht handeln kann und also jedem Menschen nach seinem Tun vergilt, 34,11. Auf dem Hintergrund und im Zusammenhang mit dieser Grundüberzeugung entwickelt der Dichter der Elihu-Reden in einem eigentümlich gestuften, die Argumente nachholenden Beweisgang die doppelte Theorie von der göttlichen, zur Einsicht des Sünders in seine Schuld führenden Leidenspädagogik, vgl. 33,14ff.; 36,8ff., und von der göttlichen, hinter dem scheinbar fest gegründeten Glück

---

[58] Vgl. dazu auch oben, S. 54ff.
[59] Grundlegend für das Verständnis des alttestamentlichen Gerechtigkeitsbegriffes ist immer noch die Arbeit von K. Hj. Fahlgren: ṣᵉdāḳā, nahestehende und entgegengesetzte Begriffe im Alten Testament, Diss. Uppsala 1932. Vgl. weiterhin die Nachweise bei H. H. Schmid: Gerechtigkeit als Weltordnung. Hintergrund und Geschichte des alttestamentlichen Gerechtigkeitsbegriffes, BHTh 40, Tübingen 1968, S. 1 Anm. 1, und zum Begriffsfeld den Artikel von K. Koch, THAT II, Sp. 507ff.
[60] Vgl. dazu B. L. Mack: Logos und Sophia. Untersuchungen zur Weisheitstheologie im hellenistischen Judentum, StUNT 10, Göttingen 1973, S. 21ff.

des Gottlosen stehenden Geduld, vgl. 34,29ff. Darüber hinaus legt er dar, daß Gottes Werke in der Natur, sein Handeln in den Wettern, eben im Dienst seines segnenden, gnädigen oder zornigen und strafenden Handelns stehen. Damit nimmt er auch die Theologie der Gottesreden, die Einsicht, daß die Weisheit Gottes dem Menschen hinter der Vieldeutigkeit der Welt verborgen ist, wieder zurück, vgl. 36,22ff.; 37,1ff. So hat die alttestamentliche Weisheit und zugleich der alttestamentliche Glaube an Gottes Gerechtigkeit eine Stabilisierung erfahren, die Weisheit und Gesetz zu festen Bundesgenossen machen und dem Juden zu einem ethischen Rigorismus im Eifern im Gesetz verhelfen mußte, vgl. Gal 1,14; Phil 3,5, und zu einem Überlegenheitsgefühl gegenüber der innerlich sich auflösenden hellenistischen Welt, gegenüber den Heiden, die das Gesetz nicht kennen, führen konnte, vgl. aber Röm 2,14f. Von hieraus fehlte nur noch ein Schritt, um zu einer Theodizee der Exilierung und Zerstreuung unter die Völker zu kommen, wie sie in einer, vermutlich im 1. Drittel des 2. Jh.s v. Chr. in Jerusalem entstandenen Erweiterungsschicht des Buches Tobit verhalten anklingt[61]. Durch sie sind in den „Lobpreis des Tobit" (Tob 13,1-14,1) u.a. die Verse 3. 4a und 8 eingefügt, in denen es heißt:

„Lobpreiset ihn, ihr Söhne Israels, vor den Völkern,
denn er hat uns unter sie zerstreut.
Dort verkündet seine Größe."

Und:

„Ich lobpreise ihn im Land meiner Gefangenschaft,
und ich verkünde seine Macht und Größe dem Volk der Sünde.
Macht kehrt, ihr Sünder, und wirkt Gerechtigkeit vor ihm.
Wer weiß, ob er euch nicht (auch) gnädig ist und mit euch Erbarmen hat?"[62]

IV

Obwohl wir mit dem bisher Gesagten den Weg Israels unter der Frage nach Gottes Gerechtigkeit grundsätzlich bis zu dem Punkt abgeschritten haben, an dem die spätere jüdische Orthodoxie ansetzen konnte und zu dem sie immer wieder zurückkehren sollte[63], gehen wir noch einmal hinter das erreichte Ergebnis zurück, um einerseits den letzten großen Einspruch gegen diese rationalisierte Lehre von der Gerechtigkeit Gottes aus frühhellenistischer Zeit, wie ihn Kohelet, der „Prediger" — oder, wie wir vielleicht zutref-

---

[61] Vgl. dazu P. Deselaers: Das Buch Tobit. Studien zu seiner Entstehung, Komposition und Theologie, OBO 43, Freiburg/Schw. und Göttingen 1982, S. 465ff., S. 498ff. sowie die Übersetzung S. 13*.
[62] Übersetzung nach Deselaers, a.a.O.
[63] Dabei lassen wir die jüngsten, in der Auseinandersetzung mit dem Holokaust erfolgten Entwicklungen der jüdischen Theologie außer Betracht, wie unsere Studie grundsätzlich den biblischen Befund im Auge behält.

fender sagen sollten: der Lehrer — wohl in der ersten Hälfte des 3. Jh.s v. Chr. formuliert hat, zu bedenken und andererseits den Stabilisierungsprozeß innerhalb der Weisheit kurz vor dem Zusammenprall mit den Hellenisten in Jerusalem und der daraus resultierenden Religionsverfolgung unter dem Seleukiden Antiochos IV. Epiphanes bei Jesus Sirach zu beobachten. Abschließend wird es unsere Aufgabe sein, aus all dem, was hier entwickelt und bedacht worden ist, eine Summe zu ziehen.

Kohelet, der sog. „Prediger Salomo", nimmt mit seinem eigenen Denken zweifellos eine Position am äußersten Rande des Alten Testament ein, ist aber für uns heute deshalb nicht von geringerer, sondern eher größerer Aktualität, weil er einerseits dem skeptischen Grundzug der Gegenwart entspricht und andererseits gewissermaßen die alttestamentliche Theologie als ganze auf den Prüfstand stellt. Der primär nur unter seiner Tätigkeitsbezeichnung als „Lehrer" eingeführte Anonymus, vgl. 1,1a* und 12,8ff., bestreitet den Anspruch der Weisheit, die ratio zu kennen, nach der Gott mit dem Menschen verfährt, 8,16f.[64]. Der Tod holt den Weisen wie den Toren, den Gerechten wie den Gottlosen ein, ohne daß der Mensch einen Sinn darin erkennen kann, 9,1ff. Gewiß hat der Weise seine Augen im Kopf, während der Tor in der Finsternis wandelt, und so einen relativen Vorteil gegenüber dem Narren; aber der Tod macht zwischen beiden keinen Unterschied, 2,13f. Die Beobachtung lehrt, daß es Gerechte gibt, denen es so geht, wie es den Gottlosen gehen sollte, und Gottlose, denen es so geht, wie es den Gerechten gegen sollte, 8,14. Die Welt scheint in ihren großen, auf Dauer angelegten Abläufen nach göttlicher Ordnung vorzugehen, ohne daß der Mensch hinter der Kreisförmigkeit des sich wechselseitig aufhebenden und doch immer wieder in sich zurücklaufenden Geschehens einen Sinn zu entdecken vermag, 3,11; 1,3ff. Schlimmer noch: Der Mensch muß so tun, als hinge sein Geschick von ihm selbst ab; aber es gibt keine Garantie dafür, daß er mit seinen Absichten zum Ziel kommt, weil er die von Gott für das eine oder das andere vorqualifizierte, vorbestimmte Zeit nicht kennt, 3,1ff.; 9,12. Gott dreht gleichsam das große, ewig kreisende Schicksalsrad, aber der Mensch kann seine Ziffern nicht lesen und erzielt daher nur Zufallstreffer! Mithin ist er am Ende ganz auf Gottes Glückszuteilung angewiesen, die dieser nach freier, vom Menschen nicht zu durchschauender Entscheidung vornimmt, vgl. 2,26[65]. Diese Undurchschaubarkeit des Gotteshandelns am Menschen ist von Gott beabsichtigt; denn sie eben bewirkt, daß der Mensch angesichts seiner unaufhebbaren Begrenztheit gegenüber der dunklen Zukunft Gott fürchtet, 3,14. Gott als Grenze, als entscheidende Begrenzung der Schicksalsmächtigkeit des Menschen, das ist der Beitrag Kohelets zur

---

[64] Vgl. dazu ausführlicher oben, S. 91ff.
[65] Vgl. dazu W. Zimmerli: Das Buch des Predigers Salomo, ATD 16/1, Göttingen 1981³, S. 161f. z.St.: „Jede moralische Regel, nach welcher Gott zu messen wäre, und jede Möglichkeit, Gott bei seiner Zuteilung in die Karten zu sehen, ist hier wie die weiteren Worte Kohelets zeigen, streng fernzuhalten."

alttestamentlichen Gotteslehre und zugleich seine Kritik am Vergeltungsglauben und der von ihm unterstellten Verfügbarkeit Gottes und der Zukunft. Und angesichts des ewigen Kreisens allen Geschehens gibt es in seinem Denken auch keinen Raum für irgendeine kollektive oder individuelle Eschatologie. Sein Gott steht über dem Schicksal, dessen ewiges Kreisen er in Gang hält, ist aber vom Menschen kaum von jenem zu unterscheiden[65a].

Aus dieser, immer noch im Horizont des Gottesglaubens und selbst des Gesetzesgehorsams bleibenden[66], der Erfahrung im Kontrast zur herrschenden Lehre der Weisen abgelauschten Einsicht[67] zieht Kohelet die fünffache Konsequenz, daß der Mensch Gott 1. zu fürchten, 3,14, und 2. demgemäß sich ihm gegenüber korrekt zu verhalten und ihn nicht herauszufordern hat, 5,1ff.; daß er 3. bei seinem Vornehmen mit allen Möglichkeiten zu rechnen und demgemäß Umsicht walten zu lassen hat, 11,1ff., und daß er sich 4. in der Folge vor jedem extremen, sein Unglück herausfordernden Verhalten zu hüten hat, 7,15ff., und daß 5. schließlich das einzige Glück, mit dem er rechnen kann, die ihm hier gewährten, guten und doch so flüchtigen Tage sind, die es also zu ergreifen gilt, 3,12; 8,15; 9,7ff. und 11,9f*. Es ist das von den Harfnerliedern in den ägyptischen Gräbern mit ihrem

> „Genieße den Tag
> und werde nicht müde.
> Denn niemand nahm mit sich
> woran er gehangen,
> und niemand kommt wieder,
> der einmal gegangen."[68]

bis zu Horaz hin verbreitete Thema des *Carpe diem*, das uns hier begegnet. Das einzige, von Kohelet nicht relativierte Gut ist das irdische Glück. Aber man kann nicht übersehen, daß sich das am Anfang wie am Ende des Buches stehende und immer wieder in seinen Reflexionen begegnende הַכֹּל הֶבֶל הֲבָלִים, „Wind der Winde, alles ist ein Wind!", das wir getrost mit „alles ist in seiner Vergänglichkeit sinnlos" umschreiben können, wie ein Schleier über das bunte, im Abgrund der Unterwelt mit ihrem ewigen Vergessen und Vergessensein endende Leben legt. Die Frage nach dem, was bleibt nach dem יִתְרוֹן, dem Ertrag des Lebens, findet bei ihm keine Antwort, 2,11. Und die neumodische Kunde vom Aufstieg der Seele zum Himmel ist für ihn nichts als eine unbewiesene, ihrer Stütze in der Erfahrung entbehrende Hypothese, 3,21. Sachlich vollzieht Kohelet den Verzicht auf die eigene Endlichkeit angesichts des Unendlichen, des fernen Gottes, 5,1, aber gedanklich ist die

---

[65a] Vgl. dazu auch oben, S. 84ff. und S. 100ff.
[66] Vgl. 5,1ff.
[67] Diesen Prozeß hat J. A. Loader: Polar Structures in the Book of Qohelet, BZAW 152, Berlin und New York 1979, noch einmal unwiderlegbar dargestellt.
[68] Übersetzung von Emma Brunner-Traut: Die Alten Ägypter. Verborgenes Leben unter Pharaonen, Stuttgart u.a. 1974, S. 98, bzw. dies. und V. Hell: Ägypten, Stuttgart 1966², S. 143.

Versöhnung nicht gelungen, sonst wäre das הֲבֵל הֲבָלִים, das „alles ist eitel", verstummt. Von dem Vertrauen auf Gottes Güte gegenüber seinen Frommen, wie es uns in den Psalmen entgegentritt, ist im Blick auf die Undurchschaubarkeit des menschlichen Schicksals nichts übrig geblieben[69]. Die Erfahrung, daß sich Gott selbst dem Menschen im Verzicht auf die eigentliche Endlichkeit als der alles Vertrauen rechtfertigende Grund erschließt, findet in seiner Gedankendichtung keinen Niederschlag.

Wenn uns dieses Büchlein trotz seiner radikalen Infragestellung des Grundsatzes alttestamentlicher Theologie, der Gleichsetzung von Gerechtigkeit und Leben, in der Bibel erhalten ist, verdanken wir es gewiß dem doppelten Umstand, daß man es aufgrund seiner Königstravestie in 1,12ff. für eine Schrift König Salomos hielt und demgemäß so überarbeitete, daß es sich der weisheitlichen Normaltheologie anpassen ließ[70]. Dieser Bearbeitung verdanken wir die bündige Zusammenfassung in 12,13f.: „Fürchte Gott und halte seine Gebote; denn das gebührt jedem Menschen; denn alles Tun bringt Gott ins Gericht — über alles Verborgene (hält er Gericht), es sei gut oder böse." Aber ihrem Redaktor ist es noch weniger als dem Dichter der Elihureden des Hiob gelungen, die eigentliche Physiognomie des Büchleins zu unterdrücken. Wenn sich im Judentum trotzdem der Glaube an die individuelle Vergeltung durchgesetzt hat, möchte man zuerst und zuletzt auf die oben skizzierte Individualisierung der Gesetzesfrömmigkeit hinweisen und dann darauf, daß die im Schatten des Gesetzes entstehende Sammlung heiliger Schriften ihn in den Augen der Späteren sanktionierte, wie wir es sogleich bei Jesus Sirach in aller kürze beobachten werden[71]. Es wäre lohnend, beidem ausführlicher nachzugehen und darüber hinaus noch einen Blick auf die hellenistische Umformung dieses Glaubens in der Weisheit Salomos zu werfen, deren frühgnostischer Charakter jüngst unterstrichen worden ist[72]. Nicht minder lohnend wäre es, den Schluß des Danielbuches mit in die Betrachtung einzubeziehen und damit die apokalyptische Weisheit kennenzulernen, in der sich die Durchbrechung der Todesgrenze vollzog und die Frage nach Gottes Gerechtigkeit eine neue Dimension in Gestalt des Glaubens an die Auferstehung der Toten, das jüngste Gericht und das ewige Leben fand[73]. Aber damit hätten wir den uns zur Verfügugung stehenden Rahmen gesprengt. Nur dies gilt es festzuhalten, daß die Sprengung der Todesgrenze eine Folge des Festhaltens des Glaubens an die Gerechtigkeit Gottes ob ihrer Unaufweisbarkeit im Diesseits war, wie sie sich angesichts der im Widerspruch zu den Segensverheißungen des Gesetzes stehenden Martyrien der Getreuen in der Religionsverfolgung Antiochos IV. Epiphanes und dann im neutestamentlichen Zeitalter in den Kämpfen mit den

---

69 Vgl. dazu jetzt O. Kaiser: Ideologie und Glaube, Stuttgart 1984, S. 109ff.
70 Vgl. 3, 17b; 7, 18b; 8,12f.; 11, 9b und 12, 1a.3.
71 Vgl. dazu auch oben, S. 182.
72 D. Georgi: Weisheit Salomos, JSHRZ III/4, Gütersloh 1980, S. 394.
73 Vgl. dazu auch unten, S.   ff.

Römern aufdrängte. Es ist einsichtig, daß das Martyrium die Gültigkeit der Auskunft des Siraziden in Frage stellen konnte, daß die Art und der Zeitpunkt des Todes aufdecken, was an dem Menschen in Gottes Augen gewesen ist:

„Vor dem Tode preise nicht glücklich den Mann;
denn an seinem Ausgang wird der Mensch erkannt." 11,28 G.

Die sirazidische Selbstbescheidung, die das Unerforschliche ausklammert und den Inhalt ihrer mit dem Gesetz versöhnten Weisheit als ausreichend für das Leben des Menschen erachtete, vgl. 3,21ff. H mit 1,1ff. G, wies andererseits den Menschen an, in allen Nöten das Gottvertrauen nicht zu verlieren, im Vertrauen auf ihn nicht vom Weg des Gesetzes abzuweichen und dabei zu sagen:

„Laßt uns in die Hände des Herrn fallen
und nicht in die Hände der Menschen![74]
Denn wie seine Größe
so ist auch sein Erbarmen!", 2,18.

Und vielleicht spüren wir hier, über ihren Traditionalismus und Rationalismus hinaus ihren eigentlichen Pulsschlag, zumal wenn wir bedenken, daß zwar die lebendige Liebe das Gesetz Gottes und des Lebens erfüllt, 19,18, ein blinder Antinomismus aber gewiß nicht der Weg ist, der dem einzelnen oder gar der Gemeinschaft frommt, sondern beide mit Sicherheit sittlich und physisch ruiniert: Mit der Selbstachtung fällt auch die Achtung vor dem Anderen dahin, so daß die gesetzlose Bosheit, welche die Antriebe der Sinnlichkeit den Antrieben der Sittlichkeit vorordnet, schließlich auf ihn zurückfällt, 14,6. So bleibt die gewiß gemessen an der Entfesselung des Bösen und dem durch sie ausgelösten Übermaß des Leidens und Sterbens ‚vorletzte' Weisheit Ben Sira's doch die Weisheit des Alltags. Es wäre gefährlich, den Normalfall angesichts des Extremfalls aus dem Auge zu verlieren, wie den Extremfall über dem Normalfall zu vergessen, weil Zeit und Schicksal jedenfalls nicht in unseren Händen stehen.

V

Wir sind mit diesen Gedanken längst im Zentrum des neutestamentlichen Glaubens angelangt, der die Zerrissenheit des Daseins unter das Zeichen des Kreuzes stellt, sie in der paradoxen Identität des Gekreuzigten mit dem Erhöhten und Auferstandenen aussagt und damit überwindet, daß er hinter dem alle Erklärungen übersteigenden Dunkel den Gott erkennt, der im Sinn des 73. Psalms dennoch des Menschen Zuflucht und Zukunft ist. Dabei erhält der Riß, der die sittliche Welt, das Reich des Geistes und der Freiheit von dem natürlichen Lauf der Welt trennt, dadurch seine Vertiefung, daß hier zugleich

---

[74] Vgl. 2 Sam 24,14.

deutlich wird, daß es in die Hand des Menschen gegeben ist, den Schuldlosen zu martern und zu töten. Das Reich der Freiheit erweist sich im Menschen korrumpiert, der die Güte und lebendige Freiheit der Kinder Gottes nicht erträgt, sondern als eine Störung und Aufhebung seiner geheiligten religiösen und staatlichen Institutionen erfährt und daher dazu neigt, vernichtend zuzuschlagen. Die Entlarvung geschieht hier jedoch nicht in der Absicht, neue Sündenböcke zu finden, die Schuld auf die Juden oder eine andere Minderheit abzuwälzen, sondern die eigene Mitschuld an solchem Scheitern der Humanität als Folge einer gottlosen und letztlich zukunftslosen Behauptung der eigenen Endlichkeit zu proklamieren und so zum neuen Verzicht auf diese Endlichkeit und Besonderheit anzuhalten. Dies erweist sich für den einzelnen als die Quelle der Freiheit und damit der Befreiung füreinander, als der Ermöglichungsgrund, dem Haß und dem Machtmißbrauch zu entsagen, alle Ordnungen in den Dienst des gemeinsamen Lebens zu stellen, ohne subjektivistisch — und damit in die Selbstbehauptung der Besonderheit und Endlichkeit zurückfallend — jedes geordnete Leben zu verneinen. In der Kraft des letzten, von der Welt her gesehen unbegründet erscheinenden Vertrauens tritt der Glaubende in den das Reich der Freiheit selbst durchziehenden und den das Reich der Freiheit von dem Reich der Natur trennenden Riß ein, um vermeidbare Leiden aufzuheben und unvermeidbare zu lindern. Die Urphänomene von Freiheit, Schicksal und Schuld bleiben dem endlichen Menschen als seine Wirklichkeit bestimmend vorgegeben, ohne daß er sie rational zu erhellen vermag. Die mythischen Bilder, die sich hier deutend einstellen, verlieren ihre Kraft, wenn sie als Erklärungen des Urphänomens genommen und aus ihrer eigenen Sprache in die kursiven Denkens übertragen werden. Jeder Versuch, ihnen rational beizukommen, endet in ihrer Auflösung in ein kausales Geflecht, weil der menschliche Verstand nicht anders vorzugehen vermag, als in der Analyse den Satz vom Grunde anzuwenden. Dabei verschwinden dann die vom Geist bestimmte Freiheit und Verantwortlichkeit und mithin die Würde, auf die sich sein Rechtstitel gründet, in der Gemeinschaft der Freien als Selbstzweck respektiert zu werden. Daher muß der Mensch den Urphänomenen seiner Freiheit, seines Schicksals und seiner Schuld standhalten und ihre rätselhafte Verschlossenheit aushalten. So erweist sich die oben als Andacht bezeichnete resignatio in Deum, in der im unverfügbaren Augenblick erfahren werden kann, daß Gott der Grund von Existenz *und* Welt, der Herr des Reiches der Freiheit *und* der Natur und damit zugleich Quelle, Zuflucht und Zukunft unseres Lebens ist, als die ihm angemessene Antwort. Entgegen allen in der Distanz zur konkreten Existenz bleibenden Auslegungen der *conditions humaines* kennzeichnet das Gebet den Ort, in dem sich der Beter über dem Abgrund seiner Endlichkeit hinweg Gott preisgibt und ebenso im letzten Wagnis wie in letzter Gewißheit seinen Vater nennt.

Die Zukunft der Toten nach den Zeugnissen der alttestamentlich-frühjüdischen Religion[1]

Ob menschliches Leben sich in Beliebigkeit überlassen, die Grundsätze „Erlaubt ist, was gefällt" und „Recht ist Macht" das letztgültige Fundament menschlichen Handelns bilden oder der Mensch von seinem Ursprung her zum Guten und zur Güte bestimmt ist und dieser Bestimmung auf gar keinen Fall entrinnen kann, ist umstritten, seit der Mensch mit schriftlichen Urkunden aus dem Dunkel und Halbdunkel seiner Vorgeschichte in das Licht der Geschichte getreten ist. Die einen waren und sind bereit, mit den Worten der von dem Dichter der Weisheit Salomos als Toren bezeichneten Menschen zu sagen:

„Kurz und ärmlich ist unser Leben,
und am Ende gibt es für den Menschen keine Medizin;
auch ist kein Befreier aus dem Hades bekannt;
denn wir sind zufällig entstanden,
und darnach werden wir sein, als hätten wir nie gelebt.
Denn Rauch ist der Hauch in unsrer Nase
und das Denken ein Funke beim Schlag unsres Herzens.
Erlischt er, wird zu Asche der Leib,
während der Odem wie bloße Luft verweht.
Auch unser Name wird mit der Zeit vergessen,
und niemand wird sich unserer Taten erinnern;
so vergeht unser Leben spurlos wie eine Wolke
und löst sich wie der Nebel auf,
den die Sonnenstrahlen verfolgen
und ihre Hitze niederschlägt.
Nur eines Schattens Auftritt ist unsere Zeit,
und unwiderruflich ist unser Ende;
ist es besiegelt, kehrt keiner zurück!" (Sap Sal 2,1-5)

Und sie werden daraus wohl auch die Konsequenzen des *carpe diem*, „Ergreife den Tag" (Horaz, Carm. I,11,8), ziehen und mindestens mit der Versuchung ringen, der Selbstbehauptung alle ethischen Vorbehalte unterzuord-

---

[1] Vortrag, gehalten auf Einladung der Gesellschaft der Freunde Mannheims und der ehemaligen Kurpfalz (Mannheimer Altertumsverein von 1859) und der Mannheimer Sektion der Gesellschaft für Christlich-Jüdische Zusammenarbeit am 4.11.1976 im Mannheimer Reiß-Museum. Die wissenschaftlichen Nachweise und eine ausführliche Begründung der hier vertretenen Ansichten habe ich in meiner Abhandlung „Tod, Auferstehung und Unsterblichkeit im Alten Testament und im frühen Judentum — in religionsgeschichtlichem Zusammenhang bedacht", in: O. Kaiser und E. Lohse: Tod und Leben, BibKon. Kohlhammer Taschenbücher 1001, Stuttgart 1977, S. 7-80 mit S. 143-157 gegeben.

nen. — Und die anderen werden ihre eigene Lebensphilosophie vielleicht in den Worten wiederfinden, mit denen der jüdische Lehrer seine vom späthellenistischen Nihilismus bedrohten Schüler in Alexandrien des letzten vorchristlichen Jahrhunderts die μυστήρια θεοῦ, die Geheimnisse Gottes, aufzuschließen versuchte, Sap Sal 2,22, um ihnen so Mut zur Beständigkeit und Treue zum väterlichen Glauben bis zum Tode zu geben.

> „Der Gerechten Seelen", ruft er ihnen zu, „sind in Gottes Hand,
> und keine Qual rührt sie an.
> Sie scheinen den Augen der Toren gestorben zu sein;
> ihr Ausgang wird als ein Scheitern gewertet
> und ihr Aufbruch als ein Untergang;
> aber sie sind im Frieden.
> Mögen sie in den Augen der Menschen bestraft sein,
> ist ihre Hoffnung der Unsterblichkeit voll", Sap Sal 3,1-4.

Der jüdische Lehrer gründet seine Hoffnung auf eine kühn die Folgerungen aus biblischen Sätzen ziehende Auslegung. Auf der ersten Seite der Thora heißt es, daß Gott den Menschen nach seinem Bilde schuf, Gen 1,26f. Ist Gott selbst der unvergängliche, so muß denn in der Konsequenz auch der Mensch eigentlich zur Unvergänglichkeit, ἀφθαρσία, bestimmt und der Tod durch die List und den Neid des Satans, des Verklägers, in die Welt gekommen sein, ohne daß dem Menschen damit die Hoffnung für immer genommen ist, vgl. Sap Sal 1,13ff. mit 2,21ff. und Vit Ad 12f. Die Weltgeschichte läuft auf ein Ende zu. In der Zeit der Heimsuchung wird den Mensch nach ihren Taten vergolten. Dann leben die Gerechten in Ewigkeit, vom Herrn belohnt und vom Höchsten versorgt, 5,15, während die Gottlosen auf Erden zu verabscheuten Leichen und bei den Toten zum Gegenstand ewigen Spottes werden, 4,19, vgl. 3,7ff.; 4,16ff. und 5,1ff. So vermag der tote Gerechte die lebenden Gottlosen und der früh Vollendete das betagte Alter zu verdammen, 4,16. Es kommt also nicht mehr darauf an, wie lang einer lebt und wie gut es ihm dabei geht, sondern allein darauf, ob er gerecht oder gottlos gewesen ist;

> „denn die Gerechtigkeit ist unsterblich", 1,15.

II

Es ist offensichtlich, daß zwischen dieser jüdisch-gnostischen Unsterblichkeits- und Auferstehungshoffnung und der altisraelitischen Anthropologie und Eschatologie Welten liegen. Eine Parallele zu dem berühmten

Ὃν οἱ θεοὶ φιλοῦσιν, ἀποθνήσκει νέος,

„Wen die Götter lieben, lassen sie jung sterben!" des Menander wird man dort ebenso vergeblich suchen wie die Ausblicke auf ein ewiges Leben, das den Menschen nach einem in Gottes Hut verbrachten Zwischenzustand erwartet. Sollte der Mensch aufgrund des 1. Kapitels der Bibel zu hoch von sich denken, erinnerte ihn spätestens das 3. daran, daß er Staub ist und zum Staube zurückkehren wird. Noch der späte Epitomist, der sich bemühte das heterodoxe Buch des Predigers Salomo mit der Schrift in Einklang zu bringen, formulierte in diesem Sinne, daß der Staub des Menschen zur Erde zurückkehrt und sein Odem zu Gott, der ihn gegeben, Koh 12,7; vgl. Ps 104, 29f. Die althebräische Anthropologie ist damit freilich noch nicht vollständig charakterisiert, weil ihr die Unterscheidung zwischen einer Lebens- und einer Totenseele offenbar so selbstverständlich war wie den meisten Völkern dieser Erde. Es ist die Lebensseele, die zu Gott zurückkehrt. Die Totenseele, für welche die Hebräer zunächst so wenig einen besonderen Namen wie die Griechen besaßen, muß sich dagegen auf die lange Reise in die Unterwelt machen.

Das Alte Testament hält sich diesem Bereich des Todes und der Toten gegenüber bekanntlich außerordentlich zurück. Die Frage, warum das so ist, wird uns alsbald zu beschäftigen haben. Und doch fehlt es nicht an Andeutungen, die zusammengestellt das Urteil erlauben, daß sich die Vorstellungen der Hebräer im wesentlichen mit denen deckten, die ursprünglich im ganzen östlichen Mittelmeergebiet verbreitet gewesen und uns in der Regel aus den homerischen Dichtungen der Griechen bekannt sind. Das Totenreich, von den Hebräern mit dem bis heute nicht zweifelsfrei gedeuteten Namen der Sche'ôl bezeichnet, liegt in der Tiefe der Erde und gleicht einer mit Schlamm gefüllten gewaltigen Grube oder Zisterne. Der Weg in dieses Land des Dunkels und der Zerstörung führt über einen Fluß, durch gewaltig brandende Wasser, in deren Tiefen der Sterbende versinkt. Über es regiert der Tod, der König der Schrecken, Hi 18,14. Aber die Unterwelt kann auch selbst personifiziert und als ein gewaltiges Untier vorgestellt werden, das seinen Rachen bis zum Himmel aufreißt, Jes 5,14; Ps 73,9. Und in der einzigen, im Alten Testament überlieferten Unterweltszene, in dem großartigen Triumphgesang über den Sturz des Weltherrschers, des Königs von Babel, heißt es in der 2.-4. Strophe, Jes 14,9-19:

    „Sch'eôl drunten tobt dir zu,
    deiner Ankunft entgegen,
    Stört deinetwegen die Schatten auf,
    alle Führer der Erde,
    Jagd von ihren Thronen auf
    alle Könige der Nationen.
    Sie heben an und sagen zu dir:
    ,Auch du bist erlegen wie wir,
    uns gleich geworden?'
    Zur Unterwelt ward dein Prunken gestürzt,
    der Schall deiner Leiern.
    Unter dir sind Maden gebreitet,
    deine Decke sind Würmer!

    Wie bist du vom Himmel gefallen,
    Glanzgestirn, Sohn des Morgendämmerns!
    Wie bist zu zu Boden geschmettert,
    du Völkerbezwinger!

Du freilich dachtest in deinem Herzen:
‚Zum Himmel will ich steigen,
Hoch über die Sterne Gottes
meinen Thron errichten,
Will sitzen auf dem Versammlungsberg
im äußersten Norden!
Aufsteigen will ich auf Wolkenhöhn,
dem Höchsten gleichen!' —
Ja, in die Unterwelt wirst du gestürzt
die unterste Grube!

Wer dich sieht, schaut auf dich,
blickt dich an:
‚Ist das der Mann, der die Erde erbeben,
Reiche erzittern ließ?
Der den Erdkreis der Wüste gleich gemacht
und seine Städte zerstörte?
Der seine Gefangenen nicht entließ, jeden zu seinem Hause?'

Der Nationen Könige insgesamt
ruhen in Ehren.
Aber du bist grablos hingeworfen
wie eine verabscheute Fehlgeburt,
Bedeckt mit Erschlagenen, Schwertdurchbohrten,
wie ein zertretenes Aas."

Das Spottgedicht bezieht seine Wirkung von den Stilgesetzen der ihm als Vorbild dienenden Totenklage, die herkömmlich das Einst und Jetzt kontrastiert, um dadurch die Größe des erlittenen Verlustes zu vergegenwärtigen. So entspricht in diesen Versen der Absicht, zum höchsten Himmel aufzusteigen und den Thron der Weltherrschaft auf dem Versammlungsberg der Götter zu errichten, der Sturz in die tiefste Tiefe der Unterwelt, der einstigen Furcht die jetzige letzte, in der schändlichen Behandlung des Leichnams ihren Ausdruck findende Verachtung. Dabei ergibt sich im Vergleich der jeweiligen Schlußverse der einzelnen Strophen eine eigentümliche, den modernen Betrachter seltsam anmutende Korrespondenz zwischen der Behandlung des Leichnams und dem Geschick des Toten in der Unterwelt. Am Ende der zweiten, hier als erste vorgelesenen, scheint die Korrespondenz geradezu einer Identität zu weichen („Zur Unterwelt ward dein Prunken gestürzt ... Unter dir sind Maden gebreitet ..."). Ist man auf diese Eigentümlichkeit des altisraelitischen Totenglaubens einmal aufmerksam geworden, wird man immer wieder auf seine Bezeugung stoßen und sich vielleicht auch daran erinnern, in der griechisch-römischen Literatur Vergleichbares gelesen zu haben. Es reicht aus, wenn ich hier an das Verhalten der sophokleischen Antigone erinnere, die lieber den Tod auf sich nimmt, als daß sie den Bruder unbestattet läßt. Ordnungsgemäße Beisetzung und Friede des Toten hingen offenbar für die Alten insgesamt unauflösbar zusammen.

Der Religionshistoriker wird vermuten, daß sich in diesem Zusammenhang zwei Stufen in der Entwicklung menschlichen Totenglaubens spiegeln; eine ältere, tief in das Paläolithikum reichende, welcher die Vorstellung vom „lebenden Leichnam" eigen war; und eine jüngere, die sich spätestens im Neolithikum, der Jungsteinzeit herausgebildet hat, für welche der Tote nicht mehr in seinem Grabe bleibt, sondern als Schatten die große Wanderung in die allen Menschen gemeinsame Unterwelt antritt, deren Eingang man fern im Westen bei den Bergen sucht, zwischen denen die Sonne untergeht. Dieser sich auf die Wanderschaft machende und über den, auch dem altisraelitischen Glauben nicht fremden Totenfluß setzende Schatten, vgl. Hi 33,18, gleicht in seiner Erscheinung, in Körpergestalt und Kleidung, dem Menschen im Augenblick des Todes. Zur Illustration brauchen wir uns nur die nächtliche Szene aus 1 Sam 28 zu vergegenwärtigen, in der die sogenannte Hexe zu Endor dem an das Ende seiner Möglichkeiten gelangten König Saul den Geist des Seherpropheten Samuel beschwört. Auf die Aufforderung des Königs, ihm ihre Erscheinung zu beschreiben, erklärt die Frau, sie sehe Götter (אֱלֹהִים) aus der Erde heraufsteigen; und erneut befragt, schildert sie einen alten, mit einem Mantel bekleideten Mann. „Da merkte Saul, daß es wirklich Samuel war; und er neigte sich tief, das Antlitz zur Erde, und warf sich nieder. Da sprach Samuel zu Saul: Warum störst du mich in meiner Ruhe ...?" Alter und Prophetenmantel kennzeichnen den Totengeist hinreichend als den Propheten Samuel. Auch diese Szene steht isoliert im Alten Testament, wenn es im übrigen auch keinen Zweifel daran läßt, daß die Totenbeschwörung in Israel bekannt war und als mit dem Hochglauben unvereinbar angesehen wurde. Zwischen dem Gott des Alten Testaments und dem Totenreich und seinen Bewohnern gab es ursprünglich keine Gemeinschaft. Und also durfte es auch zwischen seinen Getreuen und dem dunklen Reich keine Gemeinschaft geben. Von dieser Scheidelinie her erklärt es sich, daß wir auf Anspielungen angewiesen sind, wenn wir die Vorstellungen rekonstruieren wollen, die sich Israel von den Totenseelen machte. Ihre Stimme klang kraftlos wie das Zwitschern eines Vogels und schien aus der Erde zu kommen, Jes 29,4. Ansonsten dürfte wohl die Beschreibung zutreffen, die uns in der ersten Nekyia der Odyssee, in Buch XI, gegeben wird, wo Odysseus erzählt, wie er dort drunten dreimal vergeblich versuchte, die Mutter zu umarmen, die ihm dreimal unter den Händen zerrann, so daß sich der Dulder fragte, ob ihn Persephone mit einem Trugbild täuschte.

„Dies", lautet die Belehrung durch den Geist der Mutter,
„ist das Schicksal der Menschen, sobald sie dem Tode erlegen;
Denn dann halten Gebeine und Sehnen nicht länger zusammen,
Sondern die mächtige Kraft des lodernden Feuers vernichtet
Alles, sobald der Geist die bleichen Gebeine verlassen;
Aber die Seele fliegt dahin wie ein flatterndes Traumbild", XI,218ff. (Übersetzung Th. von Scheffer)

Gewiß, Israel lehnte die Feuerbestattung grundsätzlich ab. Aber die Seelenvorstellung dürfte sich von der der Griechen sowenig unterschieden haben wie diese von der bei den wohl meisten Völkern der Erde; und das beruht wohl nicht darauf, daß sich der Mensch den Glauben an die Totenseele aufgrund des Erscheinens Verstorbener im Traume zurecht gelegt hat, so eindrucksvoll solche Gesichte sein können, sondern weil er die Toten so sah, weil sie sich ihm ebenso zeigten. —

Normalerweise freilich erscheinen sie dem Menschen nicht, weil sie in der Unterwelt im Kreise der Ahnen und Enkel schlummern. Zu den Vätern versammelt zu werden, sich zu den Vätern zu legen, das waren schließlich Wendungen geworden, die unserem „Er ist heimgegangen" gleich das Sterben bezeichneten. Wer die gehörige Totenspeisung mit auf den Weg bekommen und seinen Platz im Grab der Väter gefunden hat, ruht dort in Frieden, wenn nicht ein Beschwörer seine Ruhe stört oder ein über die Enkel gekommenes Unheil den Toten ruft, so daß man nächtlich das Weinen der Patriarchin Rahel bei ihrem Grabe hörte, Jer 31,15ff. Schlaf ohne Traum, so hatte Sokrates die *eine* sich dem Menschen im Tode öffnende Möglichkeit charakterisiert. Tiefe Bewußtlosigkeit, so sieht es der späte Prediger, der Weise, der sich den Mantel des in Israel urbildlich Weisen, des Königs Salomo, um die Schultern geschlagen hatte:

„Wer noch zum Kreis der Lebenden ‚gehört', der besitzt Hoffnung; denn: Ein lebender Hund ist besser als ein toter Löwe! —
Denn die Lebenden wissen, daß sie sterben müssen; aber die Toten wissen gar nichts; und für sie gibt es keinen Lohn; denn die Erinnerung an sie ist vergessen. Ja, ihr Lieben wie ihr Hassen und ihr Eifern ist längst dahin. Nie wieder gibt es für sie einen Teil an all dem, was unter der Sonne geschieht", Koh 9,4-6.

Wer hochbetagt und lebenssatt starb, wessen Lebenskraft und Bewußtsein langsam verlosch, für den galt das nicht als schlimm. Mannhaft erbat sich der achtzigjährige Barzillai von seinem königlichen Herrn David keine andere Gunst, als in seine Stadt zurückkehren und bei dem Grab seines Vaters und seiner Mutter sterben zu dürfen, 2 Sam 19,32ff. Aber wen es jung traf, der rang mit seinem Gott und flehte ihn an:

„Mein Gott, raffe mich nicht weg in der Hälfte meiner Tage, deine Jahre währen Geschlecht um Geschlecht", Ps 102,25.

Und um seiner Bitte Nachdruck zu verleihen, konnte er den Herrn über Leben und Tod fragen:

„Was nützt dir mein Blut,
wenn ich zur Grube fahre?
Lobt dich der Staub,
verkündet er deine Treue?" Ps 30,10.

Oder noch andringender konnte ein von seiner Jugend an schwer Leidender fragen:

„Tust du an den Toten Wunder
oder stehen die Schatten auf, dich zu preisen?

> Erzählt man im Grab von deiner Güte,
> von deiner Beständigkeit am Ort der Zerstörung?
> Werden deine Wunder im Finstern bekannt,
> deine Gerechtigkeit im Land des Vergessens?" Ps 88,11ff.

Und der Beter von Psalm 6 sagt es frei heraus:

> „Es gibt kein Gedenken im Tode an dich,
> wer könnte dich in der Unterwelt loben?"

Das aber ist der Ruhm Israels:

> „Die Toten rühmen JHWH nicht
> noch alle die ins Schweigen fahren.
> Aber wir preisen Jach
> von nun an bis in Ewigkeit!" Ps 115,17f. —

Für den Christen, der das „pater, in manus tuas commendo spiritum meum" vor sich hat, ist das unverständlich. Und dies Unverständnis drückt sich in mancher gelehrter Kontroverse über die Gründe dieser harten zwischen Jahwe und den Toten gezogenen Scheidewand aus. Um den altisraelitischen Glauben zu verstehen, sollte man sich daran erinnern, daß sich Gottes Größe dem Menschen erst im Laufe der Geschichte erschließt. Und sicher war es nicht zufällig, daß Israel, je tiefer es fiel, desto höher von seinem Gotte dachte. Unter diesem Vorzeichen will es verstanden werden, wenn wir nun feststellen, daß der Gott Israels, darin dem griechischen Zeus vergleichbar, zunächst keine Allmacht, sondern nur die Obermacht besaß. Die Begrenzung seiner Herrschaft wird darin deutlich, daß man ihm zunächst weder die Erschaffung des Chaos, der Unterwelt noch des Dunkels zugeschrieben hat. Als ein Gott der lichten Himmelswelt endete seine Macht an den Pforten des Todes. Zwar konnte er den, den die Stricke des Todes bereits gepackt und die Wasser der Unterwelt ergriffen hatten, den in höchster Lebensgefahr befindlichen Menschen, natürlich dem Zugriff des Todes entreißen. Aber wenn der Mensch gestorben war, stand er nicht mehr im Blickfeld *des* Gottes, dem es um die Anerkenntnis seiner Herrschaft durch alle Völker auf dieser Erde, um die Ausbreitung der Gottesherrschaft und Gottesgemeinschaft über und unter den Lebenden ging. Zudem war alles, was mit dem Tode zusammenhing, unrein. Und in diesem Sinne mag an Worte erinnert werden, die Euripides der Göttin Artemis ihrem Liebling Hippolyt gegenüber in den Mund legt:

> „Leb wohl! Ich muß es meiden, Sterbende zu sehn;
> Mein Auge darf der Hauch des Todes nicht entweihn,
> Und der verhaßte Augenblick ist nicht mehr fern." (Übertragung W. F. Otto)

Freilich, der Tod besaß für den Israeliten nun doch eine ganz eigene und einzigartige Bitternis, wenn er ihn in der Mitte seiner Tage ergriff. Denn langes Leben und hohes Alter galten als göttliche Antwort auf seine Treue und seinen Gehorsam gegenüber dem Willen eines Gottes, der keine anderen Götter neben sich duldete und der deshalb auch nicht gewillt war, diese Herrschaft auch nur eine Spur mit den Unterirdischen, den ihrerseits in gewisser Weise mächtigen und also göttlichen Toten zu teilen. Krankheit und jedes Unheil mußten also die Frage provozieren, ob und wie sich der Leidende gegen seinen Gott versündigt hatte. Ein früher Tod steht, das ist aus der Völkerkunde bekannt, eben immer in dem Ruch, ein schlimmer Tod zu sein. Das stößt den Leidenden aus der Gemeinschaft der Heilen aus, die sich nicht Götter- oder Gotteszorn durch die Zuwendung zu einem Gezeichneten zuziehen wollen. Und das läßt ihn, wie wir es wieder und wieder in den Psalmen vernehmen, an Gottes Güte und Vergebung angesichts der verborgenen Fehler appellieren und es schließlich hinausschreien, wie es wohl allen von dem Anfang des 22. Psalms her bekannt ist:

„Mein Gott, mein Gott, warum hast du mich verlassen?" —

Solange sich der einzelne vorab als Glied seiner Sippe verstand, als Glied in der Kette der Geschlechter, mochte er sich beim Blick auf nach seiner Einsicht unverdientes fremdes Glück und unverschuldetes eigenes Leid dessen trösten, daß Gott die Treue ebenso an den Kindeskindern belohnt wie er die Sünde der Väter an den Kindern heimsucht. Aber diese Antwort mußte in dem Maße versagen, in dem sich der einzelne vor Gott nicht mehr primär von seinem Sippenverband her verstand, während gleichzeitig der Zusammenhang zwischen Tun und Ergehen als Regel eingeprägt wurde. Beides setzte mit dem Exil, mit der Vernichtung des davidischen Königreiches durch die Babylonier im ersten Drittel des 6. Jahrhunderts v. Chr. ein. Es würde zuweit führen, den entsprechenden soziologischen und theologischen Prozeß auch nur in seinen Grundlinien darzustellen[2]. Es mag ausreichen, an zwei besonders beispielhafte Vorgänge zu erinnern, einmal an die Entstehung einer großen Gola und Diaspora, an Deportationen und Fluchtbewegungen mit ihren Folgen, zum anderen an die Bindung der Frömmigkeit der weltweiten jüdischen Gemeinde an ein Gesetz, das sich ausdrücklich als ein Führer auf dem Weg des Lebens, und d.h. eines langen Lebens verstand. Gehorsam und Leben, aber auch Gehorsam und Rückgewinnung der verlorenen nationalen Freiheit waren nun aneinandergeknüpft. Und so ist es wohl verständlich, daß sich unter den Enkeln derer, welche die Katastrophe des Reiches verschuldet hatten, das ironische Wort durchsetzte:

„Die Väter haben saure Trauben gegessen,
und den Kindern sind die Zähne davon stumpf geworden!" Ez 18,2.

Und die prophetische Antwort:

„Darum will ich einen jeden nach seinem Wandel richten, Haus Israel!" Ez 18,30,

mußte nun gerade zur Nachprüfung anreizen.

Im Hiobbuch hat dieses Ringen um die Wahrheit Gottes und des Menschen ihren Niederschlag gefunden:

---

[2] Vgl. dazu unten, S. 168ff.

„Warum," so läßt der wohl schon in das 4. Jahrhundert
gehörende Dichter seinen Dulder fragen,
„bleiben Schuldige leben,
altern sie, erstarken gar an Kraft?
.....
Wie oft verlischt der Frevler Lampe,
überkommt sie ihr Verderben?" Hi 21,7.17.

Und der statistischen Infragestellung des Vergeltungsgrundsatzes entspricht die individualistische Absage an die religiöse Sippenhaft:

„Nicht seinen Söhnen spar er sein Unheil,
ihm vergelt er, daß er es weiß,
sein Trugspiel sieht mit eignen Augen,
von Allwalts Grimmglut trinkt.
Denn: was kümmert ihn sein Haus nach ihm,
wenn abgeschnitten seiner Monde Zahl?" Hi 21,19ff. (Übertragung F. Stier)

Es ist hier wiederum nicht der Ort, um die Lösung des Hiobdichters zu entfalten, seinen Verweis auf ein sich dem Menschen nur in Spuren enthüllendes Geheimnis des göttlichen Waltens. Und wir können in dem beschränkten Rahmen auch nicht versuchen darzulegen, wie ein Jahrhundert später, als die Ptolemäer Palästina beherrschten, der Prediger Salomo zu dem Ergebnis kam, Gottes Plan sei dem Menschen überhaupt verborgen[3]. Aus der oben zitierten Reflexion 8,16-9,10 greife ich zur Verdeutlichung dieser Absage den Anfang 8,16ff. heraus:

„Als ich mein Herz darauf richtete, Wissen zu erlangen und das Treiben zu durchschauen, das auf Erden geschieht, da mußte ich erkennen, daß es dem Menschen unmöglich ist, das ganze Tun Gottes zu ergründen, all' das, was unter der Sonne geschieht. Auch wenn am Tage und in der Nacht kein Schlaf in seine Augen kommt, wie sich der Mensch abmüht, es zu ergründen, er findet es nicht. Und auch wenn ein Weiser behauptet, es zu kennen, so vermag er es doch nicht zu ergründen."

Der Prediger war ein antiker Mensch, und mehr noch, er war ein Jude. Und so endete er weder im theoretischen noch im praktischen Atheismus, sondern im Aufruf, den übermächtigen Gott nicht herauszufordern und das Leben zu genießen, „ehe die bösen Tage kommen und sich die Jahre einstellen, von denen du sagen wirst: ‚Sie gefallen mir nicht' ..." Koh 12,1ff.

Liest man den Prediger wieder und wieder, gewinnt man freilich zunehmend die Überzeugung, daß dieser vornehme und kühle Denker schon ganz andere Lösungen kennt und ausdrücklich ablehnt. Es gibt bei ihm so deutliche Absagen an alle auf die Zukunft gerichteten Erwartungen und so ironische Rückfragen, ob denn ein Unterschied zwischen der Seele des Menschen und der Tiere bestehe, daß man diesen Mann als einen Konservativen bezeichnen muß, der sich bei aller Kritik an der religiösen Überlieferung seines Volkes im

---

[3] Vgl. dazu oben, S. 91ff. und 124ff.

einzelnen doch keinesfalls gegen das Gesetz stellte, aber seine Vorbehalte gegenüber der Eschatologie in all ihren Spielarten als nationale und individuelle Hoffnung machte.

Das Thema der nationalen Eschatologie können wir hier nur als den Orgelpunkt anschlagen, der das jüdische und jedes ihm verpflichtete Hoffen von den östlichen und westlichen Zukunftserwartungen trennt: Das Endgeschehen blieb hier immer auf Jerusalem als Zentrum bezogen, selbst wenn es sich schließlich in ein himmlisches verwandelte. Mustert man die Psalmen kritisch, — und dies ist in den letzten zweihundert Jahren immer wieder geschehen —, scheiden die meisten, in der christlichen Tradition auf ein zukünftiges Leben bezogenen Stellen als Beschreibungen der irdischen Rettung aus Lebensgefahr aus. Aber schließlich bleiben drei Stellen in den Netzen, Ps 22,30f.; Ps 49, 16 und 73,24f. Ich beschränke mich auf die beiden zuletzt genannten Psalmen. Beide kreisen um das Thema des Glücks der Gottlosen. Beide begnügten sich ursprünglich mit der Antwort, daß Gott ihrem hochfahrenden Wesen unversehens ein Ende bereiten wird. Dann aber hat jeweils ein Späterer seine neue Hoffnung mehr oder weniger verschlüsselt eingetragen, so verschlüsselt, daß die Forschung es nicht bemerkt hätte, tauchte im Hebräischen nicht jeweils das Verb auf, das offensichtlich terminus technicus für die Entrückung des Menschen durch Gott gewesen ist, לָקַח. Es erscheint dort, wo von der Himmelfahrt des Elia die Rede ist. Und es erscheint, wo von Henochs, des Urvaters Wandel in der Gemeinschaft mit Gott und Entrückung berichtet wird.

„Gott wird meine Seele erlösen
aus der Gewalt der Unterwelt;
denn er wird mich entrücken!" heißt es Ps 49,16.

Und vor dem berühmten „Wenn ich nur dich habe..." von Ps 73 steht ein rätselhaftes „und wirst mich nachher zur Herrlichkeit entrücken." — Die Entrückungserwartung ragt wie ein Fossil in die Stammtafel der Urväter Gen 5,24 hinein, und sie bleibt auch innerhalb der prophetischen Überlieferung in Gestalt von 2 Kö 2,3 ein ganz erratischer Block. Hier geht es in den Himmel. Aber wohin ging es bei dem Erzvater, und wohin wandert der aus der Unterwelt Erlöste?

Wieder rücken israelitisch-jüdische, griechische und diesmal deutlich auch babylonische Vorstellungen erstaunlich aneinander: Der babylonische Sintflutheld Utnapischtim wurde an die Mündung der Ströme versetzt, Menelaos auf die elysischen Gefilde, an des Okeanos Strömen, auf die Insel der Seligen entrückt. Dabei ist die griechische Vorstellung von der Insel der Seligen, von dem Elysium, längst als minoisch erwiesen. Ist es sinnvoll, den Erwartungen der Griechen als der westlicheren Anwohner und schließlich zeitweiligen Herren Judäas und denen der Perser, die es ebenfalls Jahrhunderte hindurch gewesen waren, nachzugehen? Himmelreise des ganzen Menschen, — das werden wir im Osten nicht finden, wohl aber die Himmelsreise der Seele, wenn wir uns dem Glauben Zarathustras und seiner späteren Gemeinde zuwenden. Ist der Mensch gestorben, bleibt seine Seele drei Nächte bei seiner Leiche. Dann aber, beim Morgenrot des vierten Tages, muß sie über die Cinvat-Brücke, die Brücke der Entscheidung, ziehen. Da kommt ihr entweder eine Jungfrau, die *daēnā*, das verklärte zweite, himmlische Ich oder eine hässliche Alte entgegen. Und je nach ihrem Gehorsam gegenüber dem Herrn der Weisheit, Ahura Mazdā, wird sie zu lichten Höhen emporgehoben oder in das tiefe und dunkle Reich Ahrimans, des bösen Geistes, hinabgestürzt. Über diesen oder jenen Weg entscheidet ein Totengericht. — Und um das Bild der eschatologischen Erwartungen der Parsen abzurunden: Am Ende der Weltenperioden wird die Welt durch einen Strom feurig glühenden, geschmolzenen Erzes gereinigt, durch das auch die Totenseelen müssen, ehe das Reich des Ahura Mazdā anbricht. Am Ende steht also ein Totenordal, aber kein eigentliches Gericht. Zu beachten ist, daß von einer Auferstehung der irdischen Leiber ursprünglich in diesen Zusammenhängen nicht die Rede ist. Wir können es uns von dem griechischen Historiker Theopomp von Chios aus dem 4. Jahrhundert bezeugen lassen, daß die Perser an eine Auferstehung glauben, nach welcher die Menschen keiner Nahrung mehr bedürfen und keinen Schatten mehr werfen: Was sie erwarteten, war also ein Reich seliger Geister.

Damit uns die Bilder nicht überwältigen und später das Urteil trüben, blicken wir schnell zu den Juden zurück, denen wir, vielleicht zu vorschnell, als Grundform eine realistische Auferstehungshoffnung unterschieben, weil sich die großartige Beschreibung von der Neubeseelung der Gebeine auf dem gewaltigen Totenfeld in Ez 37 — in der Tat ursprünglich nur ein Bild für die Befreiung des geknechteten und verschleppten Volkes — später in der rabbinischen Überlieferung durchgesetzt hat und die Osterberichte der Evangelien ihr Vorschub leisten. Die theologische Beliebtheit dieser Vorstellung in der Gegenwart beruht, wie wir alsbald sehen werden, nicht so sehr auf den Quellen — daß Jesus eine verklärte Leiblichkeit erwartete und Paulus auf die große Verwandlung und einen himmlischen Leib hoffte, liegt auf der Hand —, sondern auf einer Akkomodation an die moderne, positivistische Anthropologie, die von einer Unsterblichkeit der Seele nichts wissen will. Nun, schon Ps 49,16 läßt uns mit seiner Erwartung, Gott werde die Seele aus der Unterwelt befreien, das Gegenteil erwarten. Und so ist es, wenn wir uns dem bislang ältesten, ausführlich über das Los der Toten berichtenden Text im Henochbuch zuwenden. Es handelt sich dabei um ein in mehreren Etappen entstandenes Werk, das die Gestalt des biblischen Henoch aufnimmt. Man rechnete früher damit, daß dieses Buch erst seit der Mitte des 2. Jahrhunderts v. Chr. entstanden und also jünger als der wiederum erratisch in die biblische Landschaft ragende Block der Auferstehungsverheißung von Dan 12,1-3 sei.

Doch nachdem jetzt die Fragmente des aramäischen Henochbuches aus der Höhle 4 von Qumran am Toten Meer veröffentlicht worden sind, zeigt sich, daß das bisher nur in griechischen Fragmenten und in einer relativ späten äthiopischen Übersetzung vorliegende Henochbuch mit seiner Vorgeschichte mindestens in das 3., wenn nicht gar in das 5. oder 4. Jahrhundert zurückreicht. Jedenfalls ist das sog. „Buch der Wächter" (c. 1-36) schon mit einer Handschrift aus der ersten Hälfte des 2. vorchr. Jahrhunderts vertreten und wahrscheinlich schon im 3. Jahrhundert entstanden. Da es seinerseits bereits eine ältere, möglicherweise schon im 4. oder 5. Jahrhundert entstandene henochitische Schrift verarbeitet, bedeutet die Veröffentlichung dieser Texte eine Sensation für die alttestamentliche Forschung, die vermutlich nicht nur ihre Geschichte der jüdischen Eschatologie, sondern auch die des Pentateuchs, der Mosebücher, revidieren muß. — Es würde zuweitführen, den eschatologischen Vorstellungen dieses Buches insgesamt nachzugehen. Es reicht, wenn wir einerseits feststellen, daß das henochitische Schrifttum, sowie es sich deutlich über seine Erwartungen ausspricht, nur eine Auferstehung der Geister der Seelen der Toten — so lautet hier der Ausdruck — kennt. Uns interessiert das 22. Kapitel, also ein Teil des Wächterbuchs, weil in ihm offensichtlich eine ältere Vorstellung von einer dreigeteilten Unterwelt relativ oberflächlich mit der von einer viergeteilten verbunden ist. Die tatsächlich geschilderten drei Gelasse sind 1. ein von einem leuchtenden Quell erhelltes für die Seelen der Gerechten, 2. ein dunkles für die Sünder, die zu Lebzeiten nicht gerichtet worden und daher der Verurteilung zur ewigen Pein am großen Gerichtstag vorbehalten sind und 3. ein weiteres dunkles für die Sünder, die ihre Strafe schon zu Lebzeiten erteilt hat und die daher weder auferstehen noch aus ihrem Verlies befreit werden sollen. Nur aus diesen Bemerkungen und dem Kontext mit seinen Heilserwartungen läßt sich schließen, daß die Gerechten auferstehen werden, wenn nicht zu einem ewigen, so doch zu einem das Alter der Urväter mit ihren maximal 969 Jahren überschreitenden Leben. Von diesem Text fällt schlagartig neues Licht auf Dan 12,1-3, wo es heißt, daß „viele von denen, die im Land, das aus Staub besteht, schlafen" erwachen werden, teils zum ewigen Leben und teils zur ewigen Schmach: Man hat sich immer wieder gefragt, wer denn die vielen seien und warum nicht von allen die Rede ist: Hen 22 erklärt mit seiner neuen Datierung den Streitfall eindeutig: Die bereits von Gottes Hand verurteilten und getroffenen Sünder bleiben, wo sie sind, in der Unterwelt.

Ohne es zu merken, haben wir das Thema des Zwischenzustandes als einen jedenfalls historisch legitimen Topos für die Theologie reklamiert. Daß es sich bei ihm um kein beliebiges handelt, sondern ihm eine Realität entspricht, könnte zum Beispiel ein Blick in das Bardo, das Totenbuch der Tibeter, lehren. — Aber wir versprachen, den religionsgeschichtlichen Wurzeln nachzugehen. Vielleicht zeugen ihre Befunde für einen consensus gentium, wenn wir nur nicht vergessen, hier das berühmte »totaliter aliter taliter«, das „gänzlich anders und doch so", in Rechnung zu stellen.

So bleibt uns die Aufgabe, den Blick in den Westen, zu den Griechen zu richten und zu fragen, ob und wie man hier die homerische Schattenwelt hinter sich gelassen hat. Die Antwort liegt auf der Hand: Wer seinen Platon gelesen hat, erinnert sich, wie er im Phaidon, dem der Unsterblichkeit der Seele gewidmeten Buch vom Sterben des Sokrates, den Weisen schließlich vom Ergehen der Toten berichten läßt, die, wenn sie ein mittelmäßiges, weder gutes noch schlechtes Leben geführt haben, in den stygischen See zur Läuterung müssen, ehe sie zu neuer Inkarnation aus der Unterwelt befreit werden. Und er gedenkt vielleicht auch des Loses der Bösen, die in den Tartarus geschleudert werden, um wieder und wieder emporzusteigen, bis ihnen jene vergeben, an denen sie sich zu Lebzeiten schwer versündigt hatten. Die nach Wahrheit und Weisheit, nach einem heiligen Leben gestrebt, sollen dagegen dem Kreislauf der Geburten entnommen und auf die wahre Erde entrückt werden. Im Hintergrund der platonischen Eschatologie stehen die Hoffnungen der Pythagoräer, die uns aus mancher Anspielung, aus den unteritalischen Toten ins Grab mitgegebenen Unterweltsbüchern und vor allem aus Pindars Liedern bekannt sind: Plutarch, der Philosoph der römischen Kaiserzeit, bezeugt, daß Pindar von drei Wegen der Toten wußte. Zwei davon läßt er uns in seiner berühmten 2. Olympischen Ode erkennen:

„Ein Stern, der hell strahlt im Glanz des echtesten
Lichts dem Manne, wenn zudem er sich versteht auf das Künftige,
Daß nämlich hierorts Gestorbner frevelhafte Seelen sogleich
Schwer büßen müssen und daß, was im Reich des Zeus hier
Verübt ward, drunten einer richtet, sein Urteil
Feindseligen Zwanges fällend.
Wo gleich jedoch stets die Nächte,
Auch gleich des Tags die Sonne sie haben, können müheloser die
Edlen verbringen ihr Dasein, nicht das Erdreich aufrührend mit Armes Gewalt
Noch des Meeres salzige Flut
Zu nichtigem Erwerb; bei ehrwürdigen Göttern vielmehr
Verbringen, die freudig Eides Treuschwur gewahrt, ihr Leben, von Tränen
Ganz frei; die andern — die erdulden unansehbare Qual.
Doch die es vollbrachten, dreimal
In jedem der zwei Reiche ganz fern von Unrecht sich zu halten die
Seele, ziehn Zeus' Weg hin zu des Kronos Burg, wo
die Insel der Selgen, entsandt
Von des Okeanos Flut..." (Übertragung O. Werner)

Folgt der jüdische Weise dem Zwang seiner Forderung, daß Gott auch den Toten und dadurch überhaupt erst gerecht sei und gliedert er seinen Hades entsprechend? Oder hat er die Dreigliederung der Unterwelt der Pythagoräer und Platoniker vor sich, um sie mit jüdischem Geist zu füllen und um ein viertes Gelaß für die Seelen der Brüder Abels zu erweitern? Mehr als diese Frage kann die Wissenschaft derzeit nicht stellen. Daß das Judentum unberührt von persicher Herrschaft und hellenistischer Kultur zu so ähnlichen Lösungen gekommen sei, ist am Ende weniger wahrscheinlich, als daß sich ihm das schwerste Problem löste, als es in seiner Um- und Mitwelt Antworten fand, die sich als evident erwiesen, solange feststand, daß sich der Geist den Körper und nicht der Körper den Geist baut.

Wer sich heute der Lösungen der Alten erinnert, sollte der Antwort eingedenk sein, die Platon seinem Sokrates in den Mund legt, ehe er ihn den Schierlingsbecher trinken läßt: Es schicke sich, — so läßt er Sokrates sagen, — für einen Mann, der zu denken pflegt, nicht, die unbedingte Wahrheit solcher Erzählungen zu behaupten. „Daß es sich jedoch so oder ähnlich mit dem Schicksal unserer Seelen und ihrem Wohnen verhält, darf man, da die Seele ja unsterblich zu sein scheint, mit Festigkeit vertreten und es ist es wert, daß man den Glauben daran wage." So nennt er diesen Glauben einen καλὸς κίνδυνος, ein „schönes Wagnis", — und ein solches bleibt es auch für den Christen, der mit dem Apostel bekennen muß, daß sein Reden von dem, was uns jenseits unseres Todes erwartet, nur δι' ἐσόπτρου ἐν αἰνίγματι, "durch einen Spiegel, in einem Rätselwort" möglich ist, 1 Kor 13,12. Aber dürfen wir deshalb darüber schweigen?

Der Tod des Sokrates

Keiner Gestalt der abendländischen Geschichte ist eine vergleichbare, über die Jahrtausende anhaltende Wirkung beschieden wie Sokrates, dem Sohn des Bildhauers Sophroniskos und der Hebamme Phainarete aus dem athenischen Demos Alopeke[1]. Wie der große Galiläer hat er keine einzige Zeile hinterlassen, sondern allein durch seine Persönlichkeit, durch die Übereinstimmung seines Lebens und seines Lehrens, — wenn man denn seine Unterredungen auf den Märkten, in den Gymnasien und bei den Symposien als ein solches bezeichnen darf —, und nicht zuletzt und vor allem durch seinen Tod einen so ungeheuren Eindruck auf die Besten unter seinen Zeitgenossen und durch ihr Zeugnis bis zum Tage auf die Nachwelt ausgeübt, daß keiner, der je von ihm vernommen, den Aufruf seines Lebens und mehr noch seines Sterbens vergessen kann, ein seiner göttlichen Bestimmung gemäßes Leben zu führen. So wie die Begegnung mit Jesus von Nazareth die Menschen des unendlichen Abstandes zu Gott und zugleich der Nähe seiner bergenden Güte inne werden ließ, so daß sie zu ihm und dem durch ihn anwesenden und redenden Gott mit ihrem Leben Stellung nehmen mußten, wird es auch von Sokrates berichtet. Im „Gastmahl" legt Platon der glänzendsten und zugleich zweideutigsten Gestalt der griechischen Welt im letzten Drittel des 5. Jahrhunderts v. Chr., dem Alkibiades, das Bekenntnis in den Mund, daß ihm beim Anhören der Worte des Sokrates das Herz poche und Tränen seinen Augen entströmten: „Wenn ich", so heißt es dort, „dagegen den Perikles und andere gute Redner hörte, so schienen sie mir zwar wohl gesprochen zu haben, — so etwas jedoch habe ich nie dabei empfunden, noch war meine Seele dabei in Aufregung oder klagte mein eigenes Herz mich an, daß ich mich in einem Zustande befinde, wie er eines freien Mannes unwürdig ist; aber von diesem Marsyas[2] ward ich oftmals in eine solche Stimmung versetzt, so daß mir das Leben unerträglich erschien, wenn ich so bliebe, wie ich bin."[3] Der Stratege Laches, den Platon durch den gleichnamigen Dialog zum Symbol der Tapferkeit erhöht hat, erklärt, daß er keinesfalls jedermanns Rede gern anhöre, sondern sich ihrer nur dann erfreue, wenn er einen Mann über die Tugend (*aretã*) oder irgendeine Weisheit (*sophía*) sprechen höre, „der in Wahrheit ein Mann und dessen wert ist, was er spricht"[4]. Er fordert Sokrates auf, ihn zu lehren und zu beleh-

---

[1] Vgl. Plat. Lach. 180d; Euthyphr. 11b; Theait. 149a; DL II, V, 40.
[2] Anspielung auf die berühmte Häßlichkeit des Sokrates. Vgl. zu ihr Plat. Theait. 143e; Xen. Symp. V. Das von F. Nietzsche: Götzen-Dämmerung. Das Problem des Sokrates 3., KTA 77, Stuttgart 1964, S. 89 angezogene Physiogonomen-Urteil ist von Cic. Tusc. Disp. IV, XXXVIII, 80 belegt und dürfte von Phaidon in seinem Dialog Zophyrus bezeugt worden sein, vgl. DL II, IX, 105.
[3] Plat. Symp. 215 e ff.
[4] Plat. Lach. 188 c.

ren, weil er ihn in der Gefahr der Schlacht bewährt gefunden hatte[5]. — Aber was hat Sokrates denn eigentlich die Menschen gelehrt? Wiederum haben wir wie bei Jesus ein mannigfach gebrochenes Zeugnis vor uns. Wie das Jesuswort „Was heißest du mich gut? Niemand ist gut denn der einige Gott!"[6] immer wieder von den christologischen Hoheitstiteln der Dogmatiker zu dem Menschen aus Nazareth zurückruft, verhält es sich auch bei Sokrates. Wir haben hier vor allem das Zeugnis des Platon und das des sicher kaum kongenialen Militärs und Lebensphilosophen Xenophon. Scheint dieser nur die Güte, aber nicht die epochale Bedeutung des Weisen zu sehen[7], so bleibt bei jenem ungewiß, wo der historische Sokrates endet und Platons eigenes weiter ausgreifendes Denken beginnt[8]. Und haben wir Sokrates als Weisen bezeichnet, erinnert uns das Wort aus der Apologie, der von Platon aufgezeichneten und ausgestalteten Verteidigungsrede des Sokrates daran, daß es sich hier jedenfalls um einen Weisen besonderer Art gehandelt haben muß. Denn: „Wirklich weise, ihr Männer", heißt es dort[9], „mag der Gott sein ... die menschliche Weisheit ist wenig wert oder nichts." Und wenn wir noch weiter nachfragen, was denn Sokrates eigentlich gelehrt habe, erhalten wir eine doppelte, aber unser zunehmend intellektualisiertes Verständnis des Lehrens und Lehrerseins vielleicht ratlos lassende Antwort. Im „Gastmahl" läßt Platon den Meister erklären, er verstehe sich auf nichts anderes als auf *tà erotiká*, auf die Geheimnisse des Liebens[10]. Und im „Theaitetos" versichert er, lediglich den Seelen der Jünglinge Hebammendienst zu leisten: „Ja auch hierin geht es mir eben wie den Hebammen: ich gebäre nichts von Weisheit, und was mir bereits viele vorgeworfen, daß ich andere zwar fragte, selbst aber nichts über irgend etwas antwortete, darin haben sie recht. Die Ursache davon aber ist diese: Geburtshilfe leisten nötigt mich der Gott, erzeugen aber hat er mir gewehrt. Daher bin ich selbst keineswegs etwa weise, habe auch nichts dergleichen aufzuzeigen als Ausgeburt meiner eigenen Seele. Die aber mit mir umgehen, zeigen sich zuerst zwar zum Teil gar sehr ungelehrig; hernach aber, bei fortgesetztem Umgange, machen alle, denen es der Gott vergönnt, wunderbar schnelle Fortschritte, wie es ihnen selbst und andern scheint; und dieses offenbar ohne jemals irgend etwas von mir gelernt zu haben, sondern nur selbst aus sich selbst entdecken sie viel Schönes und halten es fest; die Geburtshilfe aber leisten dabei der Gott und

---

[5] Lach. 189 b; vgl. 181 b. Es geht um die Schlacht bei Delion 424 v. Chr. Vgl. dazu auch Plat. Ap. 28e; ferner Plat. Symp. 219e-221b.

[6] Mk 10,18 par Mt 19,17; Lk 18,19.

[7] Vgl. dazu W. Jaeger: Paideia II, Berlin (1936) 1959², S. 124; W. K. Guthrie: A History of Greek Philosophy III, Cambridge 1969 (1975), S. 333ff.

[8] Vgl. dazu P. Friedländer: Platon I, Berlin (1928) 1964³, S. 133ff.; Jaeger, S. 63ff. und Guthrie III, S. 349ff. und IV, 1975, S. 78ff.

[9] Plat. Ap. 23a.

[10] Plat. Symp. 177d; vgl. Lys. 211e; Theag. 128b; Xen. Symp. VIII, 2.

ich."[11] Wer sich auch nur ein wenig auf diese Kunst versteht, ahnt sofort, daß es hier um das eigentliche Geheimnis der Erziehung des Jüngeren durch den Älteren geht, den jungen Menschen liebend seiner selbst sicher werden zu lassen und so zu sich selbst und seinen individuellen Fähigkeiten zu befreien und selbst zurückzutreten, wobei doch der Gott, der uns allen die gleiche Aufgabe und die gleiche Bestimmung gesetzt hat, am Ende bleibende Gemeinschaft stiftet. Und vielleicht bedarf es, um dahin zu gelangen, eben auch der anderen Einsicht, daß unsere menschliche Weisheit ein Stückwerk ist und bleibt und allein der Gott weise ist; denn nur so vermögen wir liebend neben die zu treten, die sich selbst suchen, wenn wir wissen, daß auch wir uns selbst eine unendliche Aufgabe bleiben. — Sokrates, der „Mit-Sucher"[12], — das widerspricht freilich auf den ersten Blick all dem, was wir von einem Philosophen erwarten, auch von dem, den das Altertum rühmte, die Philosophie als erster vom Himmel auf die Erde herabgerufen, in die Städte versammelt und die Häuser eingeführt zu haben, daß sie dort über das Leben, die Sitten, das Gute und das Böse nachforsche[13].

Sehen wir uns Antisthenes, den Vater der Kyniker, als deren Symbolgestalt uns Diogenes in der Tonne gegenwärtig ist, als Sokratesschüler an, tritt das Intellektuelle in der Tat fast gänzlich zurück. „Die Tugend", so soll er gelehrt haben, „sei lehrbar. Adel und Tugend sind nicht nach Personen getrennt. Die Tugend sei ausreichend zur Glückseligkeit und bedürfe außerdem nichts als die Sokratische Willenskraft. Die Tugend bestehe", heißt es weiter im Referat des Diogenes Laertius aus der römischen Kaiserzeit, „im Handeln und bedürfe weder vieler Worte noch Lehren."[14]

„Wolle gut sein — und du bist es!" scheint demnach das Testament des Sokrates zu sein. Aber dagegen stellt sich das Zeugnis des Aristoteles, des kritischen Schülers des Platon: Für seinen — unsres Wissens — ersten philosophiegeschichtlichen Rückblick ergibt sich Sokrates als der Mann, der ethische Probleme behandelte und in ihnen das Allgemeine suchte, indem er fragte, was die Tugend und was die Tugenden seien und sie definierte. So erscheint Sokrates als der Vater der Induktion und der Definition und mithin des ganzen dialektischen Apparates, dessen sich hinfort die Philosphie bis hin zu der analytischen unserer Tage bedient. Freilich weiß auch Aristoteles davon zu sagen, daß Sokrates die Tugenden als eine Form der Erkenntnis angesehen habe. So seien nach ihm zu wissen, was Gerechtigkeit ist, und gerecht zu sein, identisch[15]. — So unterschiedlich das Zeugnis des Antisthenes und des Aristo-

---

[11] Plat. Theait. 150c f. — Vgl. dazu auch P. Friedländer, S. 46ff. und Guthrie III, S. 390,ff., der auch das psychologische Problem diskutiert.

[12] Zur Ansprache des Sokrates als eines "fellow-searcher" vgl. R. Hackforth, Philosophy 1933, S. 265, referiert bei Guthrie III, S. 448. Zur Sache vgl. auch W. Weischedel: Die philosophische Hintertreppe, München 1973³, S. 40f.

[13] Cic. Tusc. Disp. V,IV,10.

[14] DL VI,I,11. Übersetzung O. Apelt, Ph B 53/54.

[15] Arist. Metaph. 987b; Eth. Eud. 1216b.

teles lauten, so überraschend stimmen sie darin überein, daß um die Tugend zu wissen und tugendhaft zu sein einerlei sei; denn was anderes bedeutet es, wenn Antisthenes die Tugend für lehrbar erklärte? Damit stehen wir vor der zentralen Lehre des Sokrates. Und insofern sie formal, aber nicht material ist, läßt sie sich ungezwungen mit den Bekenntnissen seiner ausschließlichen Zuständigkeit für die Geheimnisse der pädagogischen Liebe und Hebammentätigkeit, der Maeeutik, vereinigen. Daß Tugend lehrbar sei, diese These pflegt man das sokratische Paradox zu nennen. Daß Sokrates es in der Tat vertrat, bestätigt die platonische Apologie; denn dort hält Sokrates dem Ankläger Meletos entgegen, daß er die Jugend nur unvorsätzlich verderben könne und es also in diesem Falle nur der Belehrung, nicht aber der Strafe bedürfe, um ihm zu besserer Einsicht zu verhelfen[16]. Daß damit das letzte Wort in der Sache nicht gesprochen ist, zeigt der überraschende Schluß des der Tugend gewidmeten Dialoges Menon, der sie als Folge einer göttlichen Schickung erklärt und damit die Frage provoziert, auf die erst Platon seine in pythagoreischen Bahnen verlaufende Antwort des Reinkarnationsmythos gibt[17]. Soviel ist sicher: Sokrates war sozusagen der Begründer der wissenschaftlichen Ethik, ohne selbst ein Wissenschaftler im modernen Sinne zu sein. Er war vielmehr der unablässige Frager[18]. Die Entfaltung der vielen, mit dem sokratischen Paradox zusammenhängenden Probleme blieb der weiteren philosophischen Forschung überlassen, ohne daß es sicher ist, daß diese am Ende in der Sache tatsächlich wesentlich über ihren Begründer hinausgekommen ist. Man braucht nur die Fragen zu stellen, ob das Wissen, das zur Tugend führt, ein aktuelles oder potentielles, ein allgemeines oder besonderes ist, um den initiatorischen Charakter der sokratischen Überzeugung zu erkennen[19]. Aber man braucht auch nur in die ethische Diskussion der analytischen Philosophie zu blicken, um daran zu zweifeln, ob es auf diesem Gebiet einen Fortschritt gegeben hat, der angesichts der Schlichtheit der sokratischen Überzeugung besteht, die bedenkenlos bereit ist, ihrer Einsicht gemäß das Leben einzusetzen und hinzugeben — obwohl alle Möglichkeiten zu einem gnädigeren Spruch der Richter und schließlich auch noch zu einer Entführung aus dem Gefängnis gegeben waren[20]. Wir dürfen also unterstellen, daß zwischen der sokratischen These, daß sich Tugend und Wissen decken, und seinem Gang in den Tod ein Zusammenhang besteht.

Der äußere Verlauf des Prozesses und der Hinrichtung des Sokrates läßt sich zumal aus den platonischen und xenophontischen Schriften leichthin re-

---

[16] Plat. Ap. 25e-26a; Xen. Mem III, IX, 5. — Vgl. auch Plat. Gorg. 507a f.; daß der Grundsatz nicht intellektualistisch mißverstanden werden darf, zeigt Gorg. 509d f. Vgl. dazu auch Guthrie III, S. 457.

[17] Plat. Men 100b.

[18] Vgl. dazu Guthrie III, S. 459 und Weischedel, a.a.O.

[19] Vgl. dazu Guthrie, ebenda.

[20] Vgl. Plat. Crit. 45e-46a; Ap. 34b-35b.

konstruieren: Im Frühjahr 399 wurde von dem Dichter Meletos die Anklageschrift beim Basileus, dem für die religiösen Angelegenheiten zuständigen Archonten, eingereicht[21]. In ihrer schließlich beschworenen Zusammenfassung lautet sie nach dem von Xenophon unterstützten Zeugnis des erst dem 2. Jahrhundert unserer Zeitrechnung angehörenden Rhetors Favorinus wie folgt: „Diese Anklage verfaßte und reichte unter Eid ein Meletos, des Meletos Sohn aus dem Demos Pitthos, gegen Sokrates, des Sophroniskos Sohn aus dem Demos Alopeke: Sokrates versündigt sich durch Ableugnung der vom Staate anerkannten Götter sowie durch Einführung neuer göttlicher Wesen; auch vergeht er sich an der Jugend, indem er sie verführt. Der Antrag geht auf Todesstrafe."[22] Die mehrdeutige und daher besonders gefährliche Unschärfe der Vorwürfe bringt die Übersetzung zumal bei dem grundlegenden des Religionsfrevels nur unvollkommen zum Ausdruck. Vermutlich wird man ihr am ehesten gerecht, wenn man die Anklage dahin gehend umschreibt, daß Sokrates die angestammten Götter als nicht vorhanden behandele. Ob es sich dabei um theoretischen Unglauben oder praktische Vernachlässigung der kultischen Pflichten handelt, bleibt zunächst offen. Doch spricht etliches dafür, daß Meletos den Vorwurf des theoretischen Atheismus im Auge hatte[23]. Vor der eigentlichen Verhandlung wurde Sokrates von der Tatsache unterrichtet, daß gegen ihn Anklage wegen Religionsfrevels erhoben sei[24]. Mithin war ihm Gelegenheit gegeben, die Klageschrift beim Basileus einzusehen und sich auf seine Verteidigung vorzubereiten. Aber schon zeigt sich eine erste Merkwürdigkeit: Sokrates hat diese Chance letzlich nicht genutzt. Wohl begab er sich in die Stoa des Basileus, um sich über die gegen ihn erhobene Anklage zu informieren[25], aber er ging offenbar völlig unvorbereitet in die Verhandlung. Xenophon berichtet, daß Hermogenes, einer der Männer, die den letzten Tag in seiner Gemeinschaft verbrachten und Zeugen seines Sterbens wurden[26], den Freund zur Rede stellte, weil er sich vor dem Prozeß über alles und jedes, nur nicht über die gegen ihn erhobene Anklage aussprach. Aber Sokrates habe zum einen erklärt, daß sein ganzes, dem Tun der Gerechtigkeit ergebenes Leben eine Vorbereitung seiner Verteidigung gewesen sei; zum anderen habe er in der Tat zweimal über seine Verteidigung nachzudenken versucht. Aber jedesmal habe ihn sein Daimonion, diese eigentümliche innere Stimme, daran gehindert[27].

---

[21] Plat. Euthyphr. 2a-3b. Zum Amt des Basileus vgl. J. Burnet: Plato's Euthyphro, Apology of Socrates and Crito ed. with notes, Oxford 1924 (1977), S. 82.
[22] DL II, V, 40; Xen. Mem. I, I, 1; Xen. Ap. 10; Plat Ap. 24 b und zur Frage der ursprünglichen Fassung Burnet, S. 182.
[23] Vgl. dazu U. von Wilamowitz-Moellendorff: Platon I, Berlin 1920 (1959³), S. 118f. und Plat. Euthyphr. 3b; Ap. 27c ff.
[24] Plat. Euthyphr. 2a ff.
[25] Ebenda.
[26] Vgl. Plat. Phaid. 59b.
[27] Xen. Ap. 2-4; vgl. auch Plat. Gorg. 521d ff.

So hat denn Sokrates, nachdem der Dichter Meletos als Hauptankläger aufgetreten war und die für Sokrates gefährliche Unterstützung durch den einflußreichen Fabrikanten und Politiker Anytos wie einen sonst völlig unbekannten Rhetor Lykon gefunden hatte, die Tribüne offenbar völlig unvorbereitet betreten, um erst seine eigentliche Verteidigungsrede vorzutragen, dann nach dem Schuldspruch seinen Gegenantrag zu stellen und endlich die teils an die ihm feindlich und teils an die ihm freundlich gesonnenen Richter adressierten Schlußworte zu sprechen. Dabei muß sich allen, die der Verhandlung beiwohnten, der Eindruck aufgedrängt haben, Sokrates hätte, wenn er es nur mit seinen Worten darauf angelegt hätte, leichthin einen Freispruch oder jedenfalls eine mildere Strafe erreichen können, — und dies, obwohl Anytos erklärt haben soll, man hätte diesen Mann entweder überhaupt nicht vor Gericht stellen dürfen; oder aber man müsse ihn, nachdem dies nun einmal geschehen sei, auch hinrichten lassen[28]. — Xenophon sagt es frei heraus, daß seine Verteidigung eine *megalägoría* gewesen sei, einen selbstbewußten Ton angeschlagen habe[29]. Bei der überraschend geringen Mehrheit von 281 gegen 220 Stimmen, die auf schuldig erkannten, hätte es nur 30 weiterer zu seinen Gunsten bedurft, um einen Freispruch zu erzielen[30]. So bestand noch immer die Chance, eine mildere als die von Meletos beantragte Todesstrafe zu erzielen. Aber statt dessen stieß Sokrates die Richter durch seinen Gegenantrag, ihn seiner Verdienste um Athen gemäß wie einen Olympiasieger im Prytaneion zu speisen, vor den Kopf. Und indem er die Verbannung ausdrücklich ablehnte, keinerlei Änderung in seinem Wandel in Aussicht stellte und allenfalls ein Spottgeld als Buße zu zahlen sich bereit erklärte[31], schien er die Richter geradezu zu zwingen, für die beantragte Todesstrafe zu stimmen. So schwenkten 80 Stimmen auf die Seite seiner Gegner um, so daß er schließlich mit einer Mehrheit von 361 gegen 140 Stimmen zum Tode verurteilt wurde[32].

Die unmittelbare Vollstreckung des Urteils wurde dadurch verhindert, daß am Vortage des Prozesses das Schiff mit der jährlich zu Apoll nach Delos entbotenen Festgesandtschaft ausgelaufen war, die dem Gotte für die Rettung des Theseus und seiner Begleitung vor der kretischen Gefahr zu danken hatte. Bis zur Rückkehr der Delegation galten in der Stadt strenge Reinheitsvorschriften, die eine Hinrichtung unmöglich machten[33]. Die Märzstürme sollen in jenem Jahr so heftig gewesen sein, daß das Schiff erst nach dreißig Tagen zurückkehren konnte[34]. — Obwohl das Gericht Sokrates am Ende fast mit Zwei-

---

[28] Plat. Ap. 29c.
[29] Xen. Ap. 2.
[30] DL II, V, 41; vgl. Plat. Ap. 36a.
[31] Plat. Ap. 36 bff.; vgl. besonders 36d f.; 37b ff. und 38 b; die Freunde erhöhten das Angebot auf dreißig Minen.
[32] DL II, V, 42.
[33] Vgl. Plat. Phaid. 58a f. und zur Sache auch L. Deubner: Attische Feste, Wien 1969³ (= Darmstadt 1969), S. 203f.
[34] Xen. Mem. IV, VIII, 2.

drittelmehrheit verurteilt hatte, fehlte es diesem nicht an ebenso einflußreichen wie finanzkräftigen Freunden. Für sie konnte es, wie es der platonische Kriton sagt, keine größere Schande als den Anschein geben, ihren Besitz über das Leben ihrer Freunde gestellt zu haben[35]. Sie besaßen nicht nur die Mittel, die Entführung des Gefangenen aus seiner Gefängniszelle zu inszenieren, sondern auch, später gegen sie gerichtete Vorwürfe zum Schweigen zu bringen. Als es nur noch eine Frage von Stunden zu sein schien, wann das Festschiff in den Heimathafen einlief, erschien Kriton beim ersten Morgengrauen in der Zelle, um den Freund zur Flucht zu bewegen — vergeblich[36]. Und so mußte Sokrates denn, als die Sonne zum zweitenmal sank, den Schierlingsbecher trinken[37].

Zum sokratischen Paradox, daß die Tugend ein Wissen sei, trat nicht nur für die Zeitgenossen das zweite Rätsel, warum sich Sokrates so verhielt und in der Folge bewußt den Tod auf sich nahm. Wollten wir dem sich auch in dieser Sache auf Hermokrates berufenden Xenophon vertrauen, hätte Sokrates sich selbst die Rechnung über sein bisheriges und sein etwaiges künftiges Leben aufgemacht und wäre dabei zu dem Ergebnis gekommen, daß der bessere Teil desselben hinter und der unvermeidliche körperliche und geistige Verfall vor ihm liege. So habe Gott seine Partei ergriffen und ihm jetzt die Chance gegeben, sein Leben nicht nur zur rechten Zeit, sondern auch auf die leichteste Weise zu beenden[38]. — Ganz anders sieht es bei Platon aus, der wiederum ins Grundsätzliche vorstößt und das Verhalten des Sokrates aus dessen sittlicher Grundüberzeugung ableitet, daß der Mensch weder sein leibliches Wohl noch die Sorge für seinen Besitz über die Sorge für die Besserung seiner Seele stellen dürfe, die sich in Einsicht und Wahrhaftigkeit vollzieht[39]. Hier tritt ein Mann auf, der erkannt hat, daß es für den Menschen kein größeres Übel gibt, als mit sich selbst uneins zu sein, und der zugleich weiß, daß die Entscheidung darüber, wie der Mensch sich selbst erreicht oder verfehlt, nicht in seine Willkür gelegt ist, sondern in der göttlichen Weltordnung, der *thémis* selbst gründet. Entspricht ihr der Mensch und verwirklicht er so seine Bestimmung, kann ihn letztlich kein Schaden treffen; „denn", so erklärt er kühn vor Gericht, „ich glaube, es entspricht nicht dem Weltgesetz, daß dem besseren Mann von einem schlechteren Schaden entstehe"[40]. Wir sind unversehens in eine teleologische Ausdrucksweise verfallen, indem wir von der Bestimmung des Menschen sprachen. In der Tat soll Sokrates nach dem Zeugnis des Xenophon ein teleologischer Denker gewesen sein, der die ganze Welt zweckmäßig von den Göt-

---

35 Plat. Crit. 44c.
36 Vgl. Crit. 43a mit 43c f. und zu den Vorbereitungen und Vorüberlegungen Crit. 44e ff.
37 Vgl. Plat. Phaid. 116b mit 116e und 177a ff.
38 Xen. Ap. 5-7; vgl. 23, und Xen. Mem. IV, VIII, 1.
39 Plat. Ap. 30a f.; vgl. 29d f.
40 30c f.; vgl. Plat. Gorg. 506d; 507e f. und besonders 512 e, wo von dem *aláthôs anär* die Rede ist und seiner Bereitschaft, die Entscheidung über die Länge seines Lebens dem Gotte zu überlassen.

tern auf den Menschen hin und diesen selbst wiederum zweckmäßig geschaffen dachte[41]. Mag er nun in der Tat unter dem Einfluß des in seinen besten Jahren ebenfalls in Athen wirkenden Begründers der Teleologie, des Diogenes von Apollonia, gestanden haben oder nicht[41a], ist jedenfalls soviel deutlich, daß die freie, sich gegen das Urteil der Menge stellende Entscheidung des Sokrates auf eine vorgegebene göttliche Weltordnung rekurriert. Aus ihr folgt, daß der Mensch in keinem Falle Unrecht tun darf[42], oder, wie es als Grundthema den platonischen „Gorgias" durchzieht, daß Unrechtleiden für den Menschen besser als Unrechttun ist[43].

Und nun brauchen wir nur die von Platon gegebenen Argumente für den freiwilligen Todesweg des Sokrates rückläufig zu durchmustern, um zu erkennen, wie seine Entscheidungen eben dieser Forderung verpflichtet sind, lieber Unrecht zu leiden als Unrecht zu tun: Denn ein Unrecht wäre es in den Augen des platonischen Sokrates, wollte er, nachdem er vor Gericht den Ausweg in die Verbannung selbst abgelehnt hatte, am Ende unter Bruch der gesetzlichen, von ihm ein Leben lang als gültig anerkannten Staatsordnung aus dem Gefängnis entweichen[44]. Ein noch größeres Unrecht wäre es gewesen, wenn er sich vor Gericht verpflichtet hätte, auf die ihm von dem delphischen Gott zugewiesene Aufgabe zu verzichten. Mag es kein zuverlässiges Wissen über das geben, was den Menschen im einzelnen nach seinem Tode erwartet, so ist doch dies gewiß, daß es schlecht und schädlich ist, das Recht zu verletzen und den Besseren ungehorsam zu sein, es handele sich um einen Gott oder um einen Menschen[45]. Und so muß Sokrates seinen Richtern stolz erklären: „... ich schätze euch, Männer Athens, und liebe euch, gehorchen aber werde ich mehr dem Gotte als euch, und solange ich atme und Kraft habe, werde ich nicht ablassen zu philosophieren und euch zu befeuern und euch klarzumachen, wer mir immer gerade von euch begegnet, indem ich, was ich gewohnt bin, spräche: Bester der Männer, du, ein Bürger Athens, der größten und an Weisheit und Stärke berühmtesten Stadt, du schämst dich nicht, dich um Schätze zu sorgen, um sie in möglichst großer Menge zu besitzen, auch um Ruf und Geltung, dagegen um Einsicht und Wahrheit und um deine Seele, daß sie so gut wie möglich werde, darum sorgst und besinnst du dich nicht?"[46] Damit stehen wir zugleich vor dem Geheimnis seiner Person und seiner Sendung. Es drückt

---

[41] Mem. IV, III, 1ff.
[41a] Vgl. bejahend z.B. Jaeger II, S. 77ff. und letztlich auch Guthrie III, S. 424; ablehnend z.B. M. Pohlenz: Gestalten aus Hellas, München 1950, S. 375.
[42] Plat. Crit. 49b f.
[43] Plat. Gorg. 469b f.; 472e ff.; 473d ff.; 475e f.; 477e; 479d f.; 488e ff.; 507a ff.; 509b f.; 522c ff. und 527 b. Daß es vordergründig in dem Dialog um den Nutzen der Rhetorik geht, sei ausdrücklich angemerkt.
[44] Plat. Crit. 49b f.
[45] Plat. Ap. 29 b; vgl. auch Gorg. 512d f.
[46] Plat. Ap. 29d.

sich in dem von seinem Freunde Chairephon eingeholten Spruch der Pythia aus, der Sokrates als den weisesten unter den Menschen bestätigte[47]. Sokrates hat ihn bei allen, die sich in seiner Vaterstadt des Ansehens erfreuten, weise zu sein, auf die Probe gestellt und dabei erkannt, daß ihn der Gott eben deshalb als den weisesten bezeichnete, weil er dort, wo er nichts wußte, auch nichts zu wissen wähnte und so angesichts der Bodenlosigkeit menschlichen Wissens zu der Einsicht gelangt war, daß wahre Weisheit nur dem Gott zukommt[48]. Dies aufzuzeigen, bildete den Inhalt seines eigentümlichen Gottesdienstes. Und beides machte ihn bei denen verhaßt, die sich selbst dadurch in ihrer Eitelkeit getroffen fühlten und die überkommene staatliche Lebensordnung für gefährdet hielten. Die Gestalten der Männer, die Athen oder doch seine Demokratie an den Rand des Abgrundes geführt und ehedem zum sokratischen Kreis gehört hatten, eines Alkibiades und eines Kritias warfen ihre dunklen Schatten auf den Mann, der in der Zeit versuchter Erneuerung des athenischen Gemeinwesens offensichtlich kein Interesse an den Staatsämtern und der Volksversammlung bekundete[49]. Er aber berief sich diesem Vorwurf gegenüber wie bei seinem getrosten Gang zur Gerichtshalle und seiner ruhigen Zuversicht während der ganzen Verhandlung auf sein Daimonion, auf das göttliche Zeichen, eine „Stimme, die", so erläutert der platonische Sokrates, „wenn ich sie höre, mich jedesmal abhält, das zu tun, was ich eben vorhabe — niemals aber redet sie zu."[50] Sie hat ihn gehindert, ein öffentliches Amt anzustreben[51]; sie erhob ihren Einspruch, als er sich auf seine Verteidigung vorbereiten wollte[52]. Aber sie schwieg, als er sich auf den Weg zur Verhandlung machte und während seiner ganzen Rede[53]. Der göttliche Begleiter, der von den modernen Interpreten bald mit dem Instinkt, bald mit dem Gewissen gleich gesetzt[54], bald in seiner Rätselhaftigkeit belassen wird[55], wie sie um die Kundgaben Gottes und des Göttli-

---

[47] Plat. Ap. 21a; Xen. Ap. 14.
[48] Plat. Ap. 23a f.; vgl. 21d.
[49] Vgl. Plat. Ap. 33a mit Xen. Mem. I, II, 12ff., wo es sich bei dem „Ankläger" freilich um die fiktive, nach 393 entstandene Rede des Polykrates handeln dürfte; vgl. dazu auch Isoc. Bus. 4; zur Sache aber auch Plat. Symp. 216a-c; Alc. I, 135e und dazu Guthrie III, S. 380 ff. und 409 ff.; ferner W. Jaeger: Die griechische Staatsethik im Zeitalter des Plato, in: Humanistische Reden und Vorträge, Berlin 1960, S. 91 ff.
[50] Plat. Ap. 31d; vgl. Theag. 128d; ferner Phaidr. 242b; Euthyd. 272e; Theaith. 151a; Alc. I, 105e; anders Xen. Mem. I, I, 2ff., vgl. Xen. Ap. 12 f., und dazu Friedländer I, S. 35ff. und W. Weischedel: Der Gott der Philosophen I, Darmstadt 1971, S. 47 f.
[51] Plat. Ap. 31d.
[52] Xen. Ap. 2-4.
[53] Plat. Ap. 40a f.
[54] Vgl. z. B. Jaeger II, S. 128f. — Zum primär negativen Spruch des Gewissens vgl. W. Weischedel: Wesen und Ursprung des Gewissens, in: Wirklichkeit und Wirklichkeiten, Berlin 1960, S. 211ff.
[55] Vgl. z.B. Friedländer I, S. 35ff.; R. Guardini: Der Tod des Sokrates, Godesberg 1947, S. 93ff.; Pohlenz, a.a.O., S. 375. Zurückhaltend im Blick auf die Identifikation Guthrie III, S. 404.

chen im Menschen webt, schweigt, während Sokrates sich mit seinen Worten den Tod einhandelt. „Welchen Grund ich dafür vermute? Ich will", erklärt der platonische Sokrates den ihm geneigten wahren Richtern in seiner letzten Rede, „es euch sagen: Es muß wohl so sein, daß es etwas Gutes ist, was mir zustieß, und unmöglich können wir richtig vermuten, wenn wir glauben, das Sterben sei ein Übel."[56]

Freilich, das berühmte und bekannte „Eins von beiden ist doch das Totsein: Entweder ist es ein Nichts-Sein, und keinerlei Empfindung mehr haben wir nach dem Tode — oder es ist, wie die Sage geht, irgendeine Versetzung und eine Auswanderung der Seele aus dem Orte hier an einen anderen,"[57] läßt den Leser beunruhigt zurück. Und doch setzt schon der Sokrates der Apologie ein Zeichen, wohin seine Hoffnungen gehen, wenn er erklärt, „daß es für den tüchtigen Mann kein Übel gibt weder im Leben noch nach dem Tode und seine Sache von den Göttern nicht vergessen wird."[58] Bringt er denn auch dies in die Schwebe, wenn er abschließend sagt: „Aber schon ist es Zeit, daß wir gehen — ich um zu sterben, ihr um zu leben: wer aber von uns den besseren Weg beschreitet, das weiß niemand, es sei denn der Gott?"[59] Oder bekennt er sich gerade darin zu der Fügung und Führung[60], die der Mensch in diesem Leben nur ahnen, aber nicht aufrechnen kann und die doch mit der Forderung zusammenhängt, wahrhaftig ein Mensch zu sein?[61] Und vielleicht ist diese Bestimmung und die ihr entsprechende göttliche Fügung zugleich die Auflösung des sokratischen Paradoxes, daß die Tugend Erkenntnis ist, weil darin die einzige Garantie dafür läge, daß schließlich alle Menschen zur Einsicht gelangen.

---

56 Plat. Ap. 40b f.
57 Plat. Ap. 40c.
58 Plat. Ap. 41d.
59 Plat. Ap. 42.
60 Vgl. Plat. Crit. 54e und zur Sache auch Guthrie III, S. 477 ff.
61 Vgl. dazu die oben Anm. 40 genannten Belege, besonders Plat. Gorg. 512 e. — Die Zitate aus der platonischen Apologie sind der Übertragung von K. Hildebrandt, RU 895, Stuttgart 1976, die übrigen Platon: Sämtliche Werke I-II, hg. E. Loewenthal, Köln und Olten 1969³, entnommen.

Lysis oder von der Freundschaft

I

Φιλία, ‚Zuneigung' oder ‚Freundschaft', war für den Griechen der Inbegriff aller positiven menschlichen Beziehungen[1]. Er erkannte darüber hinaus ihre Wirksamkeit im Leben der Tiere[2], und meinte sie selbst bei den

---

[1] Der Dank des Verfassers gilt Herrn Dr. Hartmut *Rahn* von der Studienstiftung des deutschen Volkes, der durch seine Einladung zu einem Seminar über das Thema im Rahmen der Ferienakademie I in La Villa im August 1978 zu diesen Ausführungen Anlaß gegeben hat. Er gilt ebenso den Teilnehmern an dieser Veranstaltung, die durch ihre kritischen Rückfragen und Beobachtungen zu einer Präzisierung der Darstellung Anlaß gegeben haben. — Die klassischen Autoren werden nach den im Lidell-Scott, Greek-English Lexicon, Oxford 1940⁹ (1961), XVI ff. vorgeschlagenen Abbreviaturen zitiert. Längere griechische Zitate sind in der Original-, kürzere und Einzelworte in Umschrift wiedergegeben. Gelegentliche Abweichungen von diesem Prinzip dienen der Hervorhebung. — Zur Sache vgl. Eth. Nic. VIII, 1, 1155a 3—31; Mag. Mor. II, 11, 1208b 3 ff. — Während die aristotelische Verfasserschaft der Magna Moralia von I. Düring: Aristoteles. Darstellung und Interpretation seines Denkens, Heidelberg 1966, 438 ff. im Anschluß an die Untersuchungen von F. Dirlmeier bejaht wird, hat sich neuerdings A. Kenny: The Aristotelian Ethics. A Study of the Relationship between the Eudemian and Nicomachean Ethics, Oxford 1978, 215 ff. wieder gegen sie ausgesprochen. Nach ihm handelte es sich bei ihr vielmehr um eine Schülernachschrift eines von Aristoteles an Hand der Eudemischen gegebenen Kurses. Weiterhin möchte er die Eth. Eud. wieder mit von Arnim dem letzten Athenaufenthalt des Stagiriten zuweisen. Das Problem der Genese der Eth. Nic. hält er noch für einer weiteren Klärung bedürftig; dabei hält er eine der Metaphysik vergleichbare Entstehung derselben für möglich und schreibt jedenfalls die doppelt überlieferten Bücher Eth. Nic. V—VII und Eth. Eud. IV—VI primär der letztgenannten zu. Zu erinnern bleibt an das Verständnis von W. *Jaeger*: Aristoteles. Grundlegung einer Geschichte seiner Entwicklung (1923), Berlin 1955², 237 ff., der die Eth. Eud. vor die Eth. Nic. stellen wollte und die Mag. Mor. als sekundär beurteilte.

[2] Empedokles, DK 31 B 20, 6 f.; vgl. Isoc. XV, 286, und zur Sache W. K. C. Guthrie: A History of Greek Philosophy II. The Presocratic Tradition from Parmenides to Democritus, Cambridge 1965 (1974), 200 ff. — Daß Empedokles statt von *philia* von *philótēs* spricht, erklärt sich nach F. Dirlmeier: *Philos* und *Philia* im vorhellenistischen Griechentum, Diss.phil. München 1931, vgl. 33 mit 34, dadurch, daß es sich bei *philia* vermutlich erst um eine attische Neu-

Pflanzen wiederzuentdecken³. Und schließlich konnte er sich selbst den großen kosmischen Kreislauf durch φιλότης und νεῖκος, durch ‚Liebe' und ‚Haß' als seine Prinzipien gestaltet deuten⁴. *Philia* war also für den Griechen mehr als das, was man heute landläufig unter Freundschaft versteht⁵. Sie war für ihn eine Ur-wirklichkeit des kosmischen und ein Ur-faktum des menschlichen Daseins⁶. — Was sich dem modernen, allzu einseitig auf ein sächliches Bewirken und Erwerben eingestellten Menschen zu seinem Schaden verborgen hat⁷, lag dem griechischen Denken offen: ὁ βίος ἅπας καὶ ἡ ἑκούσιος ὁμιλία, das ganze Leben verbringen wir, soweit es durch unseren frei bestimmten Umgang ausgefüllt wird, in der Gemeinschaft mit unseren *phíloi*, — mit den Hausgenossen⁸, den Blutsverwandten und Ge-

---

bildung des 5. Jahrhunderts und genauer vielleicht der Pentekontaetie handelt. Zur Sache vgl. weiterhin Eth. Nic. VIII, 1, 1155a 15 ff." Eth. Eud. VII, 2, 1236b 6 ff.

³ Vgl. Empedokles, DK 31 B 20, 6, und zu seinem Verständnis der Pflanzen als der ältesten Lebewesen Guthrie II, 208 ff. — Vgl. auch Pl. Symp. 186 a.

⁴ Vgl. Empedokles, DK 31 B 17; 26, 5 f. und dazu Guthrie II, S. 167 ff.; Pl. Grg. 507 e 6—508 a 4; Ti. 32b 8—c4.

⁵ Vgl. dazu definitorisch Eth. Nic. VIII, 11, 1159b 26—30. Zur Ausdehnung des Freundschaftsbegriffs auf die militärische und nautische Kameradschaft vgl. Dirlmeier, *Phílos,* 37 f. und z. B. Eth. Nic. VIII, 11, 1159b 27 f. Zur Einbeziehung der politischen Bundesgenossenschaft vgl. Dirlmeier, 34 und 39 sowie z. B. Hdt. I, 6, 2; III, 39, 4 und 82, 4; Thuc. I, 28, 3 und 137, 4; Xen. An. II, I, 14; Hell. II,IV, 37 und Arist. Eth. Eud. VII, 10, 1242b 21ff. — Man kann die moderne, oft lediglich eine Sach- und Funktionsbeziehung meinende Rede von den Sport-, Partei- oder Geschäftsfreunden und nicht zuletzt die von zwischenstaatlichen Freundschaftsverträgen zum Vergleich heranziehen.

⁶ Zu den metaphysischen Begriffen vgl. demnächst W. Weischedel: Tod und Unsterblichkeit, hg. O. Kaiser, § 4, 3 b.

⁷ Vgl. was A. de Saint-Exupéry, Le petit prince, Oeuvres, Bibliothèque de la Pléiade 98, Paris 1955, 471 auf die Konsumentenhaltung des modernen Menschen zugespitzt sagt: " Les hommes n'ont plus le temps de rien connaître. Ils achètent des choses toutes faites chez les marchands. Mais comme il n'existe point de marchands d'amis, les hommes n'ont plus d'amis."

⁸ Ausgenommen aus der *philia* blieb für Aristoteles in der Hausgenossenschaft der Sklave in seiner ihn zum bloßen Werkzeug stempelnden Funktion als Sklave, Eth. Nic. VIII, 13, 1161a 34 ff.; Eth. Eud. VII, 9, 1241b 17 ff.; 27 ff.; 10, 1242a 27 ff. — Man darf jedoch nicht übersehen, daß nach Aristoteles, schloß zwar die Funktion des Sklaven die Freundschaft mit ihm aus, so daß es keine Freundschaft mit dem Sklaven als Sklaven geben konnte, sein Menschsein sie dennoch ermöglichte: Gibt es keine Freundschaft zum Sklaven als Sklaven, so doch zum Sklaven als Menschen, Eth. Nic. VIII, 13, 1161b 5 f. — Zur Sache vgl. auch J. Vogt: Die Sklaverei im antiken Griechenland, Antike Welt 9, 1978, 2, 49 ff.

fährten. Die *syggeneīs*, die Verwandten, sind *phíloi;* die Kinder, die Eltern, die Frau und natürlich auch die Brüder rechnen dazu[9]. Und soweit sich die *adelphoí* altersmäßig nahestehen, treten sie neben die schicksalhaft im Krieg oder auf See zugesellten und vor allem aber neben die selbstgewählten Gefährten, die *hetaīroi*[10].

Wie sich diese Verhältnisse gliedern und abstufen und worin jeweils ihre Eigentümlichkeit liegt, hat kein anderer sorgfältiger beschrieben als *Aristoteles:* Er bestimmte die *philía* als die Mitte zwischen Schmeichelei, *kolakía*, und Haß, *échthra*[11]. Und er sah, wie sich die mannigfachen Spielarten der Freundschaft ihrer Motivation nach auf drei Arten zurückführen lassen, unter denen die erste und vornehmste die ist, welche im anderen das *alter ego*, das ἕτερος ἐγώ, erkennt und also auf einer Wesensverwandtschaft beruht[12]. Als die höchste umfaßt sie zugleich die beiden unter ihr stehenden[13], deren eine durch lustvolle Freude, *hēdonē*, an der leiblichen Gegenwart, einer besonderen Eigenschaft oder Fähigkeit des Freundes bestimmt ist[14], während die letzte den von ihm gewährten oder erwarteten Nutzen, *tò chrēsimon,* im Auge hat[15]. Umfaßte die *philía* also ein breites Spektrum menschlicher Beziehungen, so kam sie doch ganz im Sinne dessen, was wir heute als echte Freundschaft ansprechen würden und was Aristoteles als πρώτη, als ,erste', oder als τελεία φιλία, als ,vollkommene Freundschaft' bezeichnet hat[16], zu ihrem eigentlichen Wesen. Seinen idealtypischen Aus-

---

[9] Eth. Eud. VII, 1235a 1 ff. — Zur *syggenikē philía* vgl. Eth. Nic. VIII, 14, 1161b 16 ff.

[10] Eth. Nic. VIII, 11, 1159b 3 ff. — Zur Hetairie im Kriege und auf See vgl. oben Anm. 5. — Zur Geschwisterfreundschaft vgl. grundsätzlich Eth. Nic. VIII, 14, 1161b 30 ff.; ferner Eth. Eud. VII, 10, 1242a 35 ff.

[11] Mag. Mor. I, 31, 1193a 20 ff.; vgl. auch Eth. Nic. VIII, 9, 1159a 12 ff.

[12] Mag. Mor. II, 15, 1213a 11; vgl. das *állos autós* Eth. Nic. IX, 4, 1166a 31 f.

[13] Eth. Nic. VIII, 5, 1156b 33 ff.

[14] Eth. Nic. VIII, 3, 1156a 12 ff. 31 ff.; 15, 1162b 13 ff.; Eth. Eud. VII, 2, 1236a 37 ff.; 1137a 18 ff.; 1238a 30—b 14.

[15] Eth. Nic. VIII, 3, 1156a 10 ff. 24 ff.; Eth. Eud. VII, 1, 1235a 35 ff.; 2, 1236a 33 ff.; 1238a 38 ff.; Mag. Mor. II, 11, 1210a 5 ff. — Besonders befremdlich dürfte es heute anmuten, daß Aristoteles Eth. Eud. VII, 10, 1242a 31 ff. die *philía* zwischen Mann und Frau zu den um des Nutzens willen geschlossenen Gemeinschaftsverhältnissen rechnet; vgl. aber Eth. Nic. VIII, 14, 1162a 25 ff., wo über Nutzen und Lust hinaus die sittliche Partnerschaft hervorgehoben wird. Die grundsätzliche Verwandtschaft zwischen der aristotelischen und der kantischen Interpretation der Ehe in der Rechtslehre der Metaphysik der Sitten ist nicht zu übersehen. Vgl. I. Kant: Metaphysik der Sitten I, 2, 3 § 24, AB S. 106 ff.; Werke hg. W. Weischedel IV, Darmstadt 1975[4], S. 389 f.; Vorländer, PhB 42, Hamburg 1954 (1922), S. 91 f.

[16] Eth. Eud. VII, 2, 1236b 2 bzw. Eth. Nic. VIII, 4, 1156b 6. Der „ersten Freundschaft" entspricht der „wahre Freund" Eth. Eud. VII, 2, 1236b 31 ff.

druck fand es in den paradigmatischen Freundespaaren der Heldenzeit von Achill und Patroklos[17] bis zu Orest und Pylades[18]. Wertschätzung des anderen, wie sie sich im *agapān* äußert[19], Wohlwollen, *eúnoia*[20], und leidenschaftliche Liebe, ἔρως, bildeten gleichsam das Umfeld der *philía;* dabei geht der Freundschaft das Wohlwollen notwendig voraus, ist diese *archē philías* ‚Anfang der Freundschaft[21]. Ihre höchste und ihrem Wesen nach notwendig auf einen einzigen Menschen bezogene Steigerung ist dagegen der Eros als eine *hyperbolē tis philías,* als ein ‚gewisser Überschwang der Freundschaft'[22]. Schließlich erkannte Aristoteles, wie die von der *philía* bestimmten Verhältnisse der Selbstgestaltung unterliegen und damit den sonstigen durch Übereinkommen, Recht und Gesetz geregelten überlegen sind: Prinzipiell unterliegt die Freundschaft allein den *ídia díkaia,* man möchte geradezu übersetzen: dem eigenen Rechtsempfinden[23]. Darin spie-

---

[17] Zu Achill und Patroklos vgl. Hom. Il. XXIII, 65 ff.; XI, 785 ff.; vgl. Od. XI, 467 f.; Pind. Ol. IX, 70 ff. — Als Liebesbeziehung wird die Freundschaft seit Aesch. fr. 135, vgl. Pl. Symp. 179e—180b, interpretiert. — Aristoteles spricht Eth. Nic. IX, 10, 1171a 15 von den „besungenen (Gefährtenfreundschaften)". — Als solche Freundespaare wurden weiter z. B. Kastor und Polydeukes, vgl. Pind. Nem. X, 73 ff., Harmodios und Aristogeiton, Pl. Symp. 182c, gerühmt. Zur plastischen Darstellung der beiden letztgenannten vgl. K. Schefold: Die Tyrannenmörder, und: Neues zur Gruppe der Tyrannenmörder, in desselben: Wort und Bild. Studien zur Gegenwart der Antike, Basel 1973, 63 ff. und 70. — Cic. Amic. IV, 15 konstatiert: „ex omnibus saeculis vix tria aut quattuor nominantur paria amicorum." Für ihn dürften jedenfalls auch die beiden Pythagoräer Damon und Pinthias dazugehört haben, vgl. Cic. Off. III, X, 45 und Tusc. V, XXII, 63.
[18] Zu Pylades und Orest vgl. unten S. 216 f.
[19] Vgl. dazu E. Stauffer, ThWBNT I, 36, 29 ff.: „Die Bedeutung ist blaß und schwankend." Oft heißt *agapān* einfach *sich zufrieden geben mit irgend etwas,* oft auch *empfangen, begrüßen, mit Ehren behandeln,* wobei naturgemäß zunächst an die äußere Haltung zu denken ist. Platon gebraucht das Verb personenbezogen Ly. 215a 1; b 1 f. — Aristoteles benutzt *agapētón* Metaph. M, 1, 1076a 15 wie Eth. Nic. IX, 10, 1171a 20 neutrisch im Sinne eines „man muß zufrieden sein".
[20] Eth. Nic. IX, 5, 1166b 30—1167a 21; Eth. Eud. VII, 7, 1241a 1—15; Mag. Mor. II, 12, 1211b 39—1212a 13.
[21] Eth. Nic. IX, 5, 1167a 3 f.; Eth. Eud. VII, 7, 1241a 12 ff.; Mag. Mor. II, 12, 1212a 6 ff.
[22] Eth. Nic. IX, 10, 1171a 11 f.; vgl. VIII, 7, 1158a 10 ff. sowie Pl.Leg. VIII, 837a 8 f.: ὅταν δὲ ... γίγνεται σφόδρον ἔρωτα ἐπονομάζομεν; ferner die Schilderung des Zustandes des Liebenden Pl. Phdr. 251a 1—252 c 2.
[23] Zur Überlegenheit der Freundschaft über das Recht vgl. Eth. Nic. VIII, 1, 1155a 26 ff.; Eth. Eud. VII, 1, 1235a 2 ff. und dazu E. Hoffmann: Aristoteles' Philosophie der Freundschaft, in: Festgabe H. Rickert, Bühl-Baden 1933, S. 22 ff. = Ethik und Politik des Aristoteles, hg. P. Hagen, WdF 207, Darmstadt 1972, 166 f. — Zur Rolle, die dem Recht trotzdem in den Freundschaftsverhältnissen zukommt, vgl. Eth. Nic. VIII, 11, 1159b 25—1160a 30.

gelt sich die Tatsache, daß der Freundschaft die institutionelle Absicherung fehlt. Sie ist eine reine Privatangelegenheit, beruht allein auf der freien, wechselseitigen Entscheidung zweier Menschen füreinander und ist so als die äußerlich ungesichertste zugleich die höchste Form menschlicher Gemeinschaft.

II

Platon, der Denker des ἔρως, hat sich nur einmal und auf den ersten Blick rätselhaft genug in größerem Zusammenhang ausschließlich dem Thema der Freundschaft gestellt, in seinem zwischen den Frühschriften und den Werken der Reife stehenden Dialog *Lysis*[24]. Blickt man in die Literatur, kontrastiert das Lob des über dem Schriftchen liegenden Charmes eigentümlich mit der häufig angesichts des scheinbar ergebnislosen dialektischen Spiels empfundenen Befremdung[25]. War es denn des großen Pädagogen würdig, seinen Sokrates das Gespräch mit den noch unter der Aufsicht ihrer Erzieher stehenden Knaben Menexenos und Lysis mit den Worten abzubrechen: „Diesmal, o Lysis und Menexenos, haben wir uns lächerlich gemacht, ich, der alte Mann, und ihr. Denn diese (Zuhörer), wenn sie nun gehen, werden sagen, wir bildeten uns ein, Freunde zu sein; ... was aber ein Freund sei, hätten wir noch nicht vermocht herauszufinden[26]"? Mußten sich die Knaben nicht durch und durch verwirrt auf den Heimweg begeben, und hat sich Platon bei der Einbindung seiner Überlegungen in diesen Rahmen nicht mindestens eines Verstoßes gegen die Lebenswahrheit schuldig gemacht und also künstlerisch versagt[27]? Oder ist die Freundschaft, von der wir alle genau zu wissen meinen, was sie ist, in Wahrheit ein Geheimnis?

---

[24] Vgl. dazu V. Schoplick: Der platonische Dialog Lysis, Diss. Freiburg i. Br. 1968, Augsburg o. J. (1969), 73 ff., ferner seinen Forschungsbericht 1 ff. sowie H. von Arnim: Platos Jugenddialoge und die Entstehungszeit des Phaidros, Leipzig/Berlin 1914, 37 ff.; derselbe: Platos Lysis, RMP NF 71, 1916, 364 ff.; U. von Wilamowitz-Moellendorff: Platon II, Berlin 1919, 68 f. und W. K. C. Guthrie: A History of Greek Philosophy IV. Plato, the Man and His Dialogues: Earlier Period, Cambridge 1975, 134 ff.

[25] Zum Charme vgl. z. B. von Armin, Jugenddialoge, 69 f.; Wilamowitz-Moellendorff: Platon I, hg. B. Snell, Berlin 1959[5], 141 oder W. Jaeger: Paideia II, Berlin (1936) 1959[3], 244. — Zum Befremden der Leser vgl. die Zusammenstellung einschlägiger Äußerungen bei Schoplick, 33 Anm. 1 und Guthrie IV, 143, der sein eigenes Urteil in dem Satz zusammenfaßt: „Even Plato can nod."

[26] Ly. 223b 4 ff. Zitiert nach der von H. Hofmann revidierten Schleiermacherschen Übersetzung in: Platon. Werke griechisch und deutsch, hg. G. Eigler, I, Darmstadt 1977.

[27] Vgl. dazu Guthrie IV, 143 f. und die entgegengesetzte Beurteilung z. B. bei v. Arnim, Jugenddialoge, 42.

Platon läßt in diesem Dialog *Sokrates* berichten, wie ihm draußen vor der Mauer auf dem Wege von der Akademie zum Lykeion die beiden Jünglinge Hippothales und Ktesippos begegnet seien und ihn der erste eingeladen hätte, gemeinsam mit ihnen die neu eröffnete Palaistra zu besuchen, in der sie sich selbst und viele andere ‚Schöne' die Zeit vertrieben. Die ausweichende Antwort auf die von Sokrates an Hippothales gerichtete Rückfrage, wer denn *der* Schöne, *ho kalós*, und d. h. der erotische Mittelpunkt ihrer Gemeinschaft sei, gibt Ktesippos[28] Anlaß, das Geheimnis des Freundes zu lüften und sich über seine ebenso übertriebene wie antiquierte Art, seinem *paidiká*, seinem Liebling Lysis den Hof zu machen, zu mokieren. So wird Sokrates am Ende selbst dahin gebracht, das zu demonstrieren, was er Hippothales zu zeigen aufgefordert hatte, ob er es denn verstehe, „was ein Liebhaber *(erastēs)* von seinem Liebling *(paidiká)* zu diesem selbst oder zu anderen reden soll[29]", 203a—206e 2. — Gewiß lernen wir Sokrates in dem folgenden Gespräch mit Lysis als den wahren Erzieher und echten Liebenden kennen, der mitten in dem erotisch aufgeladenen Milieu der Palaistra und ihren beiden um die Gunst des Lysis und Menexenos[30] werbenden Erasten durch seinen Protreptikos den Knaben zur Selbsterkenntnis führt[31]. Und wir dürfen uns dabei ruhig an die später im *Symposion* und im *Phaidros* entwickelte Theorie erinnern, daß der wahre Liebende seinen schönen Knaben im Gespräch über die *aretē*, die Trefflichkeit, zu bilden und mit ihm gemeinsam bis zur höchsten Erkenntnis vorzudringen versuchen wird[32]. Kehrt man vom Schluß des Büch-

---

[28] Zu seiner Charakterisierung vgl. Pl. Euthyd. 273a mit Ly. 211c 4 f. Als Zeuge des Sterbens des Sokrates erscheint er zusammen mit Menexenos Pl. Phd. 59b 8 f.

[29] 205 1 f.

[30] Ihn mit der Titelgestalt des gleichnamigen Dialogs zu identifizieren, liegt auf der Hand. Zur literarischen Beurteilung des Menexenos-Dialogs, dessen Echtheit seit der Arbeit von Ilse von Loewenclau: Der platonische *Menexenus*, Stuttgart 1961 als erwiesen gelten darf, vgl. bündig Guthrie IV, 312.

[31] Vgl. zu ihm auch Schoplick, 22 ff.

[32] Vgl. Symp. 209b 6—211c; Phdr. 252e 2—256a 7. Daß sich Platon mindestens auf dem Wege zu der dort entfalteten Ideenlehre befindet, als er den Lysis schrieb, gestehen Jaeger, Paideia II, 245, ähnlich zuvor v. Arnim, Jugenddialoge, 42 und P. Friedländer: Platon II, Berlin 1964³, 96 zu. Dafür haben ausführlich zumal K. Glaser: Gang und Ergebnis des Platonischen Lysis, WSt 53, 1935, 65 f. und Schoplick, Lysis, 67 ff. plädiert. — Aufschlußreich ist, was H. Erbse: Platons Methode in den sogenannten Jugenddialogen, Hermes 96, 1968, 21 ff. ausführt, ohne dabei ausdrücklich den Lysis in seine Untersuchung einzubeziehen: „Die Aporie aber, in welche die Gespräche ... führen, ist künstlich. Sein Sokrates ... treibt ein tolles Spiel mit dem Leser, der ständig Gefahr läuft, an sich irre zu werden. Aber als ‚Phase' der dialektischen Erweckung (Dieterle...) hat das Spiel Sinn und System. Wer die Geduld nicht verliert,

leins noch einmal zu seinem Anfang zurück, wird man indessen erkennen, daß auch das, was auf diesen ersten Seiten (206e—210e) wie ein absichtsloses Spiel erscheint, in einem tieferen Zusammenhang mit den folgenden Erörterungen über das Wesen der Freundschaft steht. Wenn Sokrates vorab spielerisch die gleichen Eigenschaften der Knaben aufruft und mit dem scheinbar nur Besitz und Schicksal meinenden Sprichwort schließt, daß unter Freunden alles gemeinsam sei, 207c 10[33], und daraus die Folgerung zieht, daß also zwischen den beiden Jungen, wenn sie wirklich Freunde seien, keine Unterschiede bestehen können, so wird hier die später eristisch aufgelöste These vorausgesetzt, daß echte Freundschaft Freundschaft der Gleichen ist[34]. Die Frage wird nur sein, ob diese Gleichheit entscheidend in körperlicher Schönheit, gleichem Alter, gleichedler Abkunft und Reichtum oder in etwas ganz anderem und viel tiefer begründeten zu suchen ist. Weiter wird, wer sich bei dem anschließenden Gespräch zwischen Sokrates und Menexenos 211 d 2 ff. an die im Potreptikos enthaltene Legitimation des zwischen den Eltern und ihren unmündigen Kindern bestehenden eigentümlichen *philia*-Verhältnisses erinnert, vgl. 207d 5 ff., erkennen, daß die eben mit diesem Verhältnis ihr eristisches Spiel treibende Argumentation in 212e 7—213b 5 nicht Platons wahre Meinung ist, und also dazu angeleitet, seine Lektüre von neuem zu beginnen, um der eigentlichen Absicht des Philosophen auf die Spur zu kommen. Und wenn das Ergebnis des Protreptikos mit Lysis darin besteht, daß ihm alle freund ‚*philoi*‘, und ‚angehörig‘, *oikeīoi*, sein werden, wenn er *sophós*, ‚einsichtig‘, und daher auch *chrēsimos*, ‚nützlich‘, und *agathós*, ‚gut‘, geworden sei, 210d 1 ff., kann das sicher im Sinne des konventionellen Bildungsideales verstanden werden; besser beraten ist man sicher, wenn man bedenkt, daß der Begriff des *oikeīon* am Ende des Dialoges eine Schlüsselfunktion zugewiesen erhält, 221e 3 ff. Schließlich wird, wer Platons *Apologie* im Gedächtnis hat, aufhorchen, wenn er die an Lysis gerichtete Frage vernimmt, ob man sich einer Sache brüsten dürfe, von der man nichts versteht, 210d 4 f., und an den das vermeintliche Wissen seiner Zeitgenossen aufdeckenden Sokrates denken, den die Prüfung des Götterspruchs zu dem Ergebnis geführt hat, *der* sei der Weiseste, der wie er erkennt, daß die menschliche Weisheit wenig oder gar nichts wert sei, Pl. Ap. 23a—b[35]. Überdies bereitet Platon schon hier kunstvoll seine spätere Einführung des Philosophen als des Mannes, der weiß, was er nicht weiß, vor, vgl. 218a 2 ff. — Wir haben also Grund genug

---

lernt es, sich der Wahrheit zu öffnen." — Vgl. aber auch das sehr zurückhaltende Urteil von Guthrie IV, 150 ff.
[33] Vgl. auch Pl. Phdr. 279c 6 f.
[34] Vgl. dazu unten S. 204 f.
[35] Zu Platons späterer Beurteilung philosophischer Erkenntnismöglichkeit vgl. K. Gaiser: Platons ungeschriebene Lehre, Stuttgart 1968², 10 und 218 ff.

zu der Annahme, daß das verwirrende Spiel, das Platon seinen Sokrates weiterhin nicht nur mit den beiden Jungen, sondern zugleich mit seinen Lesern treiben läßt, bei aller ironischen Freude am dialektisch-eristischen Mummenschanz an sich in der Hoffnung geschrieben ist, wir möchten es durchschauen, und schließlich und letztlich die Absicht verfolgt, unser vermeintlich gesichertes Wissen um die Freundschaft in Frage zu stellen und uns angesichts der scheinbaren Aporie aller Bemühungen, ihr Wesen widerspruchsfrei zu bestimmen, den geheimen Grund ihrer göttlichen Herkunft ahnen zu lassen, von dem Homer gesungen hat, indem er sagte:

„Immer führet ein Gott den Gleichen zum Gleichen[36]."

III

Diese Einsicht verhindert freilich nicht, daß der unvorbereitete Leser durch das dialektische Spiel, das Sokrates nun eröffnet, nicht weniger verwirrt wird als der selbstbewußte Knabe Menexenos, vgl. 211d 4—213d 5. Wie ein Sophist bedient sich Sokrates dabei der Amphibolie der Begriffe[37] und sucht die gewonnenen Ergebnisse durch *metabáseis eis állo génos* und allerlei Trugschlüsse zu widerlegen. Sokrates wendet sich Menexenos mit dem Bekenntnis zu, er habe von Kindheit an nichts sehnlicher als den Besitz von Freunden erstrebt, sei πρὸς δὲ τὴν τῶν φίλων κτῆσιν πάνυ ἐρωτικῶς, 211e 27, und so sehr ein *philhétairos*, ein ‚Gefährtenfreund‘, daß er einem solchen Gefährten durchaus den Besitz des Goldschatzes des Dareios wie des Großkönigs selbst vorziehe.

Ein wahrer Freund, lautet die in diesen spielerischen, sich ganz der kindlichen Vorstellungswelt anpassenden Sätzen enthaltene Grundthese, *ist mehr wert als alle Schätze und alle Gewalt auf dieser Erde.* — Freundschaft, wird es bei *Aristoteles* nachklingend heißen, ist ein *anagkaiótaton eis tòn bíon*, ist das für das Leben notwendigste Gut, ohne das niemand leben möchte, selbst wenn er alle sonstigen Güter besäße, Eth. Nic. VIII, 1, 1155a 1 ff. Sachlich ergibt sich das für den Stagiriten aus der Tatsache, daß der Mensch ein von Natur für die Polisgemeinschaft und das Zusammenleben bestimmtes Wesen ist, πολιτικὸν γὰρ ὁ ἄνθρωπος καὶ συζῆν πεφυκός, Eth. Nic. IX, 9, 1169b 18 f. Ist er das, liegt es auf der Hand, daß er lieber mit seinen Freunden als mit Zufallsbekanntschaften oder Fremden verkehrt. Ähnlich grundsätzlich heißt es bei *Xenophon*: φύσει γὰρ ἔχουσι οἱ ἄνθρωποι τὰ μὲν φιλικά ..., „Denn von Natur haben die Menschen den

---

[36] Hom. Od. XVII, 218. — Vgl. zur Intention Platons auch Schoplick, Lysis, 34: „... eristisches Spiel hat bei Platon ja immer einen tieferen pädagogisch-sachlichen Sinn."
[37] Vgl. auch Arist. Soph. El. 4, 166a.

Hang zur Freundschaft; denn sie bedürfen einander und haben miteinander Mitgefühl und nützen sich, indem sie zusammenwirken, und, weil sie das einsehen, sind sie einander geneigt", Xen, Mem. II, VI, 21.

Aber so hoch Sokrates die Freundschaft schätzt, so wenig behauptet er im Vergleich zu den beiden Freunden Menexenos und Lysis, die einander schon so jung als solche gefunden haben, von der Sache zu verstehen, wisse er doch nicht einmal, auf welche Weise einer des anderen Freund werde. So könne er sich von dem Knaben als einem Experten auf diesem Gebiet Auskunft darüber erhoffen, 212a. Die Ironie ist offensichtlich: Der Mann, den Platon wiederholt bekennen läßt, daß das Einzige, von dem er wirklich etwas verstehe, die Kunst des Liebens sei[38], soll nun ratloser als ein

---

[38] Symp. 177d; Theag. 128b; Xen Symp. VIII, 1. — Daß es in der Nachwirkung von v. Arnim, Jugenddialoge, 40f. zu einer allzu reinlichen Scheidung zwischen *philía* und *érōs* gekommen ist, kann man bei v. Wilamowitz-Moellendorff, Platon II, 68. und vor allem Dirlmeier, *Philos*, 59 beobachten. Dirlmeier scheint allgemein zu einer starken und so kaum gerechtfertigten Zurückdrängung der Affektseite der *philía* zu neigen. — Auf die Schwierigkeit, eine deutliche Grenze zwischen *philía* und *érōs* zu ziehen, hat K. Glaser, WSt 53, 1935, S. 47 Anm. 1 zutreffend hingewiesen. Ihm hat sich R. G. Hoerber: Plato's Lysis, Phron 4, 1959, 19 ausdrücklich angeschlossen. — Die erotische Interpretation des Lysis hat Friedländer, Platon I³, 54 und II³, 94 f. besonders nachdrücklich vertreten. W. Bröcker: Platos Gespräche, Frankfurt/M. 1967², 74 setzt sie voraus. Abwägend das Urteil von Guthrie, History IV, 137, daß die Liebe Freundschaft, aber die Freundschaft nicht notwendig Liebe einschließe. Gegen eine vollständige Trennung beider sprechen jedenfalls Pl. Leg. VIII, 837a 8 f.; Arist. Eth. Nic. IX, 10, 1171a 11 f., vgl. dazu auch oben, Anm. 22. Außer auf Pl. Ly. 221e 4 f. und 222a 5 f. seien noch Phdr. 237c 7 f. und 256e 3 f. angeführt, um zu zeigen, daß sich für Platon der *érōs* unter den Oberbegriff der *philía* subsummierte. — Zu den typisch griechischen Liebesbeziehungen zwischen Männern, Jünglingen und Knaben und ihrem psychologischen Hintergrund vgl. G. Devereux: Greek Pseudo-Homosexuality and the ‚Greek Miracle', SO 42, 1968, S. 69 ff. — Sachlich verdient die Beschreibung des Verhältnisses zwischen Freundschaft und Liebe bei N. *Hartmann*: Ethik, Berlin 1962⁴, 473 Beachtung. Für ihn stellt sich die Freundschaft als wechselseitig festes Vertrauen aufeinander dar, das auch durch eine Lieblosigkeit nicht erschüttert werden kann. Doch gehöre zur vollen Freundschaft auch die persönliche Liebe, die den Freund um seiner selbst willen bejaht, sein Wohlsein begünstigt, alles Ungemach von ihm fernhält. „Freundschaft", so heißt es hier, „ist objektiver fundiert als Liebe; dieses Gesinnungsfundament allein freilich entbehrt der höheren Qualitäten der Liebe, der Gefühlstiefe, des inhaltlichen Reichtums und der beglückenden Hingabe. Freundschaft vollendet sich in der Liebe. Aber sie beruht nicht auf ihr". Schön hat F. W. J. *Schelling*: Philosophische Untersuchungen über das Wesen der menschlichen Freiheit und die damit zusammenhängenden Gegenstände (1809), Sämtliche Werke I, 7, Stuttgart 1860, 408 = Schriften von 1806—1813, Ausgewählte Werke, Darmstadt 1976, 352 das Geheimnis der Liebe als dieses beschrieben, „daß sie solche verbindet, deren jeder für sich seyn könnte und doch nicht ist, und nicht seyn kann ohne das andere".

Junge sein, dessen Freundschaft vielleicht auch von *Platon* als ein unerprobtes und also vorübergehendes Verhältnis beurteilt werden konnte, weil seiner Beständigkeit die jugendliche Leidenschaft hindernd im Wege stand[39] und dem überdies der sprichwörtliche „Scheffel Salz", den man, um wahrhaft miteinander befreundet zu sein, nach allgemeiner, von *Aristoteles* geteilter Überzeugung zusammen gegessen haben müsse[40], fehlte. — Vorab aber läge es nahe, das aufgeworfene Problem, auf welche Weise einer des anderen Freund werde, technisch zu verstehen; und auch hier kann man voraussetzen, daß der *Platon,* der im Phaidros beschrieben wird, wie in dem geliebten Knaben die Gegenliebe entsteht, 255a—256a, schon damals in der Lage gewesen wäre, mindestens auf solche Antworten zurückzugreifen, wie sie dem Rat des *xenophontischen* Sokrates an Chairekrates, er möge seinem Bruder Chairephon *phíltra,* Freundschaftszeichen, erweisen, Xen. Mem. II, III, 14, als eine Allerweltsweisheit zu entnehmen sind, oder wie es *Aristoteles* verallgemeinernd ausgedrückt hat, daß man das Wohlwollen für den anderen nicht verbergen dürfe, Eth. Nic. VIII, 2, 1156a 2 ff.[41] — Aber die Frage, auf welche Weise einer des anderen Freund werde, ist eben gar nicht technisch, sondern ontologisch gemeint: sie zielt auf die Erkenntnis der ontologischen Ermöglichung der Freundschaft ab. Es geht also eigentlich nicht um das Problem, *wie* wir Freunde werden, sondern *warum* wir Freunde werden können.

Lassen wir uns eine Strecke auf das dialektische Feuerwerk ein, das Platon Sokrates dem Menexenos gegenüber abbrennen läßt: Als erstes läßt er Sokrates die Frage stellen, wer eigentlich von beiden der Freund des anderen sei, der Liebende *(ho philṓn)* oder der Geliebte *(ho philoúmenos),* 212a 8 ff. — Die vernünftige, weil sachgemäße Antwort müßte mit *Aristoteles* heißen: Freundschaft ist ein wechselseitiges Verhältnis. Einseitige Verhältnisse sind dagegen lediglich als Wohlwollen zu klassifizieren, Eth. Nic. VIII, 2, 1155b 31 ff. Und so, wie diese These versteckt in der nächsten Frage des Sokrates als selbstverständliche Denkvoraussetzung in der Wendung des *allḗlōn phíloi gínesthai,* des „einander Freund werden", enthalten ist, 212b 4, ist auch das Zwischenergebnis, „daß wenn nicht beide einander lieben, keiner des anderen Freund" ist, 212d 3, ebenso richtig wie im Horizont der aufgeworfenen Frage endgültig: *Freundschaft im Voll-*

---

[39] Vgl. dazu unten, S. 213.
[40] Vgl. Eth. Nic. VIII, 3, 1156a 30—1156b 6 und 4, 1156b 25 ff. und Schoplick, Lysis, S. 21.
[41] Wenn die Freundschaft ihrem Wesen nach Gemeinschaft ist, Arist. Eth. Nic. VIII, 14, 1161b 11, gehört es zu ihrem Leben, dem Freunde aktiv Freundschaftszeichen zu geben, nach dem Abwesenden Sehnsucht zu haben und nach seiner Nähe zu streben, Eth. Nic. IX, 5, 1166b 30—1167a 10.

sinne gibt es nur als ein *wechselseitiges Verhältnis*. Und damit haben wir zweifellos eine zweite Grundeinsicht in das Wesen der Freundschaft gewonnen. Wir sind aber bei sorgfältiger Lektüre auch dialektisch gewitzter geworden und haben gelernt, auf die Amphibolie des Wortes *phílos*, Freund, zu achten: Es bezeichnet sowohl den aktiven (*ho philṓn*) wie den passiven Teil (*ho philoúmenos*) und schließlich beide in ihrem reziproken Verhältnis[42].

Aber im *Lysis* ist das Ergebnis wie gewonnen so zerronnen, weil sich Menexenos nicht auf die Unterscheidung der Begriffe eingelassen hat und auch weiterhin keinen Widerspruch gegen die im erweiterten Sprachgebrauch enthaltene *metábasis eis állo génos* wie gegen die willkürlichen Verallgemeinerungen und darauf aufgebauten Trugschlüsse des Sokrates einlegt. Der Dialektiker sucht den Satz, daß die Freundschaft ein wechselseitiges Verhältnis ist, dadurch zu widerlegen, daß er die notwendig einseitigen, weil nichtpersonalen Verhältnisse heranzieht, für welche die Umgangssprache ebenfalls den Freundestitel verwendet, indem sie etwa von Pferde-, Hunde- und Weinfreunden spricht[43]. Und geschickt zu den personalen Verhältnissen zurückspringend demonstriert er am Beispiel der zwischen Eltern und unmündigen Kinder bestehenden *philía*-Verhältnisse, daß hier das Liebste, *phíltata*, die Liebe oft entweder noch nicht oder schon nicht mehr erwidert, so daß sich die Bestimmung der Freundschaft als eines wechselseitigen Verhältnisses in den Paradoxien aufzulösen scheint, daß der Freund (*ho philṓn*) der Freund seines Feindes (des *philoúmenos*), und der Feind (als *ho philoúmenos*) der Feind seines Freundes (des *philṓn*) sein kann, 212d—213c.

Gewitzter als Menexenos legen wir sogleich mit *Aristoteles* Eth. Nic. VIII, 2, 1155b 27 ff. dagegen Verwahrung ein, die Vorliebe für leblose Gegenstände als Freundschaft zu bezeichnen, weil es hier weder Gegenliebe noch den Wunsch, es möge dem anderen um seiner selbst willen gut gehen, wie es zu den Kennzeichen der echten Freundschaft gehört, geben kann. Der *philoinos,* der Weinfreund, wünscht dem Wein ja nur deshalb gute Haltbarkeit, um ihn selbst genießen zu können. Das ist ein deutlicher Seitenhieb auf den Lysis seines Meisters. Aber wichtiger ist, daß Aristoteles in diesem Zusammenhang eine weitere entscheidende Definition des echten Freundes gibt, 1155b 31. „Den Freund aber muß man, wie man sagt, um seiner selbst willen (*ekeínou héneka*) das Gute wünschen". Damit haben wir eine dritte Grundeinsicht in das Wesen der Freundschaft gewonnen: *Freundschaft ist ein wechselseitiges Verhältnis, in dem es jedem um den*

---

[42] Vgl. auch v. Arnim, Jugenddialoge, 42 f. sowie Bröcker, 76 f.
[43] Vgl. aber auch Pl. Symp. 205d.

anderen als ihn selbst geht[44]. — Und weiterhin hätte *Aristoteles* Menexenos daran erinnern können, daß es sich bei der *philía* zwischen Eltern und Kindern nicht um eine auf der Grundlage der Gleichheit beruhende Beziehung handelt, weil in ihr das Zusammengehörigkeitsgefühl auf seiten der Eltern als den Erzeugern in der Regel stärker ist als bei den Kindern als den Erzeugten. Und dies hängt zutiefst damit zusammen, daß sich unser Dasein im Leben und Handeln erfüllt'[5]. Zudem ist es nicht selten der Fall, daß Mütter ihrer Kinder in Liebe gedenken, ohne daß die Kinder überhaupt wissen, daß sie die Kinder dieser Mütter sind, oder mit ihnen verkehren können[46]. — Daß die Rücknahme der gewonnenen Position, daß Freundschaft ein wechselseitiges Verhältnis ist, letztlich auch nicht *Platons* Überzeugung ist, deutet er an, indem er den stillen Zuhörer Lysis eingreifen und Sokrates bestätigen läßt, daß in der bisherigen Untersuchung etwas falsch gelaufen ist, 213d 2 f. So fordert Platon seinen Leser auf, sich selbst über die Fehlerquellen Rechenschaft zu geben[47].

Der nächste Gesprächsgang, in dem Lysis den Part des Menexenos übernimmt, 213d—216b, gilt scheinbar ohne Zusammenhang mit dem vorhergehenden dem Problem, ob sich die Gleichen oder die Ungleichen als Freunde zusammentun. Sachlich handelt es sich jedoch um eine konsequente Fortsetzung der Untersuchung: Denn wenn gesichert ist, daß es sich in der Freundschaft um ein wechselseitiges Verhältnis handelt, muß weiterhin gefragt werden, was dieses wechselseitige Verhältnis konstituiert. Man kann auch diese Frage verschieden auffassen und entweder nach den Motiven oder den anthropologischen Voraussetzungen forschen. Sokrates hat die zweite Möglichkeit im Auge: Um zu zeigen, daß es in der Freundschaft um *homoiótēs*, um Gleichheit im Sinne der Wesensähnlichkeit geht, läßt *Platon* ihn als Gewährsmann den Dichter Homer und weiterhin ungenannte Naturphilosophen zitieren. Nach dem Sänger führt ein Gott immer den

---

[44] Vgl. dazu auch Pl. Resp. 474c 8 ff. Zur Sache vgl. M. Scheler: Der Formalismus in der Ethik und die materiale Wertethik, Ges. Werke II, Bern und München 1966[5], 551, der mit Recht anmerkt, daß sich die Schätzung des anderen in Freundschaft und Ehe nicht auf seine Sozialperson, seine gesellschaftliche Funktion (wir können sagen: als gut *für etwas*) —, sondern seine Intimperson — (wir könnten sagen: als gut für jemanden *als er selbst*) richtet.
[45] Vgl. Eth. Nic. IX, 7, 1168a 5 ff.
[46] Zum Verhältnis zwischen Eltern und Kindern vgl. schon 207d—210d sowie Eth. Nic. VIII, 8, 1158b 11 ff.; 13, 1161a 15 ff.; 14, 1161b 16 ff. und IX, 7, 1168a 24 ff. sowie Xen. Mem. II, II, 1—14. Zum Sonderfall der entsagenden Mutterliebe vgl. Eth. Nic. VIII, 9, 1159a 27 ff.
[47] Vgl. mit R. G. Hoerber, Phron 3, 1959, 21 auch 222a 6 f. und 222e, wo von einer Widerlegung der Freundschaft als wechselseitiger Beziehung nicht die Rede ist.

Gleichem zum Gleichen 214a 6[48]" nach den Philosophen ist „das Gleiche dem Gleichen immer notwendig freund", 214b 3f. Beiden bescheinigt Sokrates, sie hätten sich „nicht schlecht", 214a 2, bzw. „angemessen" (*eū*) zur Sache geäußert. Man sollte das nicht übersehen und darf gespannt sein, ob er uns schon im Lysis einen Hinweis darauf gibt, wie er sich die göttliche Vermittlung der Freundschaft vorstellt; daß er die Gleichheit schließlich von dem *oikeīon*, dem Artverwandten her deuten wird, werden wir nach der oben entdeckten Andeutung bereits vermuten[49].

Lysis weicht der eindeutigen Beantwortung der Frage nach der Richtigkeit dieser Dichter- und Philosophenweisheit mit einem Vielleicht aus. Wahrscheinlich denkt er dabei zustimmend an seine Freundschaft mit Menexenos und zurückhaltend an die Liebe des Hippothales[50]. So untersucht Sokrates denn, ob der Satz halb oder ganz zu verwerfen sei: Als Halbwahrheit erscheint er jedenfalls, solange die Schlechten nicht aus der Gleichung ausgeschlossen sind. Als in sich gespaltene Menschen können sie einander keine verläßlichen Partner, keine beständigen Gleichen sein, weder für ihresgleichen noch für andere. So wird deutlich, daß der Gleichheitssatz allein die Guten (*agathoi*) meint, während die Schlechten (*kakoi*) weder untereinander noch mit einem Guten *wahre* Freundschaft (*eis alēthē philian*) eingehen können, 214d 3—8. Der Leser wird beachten, daß die Ausschließlichkeit der Freundschaft der Guten allein die wahre und eigentliche Freundschaft im Auge hat, in der es um den Freund als ihn selbst in seiner spezifischen Artung geht. *Platon*, so darf man billig unterstellen, wußte demnach, daß es andere, uneigentliche Freundschaftsverhältnisse gibt, in denen diese Qualifikationen keine so unbedingte Rolle spielen. Doch im Fortgang der Untersuchung wird das Ergebnis mittels der Überlegung paralysiert, daß Gleiches dem Gleichen keinen Nutzen bringen kann und also auch keine zur Freundschaft führende Wertschätzung (*agapān*) hervorzurufen vermag, 214e 2—215a 4. Will man die Gleichartigkeit von dem Gutsein abtrennen und dann allein an eine Wechselbeziehung der in ihrer Trefflichkeit Gleichen denken, tritt die Selbstgenügsamkeit, die *hikanótēs* des Guten der Kommunikationsbereitschaft hindernd in den Weg: Wer vollkommen ist, bedarf keines anderen und wird also auch niemandes Freund, 215a 4—c 1. Der Leser durchschaut hoffentlich, was dem Knaben Lysis verborgen blieb, daß Platon seinen Sokrates wieder eine ganze Kette von Trugschlüssen aufbieten läßt, denen unzulässige Abstraktionen und Verallgemeinerungen zugrunde liegen; denn bei Menschen dürfte es weder eine vollständige, konstitutionelle wie situative Wesensgleichheit geben noch ihre

---

[48] Hom. Od. XVII, 218; vgl. auch oben, S. 200.
[49] Vgl. dazu oben, S. 199, und unten, S. 212.
[50] Vgl. dazu auch unten, S. 213.

tatsächliche Trefflichkeit ihren Charakter als der Gemeinschaft bedürftiger Wesen aufheben. Es gibt also, werden wir sagen, keinen Menschen, der nicht der Ergänzung durch den anderen bedarf[51]. — Aber Platon überläßt solche Schlüsse seinem Leser und wendet sich statt dessen der Antithese zu, nach der sich die Gegensätze anziehen, weil sie einander ergänzen. Dank unserer eigenen Überlegungen findet er uns grundsätzlich bereit, ihm auf diesem Wege zu folgen. Seine Beispiele führen uns freilich in eine andere, so von uns bisher nicht berücksichtigte Richtung. Sie haben negativ, gegen den Gleichheitsgrundsatz gewandt, Freundschaft ausschließende berufliche Konkurrenz und positiv, soweit sie im menschlichen Bereich verbleiben und nicht in naturphilosophische Spekulationen entarten, die Platon ganz offensichtlich als solche bewertet wissen will, vgl. 216a 1 f., Nutzfreundschaften im Auge. Trotz der unverkennbaren Ironie, mit der Platon seinen Sokrates diesem „witzigen Kopf" gutes Reden bescheinigt, sind wir vielleicht auch hier aufgefordert, hinter dem Klingklang die Wahrheit zu suchen. Und es dürfte im Sinne Platons liegen zu erkennen, daß berufliche Konkurrenten sich schwer tun, miteinander befreundet zu sein[52]. Darüber hinaus müßten wir auf den breiten Bereich der Nutzfreundschaften aufmerksam werden, wie ihn *Aristoteles* ausdrücklich angesprochen hat: Wiederum argumentiert der Stagirite nicht ohne Seitenblick auf den Lysis, indem er die von ihm ausdrücklich mit den Namen *Heraklit* und *Euripides* verbundene naturphilosophische Fragestellung als nicht in die ethische Untersuchung gehörig ausklammert, Eth. Nic. VIII, 2, 1155b 1 ff. vgl. 8 ff. Wesentlich für seine Position ist die Erkenntnis, daß sich die Frage, ob sich gleich zu gleich oder ungleich zu ungleich gesellen, nur im Horizont einer genaueren Differenzierung der Freundschaftsverhältnisse angemessen bedenken läßt. So unterscheidet er grundsätzlich zwischen den drei Arten (*eidē*) der Freundschaft, die den drei angestrebten Zielen (*télē*) 1. des *agathón*, des Guten, 2. des *hēdý*, der Lust, und 3. des *chrēsimón*, des Nutzens, entsprechen, 1155b 18 f. Dabei bewertet er die Lust- und die Nutzfreundschaften als lediglich akzidentell, *katà symbebēkós*, 1156a 16f., weil es ihnen nicht um den Freund als ihn selbst, sondern um etwas an ihm für sich selbst geht. Die wahre, oder wie Aristoteles hier sagt, die vollkommene Freundschaft gründet sich auf die sittliche Trefflichkeit der Gleichen, τελεία δ' ἐστὶν ἡ τῶν ἀγαθῶν φιλία καὶ κατ' ἀρετὴν ὁμοίων, 1156b 7 f. Dabei verkennt er nicht, daß es auch unter den Guten graduelle Unterschiede gibt, 1161b 36 ff. Mithin kann es oder braucht es zu dem durch eine spannungslose Identität verursachten Autarkieproblem gar nicht erst

---

[51] Anders verhält es sich bei den Göttern, Symp. 202c 6 ff.
[52] 215c 8 f. zitiert Hes. Op. 25 f. — Zur Sache vgl. auch Eth. Nic. IX, 8, 1168b 29 ff.

zu kommen. Die Guten treffen ihre Wahl *(prohaíresis)* für einander aus ihrer charakteristischen Grundhaltung heraus *(aph' héxeōs),* indem sie sich für die Guten und ihnen zugleich Sympathischen entscheiden. Und da sich die Guten also wechselseitig um ihrer selbst willen lieben und für das, was sie voneinander an Zuneigung empfangen, je das Gleiche *(tò íson)* zurückgeben, entsprechen sie dem Sprichwort φιλότης ἰσότης, Freundschaft ist ein quantitativ gleiches Verhältnis der Zuneigung, VIII, 7, 1157b 25–36. Diese *isótēs* der Freude setzt er von der rechtlichen ab: In dieser herrscht die Verhältnismäßigkeit *(kath'axían)*, in jener das Gleichmaß *(tò póson)*, VIII, 9, 1158b 29—34. Nur in den Freundschaften, in denen der eine dem anderen überlegen ist, des *philías eídos tó kath'hyperochēn,* VIII, 8, 1158b 11 f., tritt an die Stelle der quantitativen *isótēs* das *análogon,* die dem unterschiedlichen Rang entsprechende Proportionalität der *philēsis,* der freundschaftlichen Zuneigung, 1158b 27 ff.[53] In die Nähe des berühmten Eröffnungssatzes von *Kants* „Grundlegung zur Metaphysik der Sitten" führt die Einsicht, daß es in der auf den sittlichen Wert gegründeten Freundschaft keine wechselseitigen Vorwürfe geben kann, weil hier die Absicht den Ausschlag gibt, oder mit unseren an *Kant* geschulten Worten: der gute Wille erkannt und als Freundschaftserweis angenommen wird, VIII, 15, 1163a 21—23.

Von dieser eigentlichen oder vollkommenen Freundschaft sind die Lust- und Nutzfreundschaften abzusetzen, in deren Bereich nun auch Beziehungen zwischen Minderwertigen *(phaúloi* bzw. *kakoí)* und Guten wie umgekehrt zwischen Guten und Schlechten möglich sind, 1157a 16—17, vgl. 10, 1159b 12 f. Bezeichnend für Aristoteles ist, daß er das Zusammenstreben des Entgegengesetzten nicht als an sich *(kath' autó),* sondern nur als akzidentell *(katà symbebēkós)* beurteilt, weil beide in Wahrheit das Mittlere *(tò méson)* anstreben. Aber er fühlt, daß er bei solchen Überlegungen dabei ist, auf das Feld der Naturphilosophie hinüberzuwechseln, und bricht den Gedanken ab. In der Tat kann man ihn an dem diese Reflexionen auslösenden Beispiel von dem Häßlichen, dem *aischrós,* der als *erastēs* dem Schönen, dem *kalós,* als dem *erōmenos* nachstellt[54], nicht

---

[53] Vgl. auch Eth. Nic. IX, 1, 1163b 32 ff.

[54] In dieser Bewertung des Älteren als des *aischrós* und des Jungen als des *kalós* kommt das ganze, auf die erste männliche Reife ausgerichtete Schönheitsideal des Griechen zum Ausdruck, wie denn die griechische Kultur überhaupt ihren Reiz, ihren Reichtum und ihre Wandlungsfähigkeit aus dem Jünglingsideal bezogen hat. Der vor allen seinen Möglichkeiten stehende, körperlich und seelisch frische Jüngling ist der vielversprechende und wandlungsfähige. Das Ideal, diesem Jüngling verwandt zu bleiben, gab den besten Griechen ihre geistige Lebendigkeit und verhinderte ihr Verspießern. Vgl. dazu auch Devereux, OS 42, 1968, S. 90 ff.

verifizieren; aber vielleicht kann man ahnen, daß es auch hier wie bei den zueinanderstrebenden Gegensätzen von arm und reich, unwissend und wissend um die Ergänzung eines schmerzlich empfundenen eigenen Mangels durch den Anblick des Freundes geht, VIII, 10, 1159b 12—25.

Besinnen wir uns, werden wir dessen gewahr, daß Aristoteles hier Ansätze seines Meisters systematisch entfaltet hat. Schon *von Arnim* hat darauf hingewiesen, daß *Platon* im *Phaidros* im Sinne des Gleichheitsgrundsatzes die Ansicht vertritt, daß die Schlechten schicksalsmäßig (*heimartai*) einander nicht freund, die Guten aber einander freund seien, Phdr. 255b 1 f.[55], vgl. auch Ly. 222d 5 f. Weiter gab Platon im Lysis selbst zu erkennen, daß er um die Nutzfreundschaften wußte, 215d 3 ff. Im *Phaidros* entdecken wir schnell seine Einsicht in die Lustfreundschaft einschließlich ihres möglichen Übergangs in die wahre, die Person des anderen meinende Freundschaft, Phdr. 256b 7—d 3. *Aristoteles* hat das dahingehend erläutert, daß sie dadurch entsteht, daß die Partner wechselseitig ihre Wesensart lieben gelernt und darüber einander ihr Wesen angeglichen haben, Eth. Nic. VIII, 5, 1157a 10—12. So gewinnen wir eine weitere grundsätzliche Einsicht: *Wer am anderen als dem anderen seine Freude hat, ist immer schon auf dem Wege zur echten Freundschaft.* — Platon ließ den Gleichheits- und den Ungleichheitsgrundsatz wie eine schillernde Seifenblase vor unseren Augen platzen. Wenn es dennoch seine Überzeugung war, daß es echte Freundschaft nur zwischen den Guten gäbe, ging es ihm offenbar darum, dieses bisher unbefragt verwandte Prädikat „gut" neu zu interpretieren.

Die Einbeziehung der naturphilosophischen Gegensatzpaare in 215e erlaubte es Platon, nun ganz unbemerkt statt von *den* Guten und Schlechten von *dem* Guten und Schlechten bzw. vom ho *kalós* und *tò kalón* zu sprechen und es nach dem scheinbaren Scheitern, die *philía* als *homoiótēs* oder *anhomoiótēs* zu bestimmen, durch das weder Gute noch Schlechte, *tó mēte agathòn mēte kakón*, 216c. So wird er schließlich bis zum *prōton philon*, dem ersten Freundlichen oder Lieben vordringen, οὗ ἕνεκα καὶ τὰ ἄλλα φαμὲν πάντα φίλα εἶναι, um dessentwillen wir alles übrige als freundlich bezeichnen, 219c 5 ff. Dabei läßt er schon in 216c 5—d 2 und also gleich am Anfang seines Neuansatzes einfließen, am Ende könnte dem „alten Sprichwort gemäß" das Schöne, *tò kalón*, das Liebe, *tò philon*, sein. Und „weissagend", *apomanteuómenos*, und damit wohl über den Lysis auf Künftiges hinausweisend, merkt er an, es möchte also wohl das weder Gute noch Schlechte des Schönen und Guten Freund sein, 216d 3 f. Das Gute ist auch das Schöne: Platon wird auf diese Gleichsetzung im Lysis nicht mehr zurückkommen. Aber der Leser wird sie im Gedächtnis

---

[55] Jugenddialoge, S. 45; vgl. auch Guthrie IV, 147.

behalten und an das *kalón* des *Symposion* denken, das als das Schöne selbst, an sich und für sich, einzigartig ist und an dem alles, was schön ist, Anteil hat *(metéchein)*, Symp. 211b 1 ff.[56]. So hat es den Anschein, daß Platon seine Leser unvermerkt vor die Tore seiner Ideenlehre führt. Er deutet an und er bricht ab, und er erweckt so bei seinen Lesern eine Spannung und Bereitschaft, sich die offen gebliebenen Fragen durch die Rede des platonischen Sokrates über die Unsterblichkeit im *Phaidon*, die Rede der Diotima über den *érōs* im *Symposion*, die Palinodie des Sokrates über den Eros im *Phaidros* und das Höhlengleichnis im 7. Buch der *Politeia* beantworten zu lassen[57].

Das *mēte agathòn mēte kakón* kann nun, da dem Bösen als solchem nichts freundlich sein kann und die als Identität verstandene Gleichheit wechselseitige Anziehung und Freundschaft ausschließt, nur dem Guten freund sein, 216a 7 ff. — 217a 1. Zunächst erscheint es, als geschähe dies generell kraft der Anwesenheit, der *parousía* des Schlechten, 217b 4—6. Dabei fällt wiederum ein Stichwort, das in den Zusammenhang der Ideenlehre gehört, das der *parousía*[58]. Daß die Sache nicht am Ausdruck der *méthexis*, der Teilhabe hängt, hat Platon im *Phaidon* selbst zu verstehen gegeben: *parousía*, Anwesenheit, und *koinōnía*, Gemeinschaft, werden dort ausdrücklich als mögliche Austauschbegriffe für die *méthexis* zugelassen[59]. Daß das Mittlere, weder Gute noch Schlechte nach dem Guten begehrt, setzt voraus, daß es nur akzidentell und nicht substantiell am Schlechten teilhat[60]. Dabei bleibt die Frage offen, was die *epithymía*, die Begierde nach dem Guten ermöglicht. Es muß im Horizont der Überlegungen Platons not-

---

[56] Vgl. auch Phaid. 100b 5 ff.; c 4 ff. und d 4 ff.
[57] Man kann also das Problem der ungeschriebenen Lehre Platons schon beim Lysis aufwerfen. Zu diesem, vgl. außer der oben, S. 199 Anm. 35 genannten Arbeit von K. Gaiser den Forschungsbericht von J. Wippern in: Das Problem der ungeschriebenen Lehre Platons, hg. von demselben, WdF 186, Darmstadt 1972, VII f., aber auch die zurückhaltende Stellungnahme von W. K. C. Guthrie: A History of Greek Philosophy V. The Later Plato and the Academy, Cambridge 1978, 418 ff.
[58] Zur Vorbereitung der Ideenlehre im Lysis vgl. N. Hartmann: Platos Logik des Seins (1909), Berlin 1965², 343 ff.; v. Arnim, Jugenddialoge, 51; Glaser, WSt 53, 55; Jaeger, Paideia II³, S. 245 mit 399 Anm. 7. — Friedländer II³, 295 Anm. 8 hat sich nach ursprünglich größerer Zurückhaltung, vgl. Glaser, a.a.O., wenn auch mit grundsätzlichem Widerwillen gegen die Fragestellung, der Sache nach der Einsicht nicht verschlossen. Zur phraseologischen Verbindung von Ly. 220a 6—b 5 mit der Ideenlehre vgl. Schoplick, Lysis, 55. Anders G. Vlastos: The Individual as Object of Love in Plato, in: Platonic Studies, Princeton 1973, 35 ff.
[59] Vgl. dazu Hartmann, Platos Logik, 317.
[60] Diese Unterscheidung liegt, wenn nicht dem Begriff, so doch der Sache nach in dem Beispiel von den geweißten und den weißen Haaren, Ly. 217d 1—e 6, vor.

wendig eine Vermittlung zwischen diesem weder Guten noch Schlechten mit dem Guten an sich stattfinden[61].

Aber ehe Platon weiterreflektiert, nimmt er endlich das 210d angeschlagene Motiv des *sophós* und des zur Erlangung dieser Eigenschaft notwendigen Wissens um sein Nichtwissen auf, um zu erläutern, daß der Philosoph eben der Mann ist, der akzidentell unwissend weder gut noch schlecht ist und nicht zu wissen meint, was er nicht weiß[62]. Woher kommt dann aber, so werden wir uns fragen, sein Verlangen nach der Erkenntnis der Wahrheit?

Nachdem das Exempel des Gesunden und Kranken schon andeutet, daß die Freundschaft zum Guten wegen des Schlechten am Ende nur für die unterste Stufe der menschlichen Freundschaft, die Nutzfreundschaft, gilt[63], führt die an demselben Beispiel demonstrierte Unterscheidung zwischen dem Finalgrund oder Zweck, dem *héneká tou*, und dem Realgrund oder Anlaß, dem *diá ti*, 218d 7 f., zu dem Gedanken des Endzwecks: Wenn einer das eine um eines anderen willen liebt, kann man ja weiterfragen, um wessentwillen er dies andere liebt, und würde so in einen *regressus ad infinitum* geraten, es sei denn, es fände sich ein Endzweck, der um seiner selbst willen geliebt wird, das *prōton phílon*, 219c 6—d 2. Das Beispiel des Vaters, der um seines vergifteten Sohnes willen die Rettungsmittel liebt, 219d 5—e 7, läßt uns ahnen, daß die *wahre Freundschaft* auch in *Platons* Augen nicht anders als in denen seines Schülers *Aristoteles*, vgl. Eth. Nic. VIII, 2, 1155b 31, eben in der Liebe zum anderen als ihm selbst besteht. Aber die neutrisch gezogene Schlußfolgerung zeigt, wie sehr *Platon* bei der Niederschrift des *Lysis* bereits darum rang, die Welt der Erscheinungen von der Welt ihres göttlichen Grundes her zu verstehen. Er folgert jetzt nicht, daß der wahre Freund der ist, dem man allein um seiner selbst willen freund ist, sondern er konstatiert fragend: „Das also, was in Wahrheit freund ist, ist nicht um eines anderen willen, das freund ist, freund?" Wir sollen es also nach Platons Absicht lernen, den konkreten Freund von dem wahren, dem ersten Freundlichen und an sich Schönen und Guten her zu verstehen, erkennen, daß alles, was uns in der Welt der Erscheinungen lieb und wert ist, Anteil an diesem letzten und höchsten Guten besitzt. — Man kann wohl kaum anders, als sich an dieser Stelle der Rede Diotimas zu erinnern, die Sokrates dazu auffordert, von dem Leib des einen schönen Knaben zur Erkenntnis der Schönheit der Leiber anderer Knaben und von dieser zur Erkenntnis der Schönheit der Seele und von dieser zu der der

---

[61] Vgl. dazu unten, S. 214.
[62] 218b 1 ff.; vgl. Chrm. 167 a 5—7. — Daß der Begriff des *philosopheīn* erst im Lysis seine spezifisch platonische, ihn vom *sophós* und der *sophia* absetzende Bedeutung erhalten hat, wurde von W. Burkert: Platon und Pythagoras, Hermes 88, 1960, S. 159 ff., vgl. Schoplick, S. 50 f., nachgewiesen.
[63] Vgl. dazu oben, S. 206.

Schönheit in anderen Verhältnissen aufzusteigen, um schließlich in einer unsinnlichen Schau zu dem Schönen an sich, dem *autò tò kalón,* zu gelangen und dadurch gottgeliebt und unsterblich zu werden, Symp. 209e 5—212a[64]. Vermittelt hier die Liebe zwischen leiblich-vitaler und seelisch-geistiger Schicht zur vollen Personalität, ja wenn man so will: zwischen dem Tier und dem Gott im Menschen, indem sie sein triebhaftes und sein Erkenntnisstreben miteinander verbindet und jenes diesem unterordnet[65], so fragt sich doch zugleich, ob dieses blendende Licht des wahren Schönen am Ende nicht die irdischen Gestalten als Schatten versinken läßt; oder auf das Problem der Freundschaft angewandt: ob für Platon am Ende der Freund wie der Geliebte nicht zu bloßen Mitteln auf dem Wege der persönlichen Vollendung des Liebenden geworden sind. Das hieße ja, daß der Freund selbst um seinen Charakter als Selbstzweck gebracht und zur Sache degradiert wäre[66]. Aber wer so fragt, hat wohl vergessen, daß es die Macht des *érōs* ist, die den Menschen diesen Stufenweg führt, wie daß auf diesem Weg jede Stufe notwendig ist. Wäre die Bezeichnung von Platon nicht dem *érōs* selbst vorbehalten, könnte man durchaus sagen, daß für ihn der Freund wie der Geliebte Mittler zur Verbindung mit dem göttlichen Urgrund der Welt sind[67]. Ohne von der Macht der Freundschaft und Liebe ergriffen zu werden, käme der Mensch nicht auf den Weg, der ihn zur Erkenntnis führt und der ihn die noch nicht ergriffene, sondern immer noch gesuchte Wahrheit erstreben läßt. Man sollte überdies des *Phaidros* gedenken, wo Platon seinen Sokrates in der herrlichen Palinodie erzählen läßt, wie der Gefolgsmann des Zeus die zeusähnliche Seele sucht, um sie, wenn er sie gefunden hat, in ihrer Weisheitsliebe zu fördern und so mit ihr gemeinsam nach Erkenntnis zu streben und dabei nach dem Gott aufzublicken, Phdr. 252e 1—253a 5. Soweit ein Mensch an Gott teilhaben kann *(metascheīn),* suchen ihm auf diesem Wege beide in ihrem Verhalten *(tà éthē kaì tà epitēdeúmata)* zu entsprechen, nicht um einander weniger zu lieben, sondern im Gegenteil: καὶ τούτων δὴ τὸν ἐρώμενον αἰτιώμενοι ἔτι τε μᾶλλον ἀγαπῶσι, weil sie die Ursache für ihr Fortschreiten in dem Streben nach Weisheit in dem Geliebten suchen, lieben sie ihn noch mehr, 253a 5 f. So dürfen wir mit *Gerhard Krüger* sagen: Durch die Umwandlung der Leidenschaft wird „die niedere Stufe der Liebe nicht beseitigt, sondern gerade

---

[64] Vgl. dazu auch D. Roloff: Gottähnlichkeit, Vergöttlichung und Erhöhung zum seligen Leben. Untersuchungen zur Herkunft der platonischen Angleichung an Gott, UaLG 4, Berlin 1970, 200 f.
[65] Vgl. dazu E. R. Dodds: The Greeks and the Irrational, Sather Classical Lectures 25, Berkeley and Los Angeles 1951, 218 f.
[66] Vgl. dazu I. Kant: Grundlegung zur Metaphysik der Sitten, AB 67; Werke hg. Weischedel IV, 61; Vorländer, PhB 41, 52.
[67] Symp. 202e 3 ff.

begründet... Denn der Aufstieg zum Ewigen hat den Sinn, *wahre Zeitlichkeit* zu ermöglichen[68]".

Wenden wir uns noch einmal dem *Lysis* zu, um dem Schluß der Unterredung zwischen Sokrates und den beiden Jungen beizuwohnen, 220a 7—223b 8, dürfen wir uns durch die am Ende stehende Aporie nicht verführen lassen, hinter die Einsicht zurückzugehen, daß echte Freundschaft auf das Freundliche — und also auf Erden: auf den Freund selbst um seiner selbst willen gerichtet ist. τοῦτο μὲν δὴ ἀπήλλακται..., „Dies ist also abgemacht...", setzt Sokrates 220b 6 ein. Und wenn dem so ist, liegt darin allein bereits die Widerlegung der These, daß das weder Gute noch Schlechte das Gute wegen der Anwesenheit des Schlechten liebt: Das *prōton phílon*, wird Sokrates sagen, hat mit der Beziehung zwischen dem Kranken und der Medizin nichts gemein. Endet die Krankheit, ist die Arznei nutzlos, 220b 7 bis d 7. Den Rückschluß auf die um des Nutzens und in anderer Weise auch die um der Lust willen geschlossene Freundschaft zu ziehen, bleibt dem nachdenkenden Leser überlassen

Fast spielerisch wirft Sokrates statt dessen die Frage auf und läßt sie ebenso spielerisch wieder fallen, was aus den Bedürfnissen von Menschen und Tieren wird, wenn es einmal das Böse nicht mehr geben sollte: Werden dann beide, sofern es sie dann überhaupt noch gibt, weiterhin hungern und dürsten[69]? — Damit hat er die *epithymía*, das Verlangen als Realgrund der Freundschaft eingeführt: ἡ δὲ ἐπιθυμία τῆς φιλίας αἰτία, 221d 3. Über das, dessen man bedürftig ist, *endeés*[70], wird er — nebenbei nicht ohne Gewaltsamkeiten — zum *oikeîon*, zu dem „Angehörigen" oder, wie wir übersetzen können, dem „Wesensverwandten" als dem Finalgrund vorstoßen[71]. Platon ließe seinen Sokrates in der Tat mit den beiden Jungen ein frivoles Spiel treiben, wenn es ihm hier lediglich um die Widerlegung einer nach seiner Ansicht verfehlten Theorie von der Begründung

---

[68] Einsicht und Leidenschaft. Das Wesen des platonischen Denkens, Frankfurt/M. 1939, 186. — Dagegen erkennt Vlastos, (Anm. 58), 34 f. schon hier die Verkennung der Personalität des Geliebten als Folge seiner Bewertung als einer nur flüchtigen Erscheinungsform der Idee, die schließlich zur Verdrängung der Freiheit in der *Politeia* führt. — Das Problem stellt sich nebenbei erstaunlich ähnlich bei Hegels Deutung des Einzelnen als einer Erscheinung des objektiven Geistes.

[69] Zur Vorstellung von einer periodischen Wiederkehr einer von Gott selbst gelenkten, von Alter und Krankheit freien Epoche Platons vgl. Plt 269—274 und dazu Gaiser, Platons ungeschriebene Lehre, 205 ff.

[70] Zur Bedürftigkeit vgl. auch Pl. Symp. 200a 8 ff. sowie das Mythologem von der *Penía* als Mutter des *Érōs* Smp. 203b — 204a.

[71] Zum Begriff des oikeīon vgl. Glaser, WSt 53, 58 ff.

[72] Vgl. z. B. v. Arnim, Jugenddialoge, 58 ff.

der Freundschaft durch die *epithymía* und die *oikeiótēs* ginge[72]" denn nachdem er die Folgerung gezogen hat, daß Verlangen, Lieben und Freundschaft auf das *oikeīon* (als ihren Finalgrund) gerichtet sind, 221e 3 ff., konstatiert er unter Zustimmung von Menexenos und Lysis, daß sie, wenn sie einander Freunde seien, einander auch irgendwie von Natur angehörig seien, 221e 5f.[73]. Entsprechend könne auch nur der *gnēsios erastēs,* der echte Liebhaber auf Gegenliebe rechnen. Er ist eben dem Geliebten irgendwie seelenverwandt, *oikeīos pē katà tēn psychēn*. Dem allgemeinen Satz daß *epithymía, érōs* und *philía* ihren Finalgrund in dem *oikeīon* des Geliebten besitzen, vermag Menexenos zuzustimmen. So gibt er zu erkennen, daß er in Ktesippos einen zu ihm passenden Erasten sieht. Der auf die Notwendigkeit der Gegenliebe abzielende Satz gewinnt dagegen den Knaben nur ein sparsames Kopfnicken ab. Will Platon uns damit lediglich bedeuten, daß sich Menexenos wohlerzogen hütet, dem Liebhaber öffentlich ein Zeichen seiner Gunst zu geben, und Lysis für die ganze Fragestellung letztlich noch nicht reif genug ist, — oder sollen wir verwundert innehalten und uns fragen, wie eigentlich ein *gnēsios erastēs* beschaffen sein müsse, und ihn dann — in Sokrates erkennen[74]? Denn das ist ja seine in diesem Dialog übernommene Rolle, zu zeigen, wie ein Liebender von und zu seinem Geliebten reden müsse, 205a 1 f. Und doch hat Platon bei der Charakterisierung der Freundes- und Liebespaare, des Menexenos und Lysis bzw. des Hippothales und Lysis wie des Ktesippos und Menexenos, zu erkennen gegeben, daß sich hier jeweils wesensverwandte Naturen zusammengefunden haben oder zusammenzufinden willens sind: In dem bei der Ansage der Notwendigkeit der dem echten Liebhaber erwiderten Liebe errötenden Hippothales dürfen wir den verlegen-zurückhaltenden Jüngling wiedererkennen, der seine Gefühle wie seine Leistungen verbirgt, 204b 5 ff., sich selbst im Hintergrund hält, 207b 4 ff., und im nicht minder zurückhaltenden Lysis sein zweites Ich gefunden hat, vgl. 207b 6 ff. und 211a 2 ff. Daß der streitlustige und freie Ktesippos an dem nicht minder streitlustigen und freien Menexenos seine Freude hat, vgl. 204c 4—205d 5 mit 207a 8 ff.; 1 f. und 211b 8, ist ebenso einsichtig wie die trotz der Charakterunterschiede der beiden Knaben auf ihrem jugendlichen Wetteifern beruhende altersbedingte Wesensverwandtschaft, vgl. 207c und 211a 4 ff.: *Freundschaft beruht auf Wesensverwandtschaft, aber nicht auf unterschiedsloser Gleich-*

---

[73] Zum Gebrauch von *phýsis* in der Bedeutung des wahren, angeborenen und echten Wesens vgl. F. Heinimann: Nomos und Physis, SBA 1, Basel 1965, 108 f.
[74] So zutreffend Friedländer II[3], 93 und Schoplick, 62.

heit[75]. Daß sie der leiblichen Anziehung nicht entbehren kann, bleibt für den Griechen Platon fraglos[76].

Die Gedanken kehren, streifen wir das eristische Beiwerk ab, noch einmal zum Anfang zurück: Alle Paradoxien der Unterredung werden noch einmal aufgerufen, ehe sie in der Aporie endet. Aber dabei ergibt sich doch eine Einsicht, wenn man die Unter- und Zwischentöne nicht überhört: Ist das *hómoion*, das Gleiche, nicht als das *oikeîon*, das Artverwandte bestimmt? Und muß es nicht in der Tat mit dem *agathón*, dem Guten, gleichgesetzt werden? Und dürfen wir vergessen, daß dieses Gute zugleich das *kalón*, das Schöne, ist? — Im Dialog führt die Erinnerung an die vermeintliche Autarkie des Guten ins Aus. Aber wir sollten uns daran erinnern, daß es zweimal hieß, daß diese Artverwandtschaft irgendwie, *pē*, bestünde. Fragen wir uns, in welcher Richtung die Lösung des damit angedeuteten Problems zu suchen ist, werden wir daran zu denken haben, daß es eine *parousía*, eine Anwesenheit des Schlechten gibt, die doch das weder Gute noch Schlechte nicht notwendig schlecht macht. Ist denn, so müssen wir weiterfragen, nicht auch in unserem Lieben und Einander-Freund-Sein das *prōton phílon*, das erste Liebe, das *agathón*, das Gute, und das *kalón*, das Schöne, als das eigentlich die Artverwandtschaft Stiftende anwesend, Aristoteles hätte sagen können: indem es uns in jeder konkreten Liebe und Freundschaft mitgeliebt bewegt[77]? *So wäre die echte Freundschaft die von Gott selbst bewirkte liebende Zuwendung zum anderen um seiner selbst willen, ausgelöst dadurch, daß wir in ihm die Anwesenheit des Göttlichen selbst erfahren*[78]. Und sie erreichte ihr Ziel nicht in einer die Welt versinken lassenden Leidenschaft, sondern in dem gemeinsamen Streben nach der Wahrheit, das je tiefer es eindringt, desto deutlicher erkennt, daß allein der Gott weise ist[79]. — Aber erklären die Worte, mit denen wir

---

[75] Vgl. dazu R. G. Hoerber: Character Portrayal in Plato's Lysis, CJ 41, 1945/46, S. 271 ff. und Schoplick, 70, dessen Bemerkung, die Liebe des Hippothales zu Lysis repräsentiere die Stufe der *kalà sōmata*, wohl Beachtung verdient.

[76] Vgl. Pl. Ly. 206e 9 ff. und Symp. 210a 4 ff. sowie 209b 4 ff.

[77] Vgl. dazu Arist. Metaph. XII, 1072a 24 f. — Warum Aristoteles in der Tat anders als Platon solche Phänomene nicht ontologisch von ihrem göttlichen Grunde her erklärt erhellt aus der von K. Gaiser, Platons ungeschriebene Lehre, dargestellten unterschiedlichen Erfahrung der Welt beider.

[78] Zu der Bedeutung des Freundes als irdischem Stellvertreter Gottes vgl. O. Kaiser: Amor fati und Amor Dei, NZSTh 22, 1980, 3. Die Frage, ob er als solcher zugleich eine Maske Gottes ist, bleibt am Ende die metaphysische Grundfrage.

[79] Vgl. Pl. Ap. 23a 5ff." Ly. 218b 1ff. und dazu oben S. 199. — Bröcker, Platos Gespräche, 84, deutet es so: „Und das ist das letzte Rätsel: muß man wissen, was Freundschaft ist, um Freund sein zu können? Und wenn das in ge-

die Verbundenheit untereinander und mit Gott beschreiben, sei es nun, daß wir von einer *méthexis* oder Teilhabe, einer *homoiótēs* oder Ähnlichkeit oder von einer *oikeiótēs* oder Wesensverwandtschaft sprechen, warum wir konkret je einander verbunden sind und was sich dabei je und je zwischen Himmel und Erde ereignet? *Platon* suchte weiterhin das Unsagbare im Mythos anzusagen[80]. Uns zeigt sich in dem letzten Nichtwissen und Nicht-erklären-können, warum wir einander lieb und befreundet sind, eben, daß Gott darin am Werke ist[81].

IV

Halten wir inne, um abschließend zu fragen, unter welchen äußeren, gesellschaftlichen Voraussetzungen die Freundschaft als ein freigewähltes Verhältnis zweier Menschen in besonderer Weise ihren Nährboden gefunden hat, zeigt sich schon an der altgriechischen Hetairie der Waffen- und Schiffsgefährten[82], daß es zunächst die Ausnahmesituation gewesen ist, welche die jungen Männer ihrer alltäglichen Einbettung im Kreise ihrer *syggeneîs* und *geitónes*, ihrer Blutsverwandten und Nachbarn, zweier sicher weithin deckungsgleicher Größen, entnommen und nun um des eigenen Überlebens willen besonders aufeinander verwiesen hat. Auf Grund einer Störung der normalen Einbettung durch einen Totschlag ist Patroklos in das Haus des Peleus gekommen und zum Gefährten Achills geworden, Hom. Il. XXIII, 83 ff. Nach der Ermordung des Vaters durch die Mutter ist Orest zum Gastfreund Strophios gerettet und so des Pylades Freund geworden, Pind. Pyth. XI, 15 ff.; 34 ff. Aber solche Verhältnisse sind zunächst trotz ihrer Verherrlichung durch die Dichter als nicht einmal unbedenkliche Ausnahmen empfunden worden; jedenfalls mahnte *Hesiod* noch ausdrücklich:

„Keinesfalls stelle den Freund leiblichem Bruder gleich" Op. 707. — Erst durch den Zerfall der griechischen Polis und die damit verbundene Auflösung der Verläßlichkeit der Blutsbande im Parteienhader des fortge-

---

wissem Sinne so ist, heißt das dann auch, daß man es muß definieren können? Offenbar nicht." Dazu könnte man auf Kants Grundlegung, BA 20 ff.; Weischedel IV, 30 ff.; Vorländer, 22 ff. verweisen.

[80] Vgl. dazu Krüger, Einsicht und Leidenschaft, 55 ff.

[81] Vgl. dazu auch O. Kaiser: Der dunkle Grund der Freiheit, NZSTh 20, 1978, 172 ff. — Der vorliegende Aufsatz ergänzt den eben genannten nicht nur historisch und steht unter der gleichen Widmung für Christian Wildberg, Flensburg.

[82] Vgl. dazu oben, S. 195.

schrittenen 5. Jahrhunderts kam die Wahlfreundschaft zu einem selbständigen Leben[83]. In der Gnome *Demokrits*
> „Freunde sind nicht alle, die mit uns verwandt sind, sondern die, welche mit uns über das Zuträgliche übereinstimmen[84]!"

spiegelt sich erstmals deutlich die neue Bewertung der Wahl- und Gesinnungsfreundschaft.

> „Nichts auf der Welt steht treuem Freund voran,
> Nicht Gold, nicht Macht: kein kluger Rechner tauscht
> Den Einen gegen große Zahlen aus."

verkündet *Euripides* ihren Ruhm, Or. 1155 ff.[85], — und wir erkennen, daß dieses Bekenntnis bei *Platon* im Lysis 211e 6 ff. nachklingt[86]. Auch wenn diese Worte innerhalb der Tragödie in einer extremen Ausnahmesituation gesprochen werden, spiegelt sich in ihnen doch die Bedeutung, welche der Freund in einem individualisierten Dasein gewonnen hat. Man braucht nur zu beachten, wie aus dem Statisten Pylades in den Choephoren des *Aischylos*, der ganze drei, wenn auch entscheidungsträchtige Zeilen zu sagen hat, und dem überhaupt stummen der Elektra des *Sophokles* bei *Euripides* eine selbständige Rolle geworden ist. Der euripideische Orest sieht sich im entscheidenden Augenblick von dem Blutsverwandten und natürlichen Freund Menelaos im Stich gelassen. Sein Appell

> „Im schlimmen Unglück hilft der Freund dem Freund!
> Wem schon sein Daimon hilft, braucht keinen sonst,
> Der Gott, der Glück bringt, ist schon Freund genug."

Or. 666 ff. verhallt ungehört. Doch in dieser notvollen Verlassenheit erscheint Pylades als *kataphygē sotērías,* als „rettende Zuflucht":

> „O froher Anblick! Freunde in der Not
> Begrüßt man wie der Schiffer stilles Meer".

Or. 727 f. Und Pylades hält, was sich Orest von ihm verspricht und erweist sich so als der wahre Freund. Hat ihn auch der eigene Vater ob seiner Beihilfe zur notwendig-schrecklichen Tat Orests verbannt, erklärt er unerschrocken:

---

[83] Vgl. Thuc. III, 82, 6 und dazu Dirlmeier, *Philos,* 13 f. Zur Auflösung der athenischen Polis im letzten Drittel des 5. Jahrhunderts vgl. W. S. Ferguson, CAH V, Cambridge 1927 (1969), 324 ff.; 348 ff. und 365 ff.

[84] DK II 68, B 107. Zur Problematik der Überlieferung der Moralia Demokrits vgl. A. Lesky: Geschichte der griechischen Literatur, Bern und München 1971³, 384 und W. K. C. Guthrie II, 489 ff. und besonders 492.

[85] Hier und weiterhin nach: Euripides. Sämtliche Tragödien und Fragmente. Griechisch-deutsch. Übersetzt von E. Buschor und hg. von G. A. Seeck, Tusc., München 1977, zitiert.

[86] Vgl. dazu oben, S. 200.

„Still, ich bin kein Menelaos,
Gerne trag ich dieses Los". Or. 767 f.

Und so geleitet der *phílos agathós* den Verfemten ohne zu zaudern: „Echter Freund bedenkt sich nicht!" Or. 794.

Unbekümmert um die öffentliche Ächtung führt er den Freund durch die Gassen des feindlichen Argos, in dem man sich eben rüstet, das Todesurteil über ihn zu sprechen: Wahre Freundschaft steht in der Zeit der Sykophanten, Spekulanten und Verbannten über der öffentlichen Meinung. Der einzelne rettet sich aus der allgemeinen Inflation der Werte und Käuflichkeit undurchsichtiger Karrieren in und durch die Freundschaft[87]:

„Lehne deine müde Seite
Ruhig an die meine an,
Daß ich dich durch Argos' Gassen
Unbekümmert durch das Volk
Ohne Scham und Schande führe!
Wie erweist sich sonst der Freund,
Wenn er nicht in bösen Tagen
Dein getreuer Helfer ist?" Or. 800 ff.

Wer die folgenden Worte des Orest liest, denke daran, daß sie ein Mann schrieb, der kurz nach der Aufführung dieses Werkes Athen, von der Mißgunst und Schadenfreude der Heimat verfolgt, verließ, um schließlich für die letzten anderthalb Lebensjahre beim Makedonenkönig Archelaos Zuflucht zu finden[88]:

„Wieder zeigt sich: Habe Freunde
Nicht verwandtes Blut allein!
Wer mit meinem Sinn verbunden,
Sei er auch von fremdem Stamm,
Wiegt mir tausend Blutsverwandte
Durch die treue Liebe auf." Or. 804 ff.

Das eben war die Erfahrung *Platons*. Er berichtete im *7. Brief*, wie er sich, der Aufforderung seiner Verwandten (*oikeīoi*) und Bekannten (*gnōrima*) folgend, der Herrschaft der Dreißig zur Verfügung gestellt hatte, um alsbald durch den Versuch der Gewaltherrscher, *Sokrates* in ihre Ver-

---

[87] Es ist sicher nicht zufällig, daß *Lukian* von Samosata im 2. Jhdt. n. Chr. in seinem Dialog *Toxaris* das Lob des Freundes in der Not singt. An das paradigmatische Freundespaar Orest und Pylades anknüpfend erzählen ein Grieche und ein Skythe je fünf Beispiele unbedingter Freundestreue aus jüngster Vergangenheit. Dabei zeigt die Tatsache, daß der Skythe sich den Freund durch Blutsbruderschaft verbindet, Lucian, Tox. 37, daß er sich unbedingte menschliche Verbundenheit letztlich allein als Verwandtschaft vorzustellen vermag.

[88] Vgl. dazu G. Murray: Euripides und seine Zeit (Euripides and His Age, Oxford 1955[13/2]), Darmstadt 1957, 92 ff.

brechen hineinzuziehen, so mit Widerwillen angefüllt zu werden, daß er sich aus der Politik zurückzog, EP. VII, 324b 8—325a 5. Und als er es noch einmal mit dem öffentlichen Wirken wagte, ging es ihm am Ende auch in der wiederhergestellten Demokratie nicht besser: Es waren Demokraten, die Sokrates zum Tode verurteilten, 325a 5—c 5. So erkannte er, daß es in der Politik „ohne befreundete Männer und getreue Gefährten" unmöglich ist, etwas auszurichten, 325d 1 f., und wandte sich der Philosophie als dem Mittel zur Erneuerung des öffentlichen wie des privaten Lebens zu, 326a 5 ff. Und später wird er nicht ohne Stolz von sich als dem Athener sprechen, der seinen Freund *Dion* weder um Geld noch um Ehren zu verraten bereit war; „denn", so begründet er sein Verhalten, „er war nicht durch eine alltägliche Freundschaft sein Freund geworden, sondern aus der Gemeinschaft freier Bildung *(dià dè eleuthéras paideías koinōnían)*, und ihr allein soll ein Mann von Einsicht mehr vertrauen als der Verwandtschaft von Seelen und Leibern", 334b 3—7[89]. — Und vielleicht verstehen wir nun, warum Platon schon im *Lysis* die Freundschaft als das höchste Gut auf dieser Erde gepriesen und seiner Freundschaft mit *Dion* im *Phaidros* in der Rede von der zeusähnlichen, zum Philosophieren und Herrschen fähigen Seele ein frühes und schließlich im 7. Brief ein posthumes Denkmal gesetzt hat[90]. — Wir aber, insofern in einer vergleichbaren Lage, als uns in der Folge der Mobilität einer von der Technik bestimmten und faszinierten Gesellschaft eine Auflösung der organischen Lebensbezüge zum Schicksal geworden ist, werden uns fragen lassen müssen, ob wir es ihm heute als Freunde gleichzutun vermögen. Wäre die Freundschaft, wie es manchmal scheint, als eine lebensgestaltende Wirklichkeit unserem Gesichtskreis entschwunden, blieben wir nach *Platons* Überzeugung eines tiefen menschlichen Glücks und *der* Erfahrung der Anwesenheit Gottes in der Zeit verlustig, der wir alle teilhaftig werden könnten.

---

[89] Vgl. dazu auch Glaser, WSt. 53, 62.
[90] Vgl. Pl. Phdr. 252e 1 ff. und dazu Wilamowitz-Moellendorff I[5], 423. — Zur Freundschaft zwischen Platon und Dion vgl. auch H. Breitenbach: Platon und Dion, Zürich und Stuttgart 1960.

Der soziale Auftrag der Kirche im Spiegel seiner biblischen Begründung

1

Der Nachweis, daß die Bibel im Laufe der Kirchengeschichte immer wieder daran gehindert worden ist, ihre eigene und eigentliche Sache zu sagen, und statt dessen den unterschiedlichsten menschlichen und oft allzumenschlichen Interessen dienstbar gemacht wurde, dürfte auf eine Repetition derselben unter diesem besonderen Gesichtspunkt hinauslaufen. Zu behaupten, daß sich die Kirchengeschichte als ganze mit solchen Vergewaltigungen deckte und bestenfalls in der Ketzergeschichte anderes zu erwarten wäre, hieße jedoch entschieden die Kritik überspannen, die Gegenwart und Wirksamkeit Gottes als Heiliger Geist in der Kirche überhaupt leugnen und nicht nur sich selbst als die vermeintlich allein Weisen über die Väter stellen, sondern auch das jüngste Gericht vorwegnehmen, vgl. 1 Kor. 4, 5. So gilt es auch auf ihrem Gebiet, modische Pauschalurteile gewissenhaft zu überprüfen und vergangene Lebensgestaltungen der Christenheit nicht schon deshalb zu disqualifizieren, weil sie nicht einfach mit gegenwärtigen politischen und humanitären Bestrebungen zur Deckung gebracht werden können[1]. — Die Generation der Söhne spielt wohl gewohnheitsgemäß den Richter der Generation ihrer Väter, bis sie selbst in die Reihe der Väter eingerückt ist und kritisch den Unterschied zwischen dem selbst Gewollten und dem Erreichten zu ermessen beginnt. Dabei ist es nicht ausgemacht, daß sie selbst die tatsächlichen oder vermeintlichen Fehler der Väter vermeidet und so die Wahrheit belegt, daß es leichter ist, den Splitter im Auge des Nächsten als den Balken im eigenen zu entdecken, Mt. 7, 3 ff. Die einfache Tatsache, daß die Vergangenheit mit ihren Folgen abgeschlossen vor uns liegt, die Konsequenzen unseres eigenen, gegenwärtigen Tuns jedoch noch der Enthüllung harren, ist vermutlich mindestens eine der Ursachen, daß wir uns selbst mit unseren Absichten und Zielen in einem günstigeren Lichte als die Väter erblicken. Dazu mag kommen, daß wir in eine geschichtliche Situation gestellt sind, die uns vor manchen Fehleinschätzungen derselben bewahrt. Ob sie uns dafür anderen ausgesetzt hat, werden spätestens die Historiker unserer Epoche entdecken. Die Vermutung, daß am Ende alle Generationen des Ruhmes mangeln, den wir bei Gott haben sollten, legt nicht nur geschichtlicher Rückblick, sondern auch und nicht zuletzt die Selbsterkenntnis nahe, vgl. Röm. 3, 23. — Die Konsequenz

---

[1] Vgl. dazu z. B. W. Schneemelcher, Kirche und Staat im 4. Jahrhundert, Bonner Akademische Reden 37, Bonn 1970.

aus dieser Einsicht kann nur darin bestehen, daß wir darnach streben, als Christen noch wacher, selbstkritischer und verantwortlicher in unserer Zeit zu stehen; nicht aber darin, daß wir uns als die am Ende doch und auch als Christen Scheiternden willenlos treiben lassen. Denn damit gäben wir den Auftrag Jesu an seine Jünger preis, das Salz der Erde und Licht der Welt zu sein, Mt. 5, 13 ff. Um beide Symbole gegen eine willkürliche und sachfremde Füllung zu schützen, fügen wir hinzu, daß es in der Geschichte und im Dienst der Kirche nach dem Zeugnis der Schrift um die Verwirklichung der durch das Heilsgeschehen in Jesus Christus vermittelten Gottesherrschaft über und Gottesgemeinschaft mit und unter allen Menschen geht[2]. In diesen Rahmen gehört auch der soziale Dienst der Kirche. Verliert er seine Beziehung zu »dem Amt, das die Versöhnung predigt«, 2. Kor. 5, 18[3], fällt er den Dämonisierungen anheim, unter denen die Menschen nicht nur dann leiden, wenn sie sich die Welt voller Teufel und Dämonen vorstellen. In dem Augenblick, in dem Gott als die Sinnmitte der Welt ausfällt, tritt in der Regel ein Trieb oder eine bestimmte Lebensgestaltung an seine Stelle. Aber wenn eine partielle, geschaffene Größe den Platz des Universellen, des Schöpfers, einnimmt, verzerrt sich die Perspektive, fordert der Dämon seine Opfer, er mag Mammon, Volk, Rasse oder Klasse heißen.

2

Allen, die sich Rechenschaft über das abzulegen suchen, was sich heute in der Menschheit ereignet und die Völker und in Sonderheit die junge Generation in ihnen mit Unruhe und Spannung erfüllt, kann nicht verborgen bleiben, daß es sich dabei um nichts weniger als die zweite große wirtschaftliche und zugleich alle Lebensbereiche berührende Revolution in der Geschichte ist. Die erste setzte auf der Grenze vom Mesolithikum zum Neolithikum, von der Mittleren zur Jungsteinzeit, ein, als die Menschen etwa um 8000 v. Chr. den entscheidenden Schritt von der Sammler- zur Ackerbaukultur taten und damit zur Seßhaftigkeit und zum Städtebau übergingen[4]. Die zweite, die industrielle Revolution löst den Menschen unaufhaltsam aus allen gewachsenen Bindungen und zielt darauf ab, die partielle Herrschaft des Menschen über die Natur in eine vollständige zu verwandeln. Selbst a u c h zur Natur gehörend, scheint dem Menschen zugleich mit der Verwirklichung der optimalen Befreiung der Gattung von den naturhaften Zwängen als Gegenleistung individuell

---

[2] Vgl. dazu G. Fohrer, Theologische Grundstrukturen des Alten Testaments, Berlin und New York 1972, S. 95 ff.
[3] Zum objektiven Charakter der Versöhnung vgl. R. Bultmann, Der zweite Brief an die Korinther, hg. E. Dinkler, KEK Sonderband, Göttingen 1976, S. 160 f.
[4] Vgl. dazu z. B. J. Mellaart in: CAH I, 1, Cambridge 1970³, S. 248 ff. oder H. Müller-Karpe, Geschichte der Steinzeit, Beck'sche Sonderausgaben, München 1974, S. 80.

das bisher größte Maß an Unfreiheit abverlangt, weil die Technik kraft ihres multiplen Raffens der Räume und als potentielle Vernichtungsmacht auf die äußerste Disziplin des Menschen angelegt ist. So steht statt eines scheinbar nur mythisch imaginierten jüngsten Gerichts die Möglichkeit der Erschöpfung der natürlichen Lebensgrundlagen und der atomaren Selbstvernichtung beständig bevor. Wie der Einzelne angesichts der immer gewaltiger und damit notwendig zugleich auch immer undurchschaubarer werdenden Systeme und Gegensysteme politischer und wirtschaftlicher Herrschaft seine Würde und sein Lebensrecht bewahren und behaupten kann; wie es zu verhindern ist, daß einzelne, kastenartig zusammengeschlossene Gruppen den Rest der Menschheit ausnutzen und de facto versklaven, gehört ebenso zu den uns wie den kommenden Generationen zur Lösung aufgegebenen Probleme wie die Sicherstellung der biologischen und natürlichen Lebensgrundlagen auf diesem Planeten.

Das Gefühl der Ohnmacht gegenüber den sich abzeichnenden Entwicklungen und bereits heute vorhandenen Gefahren darf um des Lebens der schon Geborenen und der noch Ungeborenen willen nicht weiter um sich greifen. Daß dem Lauf der Dinge nicht durch diese oder jene, am Ende lediglich symptomatische Manipulation zu begegnen ist, sondern seine Steuerung ein radikales Umdenken erfordert, liegt für den nachdenkenden Zeitgenossen auf der Hand; denn die Dinge laufen ja derzeit nicht von selbst, sondern werden von uns durch unsere Grundeinstellung dem Leben und der Welt gegenüber und den aus ihr erwachsenden Erwartungen, Ansprüchen und Zugriffen vorangetrieben, auch wenn wir selbst den Eindruck haben, wie ein Wassertropfen von einer gewaltigen Woge mitgerissen zu werden. Insofern sind alle politischen Maßnahmen und Programme, so unentbehrlich sie als Regulative zur Aufrechterhaltung der Möglichkeit des Zusammenlebens der Menschen sein mögen, im Endergebnis solange ohnmächtig, als ihnen keine neue Denkungsart entspricht[5]. Von ihr wäre zu fordern, daß sie die Verantwortung für das gegenwärtige und zukünftige Leben auf dieser Erde ernster als das Streben nach mehr Macht, größerem Besitz und höherem Komfort nimmt, kurz, daß sie die Priorität des Lebendigen als Gestalt, Geist und Leben gegenüber allem Sächlichen wiederentdeckt[6].

3

Fragen wir in dieser Situation nach dem sozialen Auftrag der Kirche, scheint es angesichts ihres so in der bisherigen Geschichte einmaligen Gesamtcharakters nahe zu liegen, die Antwort allein einer Analyse der gegenwärtigen Übelstände zu entnehmen und auf eine

---

[5] Nähe und Abgrenzung zum in der studentischen Linken viel zitierten »neuen Bewußtsein« ergibt sich aus dem Zusammenhang.
[6] Zur Ehrfurcht vor der Gestalt vgl. auch K. Schefold, Wort und Bild. Studien zur Gegenwart der Antike, Basel 1975, S. 186.

biblische Begründung zu verzichten, da die Bibel die spezifischen Probleme des gegenwärtigen Zeitalters nicht kennt. Aber dagegen spricht sogleich die Überlegung, daß das Besondere kirchlichen Handelns nur aus der es begründenden biblischen Botschaft abgeleitet werden kann. Sähe sich eine Kirche dazu nicht mehr in der Lage, schlösse es ihren Offenbarungseid ein. Sie muß sich also auch in ihrem sozialen Engagement gegenüber der Schrift ausweisen und darf sich nicht mit tagespolitischen Forderungen und Aufgaben identifizieren, ohne sich vorab und dabei der Kritik des verkündigten Christus auszusetzen. Sie kann demgemäß nicht davon absehen, daß es bei ihrem Dienst um die Verwirklichung der Gottesherrschaft über und der Gottesgemeinschaft mit und unter allen Menschen geht. Indem sie dies im Auge behält, wird sie davor bewahrt, unter der Hand zu einer politischen Partei zu werden und sich statt als der Anwalt Gottes und daher aller Menschen als der bestimmter Gruppen zu verstehen. Das schließt freilich den konkreten Einsatz für konkrete Gruppen und Menschen nicht aus, stellt diesen aber unter das Vorzeichen ihres universalen Dienstes.

Das eigene Handeln so vor dem Zeugnis der Schrift verantworten heißt nun nicht, diese wie ein Orakelbuch handhaben, dem sich für alles und jedes unmittelbare und konkrete Anweisungen entnehmen lassen. Die Aussagen der Schrift liegen ja nicht unterschiedslos auf ein und derselben Ebene, sondern enthalten das Zeugnis von sehr verschiedenen Menschen und aus sehr verschiedenen Zeiten, wie sie Gottes Gegenwart und Handeln in der Welt und am Menschen erfahren und verstanden haben. Ob und wie die Mitte der Schrift, Jesus Christus selbst, darin enthalten oder damit vereinbar ist, muß der Glaube wohl fragen, ehe er seine Konsequenzen zieht. Und er wird zusehen, wo die Analogien zwischen den von den Männern der Bibel gezeichneten und den eigenen Situationen zu suchen sind. Denn das setzt der Glaube, der auf das Zeugnis der Bibel hört, offenbar notwendig voraus: daß es bei aller Verschiedenheit der Menschen und Zeiten dennoch ein Grundverhältnis des Menschen in der Welt und vor Gott gibt, ja, daß es trotz aller, der Zahl nach unendlichen Unterschiede der Menschen d e n Menschen gibt. Was der einzelne, vom biblischen Wort betroffene Leser oder Hörer in seinem Betroffensein impliziert, sucht die Theologie als Wissenschaft zu explizieren, damit sich der Einzelne wie die Kirche als ganze in ihrem Glauben besser verstehen und verständlich machen können[6a].

4

Wir machen uns das Gesagte am besten sofort an einem Beispiel aus dem Alten Testament klar, der Erzählung von Naboths Weinberg 1. Kö.

[6a] Vgl. dazu auch C. H. Ratschow, Die Bedeutung der Theologie für Kirche und Gemeinde, Bad Salzuflen 1963.

21. Aus ihr das unveräußerliche Recht des Einzelnen auf sein Eigentum abzuleiten und darin ohne weitere Rückfragen die sachgemäße Antwort der Bibel für den Christen im Blick auf den sozialen Aspekt der uns bedrängenden europäischen und globalen Situation zu sehen, verbietet sich, wenn wir das Ergebnis an dem der Kirche gegebenen Auftrag messen, die durch das Heilshandeln Gottes in Christus vermittelte Gottesherrschaft und Gottesgemeinschaft in aller Welt zu vertreten. In der Sanktionierung von Besitz und Eigentum schlechthin kann die christliche Antwort auf die soziale Frage offensichtlich nicht gesehen werden, weil nicht einzusehen ist, inwiefern dadurch der Mehrung der Gottesherrschaft und Gottesgemeinschaft unter den Menschen gedient ist. Es ist daher unerläßlich, die Erzählung genauer zu betrachten und auf das Spezifische ihrer Eigentumsvorstellung hin zu befragen. Dabei wird sofort deutlich, daß es in ihr gar nicht um die Wahrung von Besitz und Eigentum an und für sich geht, sondern um die Strafe Gottes über den Mächtigen, der seine Macht zur Enteignung des Machtlosen mißbraucht. Diese Warnung gilt dann wohl nicht nur für den, der den Grundbesitz eines anderen widerrechtlich an sich bringt, sondern auch für den, der das Leben seiner Mitmenschen sonstwie eigensüchtig schädigt. Und wenn Naboth in der Erzählung allen Angeboten des Königs gegenüber auf seiner Väter Erbe beharrt, ist er nicht einfach der konservative Bauer, sondern vertritt er eine Eigentumsvorstellung, der es bei der Sicherung der Lebensmöglichkeit der Einzelfamilie am Ende um die Bewahrung der Lebensgrundlage für ein Israel geht, das sich aus untereinander freien Gottesgenossen zusammensetzt[7]. So lautet die sachgemäße Anweisung der Erzählung an uns also nicht, daß es göttlichem und menschlichem Recht widerspreche, an den gewordenen Besitzverhältnissen zu rühren. Sie gibt vielmehr die Frage an uns weiter, wie wir mit dem privaten und öffentlichen Besitz umzugehen gedenken, **damit die Gottesgenossenschaft unter uns wächst**. Und sie warnt uns, Übergriffe gegen die Lebensgrundlage des Anderen nicht leicht zu nehmen. So richtet sich die Botschaft der biblischen Geschichte je nach der Situation

---

[7] Vgl. dazu F. Horst, Das Eigentum nach dem Alten Testament, in: Gottes Recht, ThB 12, München 1961, S. 203 ff. und besonders S. 220 f.; O. Kaiser, Gerechtigkeit und Heil bei den israelitischen Propheten und griechischen Denkern des 8.—6. Jahrhunderts, NZSTh 11, 1969, S. 320 f. und S. 327; K. Koch, Die Entstehung der sozialen Kritik bei den Propheten, in: Probleme biblischer Theologie, F. S. G. v. Rad, München 1971, S. 254 ff. — Zum sozialgeschichtlichen Hintergrund von 1 Kö 21 vgl. auch A. Alt, Der Anteil des Königtums an der sozialen Entwicklung in den Reichen Israel und Juda, in: Kl. Schriften III, München 1959, S. 348 ff.; H. Donner, Die soziale Botschaft der Propheten im Lichte der Gesellschaftsordnung in Israel, OrAnt 2, 1963, S. 229 ff. und besonders S. 234; G. Wanke, Zu Grundlagen und Absicht prophetischer Sozialkritik, KuD 18, 1972, S. 5 ff. und Th. Thompson, The Historicity of the Patriarchal Narratives, BZAW 133, Berlin und New York 1974, S. 210 f.

vielleicht heute gegen den Monarchen, sollte er seinen Müller von Sanssouci nicht vertragen[8], morgen gegen jeden, der Macht hat, eine Mühle widerrechtlich abreissen zu lassen, sei es ein Sozialist oder ein Kapitalist. Oder anders ausgedrückt: Die Geschichte erschöpft sich nicht in einer Situation, sondern tritt überall dort, wo ein Mensch aus Neid um sein Eigentum und Leben gebracht wird, für ihn ein. Und sie stellt sich überall dort, wo ein Mensch sein Besitzstreben über das Lebensrecht der Gemeinschaft setzt, gegen ihn. Damit hält sie offen, daß der Besitz im Dienste des Menschen, aber nicht der Mensch im Dienst des Besitzes stehen soll. Und vielleicht ist gerade das die soziale Botschaft der Kirche.

5

Das Problem, wie es sich mit Gottes richtendem Handeln in dieser Welt verhält, können wir in diesem Zusammenhang nicht angehen. Die Tatsache, daß wir als Menschen nicht in der Lage sind, Gott angesichts des Lebens des Einzelnen oder des Verlaufs der bisherigen Geschichte zu rechtfertigen, sollte uns nicht veranlassen, die Rede von seinen Gerichten als kindlich zu streichen. Was sich zwischen Gott und Mensch ereignet, ist den Augen eines Dritten weithin verborgen. Überdies geht die neutestamentliche Perspektive über die Grenzen dieses Lebens hinaus. Wir haben uns angewöhnt, die Folgen einer Tat soziologisch oder psychologisch zu verstehen, und halten dabei möglicherweise alle sozialen Verhältnisse für beliebig konvertibel und alles Psychische für nur subjektiv. Inzwischen zeichnen sich die Grenzen pädagogischer und soziologischer Experimente ab. Und wenn wir das Psychische als nur subjektiv bewerten, wissen wir es eigentlich längst besser, weil es einen unbestreitbaren Zusammenhang zwischen Leib und Seele gibt. Darüber hinaus mag die Erinnerung daran nicht schaden, daß nicht nur unser Weltverhältnis psychisch vermittelt ist, sondern alles individuelle psychische Geschehen auch in einer bisher kaum aufgeklärten Weise auf das kollektive einwirkt und umgekehrt[9]. Wir haben also sehr viel ernsthafter damit zu rechnen, daß unsere Taten nicht nur augenblicklich greifbare Wirkungen haben, sondern zusammen mit unseren Worten und Gedanken in die Zukunft hinein wirken[10]. So bedacht erscheinen die Antithesen der Bergpredigt Mt. 5, 17 ff. nicht als abgrenzende Überspitzungen, sondern als Hinweise auf den umfassenden, noch unsere Gedanken einschließenden Charakter

---

[8] Die Anekdote mag daran erinnern, daß sich eine Monarchie als Rechtsstaat verstehen konnte.
[9] Vgl. dazu C. G. Jung, Psychologie und Religion, in: Zur Psychologie westlicher und östlicher Religion, Ges. Werke 11, Zürich und Stuttgart 1963, S. 12.
[10] In der Beachtung solcher Zusammenhänge scheint mir Rudolf Steiner ernst zu nehmen zu sein. Vgl. z. B. seine Anweisung zu einer entsprechenden Selbstdisziplinierung in »Wie erlangt man Erkenntnisse der höheren Welten?« Gesamtausgabe, Dornach 1961[20], S. 90 ff.

der sozialen Verantwortung. Beginnen wir zu ahnen, in welche Dimensionen die uns geltende Aufforderung umzudenken reicht, verdient eine weitere Eigentümlichkeit der alttestamentlichen, aber keineswegs nur ihr eigentümlichen Weltsicht Erwähnung, nach der alles geschichtliche, menschliche Handeln seine unmittelbare Rückwirkung auf das Naturgeschehen besitzt, so daß die gestörte Natur die Antwort auf die gestörte und die heile Natur die Antwort Gottes auf die vollkommene Gottesgemeinschaft ist[11]. Wenn es stimmt, daß Pflanzen sympathische Reaktionen und selbst eine Art von sozialem Gedächtnis haben, wie das neuere Experimente erwiesen haben sollen[12], erscheint auch dies weniger kindlich und mythisch als wir gemeinhin unterstellen. »Gerechtigkeit« als forensische, distributive Regententugend hat nach alttestamentlicher Auffassung zur Folge, daß die Berge dem Volke Heil und die Hügel in Gerechtigkeit tragen, Ps. 72, 2 f. Was das heißt, erläutert V. 16 mit seinem Versprechen üppigen Getreidewuchses. — Wir haben uns angewöhnt, die Probleme des Bodens vorwiegend chemisch zu lösen. Ohne hier der Technik als solcher eine Absage zu erteilen und das Heil in einer umfassenden Regression zu suchen, erscheint es in dem Augenblick, in dem wir dabei sind, mit unsren Chemikalien die Wasser zu vergiften, angebracht, an diese seltsame Auffassung des Alten Testaments zu erinnern und zu fragen, ob wir nicht auch in diesem Bereich umdenken müssen. — Der Mensch als Stellvertreter Gottes auf dieser Erde, Gn. 1, 26 ff.; Ps. 8, ist offenbar nicht das Wesen, das sich rücksichtslos im Interesse des eigenen augenblicklichen Vorteils über die Ansprüche des Mitmenschen und das Leben der Tiere und Pflanzen hinwegsetzt. Stellvertreter Gottes sein bedeutet, die Geschäfte Gottes wahrnehmen und sich seiner Ordnung einfügen — oder an einer angemaßten Selbstherrlichkeit zugrundegehen. Wäre es anders, so wäre Gott nicht Gott. Daß Gottes Herrschaft und Gottes Gemeinschaft gemehrt werde, erweist sich am Ende nicht nur als ein Auftrag für religiöse Spezialisten, sondern als allen Menschen gesetzte Aufgabe und die Frage, ob ihr Denken, Reden und Tun dem dient, als Richt-Schnur ihres Tuns und Lassens.

6

Wenden wir uns dem Neuen Testament zu, liegt es nach dem bisher Gesagten auf der Hand, daß wir auch hier die Worte Jesu und der Apostel nicht aus ihrem sachgemäßen Zusammenhang lösen dürfen, um sie mehr oder weniger willkürlich vor den Wagen unserer jeweiligen politischen Interessen zu spannen. So geht es kaum an, aus dem bekann-

---

[11] Vgl. dazu auch O. Kaiser, Dike und Sedaqa, NZSTh 7, 1965, S. 254 ff. und H. H. Schmid, Gerechtigkeit als Weltordnung, Tübingen 1968, S. 15 ff.
[12] Vgl. dazu die Referate über die einschlägigen Experimente bei P. Thompkins und Chr. Bird, Das geheime Leben der Pflanzen (The Secret Life of Plants), Bern und München 1975³, S. 16 ff. und S. 34 ff.

ten »Es ist leichter, daß ein Kamel durch ein Nadelöhr gehe, denn daß ein Reicher in das Reich Gottes komme!«, Mk. 10, 25 par, und dem »Aber wehe euch Reichen, denn ihr habt eure Tröstung bereits empfangen! Wehe euch, die ihr jetzt satt seid, denn ihr werdet hungern! Wehe euch, die ihr jetzt lacht, denn ihr werdet klagen und weinen!«, Lk. 6, 24 f.[13], eine theologische Rechtfertigung für das Programm einer politischen Enteignung bestimmter Gesellschaftsschichten abzuleiten. Daß die Probleme des Menschen, die Wahrung seiner Würde und Freiheit, nicht einfach mittels eines Übergangs von einem privaten zu einem öffentlichen Kapitalismus[14] zu lösen sind, lag in unseren Überlegungen zur Situation und der von ihr geforderten neuen Denkungsart beschlossen, hat inzwischen aber auch die historische Wahrscheinlichkeit für sich. Das schließt nicht aus, daß es notwendig werden kann, private oder öffentliche Machtzusammenballungen um der Wahrung der Würde und Freiheit des Einzelnen willen aufzulösen. Aber das ist gegebenenfalls eine politische Entscheidung und fällt als solche nicht unter das munus proprium ecclesiae, gehört nicht zu den eigentlichen Aufgaben der Kirche. Als Repräsentantin der Gottesherrschaft kann sie sich ja keinerlei Zwangsmittel bedienen, bleibt sie ganz auf das Überzeugen und Gewinnen des Menschen angewiesen. — Jesu Warnungen vor und Wehe über den Reichtum werden so in ihrer Verkündigung zu der Frage, ob wir unseren Besitz und unser Besitzstreben zu einer gottlosen Lebenssicherung und Verfügung über die Zukunft mißbrauchen und sei es auch in der sublimsten Form, sich dieselbe von Gott erkaufen zu wollen, statt sie als Geschenk von ihm zu erwarten[15]. Oder um es anders und positiv zu sagen: Besitz und Besitzstreben müßten so ihrerseits der Verantwortung für die Ausbreitung der Gottesherrschaft und Gottesgemeinschaft untergeordnet werden.

Ein Blick auf die Menschen in der sogenannten »Dritten Welt« macht dabei deutlich, daß die Begriffe des Reichen und des Reichtums nicht allein in Relation zu den Besitzverhältnissen im eigenen Land, sondern auch zu denen in der Völkerwelt insgesamt gesehen werden müssen. Solange die Bestrebungen nach einer gerechteren Umverteilung der Einkommen auf das eigene Land begrenzt bleiben und die Verbesserung der eigenen Lebensqualität ohne Rücksicht auf die Folgen für die übrigen Völker betrieben wird, bleibt das ja alles unter dem Wehe Jesu. Das von der Technik bewirkte Zusammenrücken der Völker hat die Jahrhunderte alte Illusion des weißen Mannes zerstört, daß er, wenn schon nicht als der in Wahrheit einzige, so doch bessere Mensch zur Herr-

---

[13] Übersetzung M. Hengel, Eigentum und Reichtum in der frühen Kirche. Aspekte einer frühchristlichen Sozialgeschichte, Stuttgart 1973, S. 33 (dort Lit.!).
[14] Zur Begrifflichkeit vgl. W. Eucken, Die Grundlagen der Nationalökonomie, Berlin, Heidelberg und New York 1965[8], S. 60 ff.
[15] Vgl. auch Mk 12, 41 ff.

schaft und Ausbeutung der Erde bestimmt sei. So kann sich die Kirche als Gemeinschaft der Gläubigen in ihrer Gesamtheit der brüderlichen Verantwortung für die Menschen aller Hautfarben und Zonen nicht länger dadurch entziehen, daß sie diese Aufgabe mehr oder weniger lust- und lieblos den Idealisten ihrer äußeren Missionsgesellschaften delegiert. Das »Trachtet zuerst nach dem Reiche Gottes und seiner Gerechtigkeit!«, das Jesus zur Vorbedingung des heilvollen Lebens der Seinen erklärt hat, Mt. 6, 33, stellt die Christenheit insgesamt in ihre ökumenische und missionarische Verantwortung. Oder anders ausgedrückt: Es gibt keine örtliche, völkische oder rassische Begrenzung der Verantwortung des Christen. Der Missionsbefehl des Erhöhten beansprucht die Christenheit als ganze und die ganze Menschheit für die Christenheit, Mt. 28, 18 ff. Das Liebesgebot kennt keinerlei Grenzen oder Schranken, weder im Blick auf soziale noch auf rassische Unterschiede, Mk. 10, 28 ff. par; Lk. 10, 25 ff. — Hätte sich die Christenheit in den vergangenen Jahrhunderten Freunde mit ihrem ungerechten Mammon, ihrem Vorsprung an Wissen und Können, verschafft, Lk. 16, 9, statt sich selbst das Leben auf Kosten der farbigen Völker zu erleichtern, sähe die politische Situation heute wohl weltweit anders aus.

Bei solchem Reden von der Christenheit wird uns freilich bewußt, daß die sichtbare Kirche ein corpus permixtum ist, das von den hypocritae et mali, den Heuchlern und offensichtlichen Sündern durchsetzt ist, CA VIII. Es wäre gewiß falsch, beim Rückblick auf das dunkle Kapitel der Sklaverei in der Neuzeit die Stimmen christlichen Protestes zu übergehen[16]. Aber sie ändern doch nichts an dem Gesamteindruck, daß die verantwortlichen Kreise des christlichen Abendlandes in dieser ganzen Sache von einer erstaunlichen Blindheit geschlagen waren, bis sich schließlich und offensichtlich bereits zu spät im 19. Jahrhundert die bessere Einsicht durchsetzte. Daß das gleiche England, das sich in eben diesem Jahrhundert so erfolgreich um die Beseitigung der Sklaverei bemüht und dafür hohe finanzielle Opfer aufgebracht hat, 1667 bestimmte, daß ein Übertritt eines Sklaven zum Christentum seine Freilassung nicht nach sich ziehe und die Tötung eines Sklaven kein Mord, sondern lediglich eine Untreue gegenüber der Krone darstelle, sei als einzelnes Faktum aus dieser für Europa so unrühmlichen Geschichte herausgegriffen. Im übrigen ist die Sklaverei in den spanisch-westindischen Kolonien tatsächlich erst 1881 unter dem Druck der Engländer und Amerikaner abgeschafft worden[17]. — Die sich zum christlichen Glauben bekennenden Völker Europas haben lange gebraucht, bis sie es auch nur in der Theorie gelernt hatten, sich als die Helfer und nicht als die Herren der farbigen

---

[16] Vgl. dazu A. Zimmermann, Kolonialpolitik, Hand- und Lehrbuch der Staatswissenschaften hg. M. v. Heckel, I, 18, Leipzig 1905, S. 141 ff.
[17] Ebenda S. 147 ff. und S. 163 ff.

Völker zu verstehen. In diesem Sinne nennt das Lehrbuch der »Kolonialpolitik« von Zimmermann aus dem Jahre 1905 als Endzweck derselben nicht mehr den wirtschaftlichen Nutzen, sondern »die Schöpfung neuer menschlicher Gesellschaften«[18]. Und die deutsche Schutzgebietsgesetzgebung sah vor, den fortgeschrittenen Eingeborenen die deutsche Reichsangehörigkeit zu geben[19]. — Ob unsere eigene Zeit vor dem Urteil der Nachwelt besser bestehen wird, ob man uns zubilligen wird, daß wir treuere Statthalter Christi gewesen sind als die Vorväter dieser Jahrhunderte, ist noch offen. »Trachtet zuerst nach dem Reiche Gottes und seiner Gerechtigkeit, so wird euch solches alles zufallen!« — Eine menschliche Politik, eine menschliche Wirtschaft, welche die Würde und Freiheit und mithin das Eigeninteresse ihrer Partner dem eigenen gleich stellen, dürften in Wahrheit nachhaltigere, noch den Enkeln zugute kommende Erfolge zeitigen als eine Politik und Wirtschaft, die sich um eines Augenblickserfolges willen über die Menschlichkeit des Menschen hinwegsetzen.

Wir haben inzwischen mehrfach betont, daß der spezifische Auftrag der Kirche und des Christen in dieser Welt die Mehrung der Gottesherrschaft und Gottesgemeinschaft beinhaltet und die soziale Aufgabe letztlich ganz in diesem Rahmen gesehen werden muß. Wir haben dabei gleichzeitig entdeckt, daß die Verwirklichung ein Umdenken von uns verlangt, so daß der Gott, der uns an die Not des Bruders weist, unsre Eigensucht verdrängt. Dabei käme es, so meinten wir auf den Spuren der Antithesen der Bergpredigt, nicht nur auf unsere Worte und Taten, sondern auch auf unser Denken an. Das Gebot, für Gott und damit zugleich für den Nächsten dazusein, will uns total bestimmen. So liegt der Schluß auf der Hand, daß dem Christen bei der Wahl seiner Mittel zur Erfüllung seines Auftrages Grenzen gesetzt sind, Grenzen der Art, daß der Satz, der Zweck heilige die Mittel, für das Reich Gottes nicht gilt. Vielmehr ist ein Mittel, das nicht mit dem Zweck übereinstimmt, diesem völlig entgegengesetzt. Aufgerufen, in jedem den möglichen Bruder zu achten, kann es nicht seine Aufgabe sein zu berechnen, welche Menschenleben er opfern darf, um eine größere Zahl derselben zu gewinnen. — Läßt es sich aus dem Neuen Testament belegen, daß sich Gottes Reich, seine Herrschaft über uns und seine Gemeinschaft mit uns, nur so ereignen kann, daß wir sie erwarten und ihrem Gesetz entsprechen, sie sich aber entzieht, wenn wir sie herbeizwingen oder ihrem Kommen mit Gewalt nachhelfen wollen?

Vielleicht finden wir die Antwort am schnellsten, wenn wir Jesu Predigt vom kommenden Reich gegen die zelotisch-messianischen Bewegungen seiner Zeit absetzen. Spätestens seit der von dem römischen Legaten P. S. Quirinius (Cyrenius) im Jahre 7 v. Chr. durchgeführten

---

[18] Ebenda, S. 12.
[19] Ebenda, S. 407.

Provinzialeinschätzung gab es eine Gruppe unter den Juden, die man, da sie für die Alleinherrschaft Gottes in Israel eiferten, die Zeloten oder Eiferer nannte. Ihr Kampf galt den Römern und allen, die mit ihnen kollaborierten. Unter dem Beifall der Pharisäer übten sie eine Schnelljustiz an allen, die vom Judentum zum Heidentum abfielen. Mit einem kleinen Krummdolch ausgerüstet, den sie blitzschnell aus ihrem Mantel zogen, dem Opfer ins Herz stießen, um sich dann im Gedränge in scheinbarer Trauer und Empörung unkenntlich zu machen, gingen sie als die Sikarier, die Messermänner, in die Geschichte ein. Sie überfielen auch die Güter der Reichen und setzten dort die Archive mit den Schuldverschreibungen in Brand, um auf diese Weise den Armen und Geknechteten in Israel Freiheit und Gleichheit zu verschaffen. Doch es muß oft schwierig gewesen sein, zwischen ganz gewöhnlichen Wegelagerern und Eiferern für das Gesetz des Herrn zu unterscheiden. Die Vermutung, daß Barrabas, den die Menge anstelle Jesu von Pontius Pilatus los bat, zu ihnen gehörte, ist jedenfalls nicht abwegig, Mt. 27, 20 f. Die Bewegung hat ihrerseits in die Katastrophen des ersten und zweiten jüdischen Aufstandes der Jahre 66—70 und 132—135 geführt, an deren Ende nicht das Reich Gottes, sondern die Zerstörung des zweiten Tempels und die Umwandlung des dem Erdboden gleich gemachten Jerusalem in eine römische Kolonie stand[20]. Denen, die angesichts dieser zelotischen Umtriebe gespannt auf Jesus blickten und sich fragten, wann er endlich das Inkognito lüften und das Signal zur Befreiung Israels vom Joch der Heiden geben werde, erzählte er das gewöhnlich als das von der selbstwachsenden Saat bezeichnete Gleichnis, das wir vielleicht richtiger als das von dem geduldigen Landmann ansprechen sollten[21]: Mit der Gottesherrschaft verhält es sich so, als wenn ein Bauer seinen Samen aussät und dann sein gewöhnliches Leben weiterführt, bis die Ernte gekommen ist. Hat er den Samen gestreut, stehen Keimen, Wachsen und Reifen nicht mehr in seiner Hand; sondern er muß warten, bis die Erntezeit gekommen ist, Mk. 4, 26 ff. So ist nach Jesu Meinung das Reich Gottes nicht in unsere Verfügungsgewalt gegeben, es will vielmehr von uns erwartet sein. Und wie sollte auch ein Reich, das Friede, Freude und Gerechtigkeit im Heiligen Geist ist, Röm. 14, 17, mit Gewalt aufgerichtet werden können? Aus der Saat der Gewalt wird in der Regel, wenn ihr Teufelskreis nicht durch die Macht der Vergebung und der Liebe unterbrochen wird, wieder nur neue Gewalt hervorgehen. Verwandlung der Erde durch eine Güte, welche den Anderen in ihren Bann zieht — vor dieser Zumutung weichen wir zurück. Aber diese Zumutung ist der Kern

---

[20] Vgl. dazu z. B. M. Hengel, Die Zeloten, AGJU 1, Leiden 1961; A. Strobel, BHW III, Sp. 1228 ff. (Lit.).

[21] Vgl. dazu J. Jeremias, Die Gleichnisse Jesu, Göttingen 1962⁶, S. 151 f.; ferner E. Lohse: Die Gottesherrschaft in den Gleichnissen Jesu, in: Die Einheit des Neuen Testaments, Göttingen 1973, S. 51 f. und S. 58 ff.

der sozialen Seite seiner Predigt. Weil sie unserem, von Leidenschaften entstellten Denken widerspricht, bedarf es des Umdenkens, das Gott mehr vertraut als unseren Leidenschaften und unserer Klugheit.

Wer es mit diesem Umdenken versucht; wer es versucht, sich mit seinem Helfenwollen nicht selbst zu erhöhen, sondern dem anderen beizustehen, und dabei noch seine Gedanken der Zensur Gottes unterwirft, wird sehr schnell feststellen, wie begrenzt unser eigener guter Wille ist. Und wer den Sprung der Liebe und Güte zu den Anderen versucht, wird vermutlich nicht um die Erfahrung herumkommen, daß man seine Hilfe oft genug nicht als Zeichen der Liebe und Ausdruck der Bruderschaft versteht und annimmt, sondern sie entweder argwöhnisch umdeutet oder dem eigenen Egoismus unterordnet. So wird deutlich, daß wir das Reich Gottes selbst nicht bauen, sondern nur bezeugen können. Und es wird deutlich, daß es nicht bei uns steht, ob dieses Zeugnis als das verstanden wird, was es sein will, Zeichen der Bruderschaft und Hinweis auf das kommende Reich. Es gibt keinen Ernst der Nachfolge, dem das Leiden der Nachfolge erspart bleibt. In der Selbstprüfung unter dem Kreuz wird jedoch deutlich, daß wir selbst keinen Anspruch haben, den wir Gott in der Nachfolge Jesu vorhalten könnten. Vielleicht bedarf es dieses Wissens um die Solidarität der Sünde, um im Scheitern der Liebe an ihr festzuhalten, und der Hoffnung, daß sein Reich kommt.

Vom dunklen Grund der Freiheit

Christian Wildberg zum 12. Februar 1978[1]

In seinem *Tagebuch* notiert *Max Frisch* unter der Überschrift *Unterwegs:* »Die Affen im Zoo-Eindruck: die hocken gerade an der Grenze, wo die Langeweile beginnt. Plötzlich halten sie inne, blicken in die Luft, einen Augenblick haben sie die ganze Melancholie, die den Menschen auszeichnet; nur können die Affen nicht ins Konzert, ins Theater, sie können noch keine Kunst daraus machen, sie lausen sich, zur Wissenschaft fehlt ihnen die Vernunft, sie spielen mit Nüssen oder mit ihrem Geschlecht, weiter reicht es noch nicht. Aber sie spielen bereits! Die Molche spielen nicht; die liegen auf dem Bauch, atmen und verdauen; die haben von der Langeweile noch nicht einmal eine Ahnung. Ein Mensch von Geist, sagt man hin und wieder, könne sich nicht langweilen. Geist ist die Voraussetzung der Langeweile! Neulich habe ich wieder von den griechischen Göttern gelesen; wie die sich langweilen! Sie stiften Mord und Krieg, nur damit sie sich unterhalten in ihrer Unsterblichkeit... Die Götter, von keinem Ende bedroht, und die Molche, die auf dem Bauch liegen und atmen, ich möchte weder mit den Molchen noch mit den Göttern tauschen. Das Bewußtsein unsrer Sterblichkeit ist ein köstliches Geschenk, nicht allein die Sterblichkeit allein, die wir mit den Molchen teilen, sondern unser Bewußtsein davon; das macht unser Dasein erst menschlich, macht es zum Abenteuer und bewahrt uns vor der vollkommenen Langeweile der Götter...[2]«. Lassen wir es dahin gestellt, wie tief oder wie oberflächlich hier die griechischen Götter erfaßt sind[3], so erschließen uns *Frischs* Beobachtungen in ihrer eigentümlichen Akzentuierung einen Sachverhalt, über den weiter nachzudenken sich lohnt: Der

---

[1] Hinter diesen Überlegungen stehen viele Gespräche mit Christian Wildberg während dreier Semester und Semesterferien im Burgwald, den Dolomiten und dem Wettersteingebirge. Der Studienstiftung des deutschen Volkes, vertreten durch ihren Generalsekretär, Herr Dr. Hartmut Rahn, und der Gemeinschaft Ev. Erzieher, vertreten durch Frau Dr. Brigitte Strecker, danke ich für die Gelegenheit, über dies Thema auf der Ferienakademie in La Villa am 3. 9. bzw. dem Fortbildungsseminar in Bad Godesberg am 6. 11. 1977 vortragen zu können.

[2] Tagebuch 1946—1949, Frankfurt/Main 1958, S. 349 f.

[3] Vgl. dazu K. Kerényi: Mensch und Gott nach Homer und Hesiod, in: Antike Religion, Werke in Einzelausgaben VII, München und Wien 1971, S. 124 ff. und besonders S. 146.

Mensch ist über das Tier hinaus, weil er um sein Ende weiß; aber er steht unter den Göttern, die um kein Ende wissen[4].

Ohne den Blick auf das Verhältnis des Menschen zu den Tieren hat sich *Hölderlin* in *Hyperions Schicksalslied* auf diese Differenz besonnen:

»Ihr wandelt droben im Licht
Auf weichem Boden, selige Genien!
Glänzende Götterlüfte
Rühren euch leicht,
Wie die Finger der Künstlerin
Heilige Saiten!
Schicksallos, wie der schlafende
Säugling, atmen die Himmlischen;
Keusch bewahrt
In bescheidener Knospe,
Blühet ewig
Ihnen der Geist,
Und die seligen Augen
Blicken in stiller
Ewiger Klarheit.
Doch uns ist gegeben,
Auf keiner Stätte zu ruhn,
Es schwinden, es fallen
Die leidenden Menschen
Blindlings von einer
Stunde zur andern,
Wie Wasser von Klippe
Zu Klippe geworfen,
Jahrlang ins Ungewisse hinab«.

Aber während der moderne das Wissen um unsere Sterblichkeit als die Quelle der Langeweile und damit ihrer Überwindung in Kunst und Wissenschaft preist und so am Ende die Möglichkeit des Menschen, sein Leben wissend zu gestalten — und was heißt das anderes als: seine Freiheit mit der Sterblichkeit verknüpft und aus ihr ableitet, so daß die Freiheit des Menschen, als ein Geschenk seines Wissens um seine Sterblichkeit erscheint, sieht der ältere Dichter mit seiner Betonung des Gegensatzes zwischen dem Menschen- und dem Götterschicksal die Rückseite der Medaille, die leidvolle Erfahrung des um seine Endlichkeit wissenden Menschen, daß ihn der Strom der Zeit in immer neue Strudel reißt, aus denen es für ihn kein Entrinnen in zeitlose Dauer und erfüllte Beständigkeit gibt, bis ihn schließlich — aber das spricht *Hölderlin* nicht

---

[4] Eine »Götterdämmerung« scheint für die Olympier jedenfalls nicht vorgesehen zu sein.

mehr an — ein letzter Strudel in den Abgrund des Todes schleudert. Was bei ihm ungesagt in der letzten Strophe verborgen bleibt, hatte *Goethe* vor ihm in den *Grenzen der Menschheit* thematisiert. Auch hier geht es um den Gegensatz zwischen Göttern und Menschen. Dabei wird dem Menschen eingeprägt, daß er ungeachtet seines prometheischen Dranges unter den Göttern bleibt:

>»Denn mit Göttern
>Soll sich nicht messen
>Irgendein Mensch.
>Hebt er sich aufwärts
>Und berührt
>Mit dem Scheitel die Sterne,
>Nirgends haften dann
>Die unsichern Sohlen,
>Und mit ihm spielen
>Wolken und Winde.
>
>Steht er mit festen
>Markigen Knochen
>Auf der wohlbegründeten
>Dauernden Erde,
>Reicht er nicht auf,
>Nur mit der Eiche
>Oder der Rebe
>Sich zu vergleichen.
>
>Was unterscheidet
>Götter von Menschen?
>Daß viele Wellen
>Vor jenen wandeln,
>Ein ewiger Strom:
>Uns hebt die Welle,
>Verschlingt die Welle,
>Und wir versinken«.

Der eine Dichter erinnert uns daran, daß unsere Freiheit in unserem Wissen um unsere Sterblichkeit gründet. Und er weist daher den Wunsch, ein leidloses, unsterbliches und göttergleiches Leben zu führen als wahrhaft nicht wünschenswert, weil unser spezifisch menschliches Dasein vernichtend, ab. Ohne das Wissen um unsere Sterblichkeit gäbe es weder Freiheit noch Kultur. — Die beiden anderen empfinden in einer Wiederholung antiker Frömmigkeit[5] den Gegensatz des Menschen zu den Göt-

---

[5] Zu Goethes Religion vgl. W. Flitner: Goethe im Spätwerk, Sammlung Dieterich 175, Bremen 1957, S. 62 f. und J. Klein: Geschichte der deutschen Lyrik von Luther bis zum Ausgang des zweiten Weltkrieges, Wiesbaden 1960², S. 325 ff.; zu Hölder-

tern schmerzlich: Diese Freiheit wurzelt in dem dunklen Grund der Notwendigkeit des Sterbens. — Daß unsere Freiheit als die Offenheit eines Spielraums für unser Denken, Wählen und Handeln[5a] in unserer Notwendigkeit gründet; daß unsere Fähigkeit, über den Augenblick hinaus zu sein, die Umschlossenheit durch die Situation denkend zu sprengen, in der uns unausweichlich erwartenden Verschlossenheit der Eksistenz im Tode und mithin in der Vernichtung unserer Freiheit wurzelt, alle unsere Möglichkeiten in unserer letzten Unmöglichkeit gründen, macht offenbar die Aporie, die letzte Ratlosigkeit menschlichen Daseins aus. Vielleicht könnte sie sich schließen, wenn wir sie energisch genug im Auge behalten und sich dabei ergibt, daß die unendliche Differenz zwischen den Menschen und den Göttern nicht beziehungslos ist, sondern ihrerseits auf *den* Gott verweist, der am Ende selbst der dunkle Grund der Freiheit und des Todes ist. Wäre das zu zeigen möglich, läge in der Ontologie des Todes zugleich ein Ansatz für eine Fundamentaltheologie, die den Nihilismus *Nietzsches* hinter sich läßt, der in der Bodenlosigkeit menschlicher Eksistenz aufbricht und sie einer Blindheit ausliefert, die mit jedem Sinn am Ende auch noch die Notwendigkeit mit sich reißt und vernichtet. Daß der unterstellte *Tod Gottes* alle Sinnhorizonte auswischt und die Menschheit in seinem Bann in ein unendliches Stürzen geraten ist, in dem sie durch ein unendliches Nichts irrt und in immer finsterere Finsternisse gerät[6], hat der Philosoph wohl gesehen, der sich gleichzeitig fragte, ob der Atheismus am Ende nicht eine für den Menschen selbst zu große Tat sei, so daß er zum Gotte werden müßte, um ihrer würdig zu sein und sie zu ertragen[7]. Die scheinbare Befreiung von den Grundwerten einer zerfallenden Metaphysik behielt entgegen allen Versuchen, sie ganz ins Positive zu wenden, ein seltsames Janusgesicht: »*Der Glaube, daß es gar keine Wahrheit gibt,* der Nihilisten-Glaube, ist ein großes Gliederstrekken für einen, der als Kriegsmann der Erkenntnis unablässig mit lauter häßlichen Wahrheiten im Kampfe liegt. Denn die Wahrheit ist häßlich[8]«. Im Hintergrund der vermeintlich gewonnenen neuen Freiheit klaffen

---

lin vgl. J. Klein: Kampf um Gott in der deutschen Dichtung, Witten und Berlin 1974, S. 175 ff. und, mit reichen Literaturangaben, K. Schefold: »Und treppenweise steiget das Himmlische nieder«, in: Festschrift F. Brommer, Mainz 1977, S. 255 ff.

[5a] Auf das Freiheitsproblem in seiner ganzen Vielschichtigkeit kann hier nicht eingegangen werden. Es reicht in diesem Zusammenhang, sie mit W. Weischedel, Skeptische Ethik, Frankfurt/Main 1976, S. 137, als Offenheit »eines Spielraums für ein Wählenkönnen, innerhalb dessen der Mensch von sich selbst her über sich selbst bestimmen kann«, zu definieren.

[6] Vgl. Fröhliche Wissenschaft, Aphor. 125, KTA 74, S. 140 f.

[7] Vgl. ebenda mit »Also sprach Zarathustra«: »Auf den glückseligen Inseln«, KTA 75, S. 90 ff.

[8] Der Wille zur Macht, Aphor. 598, KTA 87, S. 412 f.; vgl. auch ebenda, Aphor. 853, S. 575 ff.

die Abgründe eines blinden und zugleich unendlichen Dranges zum Leben, der in sich ohne Ziel und ohne Sinn zu sein scheint. Daher ist der *Irrtum über das Leben zum Leben notwendig.* — Jeder Glaube an Wert und Würdigkeit des Lebens beruht auf unreinem Denken...⁹«. Und ehe der *Zarathustra* geschrieben war, war er letztlich auch schon in ein Als-ob transponiert, vor dem es keine wirkliche Lösung und Überwindung des Nihilismus mehr geben konnte: »*Das neue Grundgefühl: unsere endgültige Vergänglichkeit.* — Ehemals suchte man zum Gefühl der Herrlichkeit des Menschen zu kommen, indem man auf seine göttliche *Abkunft* hinzeigte: dies ist jetzt ein verbotener Weg geworden, denn an seiner Tür steht der Affe, nebst anderem greulichen Getier; und fletscht verständnisvoll die Zähne, wie um zu sagen: nicht weiter in dieser Richtung! So versucht man es jetzt in entgegengesetzter Richtung: der Weg, *wohin* die Menschheit geht, soll zum Beweise ihrer Herrlichkeit und Gottverwandtschaft dienen. Ach, auch damit ist es nichts! Am Ende dieses Weges steht die Graburne des *letzten* Menschen und Totengräbers (mit der Aufschrift ›nihil humani a me alienum puto‹). Wie hoch die Menschheit sich entwickelt haben möge — und vielleicht wird sie am Ende gar tiefer als am Anfang stehen! — es gibt für sie keinen Übergang in eine höhere Ordnung, sowenig die Ameise und der Ohrwurm am Ende ihrer ›Erdenbahn‹ zur Gottverwandtschaft und Ewigkeit emporsteigen. Das Werden schleppt das Gewesensein hinter sich her: warum sollte es von diesem ewigen Schauspiele eine Ausnahme für irgend ein Sternchen und wiederum für ein Gattungchen auf ihm geben! Fort mit solchen Sentimentalitäten«[10]! — Der Versuch, diesem vollständigen und schließlich trotz seiner Wurzeln bei *Schopenhauer* darwinistisch begründeten Vitalismus[11] mittels der freien Zielsetzung des Übermenschen im Horizont der ewigen Wiederkehr, der Erneuerung der antiken Konzeption des großen Weltenjahres zu entgehen[12], konnte sich letztlich nicht von den Schatten des nihilistischen Ansatzes befreien, ganz abgesehen von der ganz anderen Frage, ob er im Horizont des physikalischen Denkens der Gegenwart eine realistische Chance besitzt[13]. — In dieser Situation ist

---

[9] Menschliches Allzumenschliches I, Aphor. 33, KTA 72, S. 45.
[10] Morgenröte, Aphor. 49, KTA 73, S. 46.
[11] Vgl. ebenda und Wille zur Macht, Aphor. 480, KTA 78, S. 336 f.
[12] Vgl. dazu B. L. van der Waerden: Das große Jahr und die ewige Wiederkehr, Hermes 80, 1952, S. 130 ff.
[13] Nietzsche beruft sich, Wille zur Macht, Aphor. 1063, KTA 78, S. 693, auf den ersten thermodynamischen Grundsatz von der Erhaltung der Energie, läßt aber den zweiten außer acht. Zu dessen kosmologischen Folgen vgl. W. H. und W. Westphal: Physik, Berlin, Heidelberg und New York 1970$^{25/26}$, S. 252 f. — Zu Nietzsches Philosophie der ewigen Wiederkehr vgl. K. Löwith: Nietzsches Philosophie der ewigen Wiederkehr des Gleichen, Stuttgart 1956, und dens.: Gott, Mensch und Metaphysik von Descartes bis zu Nietzsche, Göttingen 1967, S. 156 ff. Zu seinem Verhältnis zur Gottesfrage vgl. K. Jaspers: Nietzsche und das Christentum (1938),

eine Gewinnung neuer Ufer nicht von spekulativen Entwürfen über die Geschichte als ganze zu erwarten[14], sondern allein aus einer Besinnung auf das menschliche Dasein selbst; wenn sich in ihm keine sinngewährende Transzendenz ankündigt, fehlt den auf das Ganze der Geschichte und die Zukunft des Menschen ausgreifenden Entwürfen das Fundament. Es in einer Besinnung über das menschliche Dasein als Sein zum Tode zu gewinnen, erscheint zunächst freilich als hoffnungslos, weil sich unsere auf den Tod vorlaufenden Gedanken an seiner Grenze eigentümlich im Leeren verlieren. Sie scheinen gerade dort, wo alles auf dem Spiele steht, nicht mehr zu greifen. Denn zwar geht jeder seinem eigenen Tode entgegen, aber er scheint ihn entweder nicht mehr zu erfahren, weil der Tod das Ende der Möglichkeit etwas zu erfahren zu sein scheint, oder er jedenfalls doch nicht mehr in der Lage ist, diese Erfahrung zu vermitteln[15]. So greift der Gedanke nicht mehr sinnstiftend über den Tod als Ende hinaus.

Dieser Behauptung widersprechen freilich die Angebote: der Tod wird in den Religionen weithin nicht als Ende, sondern als große Verwandlung gedeutet: Am Anfang scheint die Erfahrung der Macht des Toten in seiner ganzen Ambivalenz als eines fascinosum et tremendum zu stehen. Sie bleibt an die sterbliche Hülle des Toten gebunden, der als *lebendiger Leichnam* weiterexistiert. Ungewöhnliche Erfahrungen wecken den Glauben an das unbestimmte Zwischenreich der Schatten. Aus seiner Potenzialität ruft sie der sittliche Glaube in neue Verwandlungen, sei es im Sinne neuer Verkörperungen, sei es in dem endgültig vom Leibe befreiten Geistes oder neuer, vom Geist bestimmter Leiblichkeit[16]. — Aber schon die Vielfalt der Deutungen und Angebote macht hier für den Spätgeborenen die Schwierigkeit aus, weil sie sich wechselseitig in Frage zu stellen scheinen. Allein eine besondere, aber offenbar nicht allen Menschen zugängliche Erfahrung scheint hier eine Gewißheit zu ermöglichen, während denen, die ihrer nicht teilhaftig wurden, nur der Blick auf die offenbare und vernichtende Macht des Todes übrig bleibt. Sie greift in der Einsamkeit nach uns, in der wir uns besonders dann erfahren, wenn jene, die wir geliebt und mit denen wir befreundet waren, gestorben sind.

---

in: Aneignung und Polemik. Gesammelte Reden und Aufsätze zur Geschichte der Philosophie, München 1968, S. 330 ff. und nicht zuletzt J. Klein: Kampf um Gott in der deutschen Dichtung, S. 237 ff.

[14] Vgl. dazu auch P. Henke: Gewißheit vor dem Nichts. Eine Antithese zu den theologischen Entwürfen Wolfhart Pannenbergs und Jürgen Moltmanns, TBT 34, Berlin und New York 1978.

[15] Die Berichte derer, die aus dem Tode zum Leben zurückgekehrt sind, lassen sich, ob zu Recht oder Unrecht lassen wir hier dahingestellt, mittels der Hypothese relativieren, daß die Berichterstatter tatsächlich nicht tot waren.

[16] Vgl. dazu auch O. Kaiser in O. Kaiser und E. Lohse: Tod und Leben, Biblische Konfrontationen 1001, Stuttgart 1977, S. 55 ff.

In dem Schmerz des einsamer Gewordenen kann dann die Freiheit als Last, das Spiel mit der Kunst, der Arbeit und Wissenschaft als leer und bloße Flucht erscheinen, die Einsamkeit zu vergessen und des Todes nicht zu gedenken. Und noch im Blick auf die, die wir lieben und die uns nahe sind, und nicht zuletzt auf uns selbst klingt es dunkel und schmerzlich in uns:

»Uns hebt die Welle,
Verschlingt die Welle,
Und wir versinken«.

Weiter scheint uns das Nachdenken nicht zu führen. Und so bleibt auch die Dankbarkeit für alle Liebe, Freundschaft und Kameradschaft[17] von dem Dunkel des Todes überschattet. Und wer dem von ihm Betroffenen zuruft, wie es die Dichter seit alters taten[18]:

»Dum loquimur, fugerit invida
Aetas: carpe diem quam minimum credula postero[19]«! —

erhält wohl ein müdes Abwinken zur Antwort: Die Aufforderung fruchtet ihm nicht. Der Dichter hatte gut reden; denn er hatte seine Leukonoë noch neben sich, die ihm Ständigkeit und Seinsgewißheit verlieh.

Aber auch diese Beobachtung führt uns einen Schritt weiter: In der fallenden, uns zufallenden und uns mit sich reißenden und immerfort dem dunklen Ziel entgegentreibenden Zeit gewinnen wir offenbar freie Ständigkeit und Seinsgewißheit durch das Geschenk der Gemeinschaft, in dem sich uns der andere und wir uns ihm grundlos schenken und einander bedingungslos annehmen[20]. Freie Ständigkeit in der Welt erweist sich damit als ein Geschenk, über das wir so wenig verfügen wie über unser Sein zum Tode. Wer liebt, liebt notwendig; und wer lebt, lebt notwendig auf seinen Tod zu. Hängen am Ende beide Notwendigkeiten fundamental zusammen? Ist der dunkle Grund unserer Freiheit zugleich der dunkle Grund unseres Liebens? Gibt es Freiheit tatsächlich nur für den Menschen, der als sterblicher und vor allem um seine Sterblichkeit wissender existiert? Und gibt es die Fähigkeit zu lieben, wiederum nur für den Menschen, der um seine Sterblichkeit weiß? Ist also unser Wissen um die Notwendigkeit unseres Sterbens zugleich die Quelle für alles, was diesem Dasein in der Liebe Sinn zu geben vermag? Oder anders

---

[17] Vgl. dazu auch O. Kaiser: Kameradschaft, Freundschaft, Bruderschaft, ZEE 2, 1958, S. 25 ff.
[18] Vgl. dazu F. Wehrli: Lathe biosas. Studien zur ältesten Ethik bei den Griechen, Leipzig und Berlin 1931 = Libelli 279, Darmstadt 1976, S. 20 ff. sowie Kaiser, Tod und Leben, S. 20 f.; 54 f. und 64 f.
[19] Horaz, Carm. I, 11, 8 f.: »Während wir reden, entflieht neidisch die Zeit. Nutze den Tag, statt auf die dunkle Zukunft zu baun«.
[20] Vgl. dazu K. Jaspers: Philosophie II. Existenzerhellung, Berlin, Göttingen und Heidelberg 1956³, S. 277 ff.

ausgedrückt: Ist der dunkle Grund der Notwendigkeit zugleich der Grund der Freiheit und des Lebenssinnes? — Wenn das so wäre, käme es darauf an, die Notwendigkeit und die Freiheit nicht nur aporetisch zu erfahren, sondern so aufeinander zu beziehen, daß dabei unser Bezug zur Transzendenz selbst deutlich hervortritt. Oder steht — und das muß sich im Fortgang der Besinnung selbst erweisen — der sich damit abzeichnende letzte, unser ganzes Dasein tragende Sinn unter dem skeptischen Vorzeichen, das ihm der junge *Hugo von Hofmannsthal* gegeben hat, wenn er den Tod am Ende seines Spiels vom Tor und vom Tod nach den letzten Worten des Toren, der da meint, vom Lebenstraum zum Todeswachen zu gelangen, seine Violine verwundert absetzen und sagen läßt:

»Wie wundervoll sind diese Wesen,
Die, was nicht deutbar, dennoch deuten,
Was nie geschrieben wurde, lesen,
Verworrenes beherrschend binden
Und Wege noch im Ewig-Dunkeln finden[21]«?

Wir ahnen jedenfalls ein Geflecht von Zusammenhängen zwischen Leben und Tod wie Lieben und Tod, der beide ganz anders verknüpft als dies alltäglich unterstellt wird[22]. Alltäglich erscheint der Tod als ein bloßes, mit unserem tätigen Leben gar nicht zusammenhängendes Ende, als eine Angelegenheit, die man mit Recht in besondere Sterbezimmer der Kliniken verdrängt und die als bloße, letztlich nicht zu bewältigende Störung des Zusammenhangs aller Lebenden geradezu peinlich ist. Was peinlich ist, wird am besten verschwiegen; denn dann stört es am wenigsten. — Doch wenn es so ist, daß menschliche Freiheit *und* menschliche Gemeinschaftsfähigkeit unauflöslich mit unserem Wissen um unsere Sterblichkeit zusammenhängen, ist in dieser praktischen alltäglichen Beurteilung des Todes zugleich die andere eingeschlossen, daß auch unsere Freiheit und unser Lieben und unser beiden entspringendes gemeinsames Wirken selbst sinnlos sind. Die Abwehr der vermeintlichen bloßen Störung wendet sich dann gegen das Dasein selbst, das es eigentlich schützen will. So leicht ist es offenbar nicht, mit dem Problem des Todes fertig zu werden.

Sieht man genauer zu, bezeugt freilich gerade dieses Verdrängen und Verschweigen des Todes die Furcht vor dem Ende und die Angst vor dem Tode. So läßt das Verschweigen und Verdrängen des Todes in

---

[21] Zitiert nach »Der Tor und der Tod«, Insel-Bücherei Nr. 28, 311.—320. Tausend, Frankfurt/Main 1972, S. 31.
[22] Vgl. dazu M. Heidegger: Sein und Zeit, Tübingen 1953[7], S. 252 ff. Gesamtausgabe I, 2, Frankfurt/Main 1977, S. 335 ff., und zur Illustration K. Dirschauer: Der totgeschwiegene Tod. Theologische Aspekte der kirchlichen Bestattung, Bremen 1973, S. 15 ff. und S. 70 ff.

doppelter Weise über sich hinaus nach einem Sinn des Sterbens und nach der Möglichkeit eines den Tod nicht verdrängenden Lebens fragen; denn es stellt einmal den Sinn des todgeweihten Lebens überhaupt in Frage und kann sich zum andern nicht von der Angst vor dem Tode befreien. Dabei signalisiert die Notwendigkeit, den Tod dauernd zu verdrängen, bereits die unter- und abgründige Anwesenheit des Todes mitten im Leben in Gestalt der Angst vor dem Tode. Ein geängstetes Leben ist jedenfalls kein freies Leben. Stimmt es, daß das Wissen um den Tod überhaupt erst die menschliche Freiheit ermöglicht, erweist sich jetzt, daß es zugleich, was es schafft, auch vernichtet, und dies nicht erst am Ende, sondern fortgesetzt. Oder anders ausgedrückt: Die Aporie des menschlichen Daseins als ganzen erweist sich nun als die geheime Aporie des Augenblicks. Sie besteht darin, frei sein zu müssen und doch nicht frei sein zu können. Beruht auch die menschliche Gemeinschafts- und Liebesfähigkeit fundamental auf unserer Todesgewißheit, steigert sich die Aporie zur Potenz, weil uns das, was uns Freiheit und Gemeinschaftsfähigkeit schenkt, sie zugleich bedroht und vernichtet.

Um weiter zu kommen, müssen wir der Reihe nach fragen, ob die unterstellten Abhängigkeiten tatsächlich bestehen, ob menschliche Freiheit im Todesbewußtsein wurzelt und auch die Liebesfähigkeit — wie unser Sterben und Lieben — dem gleichen dunklen Grund entstammen. — Wie steht es also um den Zusammenhang zwischen spezifisch menschlicher Freiheit und menschlichem Wissen um die eigene Sterblichkeit? Am Ausgangspunkt unserer Überlegungen stand die Beobachtung von *Max Frisch,* daß die Molche atmen und verdauen und keine Langeweile kennen; die Affen für einen Augenblick vom Geistesblitz getroffen melancholisch und gelangweilt in die Welt schauen, während dem Menschen seine Langeweile samt all ihren produktiven Folgen mit seinem Geist als Wissen um seine Sterblichkeit gegeben ist. Ohne das Wissen um die eigene Sterblichkeit, lautet die These Frischs, gibt es keinen Geist. Die Helle menschlichen Bewußtseins als Fähigkeit, sich über die Eingebundenheit in die Situation zu erheben, hinge demnach wesentlich an unserem Dasein als Sein zum Tode. — Man wird sich an *Martin Heideggers* Analyse der Eksistenz erinnern, um den Zusammenhang zu verifizieren[23]. Das durch seinen Charakter als Sein zum Tode geängstete Dasein ist eben genötigt, sich vorsorgend in die Zukunft zu entwerfen. Alles Sorgen geschieht auf dem Hintergrund der letzten Bodenlosigkeit des Daseins. Unsterblich kennten wir das Sorgen nicht. Unsere Eksistenz selbst ist fundamental dadurch bestimmt, daß sie die einzig gewisse zukünftige Möglichkeit des Todes zur Selbstübernahme in der Sorge zwingt. Aber diese einzig gewisse Möglichkeit enthüllt sich in der Angst zugleich als unsere absolute

---

[23] Vgl. dazu a. a. O., S. 180 ff./240 ff.

Unmöglichkeit. Der Tod hebt die Eksistenz auf. Selbst nicht vorwegnehmbar und mithin bleibend dunkel, steht er vor jedem und ängstet ihn. — Alles menschliche Sorgen und Besorgen sucht in die Zukunft vorlaufend die Bodenlosigkeit menschlichen Daseins zurückzudrängen, dem gewissen Tode noch einmal zu entgehen, ohne freilich damit einen anderen als bloß temporären Erfolg erringen zu können. Oder anders ausgedrückt: Im Wissen um unsere Sterblichkeit gründet unsere Freiheit als Möglichkeit und Notwendigkeit, vorsorgend dem Tode entgegenzuwirken; aber diese Freiheit gründete nicht im Wissen um unsere Sterblichkeit, wenn sie tatsächlich ihr Ziel auch dauernd erreichen könnte. Der Tod bleibt das nicht vorwegnehmbare und niemals endgültig zu besiegende Schicksal. Die Freiheit wird ihrer Wurzel in der Notwendigkeit nicht ledig. Ja, die Angst begleitet sie und bringt sie um sich selbst. So beweist die in der Offenheit des Spielraums der Freiheit waltende Vernunft ihre existenzielle Ohnmacht, diese Freiheit zu behaupten.

Es fällt jetzt leichter, auch den Ursprung unserer Gemeinschafts- und Liebesfähigkeit in unserem Grundwissen um unsere Endlichkeit zu entdecken: Menschliche Gemeinschaft, die mehr ist als numerische Zuordnung und biologische Nähe, die sich als Kommunikation, als geistvermittelter Austausch und als Identifikation ereignet, gründet in dem Ausgeliefertsein an den Tod, das wir als Einsamkeit erfahren[24]. In der Einsamkeit nehmen wir vorweg, was wir vom Tode endgültig befürchten: die Verschlossenheit der Welt, die uns draußen läßt und damit für uns sinn- und bedeutungslos bleibt. Erst dort, wo wir uns durch einen anderen Menschen angenommen wissen und ihm annehmend zu antworten vermögen, erschließt sich die Welt für uns als eine Offenheit der Bezüge, in der es sich zu leben lohnt. Gleichgültigkeit und Feindschaft schließen uns umgekehrt von dieser Welt aus. Die Gleichgültigkeit sagt: Ob es dich gibt oder nicht, ist mir einerlei. Du brauchtest gar nicht zu sein! Und wenn es dich nicht mehr gibt, kümmert mich das nicht: Du bist für mich so gut wie tot. So liefert uns Gleichgültigkeit passiv an das Nichts aus, mit dem uns der Tod nichtet. — Ähnlich, aber viel brutaler und ungeschminkter sagen es Feindschaft und Haß: Ich wollte, es gäbe dich gar nicht und hoffentlich bist du bald nicht mehr! Die Auslieferung an das Nichts erfolgt jetzt aktiv und zielt auf unser Ende ab[25]. — Nur, wo wir uns bejaht erfahren, uns angenommen wissen und wieder an-

---

[24] Vgl. dazu Jaspers, Philosophie II, S. 6.
[25] Daher ist den Theologen wie den Christen überhaupt jede Mitwirkung an haßerzeugenden Agitationen verboten. Diese sind des Menschen unwürdig und beruhen auf dem verblendeten Wahn, der Mensch könne zur Erreichung eines guten Zwecks böse Mittel einsetzen. Vgl. dazu auch O. Kaiser: Der soziale Auftrag der Kirche im Spiegel seiner biblischen Begründung, NZSTh 18, 1976, S. 304 f. — Zum Haß vgl. auch M. Scheler: Wesen und Formen der Sympathie, Ges. Werke 7, Bern und München 1973[6], S. 157.

nehmen können, öffnet sich die Welt als Möglichkeit, uns selbst verschenkend von unserer Freiheit Gebrauch zu machen. In diesem Schenken erfahren wir uns als reich, sind wir unser selbst und unseres Daseins als eines geschenkten und gehaltenen gewiß. Weil wir ohne diese Antwort auf unser Dasein *nur* dem Tode verfallen sind, treibt es uns beständig aus unserer Einsamkeit in das Warten und Werben um Verständnis, Kameradschaft, Freundschaft und Liebe. Also ermöglicht das Wissen um unsere Sterblichkeit und letztlich der Tod selbst unser Lieben. Und erst unser Lieben gibt unsrem Tun Grund, Ziel und Gewißheit, — ohne daß damit das Faktum unserer Endlichkeit als solches aufgehoben ist.

Es ist nicht aufgehoben; es gibt dem Augenblick in seiner unwiederholbaren Einmaligkeit und Vergänglichkeit vielmehr erst seinen Glanz. Aber zugleich vermag sich etwas zu ereignen, was die eigene Sterblichkeit so entwertet, daß die Angst vor dem Tode verstummt, der von ihr auf die Vernunft ausgeübte Druck weicht und der Spielraum der Freiheit tatsächlich offen steht: Der Liebende ist zur freiwilligen Hingabe des eigenen Lebens um des anderen willen bereit. Der Freund hält es für selbstverständlich, sich vor den angegriffenen Freund zu stellen und den ihm geltenden Vernichtungswunsch auf sich abzulenken. Der Kamerad zögert nicht, dem sein Leben mitverantwortenden Kameraden mit Gleichem zu vergelten. In der Erfüllung sich angenommen wissenden Daseins setzt sich dieses Dasein frei auf das Spiel und erfährt in dem Abfallen der Todesfurcht und Todesangst sich selbst geborgen, ganz mit sich selbst einig und zugleich von allem Fragen und Sorgen nach der eigenen Zukunft und dem eigenen Tode frei:

»Eins in Drei'n sind Freunde:
Brüder vor der Not,
Gleiche vor dem Feinde,
Freie — vor dem Tod[26]«!

Und das Gleiche wiederholt sich, wo ein Mensch um der Wahrheit willen sein Leben aufs Spiel setzt[27]. — Es erschien uns als Grundaporie menschlichen Daseins, daß seine Freiheit in der Notwendigkeit des Todes gründet und diese Freiheit gleichzeitig durch die Angst vor dem Tode ebenso ermöglicht wie verhindert wird. Ebenso zeigte sich als dunkler Grund der Liebe das in der Einsamkeit gegenwärtige Wissen um unser Ende, das als solches auch allem Lieben ein Ende bereitet. Jetzt lösen sich diese Aporien der menschlichen Eksistenz überraschend auf:

---

[26] Fr. Nietzsche, Gedichte, KTA 77, S. 522 (Heraklitismus).
[27] Daß an dieser Stelle Sokrates und Jesus ins Spiel kommen, sei angemerkt. Zur Sache vgl. K. Rahner: Grundkurs des Glaubens Freiburg i. Br., Basel, Wien 1977[7], S. 246 ff. und besonders S. 267.

Es gibt eine erfüllte Freiheit vor dem Tode und zugleich zum Tode, die in der zu allem entschlossenen Antwort auf die Liebe gründet.

Bleiben wir mit dem allem im Zirkel eigenster Seinsmöglichkeiten? Sind Lieben wie Hassen nicht selbst lediglich Affekte, in einem wiederum dunklen Geflecht biologischer Wirkungen gründende physiologisch und psychologisch zu erhellende ›Emotionen‹? Oder ist das in seiner vermeintlichen Objektivität gerade zu subjektiv gesehen, weil die Objektivierung von Lebensvollzügen diesen gerade nicht gerecht wird und die dem Menschen angemessene Kategorie der Situation vernichtet? Mag es um die geheimen Abgründe der Sympathie in der Physiologie und der Psychologie bestellt sein wie immer, bleibt doch für unsere Überlegung entscheidend, daß die Betroffenen ihre Sympathie, ihre Teilnahme mit anderem als nicht fremdem Leben in Liebe und Freundschaft nicht primär als Folge eines Entschlusses, einer ihrer freien Wahl unterstehenden Entscheidung, sondern als eine schicksalhafte und zwingende Fügung erfahren. Sie fallen zu — sind sie deshalb Zufall? Dann ist die Rede vom Zufall mit der von der Transzendenz identisch, kommt doch das Geschehen aus einem Bereich, über den der Mensch nicht verfügt. Der dunkle Grund menschlichen Daseins meldet sich auch dort zu Worte, wo sich dieses Dasein erfüllt. So öffnet sich scheinbar eine neue Aporie: Auch die Möglichkeit, die Freiheit als Freiheit von der Todesangst zu verwirklichen, entstammt einem Bereich, über den wir als Menschen nicht verfügen. Unser Verfügen geschieht immer unter dem Vorzeichen, daß über uns verfügt ist. Trifft das zu, ist der Nihilismus ein Ergebnis der Selbsttäuschung des Menschen, der sich zu schnell über seine bedingte Eksistenz hinwegsetzend nach dem Sinn des Ganzen fragt und dabei entweder den Satz vom Grunde voreilig mit einer allmechanistischen Kausalität verwechselt oder angesichts der Unübersehbarkeit der in der Welt bestehenden Wechselwirkungen wiederum von sich selbst absehend an dem elementaren Sinn seines Lebens vorbeisieht, der sich in der notwendigen Liebe erschließt[28]. — Die Tradition meint mit ihrer Rede von Gott den transzendenten Grund von Eksistenz und Welt, der immer schon über uns verfügt hat und je und je kontingent über uns verfügt. In diesem Sinne meldet sich in der Aporie der menschlichen Freiheit selbst der Gott an, welcher der Herr unseres Schicksals ist und in der durch die Liebe geschenkten Freiheit vor dem Tode verheißt, daß er dies auch in unserem Tode bleibt.

---

[28] Zur Kausalität und Wechselwirkung vgl. M. Hartmann: Die philosophischen Grundlagen der Naturwissenschaften, Stuttgart 1959, S. 110 ff.; zum Problem des Verhältnisses zwischen Kausal- und Finaldetermination vgl. N. Hartmann: Der Aufbau der realen Welt, Berlin 1964³, S. 513 ff.

Amor fati und Amor Dei

Rudolf Wildberg zum 8. März 1980 in Freundschaft

Allein die Tatsache, daß der Streit um Determinismus und Indeterminismus, um Freiheit und Notwendigkeit aller menschlichen Vollzüge fast so alt wie die abendländische Philosophie selbst ist, läßt vermuten, daß es für beide Standpunkte gewichtige Gründe in der Erfahrung gibt. Daher dürfte die Lösung des Konfliktes auch nicht in einem rigiden Entweder-Oder, sondern in einer den Phänomenen selbst abgelauschten und daher angemessenen Verteilung der Gewichte bestehen. Zwei Grundtatsachen können wir dabei als gegeben betrachten, von denen die eine den unsere Verantwortlichkeit begründenden Spielraum der Freiheit und die andere unser Stehen unter dem Schicksal bezeugt. Im Blick auf die erste können wir mit Immanuel Kants berühmten Worten sagen, daß sie durch Erfahrung bewiesen werden kann: »Denn nicht bloß das, was reizt, d. i. die Sinne unmittelbar affiziert, bestimmt die menschliche Willkür, sondern wir haben ein Vermögen durch Vorstellung von dem, was selbst auf entferntere Art nützlich oder schädlich ist, die Eindrücke auf unser sinnliches Begehrungsvermögen zu überwinden; diese Überlegungen aber von dem, was in Ansehung unseres ganzen Zustandes begehrungswert, d. i. gut und nützlich ist, beruht auf Vernunft.« (B 830)[1] Wir werden weiter unten Gelegenheit haben, auf die mit diesem Spielraum zur Reflexion und Entscheidung identische Geistnatur des Menschen zurückzukommen[2]. Zur Vervollständigung des phänomenalen Befundes gilt es vorab hinzuzufügen, daß sich das Phänomen der Selbstbestimmung und der darin beschlossenen Verantwortlichkeit in der Gewissenserfahrung bestätigt, die den Betroffenen unentrinnbar als schuldig und mithin als verantwortlich erweist[3]. Ihre ontologische Möglichkeit beruht offenbar darauf, daß die raumzeitliche Welt keinen geschlossenen, sondern, sowie wir den Bereich auch nur des Praebiotischen in Betracht ziehen, einen halboffenen Prozeß darstellt, in den der Mensch selbst nach freier Entscheidung eingreifen kann. Beim Menschen erweist sich der

---

[1] Kritik der reinen Vernunft, hg. R. Schmidt, PhB 37 a, S. 726; Werke hg. W. Weischedel II, S. 675.
[2] Zur Definition der Freiheit als eines Spielraums vgl. W. Weischedel, Aspekte der Freiheit, in: Philosophische Grenzgänge. Vorträge und Essays, Stuttgart 1967, S. 55 f. oder denselben, Skeptische Ethik, Frankfurt/Main 1976, S. 137.
[3] Vgl. dazu N. Hartmann, Ethik, Berlin 1926 (1962⁴), S. 740 ff. und W. Weischedel, Wesen und Ursprung des Gewissens, in: Wirklichkeit und Wirklichkeiten. Aufsätze und Vorträge, Berlin 1960, S. 211 ff.

in der Natur waltende und durch den Zufall in unvorhersehbare Bahnen gelenkte Kausalzusammenhang als durch die Finalität der seiner Geistnatur entspringenden Tat überformbar[4]. Freiheit als Spielraum des Menschen für seine selbstbestimmten Entscheidungen ist also gewiß als eine Grundtatsache menschlichen Lebens anzusehen.

Aber neben sie muß die andere gestellt werden, die nicht weniger gewichtig ist, daß wir selbst als wir selbst unter dem Schicksal stehen und uns nicht zuletzt als wir selbst unser eigenes Schicksal sind. Goethe hat es in dem ersten, mit DAIMON überschriebenen seiner »Urworte. Orphisch« bekanntlich so umschrieben:

»Wie an dem Tag, der dich der Welt verliehen,
Die Sonne stand zum Gruße der Planeten,
Bist alsobald und fort und fort gediehen
Nach dem Gesetz, wonach du angetreten.
So mußt du sein, dir kannst du nicht entfliehen,
So sagten schon Sibyllen, so Propheten;
Und keine Zeit und keine Macht zerstückelt
Geprägte Form, die lebend sich entwickelt.«

Goethe selbst hat erklärt, daß der Dämon in der Überschrift »die notwendige, bei der Geburt unmittelbar ausgesprochene, begrenzte Individualität der Person, das Charakteristische, wodurch sich der Einzelne von jedem Andern bei noch so großer Ähnlichkeit unterscheidet«, bedeute und zugleich »auf die mancherlei Beziehungen« hingewiesen, durch die des Menschen »erster und ursprünglicher Charakter in seinen Wirkungen gehemmt und in seinen Neigungen gehindert wird«, und dieses der zweiten Strophe gemäß als *tychä*, als das Zufällige, bezeichnet. Als Beispiele für es nennt er die Faktoren, welche die Entwicklung des jungen Menschen beeinflussen wie die »Säugamme und Wärterin, Vater oder

---

[4] Vgl. dazu N. Hartmann, Der Aufbau der realen Welt. Grundriß der allgemeinen Kategorienlehre, Berlin 1964³, S. 480 ff. und S. 501 ff. — Zu dem immer wieder aufgeworfenen Problem, inwieweit die Quantenphysik die Kausalität überhaupt aufgehoben und mit der angeblichen Freiheit der Materie zugleich die Willensfreiheit des Menschen erwiesen hat, vgl. C. Cassirer, Determinismus und Indeterminismus in der modernen Physik, GHA 42, 1936, 3, Göteborg 1937, S. 259: »Die ›Auswahl‹, die das Elektron nach der Bohr'schen Theorie zwischen verschiedenen gequantelten Kreisen besitzt, mit einer ›Wahl‹, im ethischen Sinn dieses Begriffs, zu verwechseln, hieße einer rein sprachlichen Aequivokation zum Opfer fallen. Denn eine ›Wahl‹ gibt es nur dort, wo nicht nur an sich verschiedene Möglichkeiten bestehen (— und der Quantensprung ist eben als eine solche durch Naturgesetze begrenzte Möglichkeit anzusehen. Aus dem Kontext geschöpfter Zusatz des Verfassers. —), sondern wo zwischen ihnen eine bewußte Unterscheidung getroffen und eine bewußte Entscheidung herbeigeführt wird.« Zum physikalischen Problem vgl. auch M. Born, Natural Philosophy of Cause and Chance, Oxford 1949, S. 17 und W. Heisenberg, Der Teil und das Ganze, dtv 903, München 1975², S. 280: »...auch der Zufall fügt sich den zu Anfang gesetzten Formen, er genügt den Häufigkeitsgesetzen der Quantentheorie.«

Vormund, Lehrer oder Aufseher, sowie alle die ersten Umgebungen an Gespielen, ländliche oder städtischer Lokalität, alles bedingt die Eigentümlichkeit durch frühe Entwicklung, durch Zurückdrängen oder Beschleunigen...« Aber, so schließt Goethe, »der Dämon freilich hält sich durch alles durch und dieses ist denn die eigentliche Natur, der alte Adam, und wie man es nennen mag, der, so oft auch ausgetrieben, immer wieder unbezwinglicher zurückkehrt.«[5]

Diese Sätze enthalten ein ganzes Problembündel, weil hier der Charakter und seine Hemmung und, als ihr Gegenteil, auch seine Förderung durch Umwelteinflüsse, oder sagen wir es angemessener: in seiner Geschichte zur Sprache kommt. Durch das »So mußt du sein, dir kannst du nicht entfliehen...« hören wir von der Überschrift her Heraklits Ἦθος ἀνθρώπῳ δαίμων, DK B 119, das »Die eigene Art ist des Menschen Dämon.«[6] hindurch, wobei wir *daímōn* philologisch durchaus gerechtfertigt mit »Schicksal« übersetzen können[7]. Dieser Satz besitzt auch heute noch seine Gültigkeit, ist doch jeder Mensch schon als biologisches Wesen ganz und gar er selbst und so sehr nur er selbst, daß er von seiner Genstruktur her in seiner ganzen Leiblichkeit (außer im Falle eineiiger Zwillinge) für alle Zeiten einmalig ist[8]. Aber auch in dem in Klammern gesetzten Sonderfall ergibt sich noch einmal eine Differenzierung, weil wir in der Feinstruktur des Leibes mit unmerklichen Mutationen zu rechnen haben und schließlich, wenden wir uns der Person zu, auch hier ein unverwechsel- und unvertauschbares Selbstverständnis als eines Ich vorliegt. Damit ist zugleich gesagt, daß sich jeder Mensch in seiner leib-seelischen Ganzheit ein Schicksal ist.

Behalten wir den schicksalhaften Charakter der eigenen Existenz im Auge, verlängert sich die Kette der Abhängigkeiten sogleich von den Eltern als den Erzeugern zu der sich in unabsehbarem Dunkel verlierenden Ahnenreihe, über die wir am Ende nicht nur als Glieder eines Volkes oder einer länger währenden Völkergemeinschaft, sondern, blickt man in weiteste Ferne, mit allen Menschen aller Rassen und am Ende vermutlich mit allem Leben auf dieser Erde überhaupt verwandt sind[9].

---

[5] Über Kunst und Altertum, Gedenkausgabe hg. E. Beutler II, S. 617 f.

[6] Übersetzung B. Snell, Heraklit. Fragmente. Griechisch und Deutsch, Tusc, München 1965 (1976⁶), S. 37.

[7] Vgl. dazu bis hin zu den Konsequenzen für das entsprechende Los der Seele des Menschen nach seinem Tode Ch. H. Kahn, The Art and Thought of Heraclitus. An edition of the fragments with translation and commentary, Cambridge 1979, S .260 f.

[8] Vgl. in diesem Sinne J. C. Eccles, The Human Mystery. The Gifford Lectures. University of Edinburgh 1977—1978, Berlin—Heidelberg 1979, S. 124: »This DNA structure is so special for each of us that it will never be repeated and it has never existed in any human of the past or present, except if you have an identical twin. It is our evolutionary inheritance... It contains the informations for building our bodies and our brains.«

[9] Vgl. in diesem Sinne Eccles, Human Mystery, S. 72 f.: »Given this fitness of environment for life as we know it, it is remarkable that life seems to have arisen only

Aber die Eltern (und nächsten Anverwandten) sind in der Regel nicht nur unsere biologischen Erzeuger und Pfleger, sondern auch diejenigen, die uns durch ihre liebende Ansprache überhaupt erst zum Selbst verholfen haben; denn dieses entfaltet sich nicht einfach zusammen mit dem biologischen Wachstum, sondern bedarf, wie die wenigen in der Literatur beschriebenen oder in neuester Zeit wissenschaftlich untersuchten Fälle kommunikationslos aufgewachsener Jugendlicher eindeutig beweisen, der Anrede[10]. Die natürlichen oder uns von der Gesellschaft gegebenen Pfleger und Erzieher sind also keineswegs lediglich als Hemmnisfaktoren auf dem Wege zur Selbstwerdung und Selbstverwirklichung zu betrachten, so sehr sie das von Fall zu Fall auch sein können und angesichts der menschlichen Unvollkommenheit auch sein werden, sondern als diejenigen, welche uns den Weg zum Selbstverständnis überhaupt erst eröffnet haben. Das Ich bedarf zu seiner Verwirklichung des Du: »Der Mensch wird am Du zum Ich.«[11] Dieser Satz Martin Bubers bewährt sich in der Ontogenese, der Individualentwicklung jedes Menschen. Und in diesem Sinne sind eben Vater und Mutter nicht nur unser biologisches, sondern auch unser personales Schicksal.[12] Wir haben unsere Eltern nicht wählen können, sowenig wir gefragt worden sind, ob wir in dieses Leben eintreten wollten. Beides, wir selbst in unserer ganzen Individualität und unsere Eltern in ihrer ganzen Individualität, ist uns zum Schicksal geworden. Aber ebenso haben auch unsere Eltern uns in unserer besonderen, unvorhersehbaren Individualität nicht wählen können, sondern nur den Willen zum gemeinsamen Kinde gehabt, ja, vielleicht nur das Risiko, ein Kind zu bekommen, in der liebend-lustvollen Vereinigung auf sich genommen, so daß auch wir in jedem Fall für sie zum Schicksal geworden sind.

Zu diesem unserem Schicksal gehört aber auch die besondere raumzeitliche Stelle, die historische Platzanweisung mit all ihren soziokultu-

---

once on Planet Earth during the billions of years of this fitness! The unity of life is exhibited most strikingly by the fact that all living organisms without exception have the same highly complex chemical system, DNA and RNA for the genetic coding information and the proteins are composed of the same 20 amino acids for substantiating the genetically coded information.« Demgegenüber haben M. Eigen und Ruthild Winkler, Das Spiel. Naturgesetze steuern den Zufall, München und Zürich 1979³, S. 263 zwischen dem gemeinsamen Ursprungsereignis und dem gemeinsamen Ursprung unterschieden, das zweite zugestanden und den ersten in Zweifel gezogen. — J. Monod, Zufall und Notwendigkeit. Philosophische Fragen der modernen Biologie (1970). Deutsch von F. Griese, dtv 480, München 1979⁴, S. 129 hielt die Frage für derzeit nicht entscheidbar.

[10] Vgl. dazu K. Popper in K. R. Popper und J. C. Eccles, The Self and Its Brain, Berlin—Heidelberg 1977, S. 108 ff. und Eccles, Human Mystery, S. 135 ff.

[11] Ich und Du, in: Das Dialogische Prinzip, Heidelberg 1973³, S. 32.

[12] Zur unterschiedlichen Bedeutung von Vater und Mutter für das Kind vgl. E. Fromm, Die Kunst des Liebens, Ullstein Buch Nr. 258, Frankfurt/Main 1977, S. 60 ff.

rellen und historischen Folgen[13]. Was heißt es zum Beispiel, im 20. Jahrhundert vor dem ersten, zwischen den beiden oder nach dem letzten Weltkrieg in Ost-, Mittel- oder Westdeutschland geboren zu sein oder Eltern zu besitzen, die aus einem dieser Gebiete stammen. Dadurch wird je nicht nur unser geistiges und politisches, sondern oft genug auch unser biologisches Schicksal bestimmt. — Wir brauchen all das in dem vorliegenden Zusammenhang nicht weiter zu entfalten, weil es uns nicht um eine vollständige Analyse oder gar Einordnung der Schicksalsfaktoren unter die Kategorien von Zufall und Notwendigkeit geht, sondern begrenzter um den Nachweis, *daß* der Mensch, der den Spielraum der Freiheit besitzt, sich selbst schicksalhaft vorgegeben ist und sich selbst in jede anstehende Entscheidung als eben dieser einbringt. Unsere Freiheit kann sich nur in den Grenzen unseres schicksalsbedingten Daseins verwirklichen. Absolute Freiheit wäre mit unserem Nichts, ja mit dem Nichts überhaupt identisch. So läßt denn Platon im Timaios selbst seinen Demiurgen bei der Gestaltung der Welt in der Chora, der eigenschaftslosen Körperlichkeit, der Notwendigkeit gehorchen; denn wo es gestaltete und gestaltende Wirklichkeit gibt, gibt es zugleich Notwendigkeit.[14]

---

[13] Vgl. dazu auch P. Althaus, Die christliche Wahrheit I, Gütersloh 1949², S. 77: »Wir können unser selbst nicht bewußt sein, ohne der schlechthinnigen Gewirktheit unseres Daseins innezuwerden. Sie gilt sowohl für unsere Schicksale wie auch für unser Ich, sowohl für unsere Umwelt wie für unsere innere Welt. Wir haben uns weder das eine noch das andere selber gewählt oder gar bereitet, wählen und bereiten können, weder Ort noch Zeit und äußere Schicksale noch unser Ich mit seinen Anlagen und Grenzen. Unser Dasein, Hiersein, Sosein ist schlechthin gegeben, für uns unverfügbar, undurchdringlich in seiner Positivität, allem unserem Denken und Wirken schlechterdings vorgegeben als unbedingte Voraus-Setzung.«

[14] H. Schreckenberg, Ananke. Untersuchungen zur Geschichte des Wortgebrauchs, Zetemata 36, München 1964, S. 120 führt zur Erklärung vom Tim 46 c 7 — e 2 zu schnell den Begriff des Naturgesetzes ein. Zur Sache vgl. vielmehr W. Scheffel, Aspekte der platonischen Kosmologie, PhAnt 29, Leiden 1976, S. 58 Anm. 11 und W. K. C. Guthrie, A History of Greek Philosophy V, Cambridge 1978, S. 272 ff. — Zur antiken Diskussion über den Real- oder Symbolsinn der platonischen Schöpfungsaussage vgl. M. Baltes, Die Weltentstehung des platonischen Timaios nach den antiken Interpreten I—II, PhAnt 30, 1 und 35, 2, Leiden 1976 und 1978, zur gegenwärtigen W. Scheffel, Aspekte, S. XI ff. Zu den allgemeinen Argumenten für die Annahme, daß Platon die Schöpfung als zeitlich-realen Beginn gemeint hat, vgl. ebenda, S. XIII f., als primären Beleg Tim 28 b 2 — c 5 und dazu Scheffel, S. 29 f. Zur Chora vgl. Tim 52 a 1 — d 1 und dazu Scheffel, S. 55 f. und besonders S. 64 ff. — Zur Genese der platonischen Vorstellung der reinen Körperlichkeit als Matrix des Werdens in der Auseinandersetzung mit den Atomisten vgl. D. J. Schulz, Das Problem der Materie in Platons Timaios, APPP 31, Bonn 1966, S. 126. Platon stellt sich das Materieproblem »bei der Identifizierung des Substrats aller Bestimmungen mit dem Raum und dann bei dem Aufbau der kleinsten Teile des Körperlichen aus Flächenstücken. Die Rekursion auf den ontologischen Grundsatz der Atomisten läßt nun klar erkennen, in welch enger Beziehung beide Thesen Platons stehen. Die radikale Ausschaltung aller Voraussetzungen, die bei den atomistischen Ableitungen nicht unbedingt nötig sind, führt dazu, daß über das Innere der Atome keine Bestimmungen mehr getroffen werden, daß demzufolge zwischen Innen und Außen

Absolute Freiheit wäre absolut ungeordnete, chaotische, keinerlei Gesetz oder Regel befolgende und keine Gestalt ermöglichende und respektierende Bewegung, sie wäre das Chaos selbst. Demgemäß kann auch menschliche Freiheit nur die Freiheit eines konkreten Menschen in seiner ganzen leib-seelischen Bestimmtheit in einer ganz bestimmten, ihren eigenen Regeln und Gesetzen unterworfenen Welt in der Kommunikation mit anderen, ihrerseits schicksalhaft bestimmten Menschen sein. Freiheit ist also die durch den Spielraum des Geistes ermöglichte Transzendenz zum raum-zeitlichen Augenblick je eines durch sein schicksalhaftes Selbstsein bestimmten konkreten Menschen.

Die sich beständig erneuernde Grundaufgabe im Leben jedes Menschen besteht nun darin, sich selbst in dieser seiner für ihn selbst zufälligen und zugleich schicksalhaft notwendigen Eigenart anzunehmen, ohne sich dabei selbst übersteigend zu vergötzen oder sich selbst verachtend zu verneinen und zu hassen. In der Regel erfolgt das Erschrecken vor sich selbst in seiner ganzen leib-seelischen Einheit in voller Bewußtheit zuerst in der Erfahrung der Geschlechtlichkeit, in der sich das Selbst des Menschen auf seinen Leib zusammenzieht und ihm damit aufgeht, wie sehr er selbst dieser Leib mit all seinen Regungen ist.[15] Zu sich selbst in seiner Leiblichkeit ja sagen heißt notwendig, sich in seiner todverfallenen Endlichkeit und Eigentlichkeit zu übernehmen, ihr nicht in der Angst durch die Verleugnung des eigensten Selbstseins zu entfliehen und dadurch die Angst zu steigern, sondern ihm denkend, redend und handelnd zu entsprechen und darin wahr zu sein. Und in dieser Wahrhaftigkeit des eigensten Selbstseins gründet zugleich die Selbstverständlichkeit, den Anderen ihr eigenstes Selbstsein und so die Freiheit zu ihrer Wahrheit zu lassen.[16] Daß sich daraus alles andere als ein solipsistischer Indi-

---

kein wesentlicher Unterschied mehr gemacht wird. Eine begriffliche Unterscheidung von Materie und Raum in dem Sinne, daß im Innern der Atome Materie, zwischen den Atomen aber nur leerer Raum sei, ist auf der Basis dieser Konzeption nicht mehr möglich, zumal beim Zerfall der ›Elementarkörper‹ die einzige Bestimmung des Innern, nämlich Inneres zu sein, verloren geht.« Zum Unterschied der aristotelischen Konzeption der πρώτη ὕλη von der platonischen der χώρα vgl. ebenda, S. 57: »... die materia prima der aristotelischen Tradition wird ausdrücklich vom Raum unterschieden, und gerade darin weicht sie prinzipiell von der platonischen Hypodoche ab, die mit dem Raume identisch ist.«

[15] Daß es seine Vorstufen in kindlichen Gewissenserlebnissen findet, wird damit nicht bestritten; nur fehlt diesen die Unübersehbarkeit der Identität mit dem eigenen Leibe.

[16] Vgl. dazu auch M. Heidegger, Sein und Zeit, S. 264 = GA 2, Frankfurt/Main 1977, S. 350: »Das vorlaufenden *für* den eigenen Tod befreit von der Verlorenheit in die zufällig sich andrängenden Möglichkeiten, so zwar, daß es die faktischen Möglichkeiten, der unüberholbaren vorgelagert sind, allererst eigentlich verstehen und wählen läßt. Das Vorlaufen erschließt der Existenz als äußerste Möglichkeit die Selbstaufgabe und zerbricht so die Versteifung auf die je erreichte Existenz... Frei für die eigensten, vom *Ende* her bestimmten, das heißt als *endliche* verstandenen Möglichkeiten, bannt das Dasein die Gefahr, aus seinem endlichen Existenzverständ-

vidualismus oder ein sich mit dem Mantel der Selbstverwirklichung tarnender Egoismus ergibt, wird sich weiterhin zeigen[17].

Geht man vom Allgemeinen zum Konkreten über, ergeben sich bei der so skizzierten Selbstübernahme all die Schwierigkeiten, wie sie sich nicht nur aus der eigenen Gebrechlichkeit und Unvollkommenheit wie der ästhetischen Unzufriedenheit mit dem eigenen Leibe sondern auch aus dem Spiel ergeben, welches das Schicksal in dieser oder jener Weise mit einem jeden von uns spielt, um dabei nur zu oft die eigenen Lebenspläne umzugestalten oder zu zerbrechen. Dabei entfaltet der Mensch allerdings grundsätzlich eine erstaunliche Fähigkeit, die von innen wie von außen kommenden Störungen seines Lebensplanes zu überwinden und das zunächst Fremde und Sinnwidrige seinem Sinngefüge einzuordnen, so daß er sich im Rückblick in der Lage sieht, auch noch diesen Störungen dankbar zu sein, weil er erst durch die Schule des Leidens zur Erkenntnis seiner eigentlichen Stellung und Aufgabe in dieser Welt gekommen ist. Dazu tritt schnell die Überlegung, daß wir, könnten wir noch einmal und unter den gleichen Voraussetzungen und den gleichen, von außen an uns herantretenden schicksalhaften Fügungen von vorn beginnen, vermutlich noch einmal das gleiche Leben mit all seinen Irrtümern und Niederlagen, seinen Einsichten und Siegen wiederholten, so daß sich uns die Erkenntnis aufdrängt, wie sehr wir uns selbst unser notwendiges Schicksal sind. Nehmen wir es an, überkommt uns gelassener Friede, so daß wir es aufgeben, gegen unser Schicksal aufzubegehren oder seinen Schleier lüften zu wollen, — ein unter den Bedingungen dieser Welt sowieso hoffnungsloses Unterfangen. An die Stelle des intellektuellen Kreisens um das Unauflösliche tritt dann der Amor fati, die Liebe zu dem eigensten Schicksal und die ihm gemäße, notwendige Tat.

Man begegnet dem Gedanken des Amor fati in der Neuzeit am programmatischsten bei Friedrich Nietzsche, entdeckt dort aber auch, wie schwer es dem Menschen fällt, sich zu ihm in einem einsamen Leben zu bekennen. In der vermutlich ältesten einschlägigen Aufzeichnung aus dem Winter 1881/82 heißt es: »›Ja! Ich will nur noch das lieben, was nothwendig ist! Ja! Amor fati sei meine letzte Liebe!‹ — Vielleicht treibst du es so weit: aber vorher wirst du erst noch der Liebhaber der Furien sein müssen: ich gestehe, mich würden die Schlangen irre machen. — ›Was weißt du von den Furien! Furien — das ist nur ein böses Wort für die Grazien.‹ — Er ist toll! —.«[18] Unter der Nr. 276 heißt es dann zur Eröffnung des 4. Buches der »Fröhlichen Wissen-

nis her die es überholenden Existenzmöglichkeiten der Anderen zu verkennen oder aber sie mißdeutend auf die eigene zurückzuzwingen — um sich so der eigensten faktischen Existenz zu begeben.«

[17] Vgl. dazu unten, S. 63.
[18] Heft M II 6 a, KGW V, 2, S. 562 Nr. 16, 22.

schaft«, des »Sanctus Januarius«, unter der Überschrift »Zum Neuen Jahr«: »Ich will immer mehr lernen das Nothwendige an den Dingen als das Schöne sehen: — so werde ich Einer von Denen sein, welche die Dinge schön machen. Amor fati: das sei von nun an meine Liebe!«[19] Hier ist der Kampf und die Frage, ob diese Selbstüberwindung möglich ist, verschwiegen, die heroische Freiheit dessen vorweggenommen,

>>der unter Kriegern der Heiterste,
unter Siegern der Schwerste,
auf seinem Schicksal stehend,
hart, nachdenklich, vordenklich« —

untergeht.[20] Am menschlichsten kehrt das Motiv im »Epilog« zu »Nietzsche contra Wagner« im Jahr 1888 wieder, weil hier die Wurzel des Amor fati offen liegt: »Ich habe mich oft gefragt, ob ich den schwersten Jahren meines Lebens nicht tiefer verpflichtet bin als irgend welchen anderen. So wie meine innerste Natur es mich lehrt, ist alles Nothwendige, aus der Höhe gesehn und im Sinne einer großen Ökonomie, auch das Nützliche an sich, — man soll es nicht tragen, man soll es *lieben*... Amor fati: das ist meine innerste Natur.«[21]

Wenden wir dies, wenn es an solcher Stelle erlaubt ist, auf die Erfahrungen einer Generation an, die zwischen den beiden Weltkriegen aufgewachsen durch Krieg und Verlust der Heimat aus der angestrebten Bahn geworfen und in anderer Umgebung so gut verwurzelt ist, wie es bei völkischer Identität noch möglich ist. Ist der Amor fati angesichts der unsagbaren und entsetzlichen Leiden, welche die zurückliegenden Jahrzehnte über die Völker Europas und der Welt gebracht haben, nicht notwendig Ausdruck eines stoischen Fatalismus im Sinne der horazischen

»Si fractus inlabatur orbis,
Impavidum ferient ruinae.«[22]

oder ergibt sich für den, der in den Folgen und durch die Folgen all dieser Ereignisse Frau und Kinder, Kameraden und Freunde gefunden hat, nicht ein ganz anderer Anlaß zum Amor fati, wenn er bedenkt, daß er seine Frau ohne diese Ereignisse vermutlich nie gefunden hätte und seine Kinder und vielleicht auch seine Freunde nie geboren wären? — Der Gedanke stößt ihn zunächst in einen moralischen Zwiespalt, weil er weder die Leiden der Kriege und der Kriegsfolgen wollen noch die Existenz seiner Kinder und Freunde nicht wollen kann. Aber aus ihm befreit ihn die Einsicht, daß die Welt nicht nur physikalisch und biologisch, sondern auch geschichtlich einen halboffenen Prozeß darstellt[23],

---

[19] KGW V, 2, S. 201.
[20] »Letzter Wille«, aus den »Dionysos-Dithyramben«, KGW VI, 3, S. 386.
[21] KGW VI, 3, S. 434. — [22] Horaz, Carmina III, 3, 7 f.
[23] Vgl. dazu z. B. Eigen und Winkler, S. 193 f. und K. R. Popper in Popper und Eigen, The Self and Its Brain, S. 33 ff. und Hartmann, Aufbau der realen Welt, S. 480 ff. und 501 ff.

so daß sich aus früheren, von uns notwendig negativ bewerteten Ereignissen für uns durchaus etwas Positives ergeben kann[24]. Es ist dies die *eine* Wahrheit, von der wir im Alltag fort und fort Gebrauch machen, die uns aber erschreckt, wenn wir sie auf große Gegenstände anwenden. Unser Beispiel zeigt den ontologischen Vorrang der Gegenwart gegenüber der Vergangenheit auf: Ich sollte und kann bedauern, was einst geschehen ist. Aber ich kann und brauche mich deshalb des Guten nicht zu schämen, das für mich dank schicksalhafter Fügung daraus entstanden ist. Ich kann und darf nicht billigen, daß so Unzählige betrogen, gequält, gefoltert, vertrieben, getötet oder vernichtet worden sind. Aber ich kann und soll deshalb die Menschen, die in der Folge dieser Ereignisse geboren sind, nicht ungeboren wünschen und mich so in den Widerspruch zu *dem* Glück und *der* Sinnerfüllung stellen, die das Leben für mich bereit stellt.

Die Existenz des Menschen ist, wie sie Helmuth Plessner im Gegensatz zu der des Tieres beschrieben und benannt hat, durch ihre exzentrische Positionalität im Jetzt und Hier bestimmt: »Das Tier lebt aus seiner Mitte heraus, in seine Mitte hinein, aber es lebt nicht als Mitte. Es erlebt Inhalte im Umfeld, Fremdes und Eigenes: es vermag auch über den eigenen Leib Herrschaft zu gewinnen, es bildet ein auf sich selber rückbezügliches System, ein Sich, aber es erlebt nicht — sich.«[25] — Wir können das Gemeinte an Rilkes achter Duineser Elegie verdeutlichen und uns von ihr gleichzeitig in das Besondere des humanum einweisen lassen:

>»Mit allen Augen sieht die Kreatur
>das Offene. Nur unsre Augen sind
>wie umgekehrt und ganz um sie gestellt
>als Fallen, rings um ihren freien Ausgang.
>Was draußen *ist,* wir wissens aus des Tiers
>Antlitz allein; denn schon das frühe Kind
>wenden wir um und zwingens, daß es rückwärts
>Gestaltung sehe, nicht das Offne, das
>im Tiergesicht so tief ist. Frei von Tod.
>*Ihn* sehen wir allein; das freie Tier
>hat seinen Untergang stets hinter sich
>und vor sich Gott, und wenn es geht, so gehts
>in Ewigkeit, so wie die Brunnen gehn.
>*Wir* haben nie, nicht einen einzigen Tag,
>den reinen Raum vor uns, in den die Blumen
>unendlich aufgehn. Immer ist es Welt

---

[24] Vgl. dazu auch Gen 50, 20.
[25] Die Stufen des Organischen und der Mensch, SG 2200, Berlin (1928) 1975³, S. 288, vgl. auch S. 291.

und niemals Nirgends ohne Nicht; das Reine,
Unüberwachte, das man atmet und
unendlich *weiß* und nicht begehrt...«[26]

In der Tat: Mensch und Tier erfahren sich und die Welt verschieden. Und was jenen von diesem unterscheidet, ist eben die exzentrische Positionalität im Jetzt und Hier, die zwischen ihm selbst und dem ihm die Welt darbietenden Augenblick liegende Kluft, die dem Geist die Möglichkeit und die Notwendigkeit gibt, den Augenblick zu übersteigen, die ihn von der Welt trennt, ihm das Wissen um sich selbst, aber damit zugleich auch das Wissen um und die Furcht vor seinem Tode gibt. Dem Tier ist die Mitte seiner eigenen Existenz verborgen. »Der Mensch als das lebendige Ding, das in die Mitte seiner Existenz gestellt ist, weiß diese Mitte, erlebt sie und ist darum über sie hinaus... Als Ich, das die volle Rückwendung des Systems zu sich ermöglicht, steht der Mensch nicht mehr im Hier-Jetzt, sondern ›hinter‹ ihm, hinter sich selbst, ortlos, im Nichts, im raumzeithaften Nirgendwo-Nirgendwann... Er lebt und erlebt nicht nur, sondern er erlebt sein Erleben.«[27] Gewiß kann sich der Mensch voll erfassen und ganz in seiner Situation stehen, aber von seinem Wesen her bleibt er gespalten, manifestiert sich in ihm das unauflösliche Geheimnis seiner leib-seelischen Doppelexistenz[28]. Und zu ihr gehört es, daß er sich immer wieder aus seinem Erleben und Gestalten lösen und auf sich selbst zurückwenden muß, um dabei seinem eigenen Nichts zu begegnen. So erfährt sich der Mensch je und je zwischen sein Nichts und seinen Tod gestellt, von dem her ihn sein Nichts endgültig einzuholen droht. Darin erfährt er sich zugleich in seiner Einsamkeit, von allem, was in der Welt ist, geschieden.

---

[26] Rainer Maria Rilke, Ausgewählte Gedichte, Bibliothek Suhrkamp, Frankfurt/Main 1966, S. 127.

[27] Plessner, a. a. O., S. 291 f.

[28] Während A. R. Peacocke, Creation and the World of Science. The Bampton Lectures, 1978, Oxford 1979, S. 128 ff. für eine freilich sehr relativierte Identität von Geist und Leib eintritt und in der Folge, ohne es zu bemerken, mit der Einführung eines transzendenten, den Weltprozeß in sich bergenden Gottes in Schwierigkeiten gerät, erteilt ihr Popper, a. a. O., S. 86 ff. eine energische Absage, um selbst eine Interaktion zwischen Geist und Hirnvorgängen zu vertreten. Vgl. ebenda, S. 99: "According to interactionism, in intense brain activity is the necessary condition for mental processes... To sum up, it appears that Darwinian theory, together with the fact that conscious processes exist, lead beyond physicalism; another example of the self-transcendence of materialism, and one quite independent of World 3." Zur World 3 vgl. S. 38: "By World 3 I mean the world of products of the human mind..." Der dualistische Interaktionismus wird auch von Eccles, Human Mystery, S. 214 ff. vertreten. Vgl. dazu seinen Fundamentalsatz S. 214: "The essential feature of the hypothesis is the active role of the self-conscious mind in its relationship to the neutronal machinery of the brain." Zur Gesamtkritik am Materialismus vgl. Popper in Popper und Eccles, S. 51 ff. Zur wissenschaftlichen Unableitbarkeit des menschlichen Bewußtseins vgl. auch R. Swinburne, The Existence of God, Oxford 1979, S. 160 ff.

Allerdings besitzt dieses Ausgesetztsein des Menschen an das Nichts noch eine andere Seite; denn auf ihr beruht seine Gottes- und seine Liebesbedürftigkeit[29]. So wie er sich in seinem Personsein von denen, die ihn lieben und anreden, empfängt[30], bleibt er sein Leben lang auf Menschen, die ihn lieben und ihm freund sind, angewiesen. Es ist das schon von Aristoteles aufgedeckte Wesen der alle positiven zwischenmenschlichen Beziehungen umfassenden *philía*, der »Freundschaft«, daß die wahre oder vollkommene Freundschaft auf der wechselseitigen Wahl des Anderen um seiner selbst willen beruht[31]. Das heißt aber nichts anderes, als daß sich, die sich freund sind, wechselseitig angenommen haben und damit je unter das Nichts des Anderen treten. Daß die Treue unerläßlich zur Freundschaft gehört, ergibt sich mithin aus ihrer Bestimmung. Sie ist die beständige Bereitschaft, den Anderen immer neu um seiner selbst willen anzunehmen und so in jeder Zukunft zu erwarten, in der er in sein Nichts zu stürzen droht. Der Treue hier entspricht das auf sie setzende Vertrauen dort. Beide gehören konstitutiv zur Freundschaft; und wer hier mehr verspricht, als er zu halten bereit ist, macht sich der Treulosigkeit schuldig, indem er das auf ihn gesetzte Vertrauen ins Leere fallen und damit den Anderen doppelt tief in sein eigenes Nichts stürzen läßt.

Aber noch ein weiteres will bedacht sein: Wer den Anderen am Abgrund seines Nichts aufhalten will, muß selbst festen Boden unter den Füßen, und das heißt im Sinne des weiter oben Gesagten[32]: sich selbst in seiner Eigentlichkeit angenommen haben; denn wer sich selbst versprechen will, muß sich zuvor auch selbst besitzen. Wie das möglich ist, obwohl jeder Mensch seinem eigenen Nichts ausgesetzt ist, zu beantworten, stellen wir für den Augenblick zurück, um zunächst die Folgerungen für das Verhältnis dessen zu seinem Schicksal zu ziehen, dem auf seinem Lebensweg diese Liebe, Freundschaft und Treue begegnet sind und dieses Vertrauen entgegengebracht worden ist. In der Liebe, mit der er die, die ihm freund sind, liebt, muß er wohl auch sein Schicksal lieben, das ihn mit diesen Menschen beschenkt hat. Kraft der Liebe, mit der er sie liebt, verliert der Amor fati seinen heroischen Beiklang, solange er sich ihrer erfreut, und bleibt die Dankbarkeit, wenn sie ihm genommen sind, weil er weiß, daß es keinen Anspruch auf und keine Garantie für ein derart erfülltes Leben gibt. In der Dankbarkeit für das Geschenk seines Lebens weiß er sich verpflichtet und berechtigt, dieses Leben an die nächste Gene-

---

[29] Vgl. dazu auch O. Kaiser, Vom dunklen Grund der Freiheit, NZSTh 20, 1978, S. 169 ff. = oben, S. 244 ff.
[30] Vgl. dazu oben, S. 62.
[31] Eth. Nic. VIII, 7, 1157 b 25—31. Vgl. dazu auch O. Kaiser, Lysis oder von der Freundschaft, Ein Beitrag zum Verständnis der Freundschaft bei Platon und Aristoteles, ZRGG 1970, S. 193 f. = oben, S. 206 ff.
[32] Vgl. dazu oben, S. 59.

ration weiterzugeben; denn das Leben, dies lehrt ihn die Liebe, ist trotz aller Abgründe, die es bedrohen, ein Wagnis, das sich lohnt[33]. Zu dieser Dankbarkeit gehört aber auch die Bereitschaft, immerdar für die dazusein, denen er seine biologische und personale Existenz verdankt, und das geistige wie soziale Erbe anzutreten und weiterzubilden, das ihm die Entfaltung seiner Persönlichkeit ermöglicht hat[34].

Zum Gelingen das Lebens, so sahen wir, gehört, daß man sich selbst besitzt. Aber wie kann man sich besitzen, wenn man in den Strom der Zeit mit ihren Wandlungen und Zufällen geworfen ist, der für uns am Ende am Felsen des Todes zerschellt? Und wie können wir uns der Freundschaft erfreuen, wenn wir wissen, daß sie enden muß? Wir haben dabei ja nicht einmal die Garantie, daß alles seinen natürlichen Gang geht, der Ältere nach einem erfüllten Leben vor dem Jüngeren geht, so daß sich unser Herz je und dann schmerzhaft zusammenzieht. So schrieb Goethe unter dem 23. Oktober 1828 an Moritz Paul von Brühl: »Bei denen unendlich mannigfaltigen Verkreuzungen der irdischen Schicksale lassen wir uns allenfalls dasjenige gefallen, was einem gewissen Naturgang analog zu sein scheint. Wenn die Älteren abgerufen werden, so mag es gelten, denn das ist im Flusse der Jahre doch immer das regelmäßige Hingehen; deswegen wir auch die Geschichte der alten Patriarchen immer mit Vergnügen wieder lesen, weil derjenige, der in hohen Jahren zu seinen Vätern versammelt wird, ebensogut seinen Platz einnimmt als der Bräutigam neben der Braut am Hochzeittage. Dies müssen wir zugeben, weil ja sonst keine Folge der Zustände denkbar wäre.

Kehrt es sich aber um und der Jüngere geht vor dem Älteren hin, so empört es uns, weil wir denken, die Natur sollte wenigstens ebenso vernünftig sein als wir selbst, die wir doch eigentlich nur dadurch Menschen sind, daß wir unsern Zuständen eine gewisse Folge zu geben trachten; weil wir sehr elende Kreaturen wären, wenn wir nicht auf morgen und übermorgen, aufs nächste Jahr und Jahrzehent uns, und was sich mit uns vereint hat, zu versorgen und sicher zu stellen trachteten ...

Betrachten wir uns in jeder Lage des Lebens, so finden wir, daß wir äußerlich bedingt sind, vom ersten Atemzug bis zum letzten; daß uns

---

[33] Ein Leben, das nicht ständig vom Tode bedroht wäre, wäre kein Leben. Und wer Freiheit besitzt, muß die Verantwortung tragen, die ihm sein Schicksal und soweit sie ihm sein Schicksal einräumt.

[34] Das bedeutet *nicht*, daß die Aufgabe, die der menschlichen Natur als Geist wesentliche Freiheit angesichts überholter gesellschaftlicher Strukturen zu verwirklichen, übersehen oder gar verraten wird, sondern schließt ihre Verwirklichung im konkreten Lebenszusammenhang ein. Zur Sache vgl. auch J. Ritter, Hegel und die französische Revolution, edition suhrkamp 114, Frankfurt/Main 1965, S. 60 ff. — Zur sich aus dieser Aufgabenstellung ergebenden Kritik an den seit den 60er Jahren bestehenden studentischen Unruhen an den Universitäten der westlichen Welt vgl. J. C. Eccles, Wahrheit und Wirklichkeit. Mensch und Wissenschaft (Facing Reality), übersetzt von Rosemaria Liske, Berlin—Heidelberg 1975, S. 254 ff.

aber jedoch die höchste Freiheit übrig geblieben ist, uns innerhalb unsrer selbst dergestalt auszubilden, daß wir uns mit der sittlichen Weltordnung in Einklang setzen und, was auch für Hindernisse sich hervortun, dadurch mit uns selbst zum Frieden gelangen können.«[35] Goethe spricht von der Aufgabe, sich mit der sittlichen Weltordnung in Einklang zu setzen, um so zum Frieden angesichts der Schicksalsschläge zu gelangen. Wir nennen es, die Gottesgewißheit als das unumstößliche Vertrauen zu gewinnen, daß es für den Menschen keinen Sturz in das Leere gibt, sondern er in dem Sturz in sein Nichts in Gott selbst hineinfällt, weil dieses Nichts nichts anderes als die Maske Gottes selbst ist.

Es entspricht der von uns nicht gewählten, wenn auch von uns zu verantwortenden geistigen Situation der Zeit, daß uns rationale Versuche, die Existenz Gottes als des Schöpfers und Herrn von Welt und Leben wahrscheinlich zu machen und darzulegen, daß beide mittels dieser Hypothese wahrscheinlicher als mittels jeder anderen zu erklären sind,[36] am Ende eigentümlich unberührt lassen: Die Gottesgewißheit muß schon da sein, um diesen Versuchen Eindruck zu verschaffen; denn wo es um das Letzte geht, kann sich der Mensch nicht mit einer Wahrscheinlichkeit begnügen, — hier verlangt er Gewißheit[37]. Diese aber ist auf keinem

---

[35] Briefe der Jahre 1814—1832, Gedenkausgabe hg. E. Beutler XXI, S. 819.

[36] Vgl. dazu den beeindruckenden Entwurf von R. Swinburne, The Existence of God, Oxford 1979, aber auch schon Franz Brentano, Vom Dasein Gottes, hg. A. Kastl, PhB 210, 1968².

[37] Der Wert der auf der Wahrscheinlichkeit Gottes als Grund der Welt beruhenden Gottesbeweise bleibt also durchaus apologetisch, geeignet, die aggressive Selbstsicherheit einer ihre prinzipiellen Ergebnisse zu metaphysischen Größen hypostasierenden Naturwissenschaft wie eines metaphysischen Materialismus zu stören und damit dem Glauben Achtung im Raum des Denkens zu verschaffen. — Anders verhält es sich freilich mit dem ontologischen Gottesbeweis, sofern es gelingt, Gott als Tatsache des Bewußtseins zu erweisen. Folgt man G. W. F. Hegel, Der Begriff der Religion. Vorlesungen über die Philosophie der Religion I, hg. G. Lasson, PhB 59, 1925 (1974), S. 144 ff. und findet in der Andacht des Endlichen und Besonderen das Unendliche und Allgemeine selbst gesetzt, findet man sich auf einem anderen Boden. — Es ist abzusehen, daß die Theologie im Zeitalter der Verwissenschaftlichung einer ihre Möglichkeit, wenn nicht Notwendigkeit erweisenden Metaphysik auf die Dauer nicht entbehren kann, sofern sie nicht in einen Obskurantenwinkel gestellt werden will. — Ohne hier zu dem einschlägigen Entwurf von Hedwig Conrad-Martius als solchem Stellung nehmen zu können, weisen wir auf ihren Versuch das Phänomen zeitlichen Hellsehens so zu deuten, daß dabei ein Spielraum für die menschliche Freiheit bleibt und der Mensch angesichts der Präkognition nicht zur vollständigen Marionette wird, hin, den sie in ihrem Werk über »Die Zeit«, München 1954, gegeben hat. Sie trägt dort den Befunden und der Halboffenheit des Weltprozesses Rechnung: »Wir hätten,« erklärt sie auf S. 302, »eine Art bildhafte Maya des gesamten Weltseins und Weltgeschehens ›vom zeitlichen Anbeginn bis zum Weltende‹ vor uns, die sich jedoch kaleidoskopartig an jenen durch Zufall, Willkür und Freiheit bestimmten Stellen von Augenblick zu Augenblick verändert. Wer die paranormale Fähigkeit besitzt, mit der Maya irgendwie und irgendwo in Verbindung zu kommen, der könnte ein Stück der voraussichtlichen ›Zukunft‹ oder tat-

anderen Wege als durch das Wagnis des Vertrauens in den ortlosen Grund des Daseins selbst zu haben. Nur dem grundlosen Vertrauen öffnet sich der Grund von Dasein und Welt, erschließt sich in der vergänglichen Zeit den selbst vergänglichen Wesen Gottes Ewigkeit. — Das fällt, seltsam genug, mit der Selbstübernahme als der geschenkten Entscheidung, sich selbst anzunehmen, zusammen. Sie ist geschenkt, weil sie den circulus vitiosus des geängsteten Fragens und Fliehens durchbricht. Ihr Lohn ist eine furchtlose Fraglosigkeit, die von den metaphysischen Rätseln der Welt nicht mehr geängstet wird, ja die nicht mehr wissen will und zu wissen braucht, was nach dem Tode kommt, weil, wie es Antoine de Saint-Exupéry richtig gesagt hat, Gottes Antworten darin besteht, daß er unser ergebnisloses Fragen zum Schweigen bringt:

»O die Schwätzer! Wie sehr haben sie die Menschen verdorben.

Der ist töricht, der von Gott eine Antwort erwartet. Wenn Er dich aufnimmt, wenn Er dich heilt, so geschieht es, weil Er mit Seiner Hand deine Fragen gleich dem Fieber von dir nimmt. So ist es.

Herr, wenn Du Deine Schöpfung eines Tages in die Scheuer einbringst, so öffne das doppelte Scheunentor und laß uns dort eintreten, wo nicht mehr geantwortet wird, denn dort gibt es keine Antwort mehr, aber die Seligkeit, die der Schlußstein der Frage ist, und die Schau, die befriedigt.«[38]

Trifft das bisher Gesagte zu, verwandelt sich der Amor fati in den Amor Dei, weil wir am Ende alles, was wir lieben, in seinem unsichtbaren Lichte lieben und unsere vergängliche Liebe und Freundschaft nur ein Abbild seiner ewigen Liebe ist, die uns birgt. Damit aber haben wir den Weisen eingeholt und überholt, der den Amor Dei als intellektuel-

---

sächlichen ›Vergangenheit‹ sichten.« Zum Phänomen zeitlichen Hellsehens vgl. R. Tischner, Die Ergebnisse okkulter Forschung. Eine Einführung in die Parapsychologie, Stuttgart 1950 = Darmstadt 1976, S. 95 ff.

[38] Die Stadt in der Wüste, übersetzt von O. von Nostitz, Düsseldorf o. J., S. 201 = Oeuvres, Bibliothèque de la Pléiade 98, 1953, S. 620: »O bavards! Elles ont tellement abîmé les hommes. Insensé qui espère la réponse de Dieu. S'Il te reçoit, s'Il te guérit, c'est en affaçant tes questions, de sa main, comme la fièvre. Cela est. Engrageant un jour Ta création, Seigneur, ouvre — nous Ton vantail à deux portes et fais — nous pénétrer là où il ne sera plus répondu car il n'y aura plus réponse, mais béatitude, qui est clef du voûte des questions et visage qui satisfait.« — Daß von hier aus eine substanzielle Verbindung zu Hegels Deutung der Versöhnung durch den Tod Jesu Christi besteht die im Verzicht des Menschen auf sein Sich-selbst-wollen gegenüber Gott liegt, dürfte aufweisbar sein. »Ohnehin stirbt jeder für sich selbst, und jeder muß für sich selbst aus seiner eigenen Subjektivität und Schuld das leisten, was er sein soll. Er ergreift das Verdienst Christi; das heißt, wenn er dies in sich vollbringt, diese Umkehrung und Aufgeben des natürlichen Willens, Interessen, und in der unendlichen Liebe ist, so ist dies die Sache an und für sich. Seine subjektive Gewißheit, Empfindung, Bewußtsein ist Wahrheit, ist die Wahrheit: es ist an und für sich dies die wahre Natur des Geistes, worin er seinem Begriffe gemäß ist.« Vorlesungen über die Philosophie der Religion III. Die absolute Religion, hg. G. Lasson, PhB 63, 1925 (1974), S. 160.

len Akt der Erkenntnis der Ewigkeit deutete und dabei zu dem Ergebnis kam, daß in dem Amor Dei die Liebe, mit der wir Gott lieben, und die Liebe, mit der Gott uns liebt, eins sind, Baruch de Spinoza.[39] Nicht in der intellektuellen Intuition, sondern in der Erfahrung des sich erschließenden Grundes unserer Existenz wandelte sich uns der Amor fati zum Amor Dei. Sofern diese Liebe sich nicht selbst, sondern Gott und den Anderen liebt, der unserem vergänglichen Dasein seine mögliche Erfüllung gibt, vollendet sich in ihrer Fähigkeit zur Hingabe des eigenen Lebens an den Anderen und für den Anderen unsere Freiheit[40]. So wird offenbar, daß die Erfüllung unserer Freiheit nicht in bindungsloser Selbstverwirklichung, sondern diese selbst im Eintreten in die Bindungen besteht, die uns schicksalhaft vorgegeben sind, aus denen wir uns empfangen haben und immer erneut empfangen. Mit dem Verlust der Furcht, unser Leben in der Hingabe an den Anderen zu verlieren, haben wir uns selbst und die Wahrheit unseres Lebens gefunden, mit der es an dem Mysterium Christi teil nimmt, daß, wer sein Leben behalten will, es verliert, wer es aber in der Liebe Gottes und des Nächsten verschwendet und verliert, es behält und gewinnt, vgl. Mk 8, 35 und Joh 12, 24 f.[41]

[39] Die Ethik. Lateinisch und Deutsch, rev. Übersetzung von J. Stern. Nachwort von B. Ladebrink, Reclam 851, Stuttgart 1977, S. 682 (Lib. V praepos. XXVI): »Mentis Amor intellectualis erga Deum est ipse Dei Amor quo se ipsum amat, non quatenus infinitus est, sed quatenus per essentiam humanae Mentis, sub specie aeternitatis consideratam, explicari potest, hoc est, Mentis erga Deum Amor intellectualis pars est infiniti amoris, quo Deus se ipsum amat.« Vgl. dazu auch G. W. F. Hegel, Vorlesungen über die Beweise vom Dasein Gottes, hg. G. Lasson, PhB 64, 1930 (1966), S. 117: »Der Geist des Menschen, von Gott zu wissen, ist nur der Geist Gottes selbst.« — Zur Sache vgl. auch Röm 5, 5.

[40] Vgl. dazu auch Kaiser, NZSTh 20, 1978, S. 173 f. = oben, S. 254 f.

[41] Mit dem Mysterium Christi ist zugleich das Problem angerührt, was denn das Christliche eigentlich sei. Es hat in den letzten zweihundertfünfzig Jahren sehr unterschiedliche und doch zugleich in einem offensichtlichen inneren Zusammenhang stehende Antworten gefunden. Im 18. Jahrhundert meinte man, als das spezifisch Christliche die menschliche Vernunft und Vernünftigkeit bestimmen zu können. Daran war richtig, daß der Mensch, der den Anruf der Wirklichkeit des Anderen als den Anruf Gottes vernehmen soll, die Fähigkeit und den Mut besitzen muß, sich seiner eigenen Vernunft zu bedienen. Aber von ihrem Inhalt gelöst ist die Vernunft eine leere Abstraktion. Im 19. Jahrhundert erkannte man im Christlichen die Vollendung der Persönlichkeit und ihrer Freiheit. Gewiß ist konkrete Freiheit immer je meine Freiheit. Aber ohne ihren Gegenpol in der Gemeinschaft bleibt sie eine höchste Form des Egoismus. Daher vermochten im 20. Jahrhundert solche Deutungen die Menschen und nicht zuletzt die nach einem höheren Ziel als bloßem Selbstgenuß Strebenden zu erreichen, die das Christliche als die Praxis des hingebenden Einsatzes für die Gemeinschaft ausgaben und -geben. Die Wahrheit, daß sich das Ich vom Du empfängt und beide von einer konkreten Gemeinschaft getragen sind, gab der Forderung, das kleine eigene Leben für Krone und Vaterland, Volk und Führer oder alle Menschen, die in dieser Welt unterdrückt werden, je ihre Faszination und in der unterschiedlichen Ausprägung freilich zugleich auch unterschiedliche relative Berechtigung. Aber das eigentlich Christliche ist mit solchen, sich in dieser oder jener Form mit politischen Zielsetzungen identifizierten Auslegungen nicht erreicht. Es

muß sich auch in der Gegenwart vor den beiden Worten verantworten, die sein eigentümlich gebrochenes Verhältnis zum Bereich der Religion, Kultur und Politik zum Ausdruck bringen, vor dem »... und unser Glaube ist der Sieg, der die Welt überwunden hat.« von 1 Joh 5, 4 und vor dem »Unser Bürgerrecht nämlich ist im Himmel, von wo wir auch den Retter, den Herrn Jesus Christus erwarten.« von Phil 3, 20. Und es wird sich erweisen, daß es dabei am Ende gar nicht auf die Vorstellungen über den Himmel oder ein Jenseits ankommt. — Die christliche Antwort orientiert sich an Jesus von Nazareth und seinem ans Kreuz führenden Lebensweg selbst. Und sie wird dabei der Wahrheit der Osterbotschaft, aus der sich die in den beiden angezogenen Bibelworten spiegelnde Diastase zu allen konkreten welthaften Verwirklichungen ergibt, nur so inne, daß sie diesem Weg bis zu seinem letzten Augenblick standhält. Als das Entscheidende und zugleich Unterscheidende bei Jesus dürfen wir dies ansehen, daß er mit seinem Leben die Güte des Gottes reflektierte, der seine Sonne über Guten und Bösen scheinen läßt, Mt 5, 45. Diese Güte ist die Außenseite einer Freiheit, die sich mit Gottes allgemeinem und zugleich konkretem Willen so eins weiß, daß sie nichts mehr für sich selbst verlangt. Denn nur von dieser Selbstaufgabe her ist es möglich, gütig zu sein, und d. h. dem Anderen bloß als ihm selbst und ohne Beurteilung seiner Würdigkeit oder seiner Gegenleistung das Wissen seines Angenommenseins zu geben. Es ist die Güte der Freiheit, die sich selbst aufgegeben hat und unmittelbar aus Gottes Güte empfängt. Weil Jesus sie kompromißlos lebte, wurde er gekreuzigt. Das Kreuz ist nicht ein sinniges Symbol der Vereinigung von Horizontaler und Vertikaler, von Erde und Himmel, sondern es ist der Galgen der Römer, die Guillotine der modernen konservativen wie revolutionären Gewaltherrschaften. Die Vertreter der Religion erkannten in Jesus die Störung ihres gebändigten Umgangs mit Gott und lieferten ihn daher dem Staate aus. Dem Vertreter der Staatsanwaltschaft erschien er als Narr, den freizulassen dem Imperium keinen Nachteil brächte. Aber auf Rücksichten angewiesen machte er sein Geschäft mit dem Volkswillen und gab den Aufständischen frei, um Jesus kreuzigen zu lassen. Als letztes Wort Jesu überliefern die ältesten Evangelien das aus Ps 22, 2 genommene »Mein Gott, mein Gott, warum hast du mich verlassen?« Man wird es theologisch nicht als Anstimmen des im Gotteslob und damit in der Gewißheit des Triumphes Gestorbenen verharmlosen noch als realen Ausdruck enttäuschter Gottverlassenheit zu werten, sondern als einen Hinweis darauf zu verstehen haben, daß diese Güte bis zum letzten Augenblick den Verzicht auf alle eigenen Wünsche und Hoffnungen enthält. Der Gott, dessen Sonne über Gerechte und Ungerechte scheint, führt nicht das große Kontobuch, um jedes Abweichen von seinem Weg sogleich mit einem Schaden und jedes Beharren sogleich mit einem Nutzen und einer äußerlichen Hilfe zu beantworten. Er ist darüber erhoben, ist nicht der heimliche Erfüllungsgehilfe egoistischer Wünsche. Ein Jesus, der aus der Selbstlosigkeit der Güte Gottes lebte, dürfte ihre irdische Verletzlichkeit und demgemäß seinen Leidensweg sehr bald eingesehen haben. — Es ist bekannt, daß der Auferstandene nur solchen erschien, die zu seinem Jüngerkreis gehörten oder durch die Erscheinung in ihn hineingezogen wurden. Es gibt demgemäß kein neutrales, glaubensloses Osterzeugnis. Daraus dürfen wir ableiten, daß es auch kein neutrales, glaubensloses Wissen von der Auferstehung geben kann. Für die Jünger, die auf die Errichtung der Gottesherrschaft durch Jesus gewartet und sich dabei in seinem besonderen Dienst gesehen hatten, bedeutete seine Hinrichtung schlechthin die Katastrophe ihres Lebenssinnes. Macht man sich die Genese ihres Osterglaubens an der Emmausgeschichte von Lk 24, 13 ff. klar, erkennen sie den Auferstandenen an der Art, wie er das Brot bricht. Es ist dies Brotbrechen seit dem letzten Mahl das Zeichen der Selbsthingabe. In ihm und in ihr vermittelt sich die Befreiung zur Güte dank der Gegenwart des Gottes, deren Aufgabe der Mensch erst dann erfährt, wenn er sich selbst hingibt. In dieser Hingabe an Gott weiß er, daß der sich ihm in ihr erschließende Gott das ewige

Leben ist. Er weiß es unmittelbar. — Allen steht die Selbstaufgabe im Augenblick ihres Abscheidens bevor. Alle müssen es dann lernen, sich selbst aufzugeben, um darin das Aufleuchten des sie in sich bergenden, ewigen, mit den Augen nicht sichtbaren Lichtes zu erfahren. Christliches Leben heißt zugleich von diesem Ende und Anfang her zu leben, eine Güte zu verwirklichen, die nicht mehr das Ihre, sondern das des Anderen will und die darin allen politischen, je auf eine bestimmte Ordnung hin orientierten Programmen, in die sich der Einzelne einfügen soll, voraus ist. Christlicher Glaube hat in diesem Sinne die Welt überwunden und weiß in diesem Sinne um ein höheres, allgemeines Bürgerrecht, durch das er sich von dem unbedingten Selbstseinwollen, wie es die Todesangst speist, befreit und zur konkreten Zuwendung zu dem konkreten Nächsten bereit weiß. So wie das Allgemeine nur im Besonderen da ist und es die Menschheit nur in konkreten, einzelnen Menschen gibt, ist es die vom Menschen verlangte Aufgabe, das Allgemeine in der Liebe des Besonderen, die Menschheit in konkreter Menschenliebe selbstlos zu verwirklichen. — Es ist deutlich, daß ein so bestimmtes Christliches für sterbliche Menschen immer ein Anfangen, ein Unterwegssein und ein neues Aufbrechen in sich schließt. Es ist jeder Konkretion voraus, weil das Leben zwar selbst konkret, aber seinem Wesen nach immer im Werden ist. Und als solches schließt es dem zuvor Gesagten gemäß das vergängliche, zeitliche und bloß individuelle Leben mit dem unvergänglichen und ewigen zusammen, welches das gerade Gegenteil des unbedingten, sich in die Ewigkeit prolongierenden Selbstseinwollens und Egoismus ist. — Aus dem hier Ausgeführten insgesamt dürfte deutlich geworden sein, daß es seinem Wesen nach kein Kult eines Verstorbenen, sondern ein ihn in der Einheit mit Gott im konkreten Nächsten Erkennen ist, der unserer Liebe und Güte bedarf. Und wer ist dies am Ende nicht?

Nachweis der Erstveröffentlichung der Beiträge

1. Dike und Sedaqa. Zur Frage nach der sittlichen Weltordnung, Neue Zeitschrift für systematische Theologie und Religionsphilosophie (NZSTh) 7, 1965, S. 251-273, Walter de Gruyter, Berlin (New York).
2. Gerechtigkeit und Heil bei den israelitischen Propheten und griechischen Denkern des 8.-6. Jahrhunderts, NZSTh 11, 1969, S. 312-328.
3. Wirklichkeit, Möglichkeit und Vorurteil. Ein Beitrag zum Verständnis des Buches Jona, Evangelische Theologie 33, 1973, S. 91-103, Christian Kaiser Verlag, München.
4. Leid und Gott. Ein Beitrag zur Theologie des Buches Hiob, in: Sichtbare Kirche. Festschrift Heinrich Laag, hg. U. Fabricius und R. Volp, S. 13-21, Gütersloher Verlagshaus Gerd Mohn, Gütersloh 1973.
5. Der Mensch unter dem Schicksal, NZSTh 14, 1972, S. 1-28.
6. Die Sinnkrise bei Kohelet, in: Rechtfertigung, Realismus, Universalismus in biblischer Sicht. Festschrift Adolf Köberle, hg. Gotthold Müller, S. 3-21, Wissenschaftliche Buchgesellschaft, Darmstadt 1978.
7. Die Begründung der Sittlichkeit im Buche Jesus Sirach, Zeitschrift für Theologie und Kirche NF 55, 1958, S. 51-63, Verlag von J. C. B. Mohr (Paul Siebeck), Tübingen.
8. Gottesgewißheit und Weltbewußtsein in der frühhellenistischen jüdischen Weisheit, in: Glaube und Toleranz. Das theologische Erbe der Aufklärung, hg. T. Rendtorff, S. 76-88, Gütersloher Verlagshaus Gerd Mohn, Gütersloh 1982.
9. Judentum und Hellenismus, Verkündigung und Forschung 27, 1982, S. 68-86, Christian Kaiser Verlag München.
10. Die Gerechtigkeit Gottes nach dem Alten Testament. Unveröffentlicht.
11. Die Zukunft der Toten nach den Zeugnissen der alttestamentlich-frühjüdischen Religion. Unveröffentlicht.
12. Der Tod des Sokrates, in: Hellas im Wandel der Zeiten. Festschrift Ruth Albrecht, Die Karawane 20, 1979/1, S. 35-43 + S. 115-117, Karawane-Verlag, Ludwigsburg.
13. Lysis oder von der Freundschaft, Zeitschrift für Religions- und Geistesgeschichte 32, 1980, S. 193-218, E. J. Brill-Verlag, Köln.
14. Der soziale Auftrag der Kirche im Spiegel seiner biblischen Begründung, NZSTh 18, 1976, S. 295-306.
15. Vom dunklen Grund der Freiheit, NZSTh 20, 1978, S. 163-174.
16. Amor Fati und Amor Dei, NZSTh 23, 1981, S. 57-73.

Personenregister*

Abner 165
Absalom 165
Achill.................... 209
Aischylos .... 16 ff., 20, 69
Alexander Balas 141
Alkaios, Lyriker........... 70
Alkibiades.......... 196, 204
Amos .... 26 ff., 38
Antiochos IV. Epiphanes
.... 142, 177
Antisthenes............. 198
Antyllos 138
Anytos.................. 201
Aristogeiton, Tyrannen-
mörder 209
Aristoteles .... 206 ff.
Assurbanipal............ 163
Ben Sira'
.. 110ff., 135 ff., 141, 146 ff.,
.... 160 f., 177
Benz, E................... 4
Brentano, F. .... 268 n.
Buber, M. 259
Cicero 73
David 43, 165
Demokrit 229
Diogenes 229
Epikur .... 154 f.
Euripides.... 91, 149, 152, 188
Ewald, H. 42
Favorinus, Rhetor 200
Frisch, M.......... 244 f., 252
Galen 138
Gelon v. Akragas, Tyrann.. 69
Gerhard, P. 159

Goethe, J. W.
.... 246, 257 f., 267 f.
Harmodios, Tyrannenmörder
.... 209
Hartmann, N.
.... 22 n., 24 n., 214 n.,
.... 255, 256 n.
Hegel. G. W. F. . 157 f., 268 ff.
Hegesiaker 138
Heidegger M. ..... 251 ff., 261
Heraklit............. 219, 258
Hesiod
...... 13 ff., 25, 34 ff., 38, 39
Hieron v. Syrakus, Tyrann
.... 69
Hiobdichter.............. 92 f.
Hipparchos, Tyrann 69
Hippias, Tyrann.......... 69
Hofmannsthal, H. von ... 251
Hölderlin, F. .... 243 f.
Homer.............. 149, 152
Horaz 178
Hosea.................... 38
Hume, D. 156
Jason, Hoherpriester 146
Jaspers, K. ...... 158 f. 250, 253
Jeremia 30, 38
Jerobeam II. 43, 48
Jesaja................ 29 f., 38
Jesus Sirach, siehe Ben Sira'
Joab 165
Jona b. Amittai........... 43
Jonathan, Hoherpriester .. 141
Joram, König von Israel... 166
Kant, I.

........22 f., 24 n., 39 n.,
....156 f., 158, 208, 220, 256
Kierkegaard, S............ 90
Kleisthenes 38
Kohelet
...... 64, 84 ff., 191 ff., 118,
...... 122 ff., 135 ff., 177 ff.
Kolakowski, L............ 134
Laches 196
Leibniz, G. W.......... 155 f.
Leonidas, König von Sparta
.... 69
Lessing, G. E. 3
Lukian 230
Luther, M............ 118, 159
Meletos 200, 201
Menander 102, 183
Mendelssohn-Bartholdy, F.
.... 159
Menelaos................ 191
Menexenos .... 216 ff.
Menodothos 138
Mescha, König von Moab . 166
Micha .... 28 f., 38
Monimos................ 137
Nietzsche, F.
.... 92, 99, 247 f., 254, 262 f.
Odysseus................. 34
Omri, König von Israel ... 166
Orest............ 209, 228 ff.
Pausanias, König v. Sparta.. 73
Patroklos............ 209, 228
Peisistratos, Tyrann....... 69
Philonides von Laodikea,
Epikureer............. 142

---

* In der Regel werden nur im Text genannte Personen und Belege berücksichtigt. Die Zitationsweise wurde bei den Bibelstellen stillschweigend vereinheitlicht. Bei den klassischen Autoren sind gegebenenfalls abweichende Abkürzungen vermerkt.

Pittakos, Tyrann v. Lesbos . 70
Platon
..... 69, 196 ff., 206 ff., 260
Plessner, H. .... 264 f.
Pontius Pilatus 242
Pylades 209, 229
Quirinus (Cyrenius), Legat
.... 241
Rilke, R. M. .... 264 f.
Saint-Exupéry, A. de 269
Schelling, F. W. J. ..... 214 n.
Schopenhauer, A. 248

Simeon II., Hoherpriester . 146
Simonides .... 64, 69 ff., 89
Skopas, thessalicher Fürst
.... 69 f.
Sokrates
..... 194, 196 ff., 222 ff., 254
Solon . 15 f., 25, 36 ff., 39 f., 69
Sophokles 152
Spinoza 270
Themistokles 69
Theognis 64, 89, 147, 152
Theopomp v. Chios 192

Thersites 34
Tillich, P. 63
Troeltsch, E. ... 26 n., 30 n., 32
Uria 165
Utnapischtim 191
Voltaire, F. M. 156
Weber, M. 30
Xenophon .... 197 ff.
Zarathustra 173, 192
Zenon v. Kition 93, 147
Zephanja 38

Verzeichnis der Bibelstellen, Apokryphen u. Pseudepigraphen

Genesis

1, 26 ff.	238
1, 26 f.	183
1, 31	101, 110, 118
3, 5	42 n.
3, 17	141
3, 19	115
5, 24	191
8, 22	101
18, 22-33	172
19, 25. 29	49
20	6
20, 5	141
22	119
50, 20	264

Exodus

6, 29	48
20	166
20, 5	173
22, 20	167
22, 21-23	167
22, 25 f.	28
23, 6	167
34, 6 f.	173
34, 6	50

Deuteronomium

1, 39	42 n.
4, 6	112, 148
4, 19	103
4, 44 f.	114
5	166
5, 9	119 n., 173
6, 4 ff.	169
10, 18	167
13, 18	50
17, 3	103
18, 10 f.	103
21, 8	45
24, 14 f.	167
24, 17-19	167
28, 1 ff.	168
28, 15 ff.	168
28, 69	168
29, 13 f.	169
29, 20	169
30	129
30, 1 ff.	169
30, 19	169

Josua

7	6

I Samuel

14	7
28	186

II Samuel

2, 12 ff.	165
2, 18	138
11, 6 ff.	165
12, 15 ff.	165
19, 14 f.	165
19, 32 ff.	187
20, 4 ff. 8 ff.	165
23, 39	165

I Könige

2, 28 ff.	165
17, 5	48
17, 10	48
19, 4. 10	50
21	237 f.
21, 8 ff.	30

II Könige

2, 3	191
3, 4 ff.	166
4, 1 ff.	33
4, 1	27
8, 1 ff.	30 n., 33
14, 25	43
15	119 n.
17, 7 ff.	119
23, 26	50
23, 29 f.	119 n.

Jesaja

1, 17	29, 167
1, 21 ff.	29
1, 23	167
1, 24 ff.	30
3, 16 ff.	29
5, 7	29
5, 8	29
5, 11 f.	29
5, 11. 22	143
5, 13	29
5, 14	184
5, 16	168
5, 23	167
6, 5	162
7, 15 f.	42 n.
10, 1 f.	29, 31
10, 2	167
13, 18	53
13, 19	49
14, 9-19	184 f.
19, 19 ff. 24 ff.	53
25, 8	13

26, 19 13	Amos	3, 5-10 . . . . 49 f.
29, 4 186	1, 3-2, 16* . . . . 26 ff.	3, 6 . . . . 42 n.
34, 2 ff. 5 ff. 53	1, 3 ff. 166	3, 8 . . . . 42 n.
34, 9 49	2, 6 167	3, 9 . . . . 42 n.
	2, 13 ff. 27	3, 10 . . . . 42 n.
Jeremia	3, 11 27	4, 1-4 . . . . 50 f.
1, 13 48	3, 15 27	4, 2 f. 8 44
3, 30 f. . . . . 38 n.	4, 1-3 27	4, 2 . . . . 42, 42 n.
5, 1 ff. . . . . 30 n.	4, 3 28	4, 3. 8 46
5, 1 ff. 26 ff. . . . . 38 n.	5, 11 27	4, 3 . . . . 42 n.
7, 6 167	6, 4-8 27	4, 5-11 . . . . 51 f.
12, 1 . . . . 8, 20	7, 1 ff. 32	4, 8 . . . . 42 n.
13, 3 48	7, 11. 17 28	4, 10 f. 42
15, 19 53	8, 4 f. 167	4, 11 f. 53
26, 3 50	8, 4-8 27	
31, 15 ff. 187	8, 6 167	Micha
31, 29 f. 8, 21	8, 8 27	2, 1-3 28
31, 29 170		2, 8 28
31, 31 ff. 170	Jona	2, 9 28
32, 17 a α*-19 4	1-2. 3-4 41	3, 1-4 28
36, 7 50	1, 1-3 43	3, 5 28
	1, 1 . . . . 42 n.	3, 9 ff. 28
Ezechiel	1, 2 49	3, 10 28
9 172	1, 2a . . . . 42 n.	3, 11 167
18 . . . . 9, 171	1, 4-16 . . . . 44 f.	3, 12 29
18, 2 . . . . 8, 170, 189	1, 12 49	6, 8 40
18, 4 8	1, 14a . . . . 42 n.	6, 11 167
18, 5-20 8	2, 1-11 . . . . 45 ff.	
18, 20 ff. . . . . 119 n.	2, 3-10 . . . . 47 f.	Zephanja
18, 20 . . . . 8, 171	2, 3a . . . . 47 n.	3, 1 ff. . . . . 38 n.
18, 30 189	2, 3b . . . . 47 n.	
22, 12 167	2, 4a 47	Maleachi
36, 26 f. 170	2, 4b . . . . 47 n.	1, 2 170
36, 33 ff. 170	2, 5a . . . . 47 n.	2, 17 170
37 192	2, 5b . . . . 47 n.	
	2, 6a . . . . 47 n.	Psalmen
	2, 7a . . . . 47 n.	
Hosea	2, 7b . . . . 47 n.	1 171
4, 1 ff. 168	2, 8b . . . . 47 n.	2, 7 161
4, 2 167	2, 9a . . . . 47 n.	5, 6 162
	2, 9b . . . . 47 n.	6 164
Joel	2, 10 . . . . 47 n.	6, 6 . . . . 143, 188
	3, 1-4 . . . . 48 f.	7, 16 162
2, 13 50	3, 1 . . . . 42 n.	8 238
2, 14 50	3, 2 . . . . 42 n.	10, 3 ff. 171
3, 1 ff. 170	3, 2b 49	10, 3. 8 50
	3, 3 . . . . 42 n.	

11, 1 141	27, 2 ff. 10	16, 9 163
13, 1-3 164	28 . . . . 151, 175	16, 10 ff. . . . . 82 f.
14, 1 171	31 . . . . 59, 61, 175	16, 10-15 76
19, 2 110	31, 3 60	16, 31 81
22, 2 . . . . 189, 271	31, 35 ff. 10, 60	16, 33 78
22, 30 f. 191	31, 35 174	17, 5 77
30, 10 . . . . 143, 187	32-37 . . . . 54, 175	19, 3 80
34, 22 162	33, 14 ff. 175	19, 23 81
37, 5. 25. 35-37 160	33, 18 186	20, 1 143
37, 28 162	34, 10-12 97	20, 9 80
38 164	34, 11 175	20, 18 81
49 98	34, 29 ff. 176	20, 24 80
49, 16 . . . . 191 f.	36, 8 ff. 175	20, 25 79
72, 2 f. 16 238	36, 22 ff. 176	20, 26 83
73 . . . . 57, 98, 180	37, 1 ff. 176	21, 1 78
73, 9 184	38, 1-42, 6 . . . . 57, 60 f.	21, 2 80
73, 24 f. 191	38, 2 60	21, 3 79
80, 1 162	39 ff. 91	21, 17 79
88, 1 ff. 143	42, 2. 3b., 5 f. 61	21, 31 78
88, 11 ff. . . . . 187 f.	42, 5 f. 11	22, 16 81
88, 15 . . . . 164 f.	42, 6 175	22, 22 f. 167
101, 8 162	42, 7 ff. 175	26, 27 . . . . 6 n., 162
102, 25 . . . . 143, 187	42, 8 10	30, 1-4 . . . . 92 f.
104 152		31, 4 143
104, 29 f 143, 184	Proverbia	
115, 17 f. 143, 188	1-9 . . . . 113, 147	Kohelet
119, 105 171	3, 13-16 97	
139, 13-16 118	3, 19 113	1, 1a 177
145, 8 50	8, 2 ff. 151	1, 2 . . . . 93 f.
146, 8 162	8, 22 f. 113	1, 3 ff. 177
	10-15 . . . . 74, 76	1, (2) 3-9 128
Hiob	10, 4 162	1, 4 ff. 8 86
	10, 8 82	1, 4-10 . . . . 100 f.
1, 1-2, 13 + 42, 7-17 . . . . . . 54 ff.	10, 22 . . . . 97, 163	1, 4-11 . . . . 143, 144
2, 9 59	10, 30 172	1, 4 99
3-31 . . . . 57 ff., 174	11, 2 162	1, 4b 144
3, 1-42, 6 54	11, 6 172	1, 7 138
9, 12 141	11, 16 162	1, 9 142
9, 22 174	11, 21 172	1, 11 138
13, 18 175	13, 9 172	1, 12 ff. 179
18, 14 184	13, 23 162	1, 12-2, 26 94
19, 6 10	15, 3 172	1, 12b 143
19, 25 f. 60	15, 11 . . . . 172 f.	1, 13-2, 26 85
21 . . . . 174, 190	16, 1-22, 16 . . . . 64, 74 ff.	1, 13 . . . . 12, 103
21, 7 ff. 93	16, 3 81	1, 14 f. 94
21, 7-15 10	16, 4 173	1, 14 137
21, 19-21 10	16, 6 82	1, 17 f. 99
24, 1-24 175		1, 18 . . . . 12, 86

2, 1 ff. 138	4, 9 ff. 138	8, 3 139
2, 1-11 94	4, 13 f. 138	8, 4 141
2, 3-11 95	4, 17-5, 6 . . . . 103 f.	8, 6-8 142
2, 10 142	4, 17 88	8, 7 f. 88
2, 11 . . . . 137, 178	5, 1 ff. 178	8, 8 . . . . 102, 139
2, 12b 138	5, 1 f. 88	8, 9 86
2, 13 177	5, 1 . . . . 12, 20, 142, 178	8, 10 86
2, 14 f. 138	5, 2-6 128	8, 11-12a 86
2, 14 127	5, 3 ff. 88	8, 12-14 12
2, 14a 87	5, 3 f. 143	8, 14 . . . . . . 86, 97, 126, 177
2, 16 . . . . 89, 138	5, 3 138	8, 15 . . . . 142, 178
2, 17 137	5, 7 f. 87	8, 16 ff. 190
2, 18 ff. 138	5, 7 138	8, 16 f. 11, 88, 99, 117
2, 18 f. 85	5, 9 ff. 85	8, 17 . . . . 139, 142
2, 18-23 94	5, 9-19 94	9, 1 ff. . . . . 125 f.
2, 22 f. 85	5, 11 139	9, 1 f. 89
2, 24-26 . . . . 85 f., 96, 103	5, 12 ff. 85	9, 1 . . . . 102, 128
2, 26 . . . . 128, 177	5, 14 139	9, 4-6 . . . . 98 f., 187
3, 1 ff. 88, 138, 177	5, 17 ff. 139	9, 4-5 143
3, 1 138	5, 17 138	9, 4-5. 10 142
3, 1-8 102	5, 18 f. 85, 103	9, 4 139
3, 1-15 . . . . 12, 124 ff.	5, 18 142	9, 5 89
3, 1-9 . . . . 101, 125, 143	6, 1 ff. 95	9, 7 ff. 139, 178
3, 9 102	6, 1 f. 85	9, 10 . . . . 98, 139
3, 10 f. 127, 143	6, 1-6 94	9, 10a 90
3, 10-15 . . . . 103 f., 143	6, 3 ff. 85	9, 11 f. . . . . . . 12, 87, 96, 125 f.
3, 11 . . . . 12, 101, 142, 177	6, 7-9 . . . . 99 f.	9, 11 101
3, 12 . . . . 138, 178	6, 9 12	9, 12 177
3, 14 f. 143	6, 10-12 103	9, 13 ff. 87, 139
3, 14 . . . . 12, 143, 177 f.	6, 12 . . . . 139, 142, 143	9, 15 ff. 139
3, 14b 88, 128	7, 11 139	9, 16 139
3, 15 ff. 144	7, 12 139	9, 17-11, 6 99
3, 15 . . . . 101, 142	7, 13 f. 104	10, 4 87
3, 16 ff. 88	7, 13 139	10, 6 139
3, 16-22 98	7, 14 127	10, 8 f. 20 87
3, 16 86	7, 15 ff. 178	10, 16 f. . . . . 142 f.
3, 18-21 12	7, 15-22 . . . . 88, 104, 127	10, 16 139
3, 19 f. 89	7, 15 . . . . . . 86, 97 f., 127, 139	10, 18 87
3, 19. 21 143	7, 16 ff. 20	10, 19 139
3, 19 143	7, 16 f. 139	11, 1 ff. 178
3, 21 . . . . 143, 178	7, 18a 146	11, 1-6 . . . . 127, 146
3, 22 . . . . 138, 142	7, 20 139	11, 7 ff. 139
4, 1 f. 86	7, 23 f. 12, 99	11, 7 f. 89
4, 2 138	7, 24 86	11, 7 139
4, 4-6 . . . . 94, 95	7, 25 139	11, 9 f. 178
4, 7 f. 85	7, 26 . . . . 96, 139	11, 9-12, 7 12
4, 7-12 . . . . 94, 95, 146	7, 29 104	12, 1 ff. 139, 190
4, 8 138	8, 1 139	12, 6 f. 143

12, 6-7 142	**Ben Sira'**	32, 14 (G)............... 116
12, 7 .... 12, 184	1, 1 ff. (G) 180	32, 24 (G)............... 119
12, 8 ff................ 177	1, 1-10 113	33, 1 (H)............... 129
12, 8 .... 93 f.	1, 8 ff................ 148	33, 2 (G)............... 115
12, 12-14 122	1, 11-21 113	33, 7 ff. (H) 130
12, 13 f................ 179	1, 14 118	33, 13 (G)............... 118
	1, 26 114	33, 15 149
Threni	2, 1 ff................ 119	34 (31), 20 (G)............ 149
5, 7. 21 ff................ 170	2, 1-5 131	34 (31), 28 (G)............ 149
	2, 8-10 ...... 130 f., 160 f.	35, 4 (G)............... 116
	2, 15 f................ 115	35, 14 (H)............... 116
Daniel	2, 18 180	35, 18-20 150
4, 32 141	3, 21 ff. (H) 180	35, 24 (H)............... 119
12 141	3, 21 132	36, 1-17 150
12, 1-3 .... 192 f.	4, 21 149	36, 1 (G)............... 129
12, 2 13	4, 28 119	36, 7 ff. (G) 130
	5, 4 ff................ 119	36, 13 (H)............... 118
	6, 14 149	36, 14 ff. (G) 120
Nehemia	11, 14 132	37, 27 B marg. Mc. C...... 149
	11, 19-26 (H) .... 131 f.	38, 1-15 149
5, 1 ff................ 169	11, 21 ff................ 119	38, 34b-39, 1 131
13, 10 ff................ 169	11, 21-28 (G) .... 131 f.	39, 16, 33 148
13, 15 ff................ 169	11, 26 (28) 149	39, 16. 147
13, 12 ff................ 169	11, 28 119	39, 24 ff................ 147
	11, 28 (G)............ 180	39, 30b-35 (H) 133
II Chronik	13, 2 149	39, 33 f. 119
	13, 14 149	40, 11 150
14 172	14, 6 180	41, 4 .... 114 f.
16 172	14, 11-19 133	41, 5 ff................ 119
26 .... 119 n.	14, 18 149	41, 8 150
35, 20-25 .... 119 n.	15, 1b 115	42, 2 150
	15, 11 ff................ 147	42, 15 147
	15, 11-20 ...... 117, 130	44, 16 150
Sapientia Salomonis	15, 15 117	44, 20 114
1, 15 183	16, 17 ff............ 147, 152	45 129
2, 1-5 182	17, 6, 8 117	45, 5 114
2, 21 ff................ 183	17, 11 ff................ 114	48, 10 f. 150
2, 22 183	19, 18 180	48, 11 .... 120 n.
3, 1-4 .... 13, 183	19, 20 .... 115, 148	50, 1 ff................ 146
3, 7 ff................ 183	20, 18 149	50, 1-24 (H) 129
4, 16 ff................ 183	21, 11 116	50, 27 .... 112, 146
4, 19 183	22, 28 f. 116	51 120
5, 1 ff................ 183	24, 1 ff................ 148	51, 1-12. 12a-o. 13-30 150
5, 15 183	24, 1-22 150	51, 23 112
	24, 3 ff................ 151	51, 30 V. 146
Tobit	24, 23 .... 114, 148	
	24, 28 f. 115	**I Makkabäer**
13, 1-14, 1 176	31 (34 G), 9 ff................ 150	1, 11 ff................ 146

II Makkabäer

4, 7 ff. 146
7 13

Henoch

1-36 . . . . 141, 193
22 . . . . 13, 98, 193

Vita Adae

12 f. 183

Matthäus

5, 13 ff. 233
5, 17 ff. 237
5, 45 271
6, 33 240
7, 3 ff. 232
10, 28 ff. 240
20, 15 52
27, 20 f. 242
28, 18 ff. 240

Markus

4, 26 ff. 242

8, 35 270
10,17 ff. 154
10, 18 197
10, 25 239
10, 28 ff. 240

Lukas

6, 24 f. 239
10, 25 ff. 240
16, 9 240
18, 19 197
24, 13 ff. 271

Johannes

12, 24 f. 270

Römer

2, 14 ff. 50
2, 14 f. 176
3, 23 232
5, 5 270
14, 17 242
8, 28 105

I Korinther

4, 5 232
13, 12 195
15, 4 47

II Korinther

5, 18 233

Galater

1, 14 176

Philipper

3, 5 176
3, 20 271
4, 7 . . . . 134, 158

I Thessalonicher

5, 21 159

I Johannes

5, 4 271

Jakobus

4, 15 163

Verzeichnis antiker Autoren u. Sonstige

Aeschylus
Agamemnon
Aesch. Ag. 160 ff. 16
— 174 ff. 17

Eumenides
Aesch. Eum. 470 f. 18

Fragmenta Elegiaca
Aesch. fr. 135 209

Aesopus
Aesop. Chytrai (Halm 422) 149

Amphis
Amphis fr. 3 Weinreich 139

Anacreon
Anacr. fr. 54 139

Anthologia Graeca
Anth. Graec. VI, 452 (Beckby) 139
— IX, 570 139
— XII, 50 139

Anaximander
Anaximand. fr. 1 18

Antisthenes
Antisth. D. L. VI, 12 139

Apollodorus
Apollod. Bibl. II, 1 ; V 3 .... 46 n.

Aristoteles
De Anima
Arist. de An. 413a 4 ff. 143

Ethica Eudemia
Arist. Eth. Eud. VII, 1137a 18 ff. .. 208
— VII, 1238a 30-b 14 208
— VII, 1, 1235a 2 ff. 209
— VII, 1, 1235a 35 ff. 208
— VII, 2, 1236a 33 ff. 208
— VII, 2, 1236a 37 ff. 208
— VII, 2, 1236b 6 ff. 207
— VII, 2, 1236b 2 208
— VII, 2, 1236b 31 ff. 208
— VII, 7, 1241a 1-15 209
— VII, 7, 1241a 12 ff. 209
— VII, 9, 1241b 17 ff. 207
— VII, 10, 1241a 27 ff. 207
— VII, 10, 1242a 31 ff. 208
— VII, 10, 1242a 35 ff. 208
— VI, 10, 1242b 21 ff. 207

Ethica Nicomachea
Arist. Eth. Nic. (= EN)
Arist. EN II, 6, 1006b 36 ff. 139
— IV, 1156b 25 ff. 215
— VIII, 2, 1155 1 ff. 8 ff. 219
— VIII, 1, 1155a 1 ff. 149, 213
— VIII, 1, 1155a 3-31 206
— VIII, 1, 1155a 15 ff. 207
— VIII, 1, 1155a 26 ff. 209
— VIII, 1, 1155a 29 138
— VIII, 2, 1155b 18 f. 219

— VIII, 2, 1155b 27 ff. 216
— VIII, 2, 1155b 31 ff. 215
— VIII, 2, 1155b 31 . . . . 216, 223
— VIII, 2, 1156a 2 ff. 215
— VIII, 2, 1156a 16 f. 219
— VIII, 3, 1156a 10 ff. 24 ff. 208
— VIII, 3, 1156a 12 ff. 31 ff. 208
— VIII, 3, 1156a 30-1156b 6 215
— VIII, 4, 1156b 6 208
— VIII, 4, 1156b 7 f. 219
— VIII, 4, 1162a 25 ff. 208
— VIII, 5, 1156b 33 ff. 208
— VIII, 5, 1157a 10-12 221
— VIII, 7, 1157a 16 f. 220
— VIII, 7, 1157b 25-36 220
— VIII, 7, 1157b 25-31 266
— VIII, 7, 1158a 10 ff. 209
— VIII, 8, 1158b 11 ff. 217
— VIII, 8, 1158b 11 f. 220
— VIII, 8, 1158b 27 ff. 220
— VIII, 9, 1158b 29-34 220
— VIII, 9, 1159a 12 ff. 208
— VIII, 9, 1159a 27 ff. 217
— VIII, 10, 1159b 12-25 221
— VIII, 10, 1159b 12 ff. 220
— VIII, 11, 1159b 3 ff. 208
— VIII, 11, 1159b 26-30 207
— VIII, 11, 1159b-1160a 30 209
— VIII, 13, 1161a 15 ff. 217
— VIII, 13, 1161a 34 ff. 207
— VIII, 14, 1161b 11 215
— VIII, 14, 1161b 16 ff. 208, 217
— VIII, 14, 1161b 30 ff. 208
— VIII, 15, 1162b 13 ff. 208
— VIII, 15, 1163a 21-23 220
— IX, 1, 1163b 32 ff. 220
— IX, 4, 1166a 31 f. 208
— IX, 5, 1166b 30-1167a 10 215
— IX, 5, 1167a 3 f. 209
— IX, 5, 1166b 30-1167a 21 209
— IX, 7, 1168a 5 ff. 217
— IX, 7, 1168a 24 ff. 217
— IX, 8, 1168b 29 ff. 219
— IX, 9, 1169b 18 f. 213
— IX, 10, 1171a 11 f. 209, 214
— IX, 10, 1171a 15 209
— IX, 10, 1171a 20 209
— X, 9, 1178b 33 ff. 139

De Generatione Animalium

Arist. G A 736b 27 f. 143

Magna Moralia

Arist. Mag. Mor. II, 11, 1208b 3 ff. 206
— II, 11, 1210a 5 ff. 208
— II, 12, 1211b 39-1212a 13 209
— II, 12, 1212a 6 ff. 209
— II, 15, 1213a 11 208

Metaphysica

Arist. Metaph. I, 6, 987b 198
— XI, 1, 1076a 15 209
— XII, 1070a 24 ff. 143, 227

De Mundo

Ps. Arist. Mu 396b 149

Rhetorica

Arist. Rh. 1389b 4 139

Sophistici Elenchi

Arist. Soph. EL. 4, 166a 213

Asklepiades

Asklepiades, Anth. Graec XII, 50 (Beckby)
. . . . 139

Cicero
De Amicitia

Cic. Amic. IV, 15 209

De Natura Deorum

Cic. Nat. D. I, (XXII) 60 73

De Officiis

Cic. Off. III, X, 45 209

Tusculanae Disputationes

Cic. Tusc. Disp. IV, XXXVIII, 80 196
— V, IV, 10 198
— V, XXII, 63 209

Democritus

Democr. DK II 68, B 107 229
Democr. fr. 209 D 149

Diogenes Laertius

D. L. II, 95 f. 138
— II, V, 40 .... 196, 200
— II, V, 41 201
— II, V, 42 201
— II, IX, 105 196
— II, VI, 45 138
— VI, 83 137
— VI, 88 139
— VI, I, 11 198
— VII, 26 149
— VII, 124 139
— IX, 67 149
— X, 124 ff. .... ???
— X, 132 143
— X, 149 143

Empedokles

Empedokles, DK 31 B 17 207
— DK 31 B 20, 6 f. .... 206 f.
— DK 31 B 26, 5 f. 207

Epicharmus

Epich fr. 9 D 139, 150

Epicurus
Fragmenta

Epic. fr. 307 (Usener) 136, 143

Sententiae

Epic. Sent. II 143
— V 143

— X 143
— XI 143
— XXVII 149
— XXXI 143
— XXXVI f. 143

Eupolis

Eup. fr. 121 143

Euripides
Cyclops
E. cyc. (= Eur. cyc.)

E. cyc. 335 ff. 138
— 341 138

Fragmenta

E. fr. 264 N 138
— 300 N 139
— 839, 8 ff. N 139, 150

Hippolytus
E. Hipp. (= Eur. Hipp.)

E. Hipp. 383-387 149
— 1102 ff. 91
— 1437 ff. 189

Iphigenia Aulidensis

E. IA 1218 139

Orestes
E. Or. (= Eur. Or.)

Eur. Or. 666 ff. 229
— 727 f. 229
— 767 f. 230
— 794 230
— 800 ff. 230
— 804 ff. 230
— 1155 ff. 149, 229

Supplices

E. Supp. 532 f. 139

Troiades
E. Tro. (= Eur. Tro.)

Eur. Tro. 469 f. 20
— 634 f. 139
— 884 ff. 19

Herodot

Hdt. I, 6, 2 207
— I, 32, 7 149
— I, 86, 3 149
— III, 39, 4 207
— III, 82, 4 207
— IX, 24 .... 49 n.

Heraclitus

Heraclit. fr. 11 D 149
— 119 258

Hesiod
Opera et Dies

Hes. Op. (Erga) 7 139
— 8 ff. 35 ff. .... 35 n.
— 219 ff. 248 ff. .... 35 n.
— 225 ff. 14, 35
— 265 ff. 35
— 270 ff. .... 35 n.
— 276 ff. 14
— 570 ff. 139
— 701 228

Homer
Ilias

Hom. Il. II, 200 ff. 34
— VI, 146 ff. 133
— VI, 146 f. 149
— IX, 115 ff. .... 13 n.
— X, 224 ff. 138
— XI, 785 ff. 209
— XIX, 84 ff. .... 13 n.
— XX, 125 ff. .... 13 n.
— XXI, 516 f. .... 13 n.
— XXII, 175 ff. .... 13 n.
— XXIII, 65 ff. 209
— XXIII, 83 ff. 228

— XXVI, 44 149

Odyssee

Hom. Od. I, 1 ff. 150
— I, 32 ff. .... 13 n.
— IX, 379 138
— XI, 218 ff. 186
— XI, 467 f. 209
— XI, 558 ff. .... 13 n.
— XVII, 217 149
— XVII, 218 .... 205, 213, 218

Horaz
Carmina

Horaz, Carm. I, 11, 8 f. 250
— I, 11, 8 182
— III, 3, 7 f. 263

Hippocrates
Praecepta

Hp. praec. 30, 8 138

Isokrates

Isoc. XV, 286 206

Josephus
Bellum Judaicum

Jos. Bell. Jud. III, 419 ff. 48
— III/420 .... 46 n.

Lactanz

de ira Dei 13, 19 155

Leonidas

Leonidas v. Tarent, Anth. Graec. VI, 452 .. 139

Lucian
Toxaris

Tox. 37 230

Lucretius

Lucr. II, 999 150
— II, 999 139

Menander
Fragmenta

Men. fr. 22 139
— 482 102
— 537, 7 f. 138
— 538 138

Kitharistaes

Men. Kith. 139

Papyrus British Museum

Men. Pap. BM 2823 139

Sententiae

Men. sent. 347 138
— 420 138
— 701 139
— 712 139
— 777 138
— 826 139
— 869 f. 139

Mimnermus

Mimn. fr. 1 D 139
— 2 D 139
— 2, 1 f. D 149
— 3 D 139

Onesicritus
Fragmenta

Onesicritus fr. 17 138

Ovid
Metamorphoses

Ov. Met. IV, 663 ff. .... 46 n.

Philodemus

Phld. Anth. Graec. IX, 570 139

Pindar
Fragmenta

Pi. fr. 50 Bowra 139
— 204 Bowra 139

Isthmia

Pi. I. VII, 25 f. 138

Nemea

Pind. Nem. X, 73 ff. 209

Olympia

Pi. O. II 55 ff. 194
— VII, 25 f. 139
— IX, 70 ff. 209

Pythia

Pind. Pyth. XI, 15 ff. 34 ff. 228
— I 46 ff. 139

Platon
Alcibiades

Plat. Alc. I, 105e 204
— I, 135e 204

Apologia

Plat. Ap. 2-4 204
— 21a 204
— 23a-b 212
— 23a f. 204
— 23a 197
— 23a 5 ff. 227
— 24b 200
— 25e-26a 199
— 27c ff. 200
— 28e 197
— 29b 203
— 29c 201

— 29d f. 202
— 29d 203
— 30a f. 202
— 30c f. 202
— 31d 204
— 33a 204
— 34b-35b 199
— 36a 201
— 36b ff. 201
— 40a f. 204
— 40b f. 205
— 40c f. 205
— 40c 205
— 41d 205
— 42 205

Charmides

Plat. Chrm. 167a 5-7 223

Critias

Plat. Crit. 43a 202
— 43c f. 202
— 44c 202
— 44e ff. 202
— 45e-46a 199
— 49b f. 203
— 54e 205

Epistulae

Pl. Ep. VII, 324b 8-325a 5 231
— VII, 325a 5-c 5 231
— VII, 325d 1f. 231
— VII, 326a 5 ff. 231
— VII, 334b 3-7 231

Euthydemus

Plat. Euthyd, 272e 204
— 273a 211

Euthyphro

Plat. Euthyphr. 2a-3b 200
— 2a ff. 200
— 3b 200
— 11b 196

Gorgias

Plat. Georg. 469b f. 203
— 472e ff. 203
— 473d ff. 203
— 475e f. 203
— 477e 203
— 479d f. 203
— 488e ff. 203
— 506d 202
— 507a ff. 203
— 507a f. 199
— 507e f. 202
— 507e 6-508a 4 207
— 509b f. 203
— 509d f. 199
— 521d ff. 200
— 512d f. 203
— 512e 202, 205
— 522c ff. 203
— 527b 203

Laches

Plat. Lach 180d 196
— 188c 196
— 189b 197

Leges

Pl. Leg. VII, 837a 8 f. 209, 214

Lysis
Plat. Ly. (= Pl. Lys.; = Pl. Ly.)

Pl. Ly. 204b 5 ff. 226
— 204c 4-205d 5 .226
— 205a 1 f. 211, 226
— 206e-210e 212
— 206e 9 ff. 227
— 207a 6 ff. 226
— 207a 8 ff. 226
— 207b 4 ff. 226
— 207c 226
— 207d-210d 217
— 207d 5 ff. 212
— 210d 1 ff. 212
— 210d 4 f. 212
— 211a 2 ff. 226

— 211b 8 226
— 211c 4 f. 211
— 211d 2 ff. 212
— 211d 4-213d 5 213
— 211e 149, 197
— 211e 6 ff. 229
— 211e 27 213
— 212a 8 ff. 215
— 212b 4 215
— 212a-213c 216
— 212d 3 215
— 212e 7-213b 5 212
— 213a-216b 217
— 213d 2 f. 217
— 214a 149
— 214a 2 218
— 214a 6 218
— 214b 3 f. 218
— 214a 3-8 218
— 214e 2-215a 4 218
— 215a 1; b 1 f. 209
— 215a 4-c1 218
— 215c 8 f. 219
— 215d 3 ff. 221
— 215e 221
— 216a 1 f. 219
— 216a 7 ff.-217a 1 222
— 216c 138
— 216c 5-d2 221
— 216d 3 f. 221
— 217b 4-6 222
— 218a 2 ff. 212
— 218b 1 ff. 223, 227
— 218d 7 f. 223
— 219c 5 ff. 221
— 219c 6-a2 223
— 219d 5-e7 223
— 220a 6-b5 222
— 220a 7-223b 8 225
— 221d 3 225
— 221e 3 ff. 212, 226
— 221e 4 f. 214
— 221e 5 f. 226
— 222a 5 f. 214
— 222d 5 f. 221
— 223b 4 ff. 210
— 255a-256a 215

Menon

Plat. Men. 100b 199

Phaedo

Plat. Phaid. 58a-f. 201
— 59b 200
— 59b 8 f. 211
— 100b 5 ff. 222
— 100c 4 ff. 222
— 100d 4 ff. 222
— 114a 1 ff. 195
— 116b 202
— 116e 202
— 177a ff. 202

Phaedrus

Plat. Phdr. 237c 7 f. 214
— 242b 204
— 251a 1-252c 2 209
— 252e 1 ff. 231
— 252e 1-253a 5 224
— 252e 2-256a 7 211
— 255b 1 f. 211
— 256b 7-d 3 221
— 254e 3 f. 214
— 279c 6 f. 212

Politicus

Plat. Plt. 269-274 225

Respublica
Plat. Resp. (= Pl. Resp.)

Plat. Resp. 474c 8 ff. 217
— 617e 4 f. 20
— 621c 3 ff. 20

Symposium
Plat. Symp. (= Pl. Symp.)

Plat. Symp. 177d 197, 214
Pl. Symp. 179e-180b 209
— 182c 209
— 186a 207
— 200a 8 ff. 225

— 202c 6 ff. 219
— 202e 3 ff. 224
— 203b-204a 225
— 205d 216
— 209b 4 ff. 227
— 209b 6-211c 211
— 209e 5-212a 224
— 210a 4 ff. 227
— 211b 1 ff. 222
— 215e ff. 196
— 216a-c 204
— 219e-221b 197

Theages

Plat. Theag. 128b 197, 214
— 128d 204

Theaitetus

Plat. Theait. 143e 196
— 149a 196
— 150c f. 198
— 151a 204

Timaeus

Pl. Ti. 41a-42e 150
— 32b 8-c4 207
— 46c 7-e2 260

Plinius

Plinius, Nat. Hist. IX, 4, 11 . . . . 46 n.

Plutarch
Consolatio ad Apollonium

Plut. Cons. ad Apoll. 6, 105 a 73

Solon (vita)

Plut. vit. Sol. 18 . . . . 37 n., 36 n.
— 20 ff. . . . . 36 n.

Pomponius

Pompon. de sit. orb. I, 11 . . . . 46 n.

Pythagoras

Pythag./Stob. V, 68 139

Semonides

Semon. fr. 29 D 139

Simonides
Simon. (= Sim.)

Simon fr. 4 (D) . . . . 70 ff.
— 6 (D) 72
— 8 (D) 73
— 9 (D) . . . . 72 f.
— 10 (D) 73
— 11 (D) 73
— 20 (D) . . . .
— 53 74
— 59 (D) 73, 138

Solon
Fragmenta
Sol. fr. (= S. fr.)

Sol. fr. 1, 17 ff. . . . . 15 f.
— 1, 29 ff. 37
— 3 . . . . 15, 16
— 3, 15 f. 38
— 3, 17 ff. 38
— 3, 31 ff. 38
— 5 37
— 15 D 139
— 16 16
— 23 . . . . 37 n.
— 24 . . . . 36 n. 37 n.
— 835 N 139

Sententia

Sol. Sent. 1 D 139
— 13, 76 139

Sophocles
Oedipus Coloneus

S. OC 1225 ff. 138
S. OC 1270 138

Oedipus Tyrannus

S. OT 1528-1530 149

Stoicorum Veterum
Fragmenta, ed. H. von Arnim

SVF I 107 144
— I 109 144
— I 522 143
— I 527 . . . . 104 f., 109
— I 537 143
— II 625 144
— II 809 143
— II 1169 f. 149
— III 975 . . . . 104 f., 109

Strabo

Strabo XVI, 2, 28 . . . . 46 n., 48 n.

Theocritus

Theoc. 4, 41 139

Theognis
Thgn. (= Theog.)

Theog. 17 138
— 19-32. 35-39 . . . . 65 f.
— 19-28 65
— 53-60 66
— 77 f. 149
— 129 f. 67
— 133-142 68
— 141 139
— 145-148 68
— 151 f. 67
— 183-192 67
— 233 f. 66
— 335 f. 68
— 335 139
— 377 ff. 139
— 425 ff. 138
— 499 f. 149
— 500 149
— 718 139
— 727 ff. 139
— 763 ff. 139
— 875 139
— 913 ff. 138
— 969 ff. 139
— 1003 ff. 139
— 1179-1182 66
— 1187 ff. 139
—. 1197-1200 66
— 1396 138

Theon
Progymnasmata

Theon. Prog. I, 215 74

Thucydides

Thuc. I, 28, 3 207
— I, 137, 4 207
— III, 82, 6 229

Timotheus

Timon fr. 49 138

Xenophon
Anabasis

Xen. An. II, I, 14 207

Apologia Socratis

Xen. Ap. 2-4 . . . . 200, 204
— 2 201
— 5-7 202
— 10 200
— 12 f. 204
— 14 204
— 23 202

Hellenica

Xen. Hell. II, IV, 37 207

Memorabilia Socratis

Xen. Mem. I, I, 1 200
— I, I, 2 ff. 204
— I, II, 12 ff. 204

— II, I, 21 ff. 151
— II, II, 1-14 217
— II, III, 14 215
— II, VI, 21 . . . . 213 f.
— III, IX, 5 199
— IV, III, 1 ff. 203
— IV, VIII, 1 202
— IV, VIII, 2 201

Symposium

Xen. Symp. VIII, 1 214

— VIII, 2 197

Zenobius

Zenobios I, 38 137

Confessio Augustana

CA VIII 240

BEIHEFTE ZUR ZEITSCHRIFT FÜR DIE ALTTESTAMENTLICHE WISSENSCHAFT

GERALD SHEPPARD
Wisdom as a Hermeneutical Construct
A Study in the Sapientializing of the Old Testament
Large-octavo. XII, 178 pages. 1980. Cloth DM 78,–
ISBN 3 11 007504 0 (Volume 151)

J. A. LOADER
Polar Structures in the Book of Qohelet
Large-octavo. XII, 138 pages. 1979. Cloth DM 69,50
ISBN 3 11 007636 5 (Volume 152)

WALTER BEYERLIN
Werden und Wesen des 107. Psalms
Groß-Oktav. XII, 120 Seiten. 1978. Ganzleinen DM 69,50
ISBN 3 11 007755 8 (Band 153)

HANS-CHRISTOPH SCHMITT
Die nichtpriesterliche Josephsgeschichte
Ein Beitrag zur neuesten Pentateuchkritik
Groß-Oktav. XII, 225 Seiten. 1979. Ganzleinen DM 86,–
ISBN 3 11 007834 1 (Band 154)

GEORG FOHRER
Studien zu alttestamentlichen Texten und Themen
Groß-Oktav. X, 212 Seiten. 1981. Ganzleinen DM 84,–
ISBN 3 11 008499 6 (Band 155)

Preisänderungen vorbehalten

Walter de Gruyter · Berlin · New York

BEIHEFTE ZUR ZEITSCHRIFT FÜR DIE
ALTTESTAMENTLICHE WISSENSCHAFT

CHRISTA SCHÄFER-LICHTENBERGER
Stadt und Eidgenossenschaft im Alten Testament
Eine Auseinandersetzung mit Max Webers Studie
„Das antike Judentum"
Groß-Oktav. XII, 485 Seiten. 1983. Ganzleinen DM 108,–
ISBN 3 11 008591 7 (Band 156)

CLAUS PETERSEN
Mythos im Alten Testament
Bestimmung des Mythosbegriffs und Untersuchung
der mythischen Elemente in den Psalmen
Groß-Oktav. XVIII, 280 Seiten, 3 Tabellen. 1982. Ganzleinen DM 88,–
ISBN 3 11 008813 4 (Band 157)

PHILIP J. NEL
The Structure and Ethos of the Wisdom Admonitions in Proverbs
Large-octavo, XII, 142 pages. 1982. Cloth DM 74,–
ISBN 3 11 008750 2 (Volume 158)

GEORG FOHRER
Studien zum Buche Hiob (1956–1979)
Zweite erweiterte und bearbeitete Auflage
Groß-Oktav. XII, 146 Seiten. 1983. Ganzleinen DM 72,–
ISBN 3 11 008967 X (Band 159)

OSWALD LORETZ
Habiru-Hebräer
Eine sozio-linguistische Studie über die Herkunft
des Gentiliziums ʿibrî vom Apellativum ḫabiru
Groß-Oktav. XV, 314 Seiten. 1984. Ganzleinen DM 106,–
ISBN 3 11 009730 3 (Band 160)

Preisänderungen vorbehalten

Walter de Gruyter  Berlin · New York